EDP·管理者终身学习项目

真实情境中的管理学

Management: A Real World Approach

安德鲁·吉耶尔（Andrew W. Ghillyer） 著
耿云 巢超 孙贞英 于江 译
耿云 校

中国人民大学出版社
·北京·

策划人语

EDP 是英文 The Executive Development Programs 的简称，即"高层管理者培训与发展项目"，是为高层管理者设立的非学历（non-degree）教育项目。EDP 在国外的商学院中非常普遍，几乎每所著名的商学院都有此项目。目前在全球 EDP 市场中，领跑公开课程的是哈佛商学院、达顿商学院和法国 INSEAD 等，领跑公司内部培训课程的有美国杜克企业教育学院、瑞士 IMD、法国 INSEAD 和西班牙 IESE 等。中国的 EDP 教育正处于起步阶段，但近年来中欧国际商学院、长江商学院、人大商学院、北大光华管理学院和清华经管学院等都开出了十分有特色的 EDP 课程，受到企业、政府、医院、学校等机构的广泛关注。

EDP 基于现代企业的特点，开设了一整套具有针对性的短期强化课程，其内容可以偏重综合管理技能，也可以偏重某一具体管理领域的知识与技巧。在教育理念和教育模式上已经完全超越了传统的管理教育，它的系统化培养模块均依据领导者、决策者的特点与需求设计，是一种全新的领导力发展模式。

EDP 不同于 MBA 和 EMBA，它属于非学历教育，更强调终身学习、在职学习，具有更强的灵活性和针对性。是一个管理者不断提升和完善管理素养的平台。基于对 EDP 项目的这一认识，我们策划了"EDP·管理者终身学习项目"系列出版物。希望这套书能够作为 EDP 课堂教学的补充，也可以作为企业内训时的导入读本。通过这套书能够在企业等存在管理的地方普及一套"行话"，用管理的概念和术语来认识和分析管理问题，指导管理实践，提升管理水平。

本套出版物具有如下特点：（1）以 EDP 课堂讲授内容为主线，适当补充部分课堂上难以讲到的背景知识，并将之系统化；（2）紧扣企业管理实践，注重知识的实用性，并介绍相关的管理工具，使之具有更强的可操作性；(3) 使用真实生动的案例，特别是中国案例，使管理学理论在现实的管理情境中发挥光彩；(4) 内容精简，一般在 15 万～20 万字之间；(5) 语言通俗易懂，适合自学。这套出版物不仅有图书，还包括一些 EDP 课堂的音频、视频资料，并逐步开发网上学习资料，还将不定期地为读者邀请优秀的 EDP 项目教师组织面授讲座。

当前，中国企业面对着前所未有的世界经济大动荡，有人说，中国企业家经历过严苛的竞争环境，但没有经历过经济萧条。如何使企业度过严冬，是今天每一个管理者要思考的问题。但做一个好的企业——一个善于学习、管理精良、勇于创新、为消费者创造价值、有高度社会责任感的企业——是企业存在的意义，也是企业不败的基石。

费小琳　唐　奇
2008 年 12 月

译者前言

当今社会，管理学方面的书籍及译著可谓浩如烟海，汗牛充栋。但当我偶然遇到《真实情境中的管理学》一书的翻译机会时，仔细阅读之后，我觉得这是一本很好的管理学教材，遂决定将之翻译出来，其原因有三：一是安德鲁·吉耶尔博士的多重身份。将多年的积累与体会通过一种身临其境的方式写作出来，使长期以来被人们视为科学与艺术结合体的管理学原理以一种真实的方式跃然纸上，这得益于作者作为管理学研究者、实践者与传播者的多重身份。二是该书用"真实情境"阐述管理学学术理论的写作方法。正如读者所言，他力图呈现的是一个真实的管理世界，那些我们所熟知而又不断发展变化的丰富情境和案例无疑会让涉足其间的莘莘学子从中受到启发，汲取经验和教训。三是因为该书开放式的写作风格。无论是工作世界中托尼不断面临的新情境、伦理管理中的两难选择、案例讨论中的原理运用，还是章节后讨论练习中的知识强化，作者都在努力促使读者形成一种开放式的思维方式，在多元的思考中发掘适合自己的管理之道。

该书比较适宜作为管理学初学者的入门教材，既适合一般大学本专科生使用，也适用于职业教育以及正处于初步管理实践中有志于自学管理知识的读者们使用。作为一名公共管理学领域的教学科研工作者，将一本如此生动的管理学教材组织翻译出来，不仅是对我教学方法的一次反思，也是促使我进一步思考如何将管理学原理深入应用于自己专业领域的动力。

本书的翻译出版是团队协作的结果：其中，耿云翻译了第一章至第二章，巢超翻译了第三章至第七章，孙贞英翻译了第八章至第十二章，于江翻译了第十三章至第十四章。耿云对全书的初译稿进行了统校和审核。高怀雁、包雁鸿、孙晓飞在本书的翻译和校对过程中做了大量的工作。中国人民大学出版社的费小琳、唐奇对本书的翻译给予了极大的支持和信任，责任编辑为本书付出了大量辛勤的劳动,在此一并致谢。

　　翻译过程中,我们时刻感觉到作者试图让初学者尽快理解并学会运用管理学理论的良苦用心,但由于中英文语言上的差异,有时候难免在内容上显得重复。因此,我们在忠于原文的基础上力图使翻译内容更为简洁、流畅,但由于时间仓促,翻译人员水平有限,译稿难免存在不尽人意之处,恳请各位读者批评指正。

中央财经大学　耿　云
2010 年 4 月 12 日

走进管理学

麦格劳-希尔职业教育出版公司（McGraw-Hill Career Education）很高兴向大家介绍安德鲁·吉耶尔所写的《真实情境中的管理学》。正如书名所示，这本书是关于管理的"真实情境"的，并且是为那些渴望成为轮班主管、团队领导和管理者或希望在其职业生涯中有所超越的学生所写的。我们知道许多读者已经在做全职工作或兼职工作，而且他们中的一些已经拥有了管理职位。这本书提供了一个切实可行的办法，通过解释和例证兼顾了学术理论和实践应用，读者会发现这很有趣并且很便利。我们提供了合适的素材来拓展对管理学更为广泛的理解：管理学是如何历史性地演进的；学术研究是怎样使被普遍接受的管理模型发展的；管理技能的"实时"运用是如何持续地对研究者发起挑战的。

正如读者所希望的那样，这本书的主要目标在于以一种少一些令人生畏的理论而多一些反映现实的话题的方式来展现管理学，而通过强调理论材料的实际运用已经实现了这一点，经由理论假设和现实生活中的不同练习，读者可以讨论或将其运用于自己的环境之中。

一次一个阶段

《真实情境中的管理学》将读者需要了解的主题分为四个部分，以便使用。

第一部分：基础

通过展示管理的有效定义以及从任务、角色和技能的视角来审视管理过程，本部分主要提供了一个对管理专题的总体介绍。为了帮助读者理解这个依然年轻的专业从何而来，我们回顾了一下管理学简史。关键性的技能——沟通和决策制定——作为介绍其他管理技能的基础被详细地加以讨论。

第二部分：计划和领导

总体介绍之后，我们将讨论标准的计划、领导、组织和控制的管理模型。规划和战略管理作为组织长期发展的关键因素以及对管理者日常业务技能的必要平衡而被加以讨论。然后，领导和文化作为发展一种生产性环境的关键因素而被加以分析。管理者在"言出必行"和塑造组织文化中的角色会被详细讨论。

第三部分：组织和控制

在进入操作模式时，通过讨论工作、结构和人员的组织问题，我们将聚焦于管理的组织职责。然后，我们会讨论激励人员以及同时在管理和操作层面维持控制等所面临的挑战。

第四部分：管理学的未来

在对管理学的广泛话题进行了讨论之后，我们会把重点放在那些随着我们迈入21世纪管理者责任可能发生变化的领域，特别是多样化、全球管理和管理变革。本书以对具有最大的潜在重要性的三个领域的讨论而结束：技术的持续增长、虚拟管理，以及日益增长的对管理伦理和社会责任的强调。

进入现实的世界

工作世界

在每章的开头和结尾，读者将在托尼·戴维斯（Tony Davis）身上花上一些时间，他是塔克·巴恩连锁餐厅（Taco Barn）一个新提升的餐厅经理，随着其管理生涯的开始，他会从工作的世界中学到越来越多的东西。在第一章，托尼收到了作为一名部门经理的正式任命，随着本书的展开，他遇到了一系列与每章内容直接相关的挑战。假设的情景是以餐厅经理的真实生活为基础的，而且每个情景都为读者（甚至是极少数在其短暂的职业生涯中快餐店或饭店没有发放工作证书的学生）提供了足够的信息，使他们能够对托尼的问题提出解决办法。随着托尼的故事一章章地展开以及材料在每章间提供的有益的过渡，学生们可以看到他作为一名管理者不断成长的自信，同时也给教师提供了在每节课开头去重审和更新材料的机会。对于那些使用其作为课堂教学一部分的教师来说，托尼定期的进度更新能够很好地配合学生逐步理解书中抽象的管理模型。

序 言

伦理管理

尽管许多机构现在都在其项目中提供了单独的商业伦理课程,但是我们觉得在本书中强调伦理管理实践的重要性还是十分必要的。因此,每一章都含有一个伦理管理的困境,把一个需要进行决策但又没有提供直接明显的解决办法的情景展现给每个学生。设置这些困境目的在于强调有这样一种可能性出现,那就是在商业生涯中会面临在"两者皆正确"的方案中进行抉择,而非简单地在"正确与错误"的方案中进行抉择。这些困境直接与每章内容相联系,而所问的问题要求学生把困境与自己的工作经验联系起来。

职业管理

我们也认识到了支持学生从学校生活过渡到专业世界的重要性。所以我们在每章都提供了职业管理专栏,希望能在学生们进入其职业生涯的旅途时给予援助,并提供有助于学生成功的独特见解与行为。

本书还配有其他资源

学生在线学习中心

本书在线网页为学生们提供了补充材料,以帮助他们更好地理解和掌握每章内容。学生在线学习中心含有 PPT(这也可以让学生下载到 MP3 播放器)、额外的各章测试、额外的问题回顾和其他补充性内容材料。你可以通过访问 www.mhhe.com/ghillyermangement 来进入在线学习中心。

教师在线学习中心

在线学习中心(OLC)中的教师页面可以作为教师资源而提供服务,它还有一些支持教师编制课程的特色资源。OLC 包括由每章学习目标组成的含有每页参考内容的教师手册(IM)、含有额外的教师教学笔记的 PPT、教学地图和其他有价值的材料。

致谢

这本书是许多人共同努力的结晶。Leslie Rue 和 Lloyd Byars 慷慨地提供了基础性材料,而本书正是在此基础上构建而成。麦格劳-希尔/艾文出版公司(McGraw-Hill/Irwin)又一次组建了一支富有奉献精神而且经验丰富的专业"梦之队",它以无穷的热情和支持来带领并守护着作者及其作品度过了整个写作过程。我想对我的编辑团队尤其是 Natalie Ruffatto 和 Kristin Bradley 表示特别的感谢。此外,Keari Bedford 和 Megan Gates 对本书的营销方案是对这一难题的创造性解决方法。我还想对 Christine Demma 说声谢谢,为了她在维持常常面临挑战的日程表上的不懈努力。最后,我想对工作团队中 Benjamin Curless、Janean Utley 和 Marianna Kinigakis 等人的幕后努力表达我的感激之情。

麦格劳-希尔公司和我还想对所有的教师表示感谢,他们的宝贵见解帮助形成了这本我们都感到自豪的书:

Michele Adams, *Bryant & Stratton*
Mark Alexander, *Axia College of University of Phoenix*
Kristen Aust, *Bryant & Stratton*
Larry Banks, *Eagle Gate College Group*
Carl Bridges, *Lincoln Educational Services*
Linda Bruff, *Strayer University*
Gary Corona, *Florida Community College*
Pat Debold, *Concord Career*
Nick Dimartina, *Bryant & Stratton College*
Jon Doyle, *Corinthian Colleges, Inc.*
Lowell Frame, *Indiana School of Business*

Jan Friedheim, *Education Systems & Solutions*
Steve Friedheim, *Education Systems & Solutions*
Maureen Frye, *Gibbs College*
Keely Gadd, *National College*
Patricia Inkelar, *Everest College*
Pat Kapper, *CCA Board Member*
John Keim, *Heald*
Janet Kuser, *Fisher College*
Francis Maffei, *CTU*
Terrel Mailhoit, *Tidewater Tech*
Jaime Morely, *US Education*
John Olson, *ECPI*
Ken Pascal, *Art Institute of Houston*
Stephen Pearce, *Everest College*
Mary Ann Pelligrino, *IADT*
William Rava, *Bryant & Stratton*
Jack Risewick, *Bryant & Stratton*
Robert Roehrich, *NAU*
Linda Rose, *Westwood College*
David Schaitkin, *South Hills School of Business and Technology*
Angela Seidel, *Cambria-Rowe Business College*
Michael Shaw, *University of Phoenix*
Brenda Siragusa, *Corinthian College*
Rodo Sofranac, *Axia College of University of Phoenix*
Ronald Spicer, *CTU*
Bob, Trewartha, *Minnesota School of Business*
Scott Warman, *ECPI*
Pete West, *Colorado Technical University Online*
Charlie Zaruba, *Florida Metropolitan University*
Michael Zerbe, *Stark State College*
Daphne Zito, *Katherine Gibbs School*

致读者

　　我写此书的目的，正如题目所言，是为了呈现一个真实的管理世界。那么，对你来说读这本书有什么意义呢？书中丰富的史料能够帮助你纵览管理学发展的历史，让你了解这门年轻学科的起源。书中基础性的学术理论能够让你了解到管理学领域的专用术语，这样你就不会因为它们的高深莫测而对管理学退避三舍。但是不要将这些理论或者模型作为公式或方程式来记，因为它们仅仅是试图对管理实践进行描述，从而让企业能够模仿走向成功的行为，并且让新的管理者了解到他们的前辈是如何管理的。当你通览全书之后，你将会更好地理解与你共事过的管理者的管理行为，你也将逐渐发展出一套适合你自己的管理之道。

　　为了帮助你学习，我将在一个你所熟知的世界里展现所有管理知识。案例研究和练习都涉及了你所熟悉的那些公司——百思买、沃尔玛、盖普、UPS等，还包括了这些企业正在面对的挑战与机遇，当你开始自己的职业生涯时，这些精选的案例可以作为你的参考。另外，我们将会认识一个叫托尼·戴维斯的年轻人，他在塔克·巴恩连锁餐厅开始了自己的管理生涯。本书每一章的开头和结尾都有一个"工作世界"专栏，描述托尼在塔克·巴恩餐厅如何处理管理上的问题。作为一名新的经理，托尼充满热情并渴望把事情做到最好，但是正如你常会看到的一样，经理们的决定往往会带来意料之外的结果。我们在每一章都提出很多问题让你思考：如果你处在托尼的位置上且面临类似的情景，你会怎么做？

　　同时，你可能会发现，在面对一个特定的问题或情境时，通常没有"正确的"答案。当你在管理的世界里遨游时，你往往会发现介于黑白两个地带之间的灰色地带要大得多。公司的政策和程序要求执行管理者的决策，但在某些情况下，这些决策往往要求依你所面临的情境而定。当你和老师、同学一同浏览书中关于这些情形的案例时，请保持开放的思维，试着向持有独特观点的同学学习，并和他们进行充分且充满敬意的讨论。富有经验的管理者会告诉你,永远不要在管理生涯中停止学习。你每天都将学习到新东西,也将马上踏上能为你的管理职业生涯助一臂之力的旅程。期待与你同行!

安德鲁·吉耶尔

第一部分　基础

第一章　什么是管理/3

什么是管理/5

管理过程/7

管理协议/12

管理环境的改变/15

小结/18

第二章　管理学简史/27

管理学的历史/29

美国工业革命/29

工业化的先行者/30

弗雷德里克·温斯洛·泰罗与科学管理/31

人际关系运动/36

系统方法/38

X理论和Y理论/39

权变理论/39

日式管理运动与Z理论/39

追求卓越/41

强调质量/42

从优秀到卓越/43

小结/45

第三章　沟通技能/55

作为一项管理技能的沟通/57

人际沟通/58

学会沟通/61

书面沟通/64

口头沟通/65

选择最佳的沟通方法/67

组织内的沟通/68

国际商务活动中的沟通/71

小结/72

第四章　决策技能/81

制定决策/83

决策制定与问题解决/83

决策制定中的直觉法/84

决策制定中的理性方法/85

决策制定者的环境/88

决策制定的条件/89

决策花费的时间/92

决策制定中的参与/92

决策有效性的障碍/94

制定有创造性的决策/94

管理信息系统/101

小结/101

第二部分　计划和领导
第五章　计划和战略管理/115

计划过程/117

战略/125

战略管理过程/129

小结/140

目 录

第六章 领导和文化/148
权力、职权和领导/150

领导和管理/151

领导者的态度/151

领导研究的分类框架/152

领导研究的经验总结/165

管理企业文化/165

小结/172

第三部分 组织和控制

第七章 组织工作/183
组织工作/185

劳动分工/186

权力、职权和责任/187

集权与分权/190

授权/191

基于职权的原则/193

小结/200

第八章 组织结构/210
组织结构/212

组织成长阶段/212

组织图/213

影响组织结构的因素/213

影响组织结构变化的因素/219

权变方法/220

部门化/221

组织结构的类型/225

虚拟组织/229

组织结构的发展趋势/231

委员会/232

小结/234

第九章 人员配置/244

人事工作/246
工作分析/246
招聘/252
甄选/254
招聘面试/258
调任、晋升和离职/262
理解工作团队/263
小结/274

第十章 人员激励/287

激励员工/289
管理中信任的重要性/290
公平理论/290
需要层次理论/292
成就—权力—归属理论/294
小结/304

第十一章 管理控制/314

控制/316
为什么要实行控制/316
控制类型/318
绩效评估/327
绩效评估方法/329
选择绩效评估方法/334
绩效评估中潜在的错误/336
实施有效的绩效评估/337
通过绩效评估提供反馈/338
制定绩效改善计划/339
小结/339

目　录

第十二章　运营控制/346
运营控制/348

运营成本控制/348

质量管理/349

库存控制/362

小结/368

第四部分　管理学的未来

第十三章　当代问题/377
多样性与管理/379

全球化管理/382

出口和进口/383

贸易保护主义/386

全球商业/388

变革的过程/395

小结/407

第十四章　21世纪的管理/416
技术的发展/418

虚拟化管理/420

伦理和社会责任/423

伦理准则/423

与商业伦理相关的法律/426

社会责任/430

小结/435

The First Part
第一部分 基 础

第一章 什么是管理
第二章 管理学简史
第三章 沟通技能
第四章 决策技能

第一章
什么是管理

Chapter One

"好的管理是使问题变得有趣，使解决问题变得具有建设性，以至于每个人都想去工作和处理问题的艺术。"

——保罗·霍肯（Paul Hawken），《如何把企业做大》一书的作者

■ 学习目标

在学完本章之后，你将能：

1. 解释管理。
2. 识别和解释管理层级。
3. 解释管理过程。
4. 解释管理的基本原则。
5. 识别管理环境的易变性。

工作世界：托尼获得提升

托尼·戴维斯在塔克·巴恩连锁餐厅工作已经4年了，今天他预感到和本地区经理道恩·威廉姆斯11点钟的会面将会给他带来4年专注于努力工作的最终回报。

托尼放学后就到这个当地的塔克·巴恩连锁餐厅工作，他决定一直干到高中毕业。在过去的4年里，从准备食物和服务过程中正确使用清洁设备到操作收银机和一天工作结束时把当日的现金收入存入银行，他在这个餐厅里得到了全方位的训练。托尼认为，在这个本地区最好的位置之一，塔克·巴恩连锁餐厅拥有一群很棒的员工。他们的经理杰里·史密斯，像他喜欢说的那样"驾驶着一艘牢固的船"。杰里·史密斯对员工们很好，在你遇到协调课程、体育训练或家庭承诺等事情而有特殊需求时，他会很乐于按照你的时间表去安排工作。

自从塔克·巴恩更乐意雇用兼职工作的年轻人作为主要成员以来，其他的在各种上班时间和倒班时间工作的全职员工总计才18人。这里绝大部分人都过得很好——没有大的冲突和戏剧性事件——而且能指望每个人在其轮班时间准时出现并准备好工作。从杰里对当地其他塔克·巴恩连锁餐厅的谈论来看，这种生产率和可靠性是很罕见的。

11:05时，接待员告诉托尼，威廉姆斯女士已经准备好接见他，他可以进入她的办公室了。道恩在门口见到托尼时，和他握了手并请他坐下。

"托尼，我们已经关注你一段时间了。杰里告诉我你已经成为他在餐厅中的左膀右臂了，而且他认为你在塔克·巴恩会有锦绣前程。"托尼含混地说了声"谢谢"，他并不打算用脸红来回应不断增加的赞扬。

"就像你所知道的那样，"道恩继续说道，"塔克·巴恩是一家日益发展壮大的公司，我们总是在寻找合适的地方建立新的店面。去年一年内我们就新建了100多家店，而且还计划在未来几年内开设国际连锁餐厅。和这个组织在一起的时光是令人激动的，托尼。"

"随着我们的持续发展，"道恩继续说道，"我们需要更多的地区经理来管理新餐厅群，还要新经理来管理新餐厅，现有的餐厅经理也会被提升。托尼，这就是你面临的情况。你的团队知道杰里在建立餐厅时

第一章 什么是管理

所做的杰出工作,而塔克·巴恩通过提升杰里到州的另一边做地区经理认可了他的成绩。他和他妻子将与他的女儿与外孙搬到同一座城市居住,这种结果对大家都很好。"

"当然,"道恩继续咧嘴笑道,"那就留下了一个部门经理的空缺,而我和杰里都认为你已经为这份工作做好了准备——你认为呢?"

问题

1. 你认为托尼已经做好晋升的准备了吗?如果是,为什么?如果不是,又为什么?
2. 托尼所在的团队表现不错,还有什么地方是他需要改进的吗?
3. 你认为托尼成功扮演其新角色需要什么技能?参阅"管理角色"一节,在那里你可以获得指导。
4. 在托尼担任经理的第一周,他应该做什么?

什么是管理

如今,组织在一个持续变化的世界中运作。技术和社会正在发生着比以往更为迅速的变革。对环境的关注已经迫使公司思考其行为对空气、土地和水的质量的影响。来自全世界的组织现在都在试图向相同的顾客出售其产品和服务,因此竞争比以往更为激烈。随着少数族裔、妇女和新移民参与到不断增加的员工队伍中,组织也日益变得多元化。所有这些变化对管理者形成了新的挑战。

管理的定义

管理就是决定使用组织的资源来生产产品或提供服务的最好方式的过程。一个组织的资源包括员工、设备和资金。虽然这个定义很简单,但实际上管理的工作相当复杂。管理者必须制定好的决策,与员工进行良好沟通,安排工作任务,进行任命和委派,制定计划,培训员工,激励员工,还要奖励员工的工作绩效。多种多样的管理工作使得精通管理极其困难。然而精通管理对于组织的成功却是至关重要的。

管理层级

所有的组织,从一人公司到巨型公司,都需要管理者。小公司也许只需要由一个或者少数几个管理者进行管理,大公司和中型公司则需要许多管理层级。

高层管理

最高层级称为**高层管理**。高层管理具有几项重要功能:第一,它确立组织的目标或目的。第二,它决定实现这些目标所必需的行为。第三,它决定如何使用组织的资源。这一层级的管理者通常包括公司董事会主席、首席执行官(CEO)、首席运营官(COO)、首席财务官(CFO)和公司高级副总裁。公司的高层管理者并不涉及公司的日常管理问题,而是专注于决定公司下一步的发展方向。

中层管理

中层管理负责实现高层管理所设立的目标。中层管理者包括部门主管和地区销售经理。这一层级的管理设立组织具体领域的目标并且决定每一领域的员工为实现这些目标必须做什么。举例来说,高层管理者也许会设立一个下一年度公司销售量增长15%的目标。为了实现这一目标,中层管理者也许会就公司某一产品或服务策划一次广告活动。

监督管理

前沿层级的一线管理是**监督管理**。监督管理者确保组织日常运作的顺利。他们主管那些用体力劳动来生产组织产品或提供服务的员工。领班、现场督导和店面经理都是监督管理者的例子。

大公司通常拥有所有这三种管理者。譬如说,在彭尼公司(JCPenney),监督管理者管理店面和店面内的部门,他们负责确保店面日常运作良好。中层管理者监管地区,他们负责确保其地区内所有的店面经理表现优秀。中层管理者也会提出一些增加其地区销售量、改善服务和降低成本的建议。高层管理者,包括彭尼公司的CEO和高级副总裁,他们做关于公司政策、生产和组织战略的决策。举例来说,一项增加全公司薪水的决定可能就是由高层管理者做出的。

第一章 什么是管理

这三个管理层级形成了等级制或者说是按照其重要性排列的群体。正如图表1—1中所示，这个管理等级制的样子很像金字塔，顶部是很少的高层管理者而底部则是大量的监督管理者。图表1—2进一步描述了不同的管理层级。

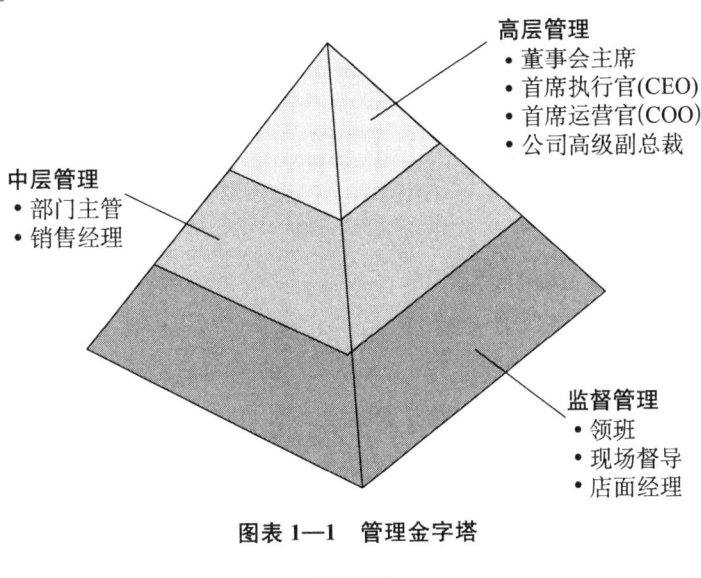

图表1—1　管理金字塔

图表1—2　　　　　　　　　　　管理层级

> **1. 高层管理**
> 高层管理负责设立组织的目标，决定实现目标所必需的行为，并决定如何最好地使用资源。这一管理层级通常包括董事会主席、CEO、COO和组织的高级副总裁。
>
> **2. 中层管理**
> 中层管理负责完成高层管理所设立的目标。中层管理者包括部门主管和地区销售经理。
>
> **3. 监督管理**
> 监督管理负责管理那些用体力劳动来生产组织产品或提供服务的员工。现场督导和店面经理都是监督管理者的代表。

注：大的组织往往有至少三个管理层级，每个管理层级承担不同的功能。

管理过程

如果你在自己的岗位上工作很成功，那很有可能会获得升迁到管理职位的机会——可能起初是你自己部门的管理职位，而后是承担多个部门管理责任的管理职位。在这里,管理变得更加微妙。比起开始时使你获得提升的那些技能来说,成功实践管理角色要求的技能要多得多。

下面是一些考察管理如何开展的方法:第一种方法是将管理者根据完成的工作任务划分为不同的类别。第二种方法是根据不同类型的管理者在公司中扮演的角色。**角色**就是与某一特定工作相联系的行为模式。第三种方法是根据管理者开展工作时所需的技能。

职业管理

理解职业规划

职业规划是个人通过评估机会,为将来制定职业计划并细化为必要的目标、资源和行动步骤以实现预期结果的过程。

职业规划精神激发了数以百万计的人去获取必要的援助以成为工作领域中成功的专业人士。

问题是:为什么你要计划、发展和设立使你的职业有所成就的标准呢?思考一下你成为一名高级执行主管、一家小企业的所有者或者一家你愿意为之工作的公司的管理者的可能性。为了让这些成为现实,就需要职业发展愿景来设立目标和指导准则并去实现这些高远的目标。你现在的工作可能为你带来使你获得重大职业成功的巨大报偿!

管理任务

所有组织的管理者——从小型商业组织到大型公司——都从事着基本的活动。这些活动可以被划分为五大类:

1. **计划**。管理者决定组织目标和为实现这些目标组织必须采取的行动。一位设立下年度销售量增长 10% 的目标并通过开发新的软件程序以实现该目标的 CEO 正在进行计划。

2. **组织**。管理者将相关活动集中在一起并指派员工去完成。一位建立员工团队去给超市过道再次上货的管理者正在进行组织。

3. **人事**。管理者决定组织为实现其目标需要多少及何种类型的员工,然后招募、甄选和培训合适的员工。一个饭店经理的人事职责包括面试和培训侍者。

4. **领导**。管理者提供员工为完成任务所需要的指导,这有助于确保组织目标的实现。管理者通过保持沟通渠道的开放来进行领导。举行员工可以询问其项目和责任的定期人事会议是领导的一个好例证。

5. **控制**。管理者衡量组织如何运作能确保财务目标的实现。控制需要管理者去分析账目记录,并在财务目标没有得到实现时进行整改。

许多管理活动都是以上几项重叠的。例如,组织离开了计划就难以进行。如果一个工作场所组织不善、缺乏领导力,就很难留住好员工。

图表1—3显示了不同层级的管理是如何致力于不同的活动的。高层管理者将他们的时间在五项活动之间平均分配,中层管理者的时间大多用于领导和控制,负责监管的管理者则几乎不花时间来做计划,而花费大量时间于控制。

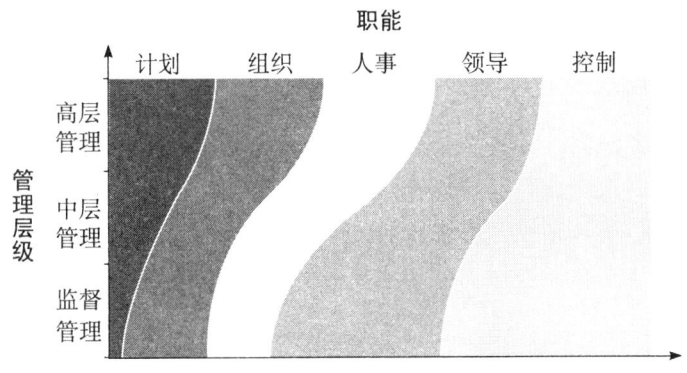

图表1—3　管理职能的相对比例

---学习进度检测问题---

1. 什么是管理?
2. 描述管理的三个层级。
3. 描述五种管理任务。
4. 对于一个一线的管理者来说,哪个管理任务是最重要的?为什么?

管理角色

管理者在组织内部拥有职权或者权力并能在许多方面使用它。为了尽量用好他们的权力,管理者担任了不同的角色。在20世纪70年代早期亨利·明茨伯格(Henry Mintzberg)发布了一系列研究报告,这些报告都基于同一个问题:"不首先了解管理者如何分配时间、改善管理和正确发展,管理技能从何谈起?"

明茨伯格在研究中找出了10个关键的管理角色,并将其分为3类(见图表1—4):

1. 人际角色:
- 名义首脑角色:管理者作为组织首脑履行象征性的职责。
- 领导者角色:管理者建立工作氛围并激励下属行动。
- 联络者角色:管理者发展并维持机构外部的交际网络。

2. 信息角色:
- 监控者角色:管理者收集与组织相关或有用的各种信息。
- 传播者角色:管理者为其他人提供决策所需的信息。
- 发言人角色:管理者将信息传达给外部世界。

3. 决策角色:
- 企业家角色:管理者为适应环境的变化在组织内发起有控制的变革。
- 混乱驾驭者角色:管理者处理意外的变化。
- 资源分配者角色:管理者对组织资源的使用做出决策。
- 谈判者角色:管理者处理与其他个人和组织的事务。

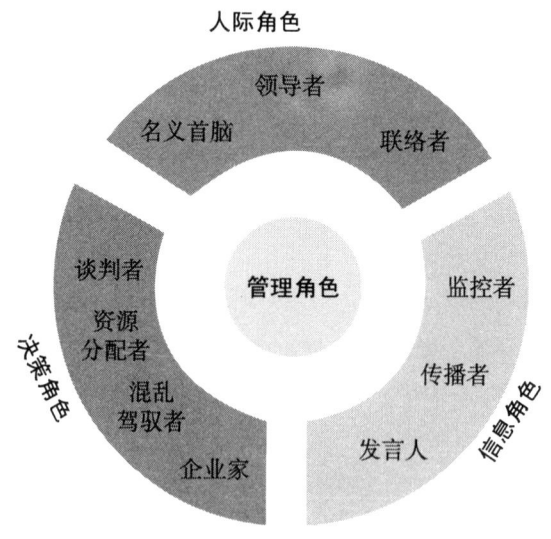

图表1—4　管理角色

资料来源:Based on H. Mintzberg, *The Nature of Managerial Work* (New York: Harper & Row, 1973).

第一章 什么是管理

通过参与五个组织的活动并分析它们的主要管理人员如何分配时间，明茨伯格发现了管理学研究所面临的一个重大挑战。他的观察表明，管理者更多时候关注的是"此刻"而非有远见的战略计划。他发现他们的工作经常被迫中断，从一个议题跳到另一个议题、一个问题跳到另一个问题，他们很少有一段不被分割或不被打断的时间而专注于任何一件事情。

学习进度检测问题

5. 明茨伯格对管理角色的3种分类是什么？
6. 描述10个管理角色中的5个并给出例子。
7. 考虑你目前受雇的（或过去曾经为其工作过的）一个管理者，你如何描述他的管理角色组合？
8. 为什么管理者都关注"此刻"？

管理技能

研究管理过程的第三种方法是考察完成某项工作所需要的各种技能。当前能被确定的技能主要有三种。

1. **概念技能**。理解公司各部分彼此之间的关系和把公司视为一个整体的能力。决策、计划和组织是需要概念技能的管理活动。

2. **人际关系技能**。理解他人并能与他人很好协作的能力。面试求职者、与其他公司形成合作伙伴、解决争端都需要好的人际关系技能。

3. **技术技能**。完成特定技术工作的能力。操作一个文字处理程序或财务数据表程序、设计一个小册子、培训员工使用新的预算制度都是技术技能的例子。管理者需要技术技能来促进和培训他们的员工掌握技能以便使部门能够有效运转。

并不是所有的管理技能都能轻易地归入一个单一的类别，许多技能是属于多个类别的。例如，发布公司的一则广告，管理者必须拥有概念、人际关系和技术技能。管理者需要概念技能来传达广告的要旨，需要人际关系技能来组织和激发工作团队创作广告，培训他们使用电脑图形程序则需要技术技能。

各个层次的管理都需要这些技能的组合。不同的技能在不同管理层级的重要性有差异，正如图表1—5显示的那样。概念技能在高层管理一级是最重要的，技术技能在监督管理一级是最重要的，而人际关系技能在每一层级都是重要的。

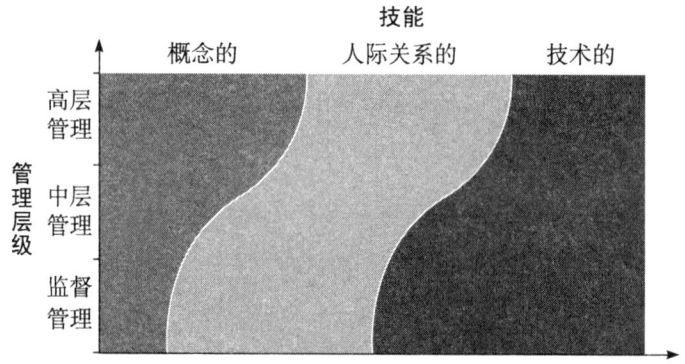

图表1—5　不同管理层级所使用的技能组合

---学习进度检测问题---

9. 为什么说理解完成一项工作所需要的技能是重要的？

10. 对三种管理技能各给出一个例子。

11. 从报纸或网站（如 Monster.com 或 CareerBuilder.com）上找一个管理岗位的工作描述，看看该工作描述所列出的职责是怎样与这三个管理技能相符的。

12. 为什么人际关系技能在所有管理层级都是重要的？

管理协议

如果关于管理的一切都可以归结为权力与责任的话，那么明白一个管理岗位的晋升所需要付出的代价就十分重要了。你将要做许多新的事情——正如我们在之后的章节阐述的那样，但同时也有许多事情你再也不应该做了。作为一个管理者，你要能为你的部门设定标准并以身作则。正因为如此，你不可以再做以下的这些事情了：

- 与你的员工"结伙"出去闲逛。
- 拿员工开玩笑。

- 凡事把自己考虑在员工之前。
- 把为难的事情推给别人。
- 利用你的职位与你的仇人抗衡。
- 将私人问题带到工作中。
- 对你的员工发脾气。
- 将你从老板那里受的气撒到你的员工身上。
- 让别人去做你自己不愿意做的事情。

案例讨论 1.1

沃兹沃思公司

去年,唐娜·卡罗尔被任命为沃兹沃思公司一个零配件组装部门的管理者,这个部门有28名员工。唐娜早就想得到晋升了,她认为自己在这家公司不同岗位上15年的工作经验使她完全能够胜任这项工作。

唐娜决定指派两个小组长向她汇报工作。她指定了伊夫林·卡斯特罗斯和比尔·邓格尔负责这一工作。不过,她也明确申明,他们仍要在目前的工作岗位上为部门的直接生产目标作出贡献。伊夫林是一个有雄心且生产效率高的员工,而比尔是一个稳定、可靠的员工。

伊夫林要决定工作的分配。她以极大的热情承担了这一职责并拟定了跨期一个月之久的工作计划安排。她相信通过工作分配的改进将能使生产率提高8个百分点。她有规律地穿行于各工作场所之间,核查每个工作站完成的工作量。在她的建议和支持下,当部门有新工作时,比尔承担起了对新员工进行培训和对现有员工进行再培训的任务。

唐娜的大多数时间用于准备和阅读报告。为了能和大多数其他的管理者友好相处,她经常与他们交流并帮助他们填写工作表格和报告。她还经常与部门中的员工沟通,友好地交流对彼此的评价。不过,当有员工问到有关工作的具体问题时,她就让那人去找伊夫林或者比尔。

一些员工私底下抱怨工作分配不公。她们埋怨说伊夫林的亲信们得到了轻松的工作,而且现在工作量加大了,部门却没有提供额外的帮助。好几次员工们跟唐娜说起这个,唐娜都让他们去找伊夫林。同样,许多雇员也抱怨比尔的表现,他们的依据是新员工接受比尔的培训后仍然明显缺乏工作所需的知识和技能。

问题

1. 你认为唐娜应该将哪些职责托付给伊夫林和比尔吗？为什么？
2. 你觉得伊夫林和比尔既作为小组领导者又是操作工人的难处在哪里？
3. 你认为伊夫林和比尔是管理者吗？为什么？
4. 唐娜让有抱怨的员工回去找比尔或伊夫林，这样对吗？为什么？

要想做一个让人愉快和有回报（也是专业的和高收入的）的管理者，你就必须遵守这一管理协议。正如一句名言所说的那样："权力与责任同在。"一个管理者的职责将阻止你去做你在一般情况下会去做的事情。如果你在一个部门被提升为新的管理者，你将面临的最为困难的挑战之一是如何与你以前的朋友和同事发展一种新的关系，因为他们现在要向你汇报工作。

案例讨论 1.2

Blue Streak 的扩张之路

亚瑟·本顿（Arthur Benton）5年前创立了 Blue Streak 快递公司。这家公司起初提供的只是联盟城（Unionville）（人口有100万）市内包裹的商业快递服务。

亚瑟是从自己、一个职员和一个驾驶员的规模白手起家的。在3年的时间里，Blue Streak 快递公司就发展到了4个职员和16个驾驶员的规模。此时，亚瑟决定扩大公司规模并提供全国性的服务。他预计，这首先需要增加两个新办公室，一个位于这个州南部的洛根镇（有50万人口），另一个在州北部的托马斯城（有25万人口）。每个办公室需要1个管理者、2个职员和4个驾驶员。因为洛根镇和托马斯城离联盟城都不到150英里，亚瑟每周至少能去每个办公室一趟，亲自协调办公室的运转并提供基本的管理援助。全国性的快递系统随即取得了成功，第一年就创造了可喜的利润。

第二年，亚瑟决定将公司业务扩张到两个相邻的州，他在两个临近的州分别设立了两个办公室。然而，这两个州的运转似乎一直不顺，安排经常被打乱，包裹时有丢失，顾客的投诉也不断增加。9个月后，亚瑟更换了4个办公室的所有领导，情况却没有改善。确信自己是唯一能够理顺这4

个运转不顺的办公室的人后,亚瑟开始每两周去一次这几个办公室。这样的安排使得亚瑟要将至少半数的时间花在穿梭于这几个办公室之间的路上。

4个月之后,亚瑟开始厌倦了这样不停的奔波,但相邻两个州的运营仍然没有好转。事实上,亚瑟发现他每次出差把时间都花在了搞定那些本应该由办公室经理负责的事情上。

亚瑟决定召开一天的会议,让所有的办公室经理参与问题讨论并提出一些解决办法。会议上,有几个问题被提了出来。首先,所有的经理都觉得亚瑟的光顾太过频繁;其次,大多数经理都不太清楚亚瑟希望他们干什么;最后,每个经理都觉得在未经亚瑟核准的情况下,他们也应有权对办公室的办事程序做出改变。

问题

1. 为什么你觉得 Blue Streak 快递公司在努力地成长?
2. 更换4个运转不顺的办公室的经理是个好主意吗?为什么?
3. 对亚瑟该如何改善他的经营,你有什么建议?
4. 如果亚瑟想要解决问题并继续发展,他需要掌握什么管理技能?

学习进度检测问题

13. 为什么管理是如此难以研究的问题?
14. 为什么管理者对他期望别人做出的行为要做出表率?
15. 思考成为一个成功的管理者不得不放弃的行为清单。哪一种行为是最难以放弃的?为什么?
16. 思考你目前的工作(或以前曾有过的工作),你的管理者对"管理协议"遵守得如何?

管理环境的改变

任何一个关注电视、网络或报纸上新闻的人都知道,生活方式、资源、信息的可利用性和商业环境的变化可谓日新月异。本节回顾一些这样的变化并考察其对管理的影响。后面几章将通过更多的细节讨论这一话题。

信息的可利用性

由于通信系统的不断复杂化以及电子计算机日益广泛的使用,新数据和信息的供给也在加速。例如：
- 互联网的使用提供了一系列以前无法得到或很难得到的广泛信息。
- 手机、电子邮件和电视/电话会议加强了行业内部的沟通。
- 信息的可利用性的快速增长促进了技术的变化。

信息的可利用性和技术的变化要求管理者不断增加拥有的技术技能，而且，这些改变也需要更有技术和接受更多培训的员工，这就使管理者在培训方面的作用变得更加重要。较高级的技能和培训需要新的激励和领导方法，因此管理者同样需要在人际关系方面拥有更多的技巧。

对工作环境的态度

一些预言家预计，未来将会更加强调工作生涯的品质。能提高工作生涯品质的方面包括：

1. 安全健康的工作条件。
2. 发挥和发展个人才能的机会。
3. 个人成长和专业水平提高的机会。
4. 不时常侵占家庭和休闲时间的工作安排、职业需要和出差要求。
5. 个人隐私权、言论自由权、平等对待权以及采取适当程序的权利。

因为其中的某些方面就在监管者的权力范围之内，涉及它们的改变也将直接影响到管理者的工作。

人口统计

美国人口日益变得多元化是当今环境所发生的重要变化之一。最新的人口统计数据显示，美国正变得老龄化和多样化。图表1—6显示了按性别、种族、血统区分的劳动力在所选年份和预期的2010年的年龄中位数。图表1—7反映了预计到2050年按种族区分的人口情况。有趣的是，如今西班牙裔已经是人数最多的族裔。许多年以来，美国大中型企业的管理者几乎无一例外都是白人男性。直到20世纪六七十年代，妇女在劳动力中都是担任服务和后勤的角色，例如秘书、教师、销售人员和服务员。许多少数族裔都只能从事那些卑贱的工作，诸如看管工作、手工劳作等。然而，在20世纪的后20年，越来越多的女性和少数族裔加入了劳动力大军，他们在各种规模的企业中晋升到了高层管理层。而且，当前他们中有的已经在联邦政府、州政府和地方政府部门负责高级管理工作。

图表 1—6　　按性别、种族、血统区分的劳动力在所选年份和预期的 2010 年的年龄中位数

组别	1962 年	1980 年	1990 年	2000 年	2010 年
总数	40.5	34.6	36.6	39.3	40.6
男人	40.5	35.1	36.7	39.3	40.6
女人	40.4	33.9	36.4	39.3	40.6
白人	40.9	34.8	36.8	39.7	41.3
拉丁美洲人	(1)	33.3	34.9	37.3	37.7
亚洲人及其他[2]	(1)	33.8	36.5	37.8	38.7
西班牙裔人[3]	(4)	30.7	33.2	34.9	36.4
非西班牙裔的白种人	(4)	35.0	37.0	40.4	42.2

资料来源:"Labor Force," *Monthly Labor Review*, November 2001, p.36.

1. 没有 1972 年以前的数据。
2. 亚洲人及其他包括:(1)亚洲人和太平洋岛民;(2)美洲印第安人和阿拉斯加人。这些历史数据由总数减去"黑人"和"白人"所得,预测数据为直接推断得出。
3. 西班牙裔人可能包括任何人种。
4. 没有 1980 年以前的数据。

图表 1—7　　根据统计组别预测的美国人口（2010—2050 年）　　　　　（％）

统计组别	占总人口的百分比					变化的百分比
	2010 年	2020 年	2030 年	2040 年	2050 年	(2010—2050 年)
白人	79.3	77.6	75.8	73.9	72.1	−9.08
拉丁美洲人	13.1	13.5	13.9	14.3	14.6	+11.45
亚洲人	4.6	5.4	6.2	7.1	8.0	+42.5
西班牙裔人（含各种族）	15.5	17.8	20.1	22.3	24.4	+57.42
其他种族*	3.0	3.5	4.1	4.7	5.3	+76.67
总数	100.0	100.0	100.0	100.0	100.0	

资料来源:U.S. Census Bureau, 2004, "U.S. Interim Projections by Age, Sex, Race, and Hispanic Origin," Internet Release Date:March 18, 2004.

* 包括美洲印第安人和阿拉斯加人、夏威夷人和其他太平洋岛民以及两个以上其他种族。

多样性

劳动力的**多样性**是指劳动力的不同性别、人种、宗教信仰、国籍、种族、年龄段和身体条件等特征。工作地的日益多样化体现了美国社会的一个重要变化。

尽管有了这些变化,美国的大多数高层管理者仍然是白人男性。女性和少数族裔在争取晋升到高层管理职位中碰到的问题导致了"**玻璃顶棚**"一词的产生,喻指阻止女性和少数族裔晋升到组织管理层的无形障碍。

17

真实情境中的管理学

商业伦理

商业伦理指在商业中应用道德行为的标准,换句话说就是在商业交易中"做正确的事"。近年来,广为人之的商业丑闻不断发生——安然公司(Enron)、世通公司(WorldCom)、泰科公司(Tyco)、南方健诊公司(HealthSouth)、阿德尔菲亚电缆公司(Adelphia Cable)等——合乎伦理的商业管理这一话题被放到了员工、顾客、供应商、投资者们的关注清单的首位。如今,在了解一个公司时,人们不仅要看该公司提供的产品或服务的质量,还要问一问它的财务报告是否真正反映了公司内部的真相。

对于管理者来说,这个考核的新标准通过2002年的《萨班斯—奥克斯利法案》被强制化,该法案大大强化了管理者必须如实准确地报告公司业绩情况的责任。另外,许多大公司在它们的高层管理团队中增加了一个新的职位——首席道德官,以确保企业以合乎道德的方式运营。

鉴于社会对商业伦理的日益重视,每一章都将包含一个道德管理的场景以供思考和讨论。

伦理管理

你是一家小电脑软件制造商的技术支持专家,你的上司通知你,说软件中发现了一个缺陷,要数周时间才能修正。你被指定"应付"所有的电话,但不能承认该缺陷的存在。公司还给你提供了搪塞顾客的一些建议,如可能是操作错误、硬件的问题或是与其他软件包不兼容。

你被告知:缺陷的解决办法将被嵌入一个版本升级程序中进行安装,但绝对不承认它的存在。你能那样做吗?

资料来源:Andrew Ghillyer,*Business Ethics: A Real World Approach* (New York: McGraw-Hill, 2007), Chapter 1, p.14.

小 结

商业管理者的世界充满挑战,且无疑处于不断变化之中。下一章我们将考查管理工作历年来的发展,以及研究者如何尝试建立管理行为的模型,帮助企业及其雇员更好地理解成功管理者的行为。

工作世界：托尼得到了建议

托尼回到餐厅的时候，他的上级杰里·史密斯正在等他。"小伙子，你干得怎样？"杰里问，"有眉目了吗？"

"还没有，"托尼说，"我真的很感激你对我的信任，杰里，要知道我不会让你失望的。"

"我知道，"杰里说，他停了一会继续说道，"你不在的时候，我接到了公司打来的电话，计划有变。公司要我从下周开始负责我的新区域，而不是原先计划的下个月初，所以咱们只有这一周的时间来完成我对你这个新经理的工作交接。"

"你打我手机就可以找到我，"杰里说，他看到托尼眼中的惊奇，接着说道，"但是我负责的新区域有一些艰巨的任务，所以我会很忙。道恩·威廉姆斯现在是你的老板了，她也会帮助你的。"

"我们说说人事方面吧，"杰里又说，"明天我会和你过一遍工资名单，与年初你替我代班的时候没有太大改变，所以对你应该没什么问题。我更关心的是工作安排。"杰里停顿了一下，深吸一口气："今天你和道恩开会的时候，塔尼亚说两周后她将离开。"

"什么？"托尼叫起来，不敢相信他所听到的，"塔尼亚是我们最有经验的主管、最好的培训师，而且也是最熟悉我们情况的人。为什么她要走？我们可以说服她不走吗？"

"相信我，小伙子，如果有一个办法可以留住她，我肯定做了。"杰里说，"但是她爱人刚刚在外地找到了一份工作，他们两周之内就会搬走。所以我们得尽快找个替代塔尼亚的人，接下来的两周她将培训他来接替她的职位。"

"好的，"托尼说，他努力把这种爆炸性事件当作是当塔克·巴恩经理的家常便饭，"这听起来像个计划，关于这个安排我们还有什么需要做的呢？"

"哦，"杰里接着说，"别忘了学校两周之内就要开学了，新的运动日程也将开始，有几个孩子——马特、威廉、保罗、凯特、苏珊、詹妮弗、梅甘等等——都打算削减他们的当班时间或换班，以便能够挤出时间来练习和比赛。好消息也有，就是你手上有些不错的应聘者，不过你得马上开始面试,这样才能让这批新人得到培训、为上岗做准备。"

"好的,"托尼茫然地说,他已经开始思索在最好的培训老师离开后他该如何来培训这些替代者,"其他呢?"

"还有关于计划的实施,"杰里说,"我们转向公司正在开发的新菜单项目吧。"

问题

1. 你认为这个团队对托尼的提升会有什么反应?
2. 你觉得一周时间对于托尼从杰里那里得到经营餐厅所需的信息来说足够吗?为什么?
3. 为了让托尼更好地为在他的新职位上成功做好准备,杰里还能做什么?
4. 如果你处在托尼的位置,你现在要做什么?

1. 管理常常被描述为一个普遍的过程,即管理的基本原理可以被转移并应用于几乎所有的情况。你认为在银行的成功管理者放在大学或学院也会一样出色吗?解释你的理由。
2. 在一个给定的组织中,如何确定谁是管理者,谁不是管理者?例如,像街角小卖部这样的个体生意经营者是管理者吗?给出解释。
3. 你认为管理技能能从书本中学到吗?还是仅能从实践中学到?
4. 考虑你自己的个性、技能和工作经验,你觉得自己可以成为优秀的管理者吗?为什么?

管理 决定使用组织的资源来生产产品或提供服务的最好方式的过程。

高层管理 最高的管理层级,负责设立组织的目标或目的,决定实现目标所必需的行为,并决定如何最好地使用资源。高层管理者专注于决定公司下一步发展方向。

中层管理 负责执行和实现组织目标,也负责制定部门的目标和实施行动。

监督管理 管理操作性员工，一般思考第一线管理问题。

角色 与某一特定工作相联系的行为模式。

计划 决定未来一段时间要追求什么目标以及为达到该目标要做什么的过程。

组织 分组活动、分配活动以及为实施活动的需要赋予相应的权力。

人事 决定人力资源的需求，招聘、选拔、培训和发展人力资源。

领导 率领和引导人们的活动以趋近目标的完成。

控制 将表现与目标对比衡量，找出导致偏离的原因并在必要时采取矫正的行动。

概念技能 理解公司各部分彼此之间的关系和把公司视为一个整体的能力。

人际关系技能 理解他人并能与他人很好协作的能力。这些技能使管理者在工作交往方面与工作生产效率方面一样获得成功。

技术技能 完成特定技术工作的能力。

多样性 包括不同的性别、人种、宗教、国籍、种族、年龄和能力的人。

玻璃顶棚 喻指阻止女性和少数族裔晋升到组织管理层的无形障碍。

商业伦理 指在商业中应用道德行为的标准，换句话说就是在商业交易中"做正确的事"。

访问美国管理学会的网站（www.amanet.org），找到一个有关监督管理技能的课程并总结该课程的内容：培训包括了些什么？培训为课程参与者技能的提高设计了什么活动？

分成两人或三人的小组，选择"规定变动的话题"中的一个管理规定，做以下准备工作：

1. 写一个需要以邮件形式发给所有员工的通知他们规定变动的正式备忘录。

2. 写一个针对重要员工（在这种情况下就是你的同学）的 15 分钟的阐述报告，指出规定变动的原因以及你期望看到的结果。

规定变动的话题

- 为缩减开支，公司网站的日常维护中心将要关闭。
- 楼前的停车位现在只供高层管理者使用，其他员工必须把车停到停车场里较远的尽头处。
- 整个公司将成为无烟区，不再提供指定的吸烟区域——这一规定立即生效。
- 因为无人使用，公司的健身房将马上关闭。
- 为了腾出更多的办公空间，自助餐厅将被关闭。
- 大楼将只对员工开放，家人和朋友必须登记和出示来访证才能入内。

讨论练习 1.1

UPS 管理者的震撼心灵的学校

高层管理者分享其他员工艰难的生活经历。

在联合包裹服务公司（UPS），规则是不能被打破的。否则，UPS 就不能将每天的 1 350 万件包裹按时送达目的地。然而两年前，UPS 在加利福尼亚州圣拉蒙市的一个经理马克·J·科尔瓦德不得不对是否改变其中一条规则做出决定。一个驾驶员需要离开工作岗位去帮助他生病的家人，但是公司规定任何时间他都没有离开的权力。如果科瓦尔德坚持原则，这个驾驶员可能会强行离开并被公司解雇。如果科尔瓦德让他离开，他将受到其他驾驶员的强烈谴责。科尔瓦德最后给了这个驾驶员两周时间，减轻了他的工作，留住了一个有价值的员工。科尔瓦承认，如果是六周前，他可能做出相反的决定。

是什么改变了他的决定？是他在得克萨斯州的麦卡伦市与迁移的农民一起度过的一个月。这是 UPS 的一项特殊的管理培训（社区实习项目，CIP）的一部分。在经历了为穷人盖房子、为救援军队募集衣物、为一个戒毒中心工作之后，科尔瓦德说他已经能够体恤那些家庭处于危难的员工，这让他成为了一个更好的管理者。"我的目标是产生业绩，在某些情况下这意味着不看人而看底线，"科尔瓦德说，"在那个月之后，我立即开始以不同的方式接触别人。"

CIP 是 1968 年由 UPS 的创始人詹姆斯·凯西发起的。他想通过这个项目引起 UPS 的大多数白人管理者对很多城市里由贫穷和不公演变成的暴力的关注。截至目前，大约 1 200 个现任和历任的中层管理者参与了这个项目。这一项目已经发展成为 UPS 传统里不可缺少的部分，它教会了管理者一项重要的弹性技能，因为公司一直试图将不同背景的工人纳入严格规范的企业文化，其中规定了速递人员从如何携带包裹到每秒钟要走多少步。

UPS 需要规定，但是也需要管理者能够在必要的时候做一些让步。"我们有 330 000 个美国工人，"唐·B·沃福德（CIP 项目协调者，他也曾接受过该项培训）说，"他们有各种各样的个性和多样性，我们需要能够管理这些不同个体的管理者。"因此，每个夏季 UPS 都会从公司 2 400 名管理者中选拔出 50 个最有前途的人派到国内别的城市去，UPS 的合作者在那里安排了帮助当地群众的日常社区服务。这些问题——从交通到住房、教育以及卫生保健——是许多 UPS 员工每天需要面对的。通过强行让管理者面对同样的问题，UPS 希望唤醒他们对员工所面临的困难的注意，在白人管理者与非洲裔的美国司机以及高收入居民与南部农村出身的工人的文化差异间架起一道桥梁。这对 UPS 是必要的，因为在这里少数族裔（很多来自穷人社区）占了劳动力的 35% 和新员工的 52%，而 3/4 的管理者都是白人。

在 34 年里，UPS 从未停止过这个项目，即便是在因"9.11"恐怖袭击而导致的成本削减时期或 1997 年的司机罢工期间都是如此。除了支付开展项目的管理工资成本之外，UPS 每个培训期的成本达到 10 000 美元，从 CIP 开始时累计已达 1 300 万美元。UPS 承认没有确切证据证明这个项目起了作用，但经历这种培训的管理者说它让他们学会了更多地去寻求例外情况的解决办法。路易斯维尔市的一个部门经理帕蒂·霍布斯 1998 年在纽约东部贫民区度过了一个月，那些未受过教育的吸毒者们指导青少年远离毒品的创意给她留下了深刻的印象。认识到最佳的解决方案有时来源于离问题最近的人，她立即召集所有员工而不仅仅是高层领导者参与讨论。霍布斯说："你开始觉得没有一个人（不管是什么岗位）知道所有的答案，答案来自我们大家。"与穷人居住的一个月不能改变这个世界，但是能帮助

UPS的管理者看到他们的雇员除了作为一台高效的机器的一个齿轮之外的更多东西。

问题

1. 你认为其他的公司能够从类似于社区实习的项目中获益吗？为什么？
2. "UPS承认没有确切证据证明这个项目起了作用。"在没有证据证明其有效性的前提下，为什么像UPS这样关注成本的公司持续为该项目提供了1 300万美元资金？
3. 你认为管理者从参与CIP中获得了什么？
4. 在你目前（或以往）的工作中，如何实施一个像CIP这样的项目？给出你介绍的类似机会的某个例子，试想你的员工会有怎样的反应。

资料来源：Adapted from Louis Lavelle, "Management," *BusinessWeek Online*, July 22, 2002.

讨论练习1.2

职场新人：新手犯错

第一年往往会有很高的期望，但如果你犯下这些新手的错误，期望就会很快落空。

在年轻人的生活中，几乎没有什么时候比走出校门的第一年压力更大。如果一切顺利，你在所选择的专业领域找到了一份梦想中的工作，但现在仍一切安危未定。如果你在新工作中表现优秀，你的雇主可能给你晋升、涨工资、增加职责，使你能够超越下一个职位的竞争者，这将使你超负荷运转。如果干得不好，你可能被下派一级。好消息是：除非有很严重的违纪，极少人会在工作的第一年被完全转向，因为大多数雇主允许雇员有一个学习的过程。坏消息是：你自己树立的名声将会长期存在——相当于你永久的在校记录——在许多年都影响到别人怎么看你。新手的错误有时难以避免，但是很容易从中学习，这里列举了一些错误，避免它们可以使你少走弯路。

错过展示自己的时机。"上镜率"是你要优先保证的事情。你想把工作做好，但是与做好工作同样重要的是要让你的经理知道你处于所在工作组的前端，而这往往不容易。一个办法是谨慎选择你的任务。选择那些让你与他人保持联系的项目，这能扩展你的网络和提升你的职业生涯。别把自己埋在一个长期的任务中，这样别人可能忽视你。选择容易让别人看见成绩的项目，让你的能力发出光芒。然而，只有当你拥有区别于他人的独特能力时，能见度才是一个优势。因此，应花点时间评估自己以及所面临的竞争环境。

置之不理。 你很可能已经融入了环境，现在需要与公司上层建立联络。内部的网络就能提升可见度，联系一下可以给你当顾问的同事，他能给你有关公司文化和你能满足雇主什么需求方面的深刻见解。这不需要弄得很复杂。认识一个在公司等级较高而你正常情况下不会与之交涉的人——例如你的老板的老板——和他谈点什么，从公司现状到棒球得分都可。会议之后留下与掌权的人聊聊，主动加入一个委员会或某个工作小组。

耍大牌。 人事人员不会对抱怨项目"太无聊"、想要甩手不干的年轻新手耿耿于怀。但是公司高级经理会立即建议说"忍耐，打起精神，你不是在喝咖啡"。坚守一份一开始并不起眼的工作是值得的。此外，即使是你不愿长期做下去的工作，你也能不断开阔视野、积累经验，这有利于你找到理想的工作。

轻蔑地对待接待员。 杜克大学就业中心的常务主任希拉·柯伦讲过这样一件事：一个被叫回第二次面试的学生，因为她曾"轻蔑"地对待接待员而没被录取。同样的"地雷"在第一年工作中等待着新雇员。"学生没有意识到，从招生办公室到负责现场面试时间表的每位工作人员都可能与他们有关系，这种关系可以帮助或伤害他们，这取决于学生如何对待他们。"柯伦说。

过于出风头。 表现自己，但不要过头。一个给人留下良好第一印象的妙计是承担较小的项目，使你的表现超出人们的期望。主动从多年表现平庸的同事那里接手一个项目，不但这个同事会感激你，而且这种适度的时间投资也可以让你更上一层楼。此外，这样做也是节省时间或资源、为现有的产品或服务开拓市场或通过其他方式影响结果的新途径。即使你的老板不买账，你也获得了印象分：你是一个满腹才华的人。

不会管理时间。 你新公司里的大人物们可以迟到早退，在夏季周末去海滩，吃两个钟头的午餐，花费一个下午在高尔夫球场。但是对于普通员工，通往成功的道路几乎总是铺满了长时间和艰苦的工作。这意味着早上班晚下班，如果需要还要在办公桌上吃午饭。在你老板到来之前上班，在他离开后才下班，哪怕只是 5 分钟，也绝不是一个坏主意。如果没有别的事，这会留给他一个好印象，你是专心致志于你的工作的。与任何事情一样，有一点你要注意，工作时间过长是适得其反的。如果你已经没有什么工作要做了，但是你仍然每周工作 80 小时，则意味着你不能专注于你的工作或你不能管理好自己的时间，那说明你可能是不称职的。作为第一印象，这不是一个好的开端。

问题

1. 这六个小技巧哪个对你影响最大？为什么？
2. 这六个小技巧哪个对你影响最小？为什么？
3. 你能将这些小技巧用到你目前（或过去）的工作中吗？为什么？
4. 对于这份给新员工的忠告，你还能补充什么建议？

资料来源：Adapted from Paula Lehman, *BusinessWeek Online*, September 18, 2006.

第二章
管理学简史

Chapter Two

"不能从历史中学习的人注定要重蹈历史的覆辙。"

——乔治·桑塔亚那（George Santayana）

■ **学习目标**

在学完本章之后，你将能：

1. 解释工业革命对管理学思潮发展的影响，认识工业界的先驱们以及他们在管理革命中的作用。

2. 界定科学管理，并能简述弗雷德里克·W·泰罗（Frederick W. Taylor）在其发展中的贡献。

3. 认识和说明人际关系运动。

4. 解释系统论方法。

5. 说明 X 理论、Y 理论和 Z 理论的差别。

6. 理解意外事故管理方法。

7. 说明追求卓越和强调质量的管理概念。

8. 理解在一个组织从优秀到卓越的过程中需要什么。

工作世界：托尼考虑他自己的风格

在从餐厅（不久后这将是他的餐厅，托尼想）回家的路上，托尼被提升的消息最终尘埃落定。这次杰里被提升为区域经理致使他俩只有很少的时间来应对这一转变，因此这一天充满了各种各样的信息——组织形式、规则、规章、指导方针以及来自杰里的很多关于应对意外的建议和技巧。

在平静安宁的家中，托尼开始回想他之前在塔克·巴恩的日子以及他从杰里和道恩那里学到的很多东西。他们的工作方法很不相同。道恩总是关注数字，每次来餐厅，她和杰里最后总是陷入这方面的争论：她电脑屏幕上一个柜台的有关数据或是打出来的一份电子数据表上的数字——伙食成本、劳务成本和最近一次促销活动会使销售额上升多少个点。道恩走之前总要四处走走看看，以确认是否大家都在认真干活。杰里带出了一个好的工作团队，所以从来没出过问题，不过托尼也想知道如果道恩发现了什么不对她会是什么反应。

在托尼看来，杰里的风格是看重人胜过看重数字。他总是花时间与他的员工一起工作，但很明显他达到了他需要的财务目标（不然他也不能保住这份工作，托尼想）。他基本不在他的办公室——除非你把厨房背后的清洁间也称作办公室。杰里总是在厨房与厨师们一起工作；或是待在餐厅，餐厅开门前和服务员一起干活，开门后又去查看顾客们的情况。

托尼突然意识到，既然他即将负责这家餐厅，他就该确立自己的管理风格。以前他曾好几次在杰里度假时顶替过他，但是只要杰里一回来他的工作就结束了。但这次不同了——托尼现在是经理，他在想知道自己应该成为哪种管理者。

问题

1. 为什么托尼很重视在塔克·巴恩确立他自己的管理风格？
2. 你更喜欢哪种管理风格，杰里的还是道恩的？为什么？
3. 你认为托尼会选择谁的管理风格，杰里的还是道恩的？为什么？
4. 如果你正在一个管理岗位上工作，你如何描述你的风格？如果你正朝着一个管理职位努力，你觉得自己更像道恩还是杰里？为什么？

管理学的历史

要了解某一学科的来历、现状以及未来就必须知道它的历史,管理学也不例外。举个例子,你是否经常在阅读了一个关于某一事件的来龙去脉后就形成了与你知道事件发生缘由前截然相反的观点?许多眼前的管理问题都来源于以往的管理活动,了解问题的历史演变有助于现在的管理者应对这些问题,同时也可以让他们明白为什么之前有用的管理方法到今天就不奏效了。对于今天和以后的管理者来说,他们面临的挑战不是去记住历史名称和日期,而是形成对事情发生缘由和过程的认识并将该认识用于管理实践。

从人类繁衍之初就一直存在着某种形式的管理。一旦一个人试图领导另一个人时,管理的思想就开始发展了。我们所熟悉的管理的发展是一个比较现代的概念。19世纪的工业化以及随后的大公司的出现,产生了对新管理方法的需求。

美国工业革命

正如这一名称所暗示的,美国的**工业革命**贯穿了美国由一个几乎全部以农业为基础的社会向一个工业社会转变的全过程,而1860年通常被看做19世纪工业革命的开端。

丹尼尔·雷恩(Daniel Wren)认为美国工业革命有三个要素:动力、交通和通信。许多新发明,如蒸汽机,让工业扩展到从前完全没有工厂和其他进步迹象的地区。工业不再依赖于水和马作为其动力。

工商业交通运输历经了从运河、铁路最终到高效率公路的过程。然而,进步往往带来它所特有的一些问题:通信方式不断拓展,管理者必须在迅速变化的框架内做出决策,日程表安排比以前困难,新的市场被开发出来等。这一切变化呼唤新管理技术的到来。

以电报、电话和收音机为形式的通信改变了美国企业的运行方式,速度和效率迅速提高。农业社会日渐远去的趋势使农业工人的行为发生了很多改变。工作计划、任务、工作负担、薪资以及安全成为20世纪人们热议的话题。

> 真实情境中的管理学

工业化的先行者

工业化一旦开始,就飞速前进。到19世纪末,经济已经从以农业为主转变为与商品制造和工业市场密切相关。

19世纪的后25年,美国商业由工业界的前辈们支配和决定。这其中包括约翰·D·洛克菲勒(石油)、詹姆斯·B·杜克(烟草)、安德鲁·卡内基(钢铁)和科尼利厄斯·范德比尔特(蒸汽船和铁路)。与以往几代人非主观的思维方式相反,这些人首要追求的是利润和个人得利。尽管手段受到置疑,但他们确实获得了想要的结果。在这些个体的控制下,通过消费行业和商品制造业的兼并形成了巨型公司。他们开创了新的组织形式、引进了新的营销方法,分布全国各地的营销机构也首次开始形成。巨型企业的产生改变了商业决策的制定环境。

对于大企业组织和工业界的先导们来说,以前的管理方法已不再适用。政府开始管理工商业,在1890年通过了致力于规范和约束企业交易行为的《谢尔曼反托拉斯法案》(Sherman Antitrust Act)。

到1890年,以前的管理方法在美国工业界已不再适用。管理者不再能当即做出决定或在头脑中保存工作记录。随着全国性市场的形成,公司规模逐渐变大。通信和运输的拓展大大刺激了工业增长。技术革新也加快了工业增长的步伐:在19世纪末期,内燃机的发明和以电力作为动力极大地促进了工业发展。

然而,尽管当时的环境对于生产力发展和经济繁荣来说十分理想,工资却很低。生产方式粗糙,基本不对工人进行培训,没有衡量工作的方法和标准,也不去琢磨完成一项任务最为可取的方式。工作心理和生理方面的因素,诸如厌倦、重复、疲劳等,在大多数职业设计中并没有被研究,甚至没有纳入考虑的范围。

在这一管理阶段,专业工程师作出了重要贡献。工程师设计、建造、安装生产制造系统并使其正确运转,那时他们会自然地去研究操作这些系统的方法。

学习进度检测问题

1. 解释为什么在20世纪以前管理没有作为一门公认的学科出现。

2. 叙述美国工业革命的三个关键要素。
3. 这一时期工业界的四位领袖人物分别是谁?
4. 工业界的领袖人物在现代企业的发展中扮演了什么角色?

弗雷德里克·温斯洛·泰罗与科学管理

随着工业的快速增长和大宗交易的产生,专业分工和组织部门化得到了发展。单个人不再事事包揽而是专门负责部分工作,这对工作流程的协调、整合和系统化提出了要求。对一个生产几千个零件的公司来说,生产每个零件的时间都十分重要。生产的增长和对工作流程进行整合和系统化的新要求促使工程师们开始研究工作流程和工作内容。

通常认为,1886年,耶鲁和汤制造公司(Yale and Towne Manufacturing Company)的总裁亨利·汤向美国机械工程师协会所作的一次报告是点燃工程师们对一般商业问题的兴趣的火种。汤强调,工程师在关注传统技术职责的同时,也应关注企业的财务和利润目标。年轻的机械工程师弗雷德里克·温斯洛·泰罗此时正在观众席上,汤的演讲使泰罗的脑子里冒出一个念头——研究在密德瓦钢铁公司(Midvale Steel Company)遇到的问题。在密德瓦的时间里,泰罗与各个不同层次的工人一起工作并对他们进行观察研究。不久后他发现很多工人并没有付出百分之百的努力。泰罗将这种产出受限的趋势称为**"磨洋工"**。

泰罗很快看出工人们没有增加生产的动机,当时的大多数工资制度都是基于出勤和职位。计件工资制之前就被尝试过,但因使用不当和标准的缺陷而失败了。泰罗认为,如果工人们相信标准的设定是公平的,并且管理者能够坚持该标准,计件工资制就能奏效。泰罗想用科学和实验的方法而不是传统惯例来设定工作标准。泰罗的努力成为后来人们熟知的**"科学管理"**的真正开端。

泰罗发展的科学管理基于以下4条原则:
- 以科学的方法代替单凭经验的方式来设计一项工作。这当中涉及数据的收集、整理和制表,并最终达到以"最佳标准"来完成一项或一系列任务。
- 员工的科学挑选、继续教育和发展。泰罗认识到人与工作相匹配的价值,他强调必须研究工人的优势和劣势,为其提供培训,以使其工作表现更为出色。

● 将用科学方法选拔出来的员工与科学的工作设计方法相结合。泰罗认为新颖和科学的工作设计不应仅仅是员工面临的问题，管理部门也应充分考虑。他相信员工对管理方法的改变基本上是不排斥的——如果他们了解改变的原因并预料到自己有可能挣得更多的话。

● 管理者和工人相互依存的工作分配。泰罗相信如果他们真正彼此依赖，协作将非常自然。

不论对于管理者还是员工，科学管理为他们对各自职责的态度和对彼此的看法都带来了一种新的观点。它是关于人力资源应用的一种新哲学，所强调的是通过消除组织运行层面上的浪费和无效率，以最小的努力获得最大的产出。方法论在这里被用来研究工作任务，具体包括了调查研究和实验（科学）的方法等。在人事、工作条件、设备、产出和程序等方面都设置了标准。管理者制订工作计划，员工去完成它，工作是管理者和员工紧密协作的结果。

对工作的科学研究同样强调专业化和劳动分工。因此，组织架构的需求变得越来越明显，流水线（line）和全体职员（staff）的概念产生了。为了激发员工的积极性，大多数科学管理项目都采取了工资激励的办法。一旦确定了标准，管理者就开始监视员工的实际表现并与标准相对比，由此产生了管理的控制功能。

科学管理是关于人和工作的关系的哲学，而不是一项技术或者一个效能装置。泰罗的理念和科学管理不仅基于对工作的合理布置的关注，也基于对工人的考虑。这方面常常被误解。泰罗和科学管理曾经（现在也仍然）因为不人性化、只以增加产出为目标而遭到攻击。因为这一原因，泰罗和他的科学管理曾是1912年国会调查的对象。泰罗思想的出发点是将科学管理看做有益的管理与员工的平衡。管理能够在给定的时间段完成更多的工作；员工能够在几乎不增加额外辛劳的同时生产更多，也获得更多。总之，泰罗与其他的科学管理先行者相信：如果经济奖励与个人表现挂钩，就能达到激励员工的目的。

其他科学管理先驱

一些泰罗的追随者和同事帮助泰罗推动了科学管理的发展。亨利·劳伦斯·甘特（Henry Lawrence Gantt）和泰罗一起在密德瓦钢铁公司工作，之后又一起在伯利恒钢铁公司（Bethlehem Steel）工作。甘特因为在生产控制方面的工作和甘特图的发明而著名。甘特图至今还在使用，通过它可以描述出预期产出和实际完成的产出。甘特还是最早公开阐述管理和企业的社会责任的管理先行者之一。他认为如果商业体制忽略了它的社会责任，公众将会试图接管商业。

弗兰克和莉莲·吉尔布雷斯（Frank and Lillian Gilbreth）无论作为一对夫妻组合还是个人，都是早期管理运动中十分重要的人物。吉尔布雷斯夫妇受到泰罗和科学研究的启发，开创性地使用了电影胶片研究手和身体的运动以消除不必要的动作。弗兰克的兴趣主要在于动作和工作方法的研究，莉莲·吉尔布雷斯的主攻领域则是心理学。弗兰克在1924年过早地去世了（那时他才50多岁），莉莲在接下来将近50年的时间里继续他们的工作直到1972年去世。在这段时间里，莉莲的研究强调对工人的关怀，并指出科学管理应培养员工而不是压迫他们。莉莲·吉尔布雷斯由于其多重贡献（见图表2—1）而被誉为管理学第一夫人。通过将**时间和动作研究**与心理学相结合，吉尔布雷斯夫妇在疲劳、厌倦和士气的研究领域做出了卓越贡献。

图表2—1　　　　莉莲·吉尔布雷斯：管理学第一夫人

- 工业工程师协会第一位女性成员（1921）。
- 美国机械工程师协会第一位女性成员。
- 首位被选出参加全国工程师行业学会的女性。
- 首位获得密歇根大学工程学硕士荣誉学位的女性。
- 工程类院校的首位女性管理学教授（普渡大学，1935）。
- 纽瓦克工程大学的首位女性管理学教授。
- 第一位也是唯一获得吉尔布雷斯奖的女性（1931）。
- 第一位被授予甘特金质奖章的女性。
- 第一位也是唯一首席信息官（CIOS）金奖的获得者。
- 共获得20多个荣誉学位，担任过五任美国总统的顾问。

资料来源：From Daniel A. Wren, *Evolution of Management Thought*, 4/e, 1994, p. 143. Reprinted with permission of John Wiley & Sons, Inc.

法约尔的管理理论

亨利·法约尔（Henri Fayol）是法国人，他最早完整地阐述了常规的管理理论。这一理论尽管在20世纪早期的欧洲很受欢迎，但直到20世纪

40年代末期才在美国获得公认。现在看来,法约尔最大的贡献是他的管理准则和管理基础理论。法约尔提出了以下14条管理准则:

工作分工:专业分工的概念。

职权:与个人权威相对的正式的(职位的)权力。

纪律:基于服从和尊重。

统一指挥:每个员工应只接受来自一个上级的命令。

统一领导:有统一目标的行动小组应只有一个领导者和一套计划。

个人利益服从集体利益:制止个人利益高于集体利益的倾向。

报酬:工资的支付方式取决于许多因素。

集中:集中程度取决于情境和正式沟通渠道。

等级链(职权链):显示职权排序和正式沟通渠道。

秩序:保证事物处于适当的位置。

公平:产生于友好和正义。

人员的稳定:需要有序的人事计划。

首创精神:要求个人具有努力的热忱和精力。

团队精神:强调组织的和谐和一致。

法约尔从自己的工作实践中提炼出了以上管理原则。他视之为有效管理的通用指南,但他同时也强调要灵活运用,根据环境的不同而进行相应的调整。

案例讨论2.1

爷爷的公司

J.R.V.是一家生产工业用具的公司,1905年由老詹姆斯·R·韦尔创立。小詹姆斯·R·韦尔是公司的总裁;他的儿子理查德是行政副总裁。小詹姆斯在过去的30年里以类似他父亲的管理模式经营该公司。

公司成立之时,老詹姆斯是科学管理的有力支持者,他通过时间和动作研究来科学地组织工作,使完成每项工作的效率达到最高。因此,J.R.V.公司的大多数工作都是专业化的,且依赖于高度的工作分工。另外,公司还强调将员工放到最适合于他们的工作上,并给予充分的培训。大多数员工都是按计件激励机制拿工资,标准由时间和动作研究设定。小詹姆斯在接管公司后继续大力强调科学管理。如今所有的员工都有两个星期的带薪休假和公司保险。此外，员工普遍能拿到他们所在行业的平均水平的工资。现在的J.R.V.大厦建于1920年，之后也有一些小的改进，如安装了感应灯和设置了员工午餐厅。

小詹姆斯计划几年后退休。近来，他和理查德（他将来的继承人）在公司的管理上产生了分歧。理查德认为，时代不同了，诸如时间和动作研究、专门化、劳动的高度分工以及公司的其他实践已经过时。小詹姆斯反驳说J.R.V.公司在过去许多年都在目前的管理理念下获得了成功，改变它将是"愚蠢"的。

问题

1. 你同意理查德的观点吗？为什么？
2. 科学管理的原则在今天的组织中还适用吗？给出理由。
3. 小詹姆斯要保持事情原样的理由是什么？
4. 你认为理查德想要做出怎样的改变？

然而，法约尔真正的贡献不是14条原则本身，而是他提出了这些原则并将它们组合了起来。法约尔很可能是第一个提出今天所说的**管理的职能**的人。事实上，他还提出了管理学的基本要素：计划、组织、命令、协调和控制。其中他尤其强调计划和组织，因为他觉得这两者是其他的功能的基础。近年来，对法约尔一些早期著作的译文和注解进一步强化了这一事实：在那个时代，他首先认识到了管理在组织成败中的作用。

泰罗和法约尔的工作在本质上是互补的。他们都认为对人事和其他资源的恰当管理对于组织的成功是至关重要的，都采用了科学管理的方法。他们之间主要的不同在于目标，泰罗强调对工作的管理，而法约尔重视对组织的管理。

学习进度检测问题

5. 界定科学管理。
6. 泰罗科学管理的4条主要原则是什么？
7. 列出法约尔的14条原则。
8. 说明法约尔的5项管理职能。

真实情境中 的 管理学

人际关系运动

1929—1932年的经济大萧条中失业率超过25%，自那之后，工会为工薪阶层发掘和争取了许多利益，这一时期被称为工会主义的黄金时期。立法机关和法庭也积极支持有组织的劳动者和工人。这时主要的管理风气倾向于强调理解员工和他们的需求（反对将注意力只集中于管理工作）。图表2—2概括了20世纪二三十年代通过的重要工会法案。一个重要的研究项目——著名的霍桑（Hawthorne）研究，通常被认为是点燃了商界对工作车间中的人的因素的兴趣。

图表2—2　　　　　20世纪二三十年代关于工会的重要立法

> **1926年的《铁路工人法案》**　给予了铁路工人成立工会以及进行集体谈判的权利；确立了雇主承认工会并与工会集体谈判的义务。
>
> **1932年的《诺理斯·拉瓜蒂法案》**　严格禁止使用强制措施限制工会活动。
>
> **1935年的《国家劳动关系法案》（《瓦格纳法案》）**　全面保证了工人加入工会、与雇主进行集体谈判的权利，而雇主有这样做的法定义务。
>
> **1938年的《公平劳动标准法案》**　建立了最低工资标准并要求为一周内多于40小时的工作时间支付1.5倍的工资。

霍桑研究

霍桑研究开始于1924年，当时美国国家科学院的国家研究委员会开始了一个有关物质工作条件和工人生产率的关系的项目。该项目以伊利诺伊州西塞罗市的西部电力公司的霍桑工厂作为研究地点。首先，研究者调低了工作场所的灯光，以为生产率会因此下降，令他们惊奇的是，生产率却提高了。接下来的几个月里，研究者对光照的不同等级及其他可变因素进行重复试验。结果，不管光照强度如何，产量都提高了。

研究者们对结果感到困惑，1927年初召集了一个来自哈佛大学的由埃尔顿·梅奥（Elton Mayo）领导的心理学专家组继续研究。接下来的5年里，他们做了涉及数千员工的数百次实验。在这些实验中，研究者改变了诸如工资所得、休息时间和工作日长短等因素，结果与灯管试验相似：产量提高了，但与环境并没有明显的关系。大量分析之后，研究者得出结论：物质条件之外的其他因素影响着工人的生产效率。他们发现员工会对诸如非正式的团体压力、受认可度及参与决策等工作心理和社会条件做出反应。

研究者同时发现，员工对研究者所给予他们的关注表现出了积极的回应。这一现象随后被称为**霍桑效应**。研究的另一发现是有效监管对于生产率和员工士气具有重要作用。尽管霍桑研究所使用的方法和得出的结论受到质疑，但他们确实引起了对工作车间中人的因素的极大兴趣。

人际关系运动的早期拥护者

玛丽·帕克·福莱特（Mary Parker Follett）并不是管理自己的生意的女商人。然而，通过写作和讲座，她对许多商人和政府领导产生了很大的影响。在关心管理过程的多方面的同时，她认为最基本的管理理论是：任何组织的首要问题是建立和保持组织内部充满活力的和谐人际关系。1938年，多年担任新泽西州贝尔电话公司（Bell Telephone）总裁的切斯特·巴纳德（Chester Barnard）出版了一本书，该书将组织理论的整个知识体系与社会学结合起来。巴纳德将组织看做一个社会结构，强调组织的行为。由于将传统管理与行为科学有效地结合了起来，巴纳德对管理者和教管理学的老师们产生了重大影响。

案例讨论 2.2

回到科学管理

近来，州立大学的一位教授在一个管理学发展研讨班上就动机这一话题开展讲座，参与者们就存在于他们各自组织中的问题进行了开放式讨论。他们提及的问题包括旷工、辞职以及糟糕的技术。这些参与者管理着多种类型的工人，如汽车装配工人、办事员、电脑操作员、保洁员，甚至还有一些中层管理者。

在讨论中，其中一名参与者这样说："我们所需要的防止所有这些问题的方法是科学管理。"

问题

1. 你觉得那名参与者的话是什么意思？
2. 你同意吗？就此进行讨论。

3. 以案例中的一种工作为例,展示你是如何应用科学管理的。
4. 对于问题 3 中你选择的工作,人际关系方法又如何应用呢?

学习进度检测问题

9. 什么是霍桑研究?
10. 解释霍桑效应。
11. 埃尔顿·梅奥、玛丽·帕克·福莱特和切斯特·巴纳德是谁?
12. 在管理理论的发展中人际关系运动为什么重要?

专业管理者

专业管理者也叫职业经理人,出现于 20 世纪 30 年代。那时,管理者被分为三类:所有者—管理者、行业首领、财务管理者。南北战争以前所有者—管理者占主导,从 19 世纪 80 年代到 19 世纪末是由行业首领控制组织的时代,财务管理者与行业首领的操作方式大体相同——除了他们通常不拥有他们所控制和掌握的企业之外。财务管理者在 1905 年前后到 20 世纪 30 年代早期占主导,30 年代后期的经济大萧条极大削弱了公众对商业组织的信心。

20 世纪 30 年代晚期,专业管理者出现了。专业管理者是一个不一定想控制他就职的公司的职业人。专业管理者明白他们对三个人群的责任:员工、股东和普通大众。随着技术的拓展和组织的复杂化,专业管理者日益普遍。

系统方法

经过了 20 世纪 50 年代晚期和 60 年代早期的分裂之后出现了一个试图整合的时代。许多管理理论家开始考虑使用系统方法来整合各种管理学派。**系统**是作为一个整体运作一组相互关联的要素的集合。

管理的系统方法被看做"一种关于管理工作的思维方式,它提供了一个将内外环境因素作为一个整体来观察的框架"。这种方法是把一个组织看成与外界环境相互作用的或与外界环境没有相互作用的**封闭系统**。大多数组织是以开放系统的方式运行的。但尽管如此,它们仍然会犯忽视外界环境的错误，表现得好像它们可以独立于周围的世界运转一样。

X 理论和 Y 理论

在 1960 年的著作《企业的人性侧面》(The Human Side of Enterprise) 中，美国社会心理学家道格拉斯·麦格雷戈（Douglas McGregor）提出了一个简单划分管理风格的方法，从本质上区分了不同的管理方式。

X 理论 掌握权力的管理者认为，大多数员工不喜欢干活，只有惩罚的恐吓才能迫使他们的工作达到所要求的生产水平。

Y 理论 主张民主和参与的管理者相信，员工不需要被恐吓在实现生产目标方面就是值得信任的。创造性和提高自身技能所带来的满足感会让员工勇于承担额外的责任。

持 X 理论和持 Y 理论的管理者如今已成为许多管理培训节目中典型的对立者。在评论这些管理风格时，他们被看成是截然相反的。然而，随着 20 世纪管理研究的进展，这种分类方法被认为过于简单化，一种更为广泛的管理方法被提出来了。

权变理论

20 世纪 70 年代占主流的是权变理论。在**管理的权变理论**中，对于不同的情况和条件要求用不同的管理方法。其支持者相信，没有唯一的最好的管理方法；最好的方法取决于特定的环境。鉴于管理者几乎不会在所有情况下使用同一管理方法，你可能会问："这一方法的新颖之处是什么呢？"其新颖之处就在于权变理论的研究远远超出了简单地说"这要看情况"。许多权变理论者详细列出了在某一情况下最起作用的方法或风格。权变理论在许多领域都有了发展，如决策、组织设计、领导、计划和组织行为，本书将讨论到理论的许多方面。

日式管理运动与 Z 理论

第二次世界大战后，日本公司所取得的巨大经济成就吸引了全世界对其管理实践的关注。当管理学者研究日本的管理时，发现了一些与传统的美国方法不同的特点。一般说来，日本管理者鼓励员工更多地参与决策制定，他们表现出了对员工个人福利更深切的关注，并十分强调产品和服务的质量。顶头上司不像命令的发布者，更像决策制定的促进者。从组织的底层到顶端，都强调信息的畅通和自主性的发挥。

认识到日式管理中有许多值得学习的经验，在继承道格拉斯·麦格雷戈的 X 理论和 Y 理论的基础上，威廉·大内（William Ouchi）将美式和日式管理实践相结合，提出了 Z 理论。Z 理论结合了美国人强调个人职责和日本人强调集体决策、长期评估和晋升、关心员工的做法。大内推荐的其他理念，如雇用时长、职业路线特征，则体现了传统美式与日式实践的一种折中。图表 2—3 描绘了传统美式、日式组织以及大内 Z 理论的概貌。

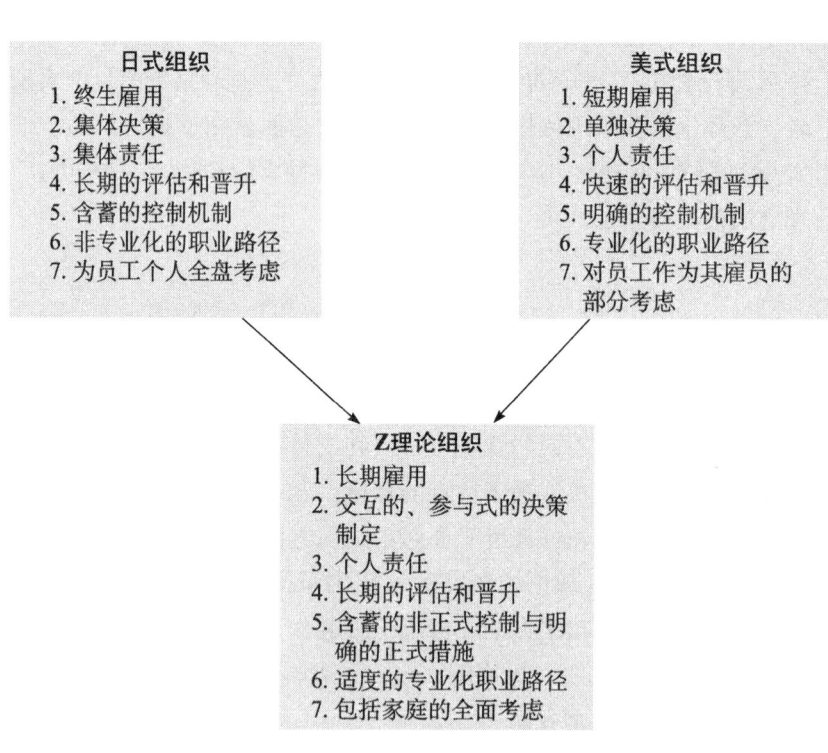

图表 2—3　日式组织、美式组织和 Z 理论组织的对照

资料来源：Adapted from William Ouchi, *Theory Z* (Reading, MA: Addison-Wesley Publishing, Inc., 1984), pp. 58, 71-88.

职业管理

培养成功职业生涯所需的技能

职业规划和发展是一项不能从单一的学习经历中获得的复杂技能。为了获得使你在职业生涯中具有竞争力的必需技能，你必须学习不同种类的工作任务并学会应用这一综合的知识。

为了更好地发展和实现你的职业目标，你需要哪些技能呢？清单可能是这样的：

- 领导力
- 合作组建能力
- 分析能力
- 销售能力
- 行业知识
- 管理技巧
- 解决问题的能力
- 计划的能力
- 感召力
- 技术能力

追求卓越

1982年，托马斯·J·彼得斯（Thomas J. Peters）和罗伯特·H·沃特曼（Robert H. Waterman Jr.）发行了一本名为《追求卓越》（*In Search of Excellence*）的书，该书不久后成为当时出版界最畅销的管理类图书。彼得斯和沃特曼在日式管理风格受到全世界关注的时候（20世纪70年代末期）担任管理顾问，他们萌生出这样的疑问："难道我们不能从美国最成功的企业那里学到什么吗？"他们将自己的评价标准与跨20年（1961—1980年）的6个衡量财务成功的指标相结合，最终选出一组共36个美国公司。根据作者的考量，这些公司在所研究的20年间确实有优异的表现。36个公司中大多是知名的大公司，例如IBM、麦当劳、达美航空和伊士曼柯达。在采访了每个公司并分析他们的发现之后，彼得斯和沃特曼找出了8项"获得优势的特征"，其内容见图表2—4。

图表2—4   彼得斯和沃特曼的8项获得优势的特征

获得优势的特征	特征描述
1. 对行动的偏爱	倾向于坚持做某事；愿意尝试和实验。
2. 接近顾客	提供无可比拟的质量/服务；倾听顾客的声音。
3. 自主和企业家精神	鼓励实际的风险担当和改革；容忍在改革过程中出现适量的错误。

续前表

获得优势的特征	特征描述
4. 以人为本	普通员工被看做提高质量和生产力的根本源泉；尊重员工，维护其尊严；鼓励热情和信任。
5. 一脉相承；价值引导	公司的理念和价值被明确传达；管理者身体力行。
6. 发挥优势	公司仅在密切关联的领域实施多样化；强调内部成长而反对兼并。
7. 机构精简；人员精干	公司结构简单、权力线清晰；公司总部人员精干。
8. 宽严并济	自治权下放到最低权力层级，但同时坚持特定的核心价值。

资料来源：Thomas J. Peters and Robert H. Waterman, Jr., *In Search of Excellence* (New York: Harper & Row, 1982), pp. 13-16.

尽管彼得斯和沃特曼的工作因过于主观化、不是基于正确的研究方法而广受批评，但还是使得许多管理者开始重新思考他们的做事方法。特别是彼得斯和沃特曼重新强调了在职实验和创新思维、将顾客置于首位以及将员工作为人来看待的价值。

然而，就在《追求卓越》出版两年之后，彼得斯和沃特曼所写的"卓越"公司中至少有14家失去了它们的某些光环。14家中有12家不能适应市场的重要变化。一些人认为这些公司太专注于彼得斯和沃特曼的8项特征而不重视对大的经济和行业趋势做出反应导致了它们的问题。而另一些人，包括彼得斯和沃特曼则认为这些公司是因为脱离了对其早期成功有着重要作用的原则而走入困境的。到20世纪90年代早期，彼得斯和沃特曼原先单子上的一些"明星"，例如IBM也遭遇了困难，达美航空公司于2005年申请了破产保护。一些批评者质疑了彼得斯和沃特曼当初选择"卓越"公司所使用的评价标准（不断创新、大规模以及1961—1980年这20年间持续优异的财务业绩），他们还对这些所谓的优秀企业是否为股东带来了不凡的长短期回报提出了疑问。

从这些公司的经历中至少可以总结出两条经验：（1）昨天优秀的公司不一定是今天优秀的公司；（2）任何一组规则对于成功的管理都是不够的。

强调质量

对产品和服务总体质量的强调开始于20世纪70年代，在80年代渐渐高涨并在90年代达到顶峰。美国产品和服务的质量在20世纪70年代初降至低谷，这一现象与日本产品的质量成功一起迫使管理者将目光投向质量这一议题，试图以此提高美国产品和服务地位。

对质量的重视导致管理观念从发现和纠正错误向防止错误发生转变，这引发了全面质量管理（TQM）运动。全面质量管理是一种强调"对整个组织进行管理以使其产品和服务在顾客认为重要的各个方面做得更好"的理念。本书将在后面对全面质量管理进行详述。

伦理管理

XYZ公司在过去的3年里成长迅速，为了适应这样的趋势，公司的CEO决定新设一个管理岗位。这个岗位需要广博的商业知识、对XYZ公司所在行业有所了解，以及值得称道的为人处世技巧。

最终面试后留下两个候选人：约翰——来自公司外，有较强的商业背景；玛丽——来自公司内部，也拥有所需的技能。两轮面试之后，主管人事的副总决定将这一职位给约翰。约翰考虑了几天，最终决定放弃。

副总随后将这一职位给玛丽并约见了她，听到这一消息，玛丽迟疑了一下，她盯着副总的眼睛问："这个工作不是已经给了约翰了吗？"这时副总该做何反应？

资料来源：Adapted from "The Second Choice Asks a Hard Question," Institute for Global Ethics, www.globalethics.org.

从优秀到卓越

跟随彼得斯和沃特曼《追求卓越》的脚步，斯坦福大学商业教授吉姆·柯林斯（Jim Collins）和杰里·波拉斯（Jerry Porras）的书《基业长青：企业永续经营的准则》（*Built to Last：Successful Habits of Visionary Companies*）于1994年出版。该书立即席卷了整个商业世界，销售量超过3 500万册并取代了彼得斯和沃特曼的著作成为迄今为止最畅销的商业书籍。书中以许多知名企业如摩托罗拉、迪士尼、福特、波音公司等——它们中的许多也像彼得斯和沃特曼所说的优秀企业那样在继续奋斗——为典型，陈述了依赖"本土管理方法"创立一个基业长青的组织的必要性。这里的道理似乎是：优秀或者远见卓识可能只是短期有用的东西，管理者永远不能凭当前的成就来确保未来的成功。

2000年，柯林斯和他的研究团队从另一侧面研究了一个企业从优秀发展到卓越所需要的品质，并发表了《从优秀到卓越：为什么有些公司能够实现从优秀到卓越这一跨越，而其他公司却不能？》(Good to Great: Why Some Companies Make the Leap... and Others Don't)，该书卖出了250多万册。通过对1 435家公司长达5年的研究，挑选出达到其"卓越"标准并将从优秀到卓越这一状态至少保持15年的11个优胜者，柯林斯指出成就这些公司的关键在于**刺猬原则**，即管理者只集中精力于简单、基本的原则，允许企业专注于业绩而非同时追求几个战略目标。图表2—5列出了《基业长青》和《从优秀到卓越》的对比。

图表2—5　　　《基业长青》与《从优秀到卓越》的对比

	《基业长青：企业永续经营的准则》	《从优秀到卓越：为什么有些公司能够实现从优秀到卓越这一跨越，而其他公司却不能？》
发表研究成果的作者	吉姆·柯林斯，杰里·波拉斯，1994年	吉姆·柯林斯，2001年
调查研究	斯坦福大学的商业研究所通过6年的调查研究将18个有远见的公司与另外作为参照的控制组里的18个公司进行了对比。	21位科罗拉多大学商科学生花了15 000小时用一组条件类似的公司作为控制组相对照，对11家被公认为成功管理典范的公司进行了研究。
符合特征的公司	3M公司、美国运通公司、波音公司、花旗集团、福特公司、通用电气公司、惠普公司、IBM、强生公司、万豪公司、默克公司、摩托罗拉公司、诺德斯特龙公司、菲利普·莫里斯公司、宝洁公司、索尼公司、沃尔玛公司、华特迪士尼公司	雅培公司、电路城公司、联邦抵押协会、吉列公司、金佰利公司、克罗格公司、纽柯公司、菲利普·莫里斯公司、皮特尼·鲍斯公司、沃尔格林公司、富国银行
核心概念	● 12个被颠覆的神话 ● 设定时间表而非报时 ● 大胆的目标 ● 没有最好	● 5级领导 ● 首先是"谁"，然后是"什么" ● 刺猬原则

---**学习进度检测问题**---

13. 描述管理权变理论。

14. X 理论、Y 理论与 Z 理论的区别在哪里？
15. 概括彼得斯和沃特曼《追求卓越》一书中优秀公司的 8 项特征。
16. 解释吉姆·柯林斯的刺猬原则。

小　结

本章概括了 19 世纪到现在影响管理原则的一些重大事件。但这些原则在一个国家的不同区域不是以相同的速率发展和成熟的。同样，它也不是由一系列相互独立的事件发展而来的，而是由一系列或大或小的事件演变而来的。

在第三章我们将开始研究一个管理者在现代商业环境中要想成功就必须面临的各种任务和责任的挑战。有点讽刺的是：正如我们即将看到的，这些任务和责任中的许多都与一个世纪以前的管理学学者所认识到的是完全一致的。

工作世界：托尼选择了一种风格

托尼从杰里那里学到了很多，他知道尽管杰里就要负责该州另外一片区域，他也能随时求助于他的这位师傅并向他寻求建议和帮助。他喜欢杰里的管理风格——专注于餐厅里工作的人，而同时又使其上报的经营业绩数字让老板满意。正如杰里总说的："托尼，你不能全靠自己一个人经营这个地方，如果你餐厅里没有好的员工，你就不能照顾好你的顾客，不能做出美味的食物及令用餐者开心。因此，要下工夫雇用合适的员工。当你找到他们时，好好照顾他们并把他们留在你身边。"

托尼赞成这一方法——他听多了其他部门的经理抱怨找到合适员工的困难——但他也认识到，要在塔克·巴恩有成功的未来就必须为单位交上有利可图的营业数据。换句话说，如果道恩对他薄弱的数字——销量、食物成本、劳动力成本——感到不满意，那无论他的员工多开心都没有用。

托尼同样意识到，如果他想在将来继续晋升，成为像杰里和道恩那样的区域经理，就必须在企业内部树立自己的声誉。不久，他就发现成为一个受员工欢迎的管理者是远远不够的,他还得关注数字。如果他能够通过提高销量或消减成本为餐厅挤出更多的利润,才算是开始了他的历程。当然,员工们可能会想念往日与杰里在一起的时光,但他们也会欣赏托尼的新政策,甚至钦佩他,把他当作一个能帮助他们开创在塔克·巴恩的未来的顾问。

问题

1. 托尼似乎已经选择了一种管理风格。基于本章的信息,你怎样归类这种风格?
2. 托尼认为良好的业绩能够为他带来更多的关注。这一点对吗?为什么?
3. 你认为塔克·巴恩的员工们会喜欢新领导托尼吗?为什么?
4. 这种情形下你对托尼有什么建议?你认为他应该遵循什么方法?为什么?

1. 理解管理理论和实践在过去的一百年里的变化过程有什么好处?作为一个管理者,你如何使用这些信息?
2. 许多人将泰罗的科学管理原则看成是不人道的,你怎么看?
3. 科学管理原则与人际关系管理的基本要素之间的主要区别是什么?
4. 你认为自己是科学原则管理者还是人际关系管理者?为什么?

工业革命 美国的工业革命开始于1860年,贯穿了美国由一个几乎全部以农业为基础的社会向一个工业社会转变的全过程。

磨洋工 用来描述那些故意减少产量的员工的行为。

科学管理 弗雷德里克·温斯洛·泰罗的管理方法,试图通过科学地研究工作方法和工作标准来提高生产率、降低工作难度。

时间和动作研究 为了找到完成一项工作任务的最佳方法,弗雷德里克·温斯洛·泰罗对工人个体从事的生产活动进行测量——包括对完成工作所需的时间和使用的动作的测量,这一领域的研究已经成为人类工程学的一部分。

管理的职能 法约尔将管理的主要任务归纳为计划、组织、命令、协调和控制。

霍桑效应 对员工的特别关注可以促使员工的行为更加积极。

专业管理者 一个不一定想控制他就职的公司的职业人。专业管理者明白他们对三个人群的责任：员工、股东和普通大众。

系统 构成一个统一体的各个要素的集合。

开放系统 将组织视为一个受内外部环境影响的开放系统，反之，组织也对内外部环境产生影响，因此，一个充满活力的关系被建立了起来。

封闭系统 相比之下，封闭系统不与其外在环境相互作用。

X 理论 领导者管理下属的方式存在根本性的不同，据此可以对管理风格进行大致的划分。持 X 理论的管理者主张采用严格控制和权威的方式进行管理。

Y 理论 管理者认为员工在实现生产目标方面是值得信任的，创造性和提高自身技能所带来的满足感会让员工勇于承担额外的责任。因此，持 Y 理论的管理者主张采用民主和参与的方式进行管理。

管理的权变理论 不同的情况和条件需要不同的管理方法。

Z 理论 试图把美式和日式管理实践加以整合，即把美国人注重个人责任和日本人强调群体决策、建立在长期观察基础上的评价和晋升以及对员工的全面关怀结合起来。

刺猬原则 从以赛亚·柏林（Isaiah Berlin）的文章《刺猬与狐狸》（狐狸知道许多事情而刺猬只知道一件）中可以总结出：卓越的公司要发展一个简明的核心概念引领其未来的所有战略，而不是去追赶新的管理风潮或政策实施。

网上练习

访问美国科学院（由四家机构组成：美国国家科学院、美国国家工程院、医学研究院和国家科研委员会）的网站 www.nationalacademies.org。

1. 描述美国国家科学院的历史及其扩展为美国科学院的过程。
2. 列出美国国家科学院的六个主要部门。
3. 划分行为和社会科学与教育部门（DBASSE）的目的是什么？
4. 选择"行为科学的专项报告"一页，并概括其中一篇有关商业话题的报告的内容。

团队练习

寻找最优方法

假如你被分配了这样一项任务：将 1 000 份双页传单（8½ × 11 英寸）装入正常尺寸的信封（4 × 9½ 英寸）里。每个箱子里装着 250 个信封，传单每堆 1 000 页。该传单必须装订在一起，折叠，然后放入信封。

a. 拿一个订书机，几个信封，几张 8½ × 11 英寸的纸张，决定如何完成这项任务。确定每个组件应该放在哪里，准确说明你将如何完成这项任务。

b. 尝试第一种方法后，看看是否能够找到改进的方法。

c. 比较你和其他同学使用的方法。

d. 投票选出"最优方法"完成该项任务。

问题

1. 你能进一步改进你的第一种方法吗？（第二步）
2. 你从组员那里学到改进的方法了吗？（第三步）
3. 你们能就最优方法达成一致吗？（第四步）
4. 你最初的方法与最优方法有什么不同？

讨论练习2.1

露面时间：新的装配线

在"知识工人"时代，为什么仍有如此多的管理者坚持较长的办公时间呢？

回溯过去，亨利·福特改革了工作环境：新改进的装配线要求工人在一个复杂的、多任务的操作系统中工作并在规定的时间到达岗位。公司因此生产出了一些新汽车，亨利做得很好！

一个世纪以后，成熟的信息科技引致了"知识工人"的出现——对公司做出主要贡献的是有知识的人。在福特的时代，工人的工作没有错误和事故的一天就是装配线上伟大的一天。但是到了2005年，伟大的一天就是一个明显有助于公司飞跃的主意诞生的那一天。

聪明的脑力工作简直太棒了！这都得益于平稳而有效的思考。大脑的思考永不停止——不论早上、晚上、吃饭、工作抑或休息的时候。因此，像管理装配线上的伙计一样，知识工人同样需要管理。

拴在办公桌上

我们为什么坚持"露面时间"这个术语呢？我把它定义为管理者看到员工一直端坐在办公桌前而产生的一种喜爱之情。露面时间对工厂工人有非常重要的意义，他们确实需要在装配线上完成他们的工作。但是今天，一些因鼓励和敦促而整日待在办公室工作的员工也能变得更高效——几乎在任何地方都是这样。

为什么呢？因为知识的生产线是永不停歇的——24小时/7天/365天，无论工人是否健康、出席或旷工、活着或死了，它都会运作。事实上，在知识经济时代工作的挑战之一是休假困难。你错过几周的工作，回来就要疯狂地追赶进度。

所以，为了让知识工人也保证一定的露面时间，亨利·福特经常逆常识行事。尽管公司可以使用商业成果来评价销售经理、营销人员、电信工程师、财务分析员以及其他大多数办公室工作者的业绩，但是管理者仍然钟爱工作时间内的管理。我们都知道职员们在家吃了晚饭后也许会回到电脑跟前，但这样的工作时间并未计算在内。

这就像管理者对他们自己说的那样："弗兰在负责产品发布，计划实施的情况一定会很棒。弗兰在这个行业有优异的记录和良好的人脉。我们每周一对一碰面的机会有助于我随时了解她的进步。她也很善于学习我与其他伙伴合作的方式，但是如果我每天早上6点到晚上8点半都可以在办公室看到她的话，我会更了解她的工作情况。"

荒唐的逻辑

相信吗？迷恋露面时间并不符合逻辑。举例而言，打电话的时候谁知道你的真正目的是什么？你可能在打听股票价格、讨论赛马消息或者与婚宴承包者协商，你可以做太多事情。但是，我发誓，管理者相信如果能够看见你的脸，知道你正坐在办公桌前的椅子里，他们往往相信你正在工作。

露面时间对于管理者来说就像一根拐杖，能够让老板感觉良好，但除此之外其实对管理并没有太大的贡献。尽管管理者知道人们相处得不太愉快,甚至痛苦得需要扶着墙走一圈——他们仍坚持露面时间。

女人的位置

被雇用者也会迷恋露面时间。我记得我在结婚前跟我的男朋友说过:"1点30分来办公室接我。"我指凌晨1点30分。我们住在芝加哥,那个时间去吃饭有很多位置。我热爱我的工作,我也希望成为一个像蜜蜂一样忙碌的、对公司有价值的职员。有了孩子之后,这些很快不复存在。但是很多人都不会如此幸运,他们不情愿地朝九晚五工作到退休。这是令人遗憾的,原因有以下3个:

首先,它不利于健康。翻开报纸,读读关于办公室压力对美国人健康影响的报道,再看看医疗保健方面的成本。

其次,它加强了这样一种误解:露面时间甚至比商业绩效意义更为重大。一种概念上的误区是在办公室的时间越长,公司就会运转得越好。

再次,迷恋露面时间的管理者和员工之间的邪恶同盟形成了一种让心态平和的人感觉厌恶的环境。

你认为我说得很夸张吗?在20世纪90年代经济繁荣的时候,我在一家快速发展的科技公司工作,在那里大男子主义的工作伦理占据了最高统治地位,但其员工的忠诚度令我感到难过。

极端的露面时间

一天傍晚,我看见一个年轻男人在侧门与一个中国餐厅的外卖员会面后回到了办公室,打开饭盒,用叉子叉着鸡肉,打开收音机,把夹克衫放在椅子后背上。然后,他让灯一直开着,饭放在桌子上,办公室的门半开着,走进了自己的汽车。

一盒饭就这么浪费了!但是,他不在乎:他为自己买到了一至两个小时的露面时间,因为如果上司走过那扇开着的门,他肯定会认为他的下属仍旧在工作(正好去复印了或者在洗手间里)。我想在塑料叉子上写"降级",但是那会太残忍,而且这个男人已经处于一种糟糕的状态之中了:当一个企业的管理文化因露面时间而嘎吱作响的时候,其他的人也会遭殃。

我是否反对露面时间?不。我认为团队合作非常重要,团队成员一起工作往往是促进新思想产生的绝佳方式。我只是不认为这是每日必做的功课,就像不必每天补充维生素C和钙剂一样。许多公司用核心时间来平衡露面时间和员工的需求。他们说:"我们都有工作之外的事要做,但是也

第二章 管理学简史

需要在一天的某个时段见到彼此。因此，从周一到周五的上午10点到下午3点，大家还是到办公室来吧，把一星期中最重要的工作做完。"

分割线

核心时间是这样一种标签——只要你们还没有建立核心时间，那么你就得盘问他们上周四4点15分去哪儿了。

问题

1. 在极不情愿的时候，导致你工作不力的三个理由是什么？
2. 在你目前（或以前）的工作中，你的老板对你露面时间的期待是什么？
3. 你以前曾因保持与同事一致的露面时间而感觉到过压力吗？你是如何应对这一压力的？
4. 有办法解决露面时间的压力吗？你如何使你的老板相信，即使他不能在工作时间随时看见你，你也是在高效率工作的？

资料来源：Adapted from Liz Ryan, "Employment Trends," *BusinessWeek Online*, April 22, 2005.

讨论练习 2.2

3M：一场效率与创新之间的斗争

首席执行官乔治·巴克利是如何尽量平衡原则与想象力的？

几年前，通用电气公司可以说是管理学的神殿，其前任CEO杰克·韦尔奇就是"主教"，他的"信徒"遍布全国。他最受尊敬的追随者之一詹姆斯·迈克纳尼在备受关注的继任韦尔奇职位的竞选失利后，立即就被3M（明尼苏达矿务及制造业公司）挖走了。3M的董事会十分珍视迈克纳尼，而且，在2000年12月5号公布他被选为CEO后，公司的股票大幅上升了近20个百分点。仅仅只是提到了他的名字，就让大家变得更富有。

迈克纳尼是3M公司百年历史上的第一个门外汉领导。在真正上任之前他就声明要大幅整改这个公司。他所参照的脚本是经典的通用电气模式。他解雇了8 000名工人（大约是员工队伍的11%），加强了绩效考核过程，并缩减了以往铺张浪费的公司开销。他还引进了通用电气著名的六西格玛计划——一系列用于减少产品瑕疵和提高效率的管理技术。数千名职员受训成为六西格玛计划的"黑带"专家。这个计划开始奏效：迈克纳尼使3M不断下跌的股票开始重现生机，人们也纷纷评论说他让一个笨重、不协调、发展缓慢的公司回归到了正轨。

然而，在3M待了四年半之后，迈克纳尼因为有一个更好的机会（波音公司的CEO）离开了。至此，他的继位者面临一个挑战性的问题：对效率说一不二的强调是否使3M变得不那么有创新性了。对于一个以技术革新为个性的公司，这是至关重要的一个议题。毕竟，3M公司是遮蔽胶带、绝缘薄膜和可粘贴便签的诞生地。在1994年最有影响力的畅销书《基业长青》（吉姆·柯林斯和杰里·波拉斯著）中，3M公司因其管理方法被誉为发明机器。然而，这些从前的记录都已变成遥远的记忆。过去五年，该公司都以其产品占据1/3的市场份额为荣，而今这一比例已滑落到1/4。这样的结果并非偶然。像六西格玛计划这样的效率项目，是为发现工作流程中的问题从而采用周密的办法减少多样性、消除瑕疵而设计的，当这种意图植根于公司的文化之后（正如他们在3M所做的），创新性就会受到抑制。毕竟，一个突破性革新是挑战现存的程序和规范的。

鼓励创新的文化

现任CEO乔治·巴克利正试图驾驭的创新与效率之间的权衡问题，也是很多其他CEO面临的挑战。毫无疑问：数千个公司采用的精准、平均的工作流程——往往是通过听上去令人费解的诸如ISO 9000、全面质量管理这样的名称的项目实现的——已成为过去几十年一个重要的商业趋势。然而，正当美国制造商自以为春风得意并日益成为全球最有竞争力的盈利者时，重心转向了增长和革新——尤其是在今天这种基于想法和重在设计的经济环境下。与卓越的加工处理需要精准、一致和重复不同，创新需要变化、失败和一点点的好运气。在某种情况下使得六西格玛有效的因素恰恰可能在另一情况下使它失效。一般地，它采用准确的统计分析产生清晰的数据，帮助生产更优质、低成本、高效的产品。当你知道你想控制什么产出时，这一切听起来很棒。但当没什么因素是要保持的——或者你甚至不知道你所要界定的问题的实质时，情况又如何呢？

华尔街的压力是另一个问题。投资者喜欢迈克纳尼的方法，因为它能使收益大增。他用连贯性弥补了创造力的不足，使得利润平均每年上涨

22%。在巴克利上任的头一年，3M 销售额达到 230 亿美元、利润总额为 14 亿美元，但两季度的收入损失和下跌的股价使得前路困难重重。2007 年，巴克利似乎使华尔街上的许多怀疑者满意了。他令他们相信：他能在不消除迈克纳尼引领的产量提高的同时激发增长的动力。股价从 1 月开始上升了 12%。

"3M 方式"使得工人们能从公司的许多资源中找到支持他们自己喜欢的项目的资源。公司的官方政策允许员工占用他们 15% 的时间从事独立的项目研究。公司有意地鼓励冒险和可容忍的失败。3M 的创新文化引领了谷歌目前著名的企业文化。所有这些可能也使得 3M 公司自豪的员工在应对 20 世纪 90 年代后期的残酷现实时格外费神。3M 利润和销售量增长都大起大落；在 1998 年的亚洲金融危机中经营状况力不从心；股价远离了整个 90 年代后期的繁荣景象，从 1997 年 9 月到 2000 年 9 月只移动了不到 1 个百分点。曾经带来了公司的成功的弹性和无组织状态，此时也导致了一个得意忘形的员工队伍和无效率的工作流程。因此迈克纳尼有足够理由大刀阔斧地进行改革。

在迈克纳尼的管理之下，尽管指导方针似乎与其他企业相似，但圣保罗市几乎听不到有关 3M 公司研发中心组织形式方面的消息。一些员工发现不断的分析压倒了一切，史蒂文·博伊德（Steven Boyd）就是其中之一。他是一个在 3M 工作了 32 年的博士、研究员，他的工作于 2004 年被取消。在几个月的项目研究之后，他必须得将数页的表格和图表填到一个"红皮书"中，分析的项目涵盖了从潜在的商业运用到市场规模、生产中可能出现的问题。传统上，3M 公司是一个自由的地方，它给予研究者足够的空间去追求他们想要达到的任何目标。但新的老板来了以后，目标变成了促进和组织发明尽快变成新的产品生产线。

长期以来，3M 公司都允许研究员花费数年的时间测试产品。例如可粘贴便签，它的发明者阿特·弗赖伊（Art Fry）是 3M 的一位科学家，如今已经退休。其他一些人花几年的时间不断修正这个想法，直到 1980 年产品全面投产。3M 的六西格玛拥护者声称：一个更系统的新产品引进过程让创新更快地进入市场。但可粘贴便签的发明者弗赖伊持不同意见。事实上，他谴责说正是六西格玛在 3M 实验室的应用导致了公司近来缺少革新精神。他认为创新是"一个数字游戏，你得经历 5 000 到 6 000 次粗糙的想法才能发现一桩成功的生意"。六西格玛拥护者们可能会问：为什么不消除所有那些浪费，第一次就提出正确的想法呢？"这种思维方式，"弗赖伊说，"会产生严重的副作用。"

重新振作起来的员工们

巴克利，一个受过严格训练的化学工程师、博士，似乎看出了一个注重程序的项目对企业文化的影响，而这个企业的命运和历史都与发明新东西紧密相连。"在那种禁锢头脑的和千篇一律的氛围之中你不可能有所创造，"巴克利说，"作为一个公司，我们所犯的一个错误可能就是六西格玛，当你将统一看得比创造力还重要时，我想你已无形中损害了像3M这样的公司的核心和灵魂。"近年来，公司作为创新者的名声正慢慢消失。2004年，3M在波士顿咨询公司的最具创新性公司名单中位列第一，2005年降到第二，2006年第三，而2007年降到了第七。

为帮助公司内创新的血液流动起来，巴克利打开了资金的限制——提高了在研发、采购、基本建设上的花销。今年研发的预算将增长20%，达到15亿美元。这比巴克利重置这些基金的增长率还高。这些资金流向了他所说的共45项3M"核心"技术。从研磨剂到纳米技术再到柔性电子学。渐渐地，迈克纳尼的传统在3M被修改了。诚然，前任CEO为公司带来了一些好的改变，但许多工人说：如今企业的中心从盈利和过程的规范转移到了增长和创新，他们也正重新振作起来。

问题

1. 对比科学管理和人事管理，说说詹姆斯·迈克纳尼和乔治·巴克利的管理风格如何。
2. 为什么"准确的统计分析"的运用减少了创造力？
3. 为什么一个组织要"有意地鼓励冒险"？
4. 你认为巴克利的计划会起作用吗？为什么？

资料来源：Adapted from Brian Hindo, "Inside Innovation," *BusinessWeek Online*, June 11, 2007.

第三章
沟通技能
Chapter Three

"在沟通中最重要的事情是听出什么没有说。"

——彼得·F·德鲁克（Peter F. Drucker）

■ 学习目标

在学完本章之后，你将能：
1. 定义沟通，并且能解释有效的沟通为何是一项重要的管理技能。
2. 描述人际沟通的过程。
3. 理解书面和口头沟通的重要性并且能恰当地运用。
4. 识别出适合特定情况的最佳沟通手段。
5. 解释组织沟通中最常见的机制。
6. 理解在国际商务活动中的沟通挑战。

工作世界：在新的管理之下

托尼与杰里·史密斯的交接周过得很快。他们花时间完成了工资账册、银行储蓄、食品订单等方面的交接工作，并最终规划好了下一个月的日程安排。以前当杰里度假时，托尼也干过这些活，但是作为一名新单位管理者做这些事感觉很不一样。

排班糟糕透了——它试图涵盖每个人的要求——就这么多天、这么多小时，却要同时考虑到有人由于要合伙用车而想要安排在一起，有人要腾出时间来做体育锻炼，有人由于保姆没露面而在最后一分钟取消计划——这些头疼的事占据了杰里的绝大部分时间，而托尼认为他有更好的办法来完成此事。杰里是个很棒的家伙，他试图尽力照顾所有这些要求，但是托尼觉得员工们正在逐步利用其给予的灵活性。

在第五次试图完成排班之后，托尼觉得这是一次机会，能让他做些真正的改变，并向杰里和他的新老板道恩·威廉姆斯显示他并不害怕加快步伐在塔克·巴恩留下其印记。杰里经营着一家出色的餐厅，这正是他被提升为地区经理的原因，但这并不意味着没有改进的空间。托尼认为通过在排班上设立更严格的标准，他能简化流程并解放出一些时间来做餐厅里的其他事情。另外，他认为，如果他不需要一有变化就进行排班的变更，那么经营日常业务将会容易得多。此外，这也会给其他人传递一个清晰的信息：仅仅因为他们曾经是同事并不意味着他就会比杰里更宽容地对待他们。

第二天上午，当午休人员开始打卡换班的时候，他们注意到一张亮黄色的文件通告贴在了告示栏上：

一旦排班公布出来，就立即生效，不会有改变。如果某个问题或者紧急事件使你没法来上班，那么在规定的轮班时间出现或者找人来替你就是你的事了。

餐厅经理　托尼·戴维斯

问题
1. 作为一名新的管理者，对于托尼来说把他的印记刻在塔克·巴恩为何如此重要？
2. 在此托尼是否做出了正确的选择？为什么是或者为什么不是？
3. 你认为团队的反应将会如何？
4. 托尼能做些什么不同的事情？

第三章 沟通技能

作为一项管理技能的沟通

沟通就是交换信息的行为。它可以被运用在通知、命令、指导、评估、影响和说服他人等行为中。沟通技能在包括商业领域的所有生活领域都很重要。

管理者每天都进行沟通。事实上,他们要花费 3/4 的时间来沟通(见图表 3—1)。优秀的管理者比较注重发展有效沟通的技能。他们使用这种技能来汲取信息、激励员工及有效地应对顾客和合作者。良好的沟通在很大程度上影响着管理者的成功。

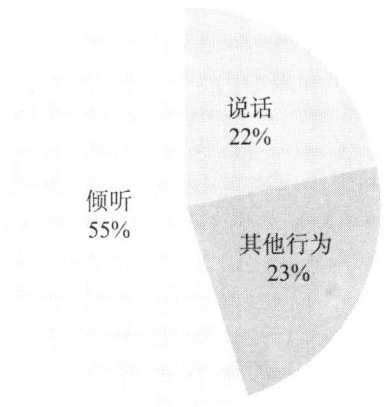

图表 3—1　商业世界中的沟通

有效的沟通之所以是一项重要的管理技能,原因在于:

● 管理者必须对其员工发布指令。那些无法给出清晰指导的管理者常常发现其员工绩效很差,因为员工们不知道对他们的期望是什么。

● 管理者必须能够激励员工。优秀的管理者会运用其能力与他人进行沟通,以使其他人能对工作保持兴奋。

● 管理者必须能够使顾客相信他们应该与自己进行交易。有效的沟通是说服顾客购买其产品和服务的关键。即使其公司产品或服务能够满足顾客的需求,没有良好的沟通技能,管理者也会发现吸引顾客是很困难的。

● 管理者必须能够汲取他人的观点。商业管理者需要和许多人进行互动,包括合作者、顾客和供应商。为了有效地进行互动,他们必须能够理解和接受他人的观点。

- 管理者必须能够说服他人。管理者常常会有其他人反对的观点。为了说服其他人接受其观点，管理者必须能够进行有效的沟通。

人际沟通

人际间的有效沟通，特别是管理者和下属之间的有效沟通，对于实现组织目标来说是很关键的，因而对于有效管理员工来说也很关键。尽管存在不同的意见，但是大家一般都同意这样的观点：管理者花费了许多时间在他们的下属身上，有效的沟通对于其明智而有效地利用时间来说是极为关键的。

人际沟通是个体之间的互动过程，这个过程包括发出和接收语言的和非语言的信息。人际沟通的目的是通过传播信息以理解发出者的信息并理解接收者的反应。图表3—2解释了这个动态的互动过程。某个事件或者某种环境产生了信息；分享信息或者通知他人的需求产生了沟通的需要；发出者创制了一条信息并以语言或者非语言的形式进行沟通。接着，接收者感知并理解这条信息，然后（满怀希望地）创制出一条回复信息作为回应。这条回复信息也许会让初始信息的发出者做出回应，这一沟通过程会以这样的方式持续下去。

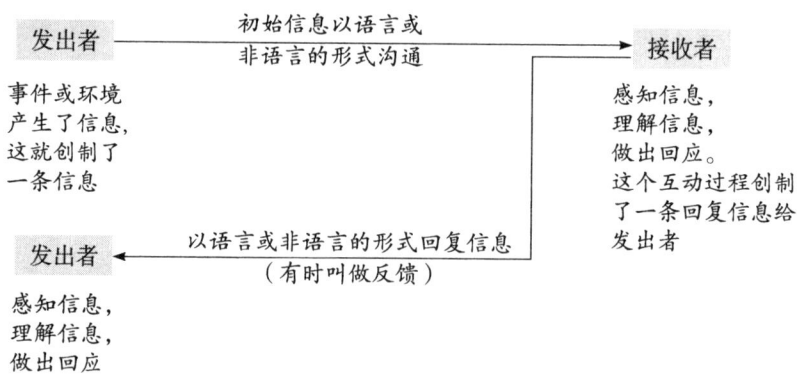

图表3—2 人际沟通过程

然而常常有许多因素干扰这一过程并使之失效。一些使人际沟通失效的原因包括冲突的或者不适当的假定、对词语意义（语义）的不同解释、感知上的差异、沟通前或者沟通中的情绪、差劲的倾听习惯以及对非语言沟通的不同阐释。

第三章 沟通技能

伦理管理

过去10年，你和你最好的朋友一直在同一家公司工作。事实上，他给你介绍了这份工作并让你获得了面试机会。他在营销部门工作并即将被提升为营销主管——这是一个他长期渴望的职位。你在销售部门工作，一名新的营销主管出现在你的每周例会上——某个从公司之外招聘来的人。你的老板解释说尽管正式的任命通告还没有做出，但是公司认为让新主管尽可能快地投入工作是很重要的。在度过对现任雇主的两周辞职预告期后，他就将加入本公司。你应该告诉你的朋友发生的事情吗？

冲突的或不适当的假定

你是否曾经想过人们以一种不是你本意的方式来理解你？这是夫妻、教师、上级和父母等常犯的错误。如果某人假定沟通正按其意图进行循环，那么他将继续进行谈话，而不认为有必要通过反馈来观察表达和沟通的清晰性是否已经实现。优秀的管理者和销售人员在继续沟通过程前总是寻找语言的和非语言的反馈信息。记住，当主观假定卷入其中时，对意义的阐释总是个问题。诸如"停止"、"现在就做"和"别这么做"等语句对孩子们来说似乎并不拥有与成人信息发出者的意图一致的意义。合理的沟通循环通常能确保信息发出者和接收者按照相同的方式觉察和理解假定。

语义

语义学是关于词语和符号意义的科学和研究。词语自身并没有真实的意义。它们仅仅在人们对其产生反应的条件下才具有意义。一个词语对于不同的人意味着不同的东西，而这取决于它是被如何使用的。另外，一个词语也可以基于面部表情、手势和语调而进行不同的解释。

语义的问题包括两种一般类型。一些词语和短语能引起多种解释。譬如图表3—3显示的对词语"fix"的不同解释。另一个问题是在特定环境中的各群体发展出了他们自己的技术语言，对此，外行人也许能理解，也许不能。比如说，医生、政府工作人员和军人经常使用只有他们自己才能理解的首字母的略写和缩写。

词语是人际沟通最常用的形式。因为可能存在误解，为了有效沟通必须仔细选择词语并进行清晰的定义。

图表3—3　　　　　　　　词语"fix"的解释

> 一个英国人造访美国,对词语"fix"的许多种用法感到极度震惊。比如说:
> 1. 主人问他喜欢怎样混合的饮料。这里fix的意思是混合的。
> 2. 当他准备离开时,他发现轮胎扁了,就叫维修工来,维修工说会立刻修复的。这里fix的意思是修理。
> 3. 在回家的路上,由于超速他被开了罚单。他给主人打电话,对方说:"别着急,我会搞定的。"这里fix的意思是使之无效。
> 4. 第二天,在办公室,他就美国的生活成本进行评论,而他的一个同事说:"以一份固定的收入很难满足生活所需。"这里fix的意思是固定的或不变的。
> 5. 他与一个同事发生了争论。后者说:"我会找你算账的。"这里fix的意思是寻仇。
> 6. 一位同事认为她处于困境中。这里fix的意思是环境或情景。

感知

感知是个人用以解释其所接收信息的心理和感官处理过程。由于每个人的感知都是独特的,故而人们常常以不同的方式来感知同一个环境。

当感官组织受到一个刺激时,感知就开始了。这个刺激就是所接收的信息,无论这信息是书面的、语言的、非语言的或者是其他形式的。感官组织对此做出反应,将所接收的信息进行定形和整理。当这条信息到达大脑时,被进一步整理和阐释,由此引起感知。不同的人对相同的信息具有不同的感知的原因在于,没有两个人会有相同的个人经验、记忆、喜好和讨厌的东西。另外,选择性感知的现象也常常扭曲信息的含义:人们倾向于只听取一部分信息,而由于种种原因不接收其他剩下的信息。

---学习进度检测问题---

1. 什么是沟通?
2. 定义人际沟通。
3. 什么是语义?
4. 什么是感知?其在沟通中有何作用?

沟通前或沟通中的情绪

正如感知影响着我们在沟通中的认知过程一样，情绪也影响着我们对发送和接收的沟通信息的处理。愤怒、喜悦、恐惧、悲伤、厌恶或恐慌（仅仅列举了很少的一部分情绪）都可以影响我们发送或接收信息。情绪的控制就像是沟通部件发挥作用的舞台：这个舞台可以是完美地准备就绪也可以是完全的混乱不堪。沟通的背景设置显然是很重要的。在高亢的情绪下，沟通要取得成功是困难的。因此，具有优秀沟通技能的管理者既会努力管理好物理环境也会努力管理好情绪环境。

学会沟通

管理者以书面的和语言的形式进行沟通。在精通任何一种沟通形式之前，他们必须能识别受众、培养良好的倾听技能并理解反馈和非语言信息的重要性。

理解受众

管理者要与许多不同种类的人进行沟通。举例来说，酒店经理要与酒店的客人、食品和饮料经理、家政工、维修人员、建筑师、旅行社代理人、家具销售人员和许多其他类型的人进行沟通。他们可能还要和来自酒店办公室的高层管理者打交道。每一群体的人都代表了不同的受众。

为了有效地进行沟通，管理者需要确定其受众。尤其是，他们需要能回答以下的问题：

- 受众已经知道了什么？
- 他想知道什么？
- 他吸收信息的容量有多大？
- 通过倾听他想得到什么？他希望得到激励、通知，还是确认？
- 受众是友善的还是怀有敌意的？

酒店经理会与酒店的家政工就客人的抱怨进行沟通。在做这事时，他们必须告知家政工问题的所在，并激励他们更努力地工作以在未来避免此类抱怨。他们不需要提供关于家政工角色性质的背景材料，受众是理解这个角色所包含的内容的。

如果有一起控告酒店的法律诉讼，那么酒店的管理者必须告知高层管理者相关情况。在与酒店的高层管理者进行沟通时，他们要描述为了应对这种情况已经采取什么了措施。他们还要提供详细的背景信息，以使公司执行官能全面地了解情况。

培养良好的倾听技能

管理者所需要培养的最重要的各项技能之一就是倾听的技能（见图表3—4）。良好的倾听技能能使管理者汲取他们所需的信息，认识到问题和理解他人的观点。

图表 3—4　　　　　　　　你是个优秀的倾听者吗？

- 你是否能够听进去其他人的话？或者你在听到其他人的观点前已经对此做出了决定？
- 当其他人说话时你是否很不耐烦？
- 当其他人说话时你是否会打断他们？
- 你在开会时会在做白日梦开小差吗？
- 在被要求澄清一些问题时你是否会吞吞吐吐、犹豫不决？

管理者需要学会积极地倾听。积极倾听包括掌握他人所说的内容并就其所关心的做出反应（见图表3—5）。学会积极倾听是成为一名优秀的沟通者的关键。

图表 3—5　　　　　　　　运用积极倾听

1. 倾听

知道如何倾听是应对顾客的很重要的部分。运用积极倾听技能能帮助管理者理解顾客为何不满意。

2. 反应

管理者应对抱怨的方式和其解决问题的办法一样重要。当应对顾客时，服务人员应该总是彬彬有礼且保持友善。他们应该显示出其兴趣在于找出问题所在并指出应该如何做以解决问题。

3. 确保顾客是满意的

管理者需要确定他们是否已经满足了顾客的需要。为了实现这个目标，他们必须理解所收到的来自顾客的反馈。

大多数人不会积极倾听。实验表明，听完一段10分钟的讲演之后，当时平均每个听众能够听到、理解、准确地评价和保留所讲内容的大概一半。48 小时后，有效水平会降到 25%。到一周以后，听众只能够回忆起所听内容的 10% 左右。

管理者需要努力进行积极倾听。当其他人说话时，许多人在做白日梦或者想着不相关的话题。一些人会由于不同意说话者所做的评论或者不能完全掌握其所说的内容而感到愤怒。还有些人会变得很不耐烦，时时打断别人的话，比起倾听他们更喜欢自己说话。

学会积极倾听包括以下的步骤：

- 识别说话者的目的。说话者的目的是什么？他为什么这么说？
- 识别说话者的主要思想。哪些点是关键点？哪些点是需要听众做出反应的？
- 注意说话者的语调和身体语言。说话者是愤怒的、紧张的还是自信的？
- 以适当的评论、提问和身体语言对说话者做出反应。使用面部表情和身体语言来表达你所想表达的情绪。建立眼神的交流，坐直身子并靠向说话者以表示你对谈话内容感兴趣。时不时地问个问题或做个评论以显示你正在专心倾听。

反馈

有效的沟通是一个双向的过程。信息必须在发出者和接收者之间来回循环。从接收者到发出者的循环就是所谓的反馈。反馈告知发出者接收者是否已经接收了正确的信息，它也使接收者了解他是否已经接收了正确的信息。比如，问一个人是否理解了信息常常会将其置于防御地位而导致限制性的反馈。不问一个人是否理解信息，而要求其对所听到的做出解释则会好得多。

了解非语言沟通的重要性

人们具有强大的能力来通过非语言的方式传达意义。其中一种非语言的形式叫做副语言，包括语言沟通中的时间间距、速度、音量和犹豫程度。人们还在非语言中使用各种各样的姿势。比如说，在美国，一个人扬一下眉毛表示不同意、有兴趣、关心或者关注。然而在日本，扬眉被视为不雅的表情。

人们还利用彼此间隔的距离来进行非语言的沟通。身体姿势和眼神交流也能沟通信息。比如说，缺乏眼神交流说明沟通中的冷漠或者胆怯。

总之，非语言沟通是对语言沟通的重要补充，有时甚至能改变语言沟通的意思。非语言沟通是进行情感沟通的有效方式，当它和语言沟通一同使用时，则会成为管理者将其信息传递给员工的有力工具。

书面沟通

管理者每天都进行书面沟通。他们发送电子邮件、写信和起草报告。为了有效地沟通，管理者必须能够进行清晰、简明和有说服力的写作。

在真正动手起草一份商业文件前，管理者需要思考一下其所想实现的东西。他们必须识别出文件的目的、受众和他们所想传递的要点。使用诸如图表3—6所显示的表格有助于他们通过写作过程中的这个阶段。

图表3—6　　　　　　　　识别文件的目的、受众和要点

目的
- 我为什么要写这份文件？
- 在读者读完这份文件后，我希望他采取什么行动？

受众
- 谁将读这份文件？
- 关于这个主题读者已经了解了多少？
- 读者将怎样使用这份文件？
- 是否有什么特别敏感之处是我要加以注意的？

要点
- 在这份文件中我想传递什么主要信息？
- 我将如何支持这个信息？

良好写作的原则

许多商业管理者在良好的写作方面都存在困难。为了改进写作，管理者可以运用以下三个基本原则：

- 尽可能简单和清晰地写作。避免以一种很难理解的方式来写作。
- 确保文件的内容和口吻适合于受众。不要再去写那些读者已经知道

的信息，以免浪费他们的时间，但是也不要假定对于这个主题他们已经和你一样熟悉了。要始终保持一种礼貌的口吻，特别是当写给顾客时。

● 校对文件。如果你是使用电脑的，那么就运用拼写核查功能来校对。如果你没用电脑，那么就用词典来核查你所不认识的单词的拼写。为了纠正语法和用法上的错误应多读几遍文件。

---学习进度检测问题---

5. 什么是反馈？它是如何影响沟通过程的？
6. 积极倾听的四个关键步骤是什么？
7. 人际沟通中非语言沟通的重要性。
8. 良好写作的三个基本原则是什么？

口头沟通

不是所有的商业沟通都是以书面形式进行的。事实上，绝大多数的商业沟通是以口头形式进行的。

一些口头沟通是正式的，是在会议或者面试时进行的。但绝大部分口头沟通是非正式的。这些口头沟通发生在办公室里和过道中，发生在饮水冷却机附近、咖啡店里和电话机旁。

口头沟通的重要性

良好的语言沟通对于管理者来说是很重要的。成功的管理者能够运用其口头沟通技能来做出清晰的指导，激励其员工和说服他人。

能够进行有效沟通也是很重要的，因为这能够调节部门间或公司内的氛围。在一些部门，管理者会和尽可能多的同事说"早上好"。他们邀请员工和他们一起讨论问题。而在另一些部门，管理者则把自己与低层员工隔离开，并且不努力去沟通。这些细小的差别对员工的士气会产生重大的影响。

培养口头沟通技能

所有的商业人员都需要能够进行有效的讲话。无论是与一个同事说话还是面对着几千人进行主题演讲，他们都要遵循同样的经验方法：

- 有可能的话，通过叫出听众的名字来建立情感上的交流。当进行面对面的交谈时，建立眼神的交流。
- 避免用一种单调的语气来讲话。用重音来强调重要的词语。
- 要有热情并凸显出一种积极的形象。聚焦于正确的而非错误的东西。
- 避免打断他人讲话。即使你已经知道了别人要讲什么，也要避免打断别人或者替他们把话讲完。
- 总是显得彬彬有礼。当其他人讲话时避免动怒，即使你不同意他们所讲的东西。
- 避免空洞的声音或者词语，诸如"啊"、"嗯"、"是啊"和"你知道"之类的。在你的讲话中插入一些空洞的填充物会使你看上去很不专业。

职业管理

职业"术语"对你会有所帮助

"知识是绩效的关键"

思考以下内容，包括公司是如何结构化的、你必须培育的个人职业素质、如何找到工作，以及你所期望找到的工作。

看看公司内部

它们的结构可能是扁平而整齐的，或者是分层的，或者是带有卫星的家庭办公室式的。工作的招聘和雇用是由人力资源部门负责的，该部门还发布工作说明书和福利信息。

如何找到工作

可以通过招聘广告、求职网站、个人联系或者职业介绍所来找到工作。

开发作为求职辅助的这些技能

评估自我的技能，学会职业礼仪技能，发展职业目标，填写工作申请，提交简历，进行工作面试。

---学习进度检测问题---

9. 解释正式的和非正式的口头沟通的区别。

10. 成功的管理者能够将其口头沟通技能运用于哪三个方面？

11. 列出有效口头沟通的六个步骤。
12. 如何才能改进口头沟通技能？

选择最佳的沟通方法

管理者需要精通包括书面和语言在内的两种沟通技能。他们也需要明白何时运用哪种技能。一般来说，语言沟通适合较为敏感的沟通，诸如惩戒或解聘员工；书面沟通适合常规信息沟通，诸如公司政策和人事变动。选择最佳的沟通方法将会帮助你以适宜而专业的方式传递信息。

案例讨论 3.1

开始一份新工作

杰克·史密斯是一家大型电脑制造商的分部经理。他被其营销经理琳达·斯普拉格告知，奥蒂斯·布朗刚提交了将于两周后辞职的报告。杰克面试过奥蒂斯，他确信奥蒂斯在销售方面有巨大的潜力。奥蒂斯是个带着麻省理工学院光环的电气工程专业的英俊聪慧的毕业生，他符合公司在电脑销售方面的种种资历要求。现在他仅仅工作了两个月就要离开公司。杰克叫奥蒂斯来他的办公室做个短时间的面谈。

杰克：进来，奥蒂斯。我想和你谈谈。我希望能改变你想离开的想法。

奥蒂斯：我可不这么认为。

杰克：好吧，告诉我你为什么想离开。有别的公司支付你更多的薪水吗？

奥蒂斯：没有。事实上，我还没找到其他工作，我正开始找。

杰克：没找到其他工作你就给我们提交了两周后辞职的报告？

奥蒂斯：是啊，我只是觉得这地方不适合我。

杰克：你这是什么意思呢？

奥蒂斯：让我试着来解释一下。在我工作的第一天，我被告知关于电脑的课堂培训一个月内不会进行。有关人员给了我一份销售手册，并告诉我在剩下的时间里好好研读。

第二天，我被告知存放着电脑手册的技术实验室一团混乱，需要整理。接下来三周内我的任务就是整理这个实验室。

在我去上电脑学校的前一天，老板告诉我课程又被推迟了一个月。但他叫我不要着急，因为他已经叫分部的首席销售员詹姆斯·克瑞恩来给我做些在职培训，我被叫去陪着詹姆斯随时听其使唤。我本应该在两周内开始学校的培训，但是由于上述种种事件，现在我觉得这个地方不适合我。

杰克：暂且打住，奥蒂斯。这是我们这个行业里每个人在工作的前两个月都会遇到的情况。你去其他地方也都一样。事实上，你干得比我还好。你该瞧瞧在前两个月我干了些什么。

问题

1. 你会给杰克的这次面谈打几分？
2. 对于帮助杰克的公司避免在未来出现员工流失的类似问题，你有什么建议？
3. 杰克应该找个办法来使奥蒂斯改变想法吗？为什么应该？为什么不应该？
4. 你认为奥蒂斯会改变自己的想法并留下来吗？为什么会？为什么不会？

组织内的沟通

为了成为一名有效的管理者，你必须理解葡萄藤式沟通和电子邮件的重要性。

葡萄藤式沟通

组织中也存在许多沟通的非正式渠道。一般这些非正式渠道都被视为**葡萄藤式沟通**。在南北战争期间，情报电话线松散地在树与树之间悬挂，看上去就像葡萄藤一样。在这些情报线上传递消息常常被断章取义地加以篡改，因而任何谣言都被说成是来自这些葡萄藤式的情报线。当组织内的员工有着共同的爱好、家乡、午餐休息时间、家庭关系和社会关系时，葡萄藤式沟通就会发展出来。这种葡萄藤式沟通在正式组织结构中总是会存在。然而,葡萄藤式沟通并不按照组织的等级层级产生,它也许是从秘书到副总裁,也许是从工程师到办事员。葡萄藤式沟通并不局限在非管理人员之中,它也存在于管理者和专业人员之中。

葡萄藤式沟通的名声一般很差,因为它被视为扭曲的信息和谣言的主要来源。然而,管理者必须承认非正式渠道信息常常是准确的。管理者也必须承认葡萄藤式沟通渠道传播信息要比正式沟通渠道快得多。无论花费多大的努力去改进正式沟通渠道,葡萄藤式沟通总是存在的。

由于葡萄藤式沟通是不可避免的,管理者应该利用它来完善正式沟通渠道。在利用葡萄藤式沟通渠道时,诚实是最佳策略。谣言和被扭曲的信息总会持续产生,但是管理者真诚的声明将会阻止不准确信息的传播。

电子邮件

在今天的组织中尤其有价值的沟通是利用网络和在线系统提供的电子邮件系统(e-mail)。通过使用计算机文字处理和计算机导向的通信网络,电子邮件系统实现了书面信息高速交流。这一系统的主要优势是节省了时间,消除了无效努力(诸如无应答的或者回复的电话),提供了沟通的书面记录(如果有必要的话)而不用正式的备忘录,并能与那些除此手段之外不愿采用其他手段与他人沟通的人进行沟通。

互联网

互联网是独立运作且相互连接的电脑间的全球性联网。互联网常常被认为是信息高速公路,它也的确是电脑网络的总网络。试想一下把互联网比作州际高速公路系统,就像州际高速公路系统通过许多不同的路线把不同城市连接起来一样,互联网通过大量不同的电子线路把全世界的电脑连接了起来。

案例讨论 3.2

迟到的汤姆

9月30日,一家在俄亥俄州哥伦布市的大型的全国性汽车租赁公司招募了汤姆作为维修工。汤姆是这家公司在哥伦布市招募的唯一一个维修工，其工作是日常的预防性汽车维修。当他刚开始工作时，他的上班打卡时间被定在早上7点。10月30日，汤姆的上司拉斯·布朗叫他去自己的办公室并对他说："汤姆，我注意到整个10月期间你已经迟到了七次。我能帮你做些什么让你能准时上班？"

汤姆回答道："如果我能够上午8点而非7点开始工作，那就太好了。"

拉斯接着说："汤姆，对你的整体工作绩效我很满意。因此我同意你上午8点开始工作。"

11月期间，汤姆迟到了八次。与10月底相似的对话又再次发生。结果，汤姆开始改在上午9点上班。

1月11日，拉斯·布朗在公告板上张贴了通知，内容如下：

任何员工在某一特定工资周期内迟到超过两次将被辞退。

1月20日，拉斯叫汤姆进入他的办公室，并给了他一封信，上面写着："在此工资周期内，你已经迟到超过两次了。如果这种迟到行为继续下去，你将被辞退。"汤姆在这封信上签了名，并承认已经收到了这封信。

2月期间，汤姆迟到了八次。3月1日到11日，迟到了五次。3月11日，拉斯告知汤姆，由于迟到他被解雇了。

3月12日，汤姆带着他的工会代表来了，并要求恢复工作。汤姆声称公司还有其他员工和他迟到次数一样多或者更多。汤姆还进一步指控拉斯为那个员工打卡，因为拉斯同她有外遇。工会代表表示已经另有3人同意对此事宣誓作证。工会代表接着说："拉斯，规则是适用于任何人的。你不能纵容一个人违反规则而处罚另一个违反相同规则的人。因此，汤姆应该恢复工作。"

问题

1. 管理者和汤姆进行信息沟通了吗？
2. 汤姆应该恢复工作吗？为什么应该？为什么不应该？
3. 如果你是这场争论的仲裁者，你将会怎么办？
4. 拉斯将如何以不同的方式处理此事？

互联网对于管理者的真正价值在于它使信息触手可及。通过互联网，通过互联网连接在一起的全世界的计算机，管理者可以获取大量信息。电子邮件也使用互联网。

内部网

内部网是利用互联网产品和技术来提供组织内多媒体运用的企业私密计算机网络。内部网将人与人以及人与信息和知识联系了起来，它作为"信息中心"服务于整个组织。绝大部分组织主要是为员工设立内部网，但是带着适当的安全核查，内部网可以延伸到商业伙伴甚至是顾客那里。研究发现，现在内部网最广泛的运用是进行内部沟通，接下来是知识的分享和管理信息系统。

学习进度检测问题

13. 葡萄藤式沟通是如何在组织中发展出来的？
14. 为什么葡萄藤式沟通的名声很差？
15. 互联网对于管理者的真正价值是什么？
16. 管理者为何设立内部网？

国际商务活动中的沟通

国际商务活动中的沟通在语言和非语言沟通两个方面都变得更为复杂。在语言沟通方面，存在着处理不同语言的显著问题。有超过3 000种的语言被使用，其中的100种左右作为官方语言。英语是主要的国际语言，其在国际语言上的领导地位也持续增强。但是，正如任何一个学习过现代语言的人都知道的那样，以不同的语言进行语言沟通将使沟通过程复杂化。

非语言的沟通过程甚至更为复杂。文化的差异在非语言沟通中扮演着重要的角色。举例来说，在美国，当站着交谈时，人们倾向于彼此相隔三英尺远。然而在中东地区，人们交谈时喜欢只隔一英尺远。这种过度的亲密可能会吓着美国的管理者。

没有什么简单的答案来解决国际商务活动中的沟通问题。不过，有两件事是管理者应该做的：（1）学习沟通对象的文化；（2）清晰而简明地写作和讲话。大多数人都在学校学习英语，因此也不会明白特定的术语和俚语。随着国际商务的持续扩张，这些简单的规则将变得越来越重要。

小　结

在管理的每项职能——计划、组织、指挥、协调和控制中，沟通技能都是决定成败的关键。在下一章中我们将谈论另一项关键的管理技能：决策制定。

 工作世界：托尼收到了反馈

一旦排班公布出来，就立即生效，不会有改变。如果某个问题或者紧急事件使你没法来上班，那么在规定的轮班时间出现或者找人来替你就是你的事了。

单位经理　托尼·戴维斯

从签署的那一刻开始，托尼的新排班政策就遇到了问题。首先当他在他们中间走过时会出现些关于"大人物"的议论，托尼确信这是故意的，因为只有这样他才能听见。然后一个两个员工开始以各种各样的借口在轮班时迟到，诸如公交车晚点、骑车来晚了甚至还有人说睡过头了，就好像他们突然间都忘了怎么定闹钟。

当来自当地高中的田径明星马特·克罗克（Mark Crocker）在其轮班时间一直没出现时，对新政策的第一次考验出现了。第二天托尼遇到他时，马特解释道："对不起，托尼。我的教练在最后刻突然改变了我们的田径训练时间，我没能给你打个电话，也找不到人替我。你知道教练以前也这么干过，而杰里也习惯了按照我的时间表和我一起工作，但在你的新政策之下，我没有选择。"

现在托尼陷入了困境——他应该把马特作为强制执行政策的一个例子吗？或者他应该放过这个家伙？"但是，"他想，"如果我放过了马特，那就是鼓励其他人也无视政策，而我也掩盖不了我的转变。很快我就又回到了原点，就像杰里那样有五个版本的时间表。"

托尼决定执行政策，让马特在剩下的一周内停职，以此作为不遵守新政策的警告。他对此感觉很糟，但是他确信这个严厉的决定从长远来看会得到回报。

第二天上午，六个早班的人中有两个没来。

好在这个上午的活不多,他们还能够把工作都干完,但是托尼对此很生气,在他看来这是对他的权威的挑战。当他正坐在办公室怒气冲冲地处理发票时,塔尼亚——轮班的主管——走了进来。

"托尼,我能和你谈一会儿吗?"塔尼亚问道。

"行。"托尼带着怒气说。

"你看,这是我在这里的最后一周了,"塔尼亚说道,"但你手头真出现问题了,托尼。排班如此严格事实上已经让你的一些员工受到了责罚,还让一些员工感受到了被辞退的危险。他们甚至谈到要叫杰里来看看他能否给你讲讲道理。你曾经想过问问他们的建议或者和他们一起开会来谈谈新的排班政策吗?做出如此剧烈的变化,然后拿像马特那样的人为例对待他们,你好像被你手中的权力冲昏头了。他过去是个好小伙,教练改变训练时间并不是他的过错。"

问题

1. 托尼应该对他的员工的反应感到惊奇吗?
2. 你认为员工有权利抱怨新的排班政策吗?
3. 托尼如何才能以不同的方式处理此事?
4. 换了你会怎么做?

问题回顾

1. 举出一个冲突性假定的实例。
2. 良好口头沟通的六个基本的经验方法是什么?
3. 找出一些能将葡萄藤式沟通有效运用于组织的途径。
4. 什么是积极倾听?

关键术语

沟通　交换信息的行为。

人际沟通　人与人之间传递和接收语言和非语言信息的过程。

语义学　关于词语和符号意义的科学和研究。

感知　个人用以解释其所接收信息的心理和感官处理过程。

葡萄藤式沟通　组织内存在的非正式沟通渠道。

e-mail　英文电子邮件的缩写形式，指的是通过电子通信系统发送和接收信息的系统。

互联网　一个独立运作且相互连接的电脑间的全球性联网。

内部网　利用互联网产品和技术来提供组织内多媒体运用的企业私密计算机网络。

访问国际演讲协会网站（www.toastmasters.org）回答以下问题：

1. 什么是演讲计划（toastmasters program）？它是怎样开始的？
2. 国际演讲协会的愿景和使命是什么？
3. 阅读"公共演讲的10条忠告"，然后选出你认为最有用的3条。
4. 你是否曾经考虑过加入演讲计划？为什么想加入？为什么不想加入？

你的沟通风格是怎样的？

把整个班进行分组，完成下列练习，然后把你的结果和你的指定合作者的结果进行比较。

仔细阅读每题题干和它的四个结果选项。将这些结果选项进行分级，描述最像你的打4分，次像的打3分，再次像的打2分，最不像的打1分。一旦你用了某个分数，这个分数就不能在这四个结果选项中再次出现。比如，你不能给题目1的（a）和（b）两个选项同时打4分。

1. 我最可能给我的同事留下的印象是
   a. 脚踏实地，务实，能抓住重点。　　　　　　　　　a _____
   b. 多愁善感，对自己和他人的感受很敏感。　　　　　b _____
   c. 冷静，逻辑性强，很耐心。　　　　　　　　　　　c _____
   d. 理智，有点冷漠。　　　　　　　　　　　　　　　d _____

2. 当我被分配到一个项目任务时，我最关心这个项目任务的是
   a. 务实的，具有明确的结果能证明我所费的时间和精力是合理的。
   　　　　　　　　　　　　　　　　　　　　　　　　a _____

b. 刺激的，包含与他人的现场互动。　　　　　　　　　b _____
c. 能系统和有逻辑地完成。　　　　　　　　　　　　　c _____
d. 是开创性的，能推进知识进步。　　　　　　　　　　d _____

3. 在与我曾经见过的人进行社交活动时，我可能关心是否
a. 他们是自信和果断的。　　　　　　　　　　　　　　a _____
b. 他们是能照顾人的。　　　　　　　　　　　　　　　b _____
c. 他们看上去是思虑周到和严谨的。　　　　　　　　　c _____
d. 他们看上去是很聪明的。　　　　　　　　　　　　　d _____

4. 当面对持不同观点的人时，我觉得最有用的是
a. 准确找出关键的差异点，进行妥协以便迅速做出决定。　a _____
b. 将自己置于他人之角色中，试着理解他人之观点。　　b _____
c. 保持冷静，把自己的观点和论证清晰、简明和有逻辑地展现出来。
　　　　　　　　　　　　　　　　　　　　　　　　　c _____
d. 提出新的建议。　　　　　　　　　　　　　　　　　d _____

5. 在压力之下，我想我可能会
a. 太想要立即采取行动，并推动事情立刻出结果。　　　a _____
b. 过于情感化，有时被自己的情感所左右。　　　　　　b _____
c. 高度非情感化、非人格化，过多地分析和批判。　　　c _____
d. 恃才傲物，故意屈尊，智力优越。　　　　　　　　　d _____

6. 当给一群人做讲座时，我想要给他们留下的印象是
a. 一个务实而足智多谋的人，比如能给听众演示如何简化程序。
　　　　　　　　　　　　　　　　　　　　　　　　　a _____
b. 一个充满活力而又有说服力的人，能抓住听众的情感和心情。
　　　　　　　　　　　　　　　　　　　　　　　　　b _____
c. 一个具有系统思维的思想家，能分析群体的问题。　　c _____
d. 一个具有高度创新性的人。　　　　　　　　　　　　d _____

现在把你在每个结果选项边上写的数字抄写到下面适当的空白处。看一下问题1～3各栏和问题4～6各栏。每栏底下的字母——S、F、T和I——代表着不同的沟通风格：敏感者（senser）、感性者（feeler）、思考者（thinker）和直觉者（intuitor）。问题1～3各栏中分值最高的一栏是你在宽松环境中的沟通风格，问题4～6各栏中分值最高的一栏是你在压力环境中的沟通风格。一旦你明确了自己的特定风格，就对比一下练习后面的表

格，看看与之相联系的积极特性和消极特性。注意：你也许有积极特性而没有消极特性，反之亦然。

	a	b	c	d		a	b	c	d
1.	___	___	___	___	4.	___	___	___	___
2.	___	___	___	___	5.	___	___	___	___
3.	___	___	___	___	6.	___	___	___	___
总分	S	F	T	I	总分	S	F	T	I

资料来源：Phyllis Kuhn, "Sharpening Your Communication Skills," *Medical Laboratory Observer*, March 1987. Used with permission from *Medical Laboratory Observer*. Copyright © 1987 by Nelson Publishing, Inc., www.mlo-online.com.

与每种沟通风格相联系的特性：

积极特性　　　　　**消极特性**

直觉者

创造性　　　　　　　胡思乱想

理想主义　　　　　　不务实

理智　　　　　　　　过于理论化

感性者

关心他人　　　　　　空虚无聊

认真勤奋　　　　　　深感内疚

善于游说　　　　　　操纵他人

思考者

严谨精确　　　　　　吹毛求疵

思虑周到　　　　　　死板

评估一切可能性　　　优柔寡断

敏感者

坚决果断　　　　　　易冲动

独断　　　　　　　　好争斗

喜欢迅速产生结果　　缺乏对他人的信任

技能熟练　　　　　　自私，追求地位

[第三章 沟通技能

讨论练习3.1

宝马成功的秘诀

宝马公司（BMW）在创新上的声誉可以追溯到其具有同样创新性的横向管理技术。

星期五下午4点，当大多数德国工人早就离开了工厂去度周末时，在慕尼黑，散布于宝马庞大的研发中心的各个小咖啡馆中挤满了工程师、设计师和营销经理，这些人正在专注地进行商谈讨论以至于很难听见别的声音，甚至连卡布奇诺咖啡机都空着。这里的气氛远胜硅谷和底特律。在宝马，热烈的员工讨论是一种实施中的管理理论。顶级的顾问和学者都认为这种在宝马盛行的非正式网络以及由此在大型组织中引起的热烈的讨论和边界的模糊化对于创新是至关重要的，对那些其知识是在数以千计的员工的头脑中而非在某个计算机服务器中的公司而言尤其如此。他们说，融合大家的脑力对于释放最佳想法是必不可少的。

跨部门的合作。宝马是包括诺基亚（Nokia）和雷神公司（Raytheon）在内的少数运用网络管理日常运营并超越了传统的管理控制金字塔的全球性公司之一。这些开创性的公司虽然依旧运用管理的指挥链条来设立战略目标，但是其工人已经能够自由建立跨部门团队并尽可能寻求实现目标的最佳方法——即使这种方法是非常规的。他们还被鼓励去建立跨部门的联系以加快变革。

闪电般的快速变革。速度和组织的灵活性对于汽车工业越来越重要，因为现在电子元件占了一辆车价值的20%左右。宝马的数据显示，其新车型中90%的创新是电子元件推动的。这就要求曾经缓慢前行的汽车制造商要适应推动半导体和软件产业创新和变革的闪电般的步伐。10年才换一个车型的时代一去不复返了。现在，汽车制造商必须努力把创新推到高水平以避免被竞争压垮。对于高档轿车市场尤其真实无疑的是，其市场领导者必须要持续地把从汽车播客到远红外夜视系统等各种创新推向市场。将日程运营的有效管理运用到人际网络上来，能够比过去的组织模型更快更好地加快知识的横向传播，由此宝马公司已经成为科技推动型企业，顾问如是说。

手机短信。宝马推动创新的能力甚至渗透到了它的营销部门。为了发据 2004 年新推出的 1 系列的更为年轻的潜在购买者，宝马使用手机短信作为主要的宣传资源，让那些感兴趣的人到宝马的网站上去注册参与当年 8 月推出的试驾活动——这种事情在那时的汽车行业是未曾有过的。这个试验性的策略成功了：宝马引发了 15 万名潜在购买者的反应，并且在 2004 年 9 月 1 系列正式推出时实现了销量飙升。在 2001 年，宝马因为投资制作了由美国橄榄球超级碗中的明星担当主演但与宣传宝马车无关的一系列短片而使广告界大吃一惊。和以前由克里夫·欧文（Clive Owens）主演的 *The Hire*（《宝马汽车 HIRE 网络广告、电影精选》，又译《赏金车神》）一样，这些制作光鲜而专业的短片纯属娱乐性质，花费高达 2 500 万美元。

平衡行为。 在宝马的慕尼黑总部，冒险的赌博引发了严重的焦虑不安。很少有大型公司愿意接受以组织清晰性的缺失和结构的模糊为代价来推动创新的观念。在大多数公司，一旦被广泛模仿，总部就会制止这种行为。研究者表示绝大部分公司只会在小范围内进行网络实验，很少有公司会将之全面投入实践，因为一旦这么做就意味着要做出令人不安的平衡行为：一方面是等级制和纪律，另一方面是可能滑向混乱边缘的自由运转的网络。但是对于创新驱动型公司，能够使公司承担风险的自由网络倒是灵丹妙药。

创意第一。 宝马公司是如何进行创造性的训练管理的？是如何使网络保持无人管理状态而又不至于过度脱离控制的？在巴伐利亚汽车制造厂的工人们从其工作的第一天开始就被鼓励去建立人际关系的网络以加快研发、设计、生产和营销中问题的解决和创新。这些联系跨越了部门，并在指挥链条上下运作。当进行创新时，人们便忘了正式的会议，忘了等级制度，忘了要批准盖章。每个工人都很快地意识到推动新思想是至关重要的。如果工人感觉自己有权去推动变革，那么宝马公司复杂的定制生产系统——与丰田的标准生产线相对立——会更易于管理。就像戴尔电脑公司（Dell Computer）一样，宝马公司按照顾客的订单来配置汽车，因而从生产线下来的每辆汽车都是不同的。

忘记过时的僵化制度。 确保整个组织系统没有搭便车的，并要求每个精明的工人都不断提出如何优化过程的建议。相比之下，不具有横向速度的公司会在快速前进的技术驱动型行业中严重受挫。扼杀新思想和减慢反应时间的刚性等级制已经成为通用汽车公司（General Motors）和福特汽车公司（Ford Motor）面临的一大问题。过去像通用汽车公司那样的巨人是王者，它是用其规模和购买力来占领市场的。但巨大不再是步入成功的门票了,大型公司所背负的缓慢运作的官僚机构现在已经成为一大障碍。

了解顾客。相比之下,宝马公司的管理者甚至在谈论"混沌物理学",以及如何通过在混乱边缘的运营来持续地培养创新精神和创造性,同时又不失控。那将是汽车工业下一轮的"持续改善"——21世纪汽车制造商所必须精通的。

早在2001年就制定的那个新颖的广告计划就是一个很好的例子。吉姆·麦克道尔(Jim McDowell)——那时是美国地区的营销副总裁——确信该计划能创造宝马公司所要的那种顾客口碑,并最终比超级碗广告更有成本效益。他将此广告计划称为"大思路",并将之存放在宝马美国新泽西州总部保安措施严密的6号"作战计划室"。这个计划的思路就是给导演一辆宝马车并围绕这辆车制作一部引人注目的短片。这个短片中的许多情节都集中于生死攸关的追逐场面,但是也有一些情景是幽默的甚至是伤感的。麦克道尔指出,如果 *The Hire* 推出后在宝马的网站上被100万到200万的观众下载,那么宝马公司吸引的眼球将和在超级碗期间播出的激烈的广告大战时一样多,但是其中对宝马有意向的顾客的比例将更高。

雪球效应。麦克道尔没采取什么折中措施。在请来诸如约翰·弗兰肯海默(John Frankenheimer,《法国贩毒网》)和李安(Ang Lee,《卧虎藏龙》)等有才华的导演并与诸如麦当娜(Madonna)、克里夫·欧文和加里·奥德曼(Gary Oldman)等大明星签约之后,他就离开了。他除了要求每部短片都要以宝马车作为主角外,留给了这些人完全的艺术创作自由。在互联网上推出这些短片之前没有做预先的广告宣传。开始第一部短片没有引起多少讨论,但是当麦当娜饰演一个女歌星唱的喜剧短片出来时,相关的评论像雪崩般急剧增加,远超宝马公司的预期,从而迫使这家汽车制造商不得不尽可能快地增加服务器。到这里还没算完:随着短片进一步横扫全球,全国性的电视广播节目制作人如洪水般涌入麦克道尔的办公室,要求他接受哥伦比亚广播公司、今夜娱乐和福克斯新闻台的采访。新奇之处在于一家汽车制造商拍摄了一部电影,引发了公众的兴趣而且使得下载量激增。

"试验的环境。"一年之后,访问宝马公司网站并下载 *The Hire* 的观众数量超过了2 100万,随着2002年又增加的3部短片的推出,观众总数量达到1亿人次,从而成为哈佛商学院案例研究的精彩案例。100万爱好者订购了含有8部短片的DVD碟片。

问题

1. "跨部门的"沟通是如何区别于"等级制上下间的"沟通的?

2. 定义术语"无边界公司"。你也许可以做些关于杰克·韦尔奇(Jack Welch)和通用电气公司的研究。

3. 如果人际网络"能够比过去的组织模型更快更好地加快知识的横向传播",而且员工"从工作第一天开始就被鼓励去建立人际关系的网络以加快问题的解决和创新",那么宝马公司是如何确保正确的决策的?

4. "正式结构决定谁当受责备,非正式决定如何做事。"这一理念对于宝马公司的管理者有什么影响?

资料来源:改编自 Gail Edmondson,"Innovation,"*BusinessWeek Online*,October 16,2006.

第四章
决策技能

Chapter Four

"为了在某些时刻正确,我不得不在某些时刻犯错。但是为了实现这两者,我首先必须要做出决策。"

——弗兰克·N·简皮特罗(Frank N. Giampietro)

■ 学习目标

在学完本章之后,你将能:
1. 解释决策制定和问题解决之间的差异。
2. 比较和对照决策制定中的直觉法和理性方法。
3. 解释决策制定者的环境和决策制定的条件。
4. 解释决策过程中的时间花费和参与。
5. 识别有创造性的决策法。
6. 讨论管理信息系统。

工作世界：托尼尝试其他办法

托尼·戴维斯把自己印记加在塔克·巴恩上的第一次尝试并不顺利。由于发现不能或没有在指定换班时间出现的员工较多，他本希望通过使员工排班表更为刚性而获得的所有时间都被浪费掉了。塔尼亚，这位不久就要离开轮班主管职位的女士最终直接向他反映了由于他"要么听我的，要么请离开"的新办法在员工中引起的愤怒和沮丧。在马特未能在其指定的轮班时间出现之后，托尼决定让其停职一周，并将此作为一个反面典型来发出其对排班有多严肃的信息。但事实上，正如塔尼亚所指出的那样，他所做的只是成功地引起了员工更大的愤怒。大家都认为马特是个挺棒的家伙，他努力平衡其上学、训练与轮班工作的投入。在他们看来，由于其教练改变了训练时间就处罚马特让他停职，这太苛刻了。一些人甚至建议叫回杰里——前餐厅经理——来看看他是否能和托尼讲点道理。

"太过分了，"托尼说，"在这儿我努力从排班表中解放出来处理其他事情以使餐厅变得更有效率，而我的员工却在强烈要求杰里回来。我现在要怎么办？如果我在新政策上退缩了，他们就会把我看成一个软弱的人，而且他们将抱怨从此以后的每一个新的改变。"

"你为何觉得这家餐厅还需要更多的东西，托尼？"塔尼亚问道，她正在尽力帮助托尼处理这未曾预料的消极反馈，"你已有了一支很棒的员工队伍——他们不需要每时每刻被监督。"

"这不是每时每刻监督他们的事，"托尼回应说，"我知道他们是很棒的员工，事实上他们中一些人是如此优秀，以至于就像塔克·巴恩未来的经理一样干得好。你就要离开了，而直到我代替你的位置之前，我要从外部帮助他们，而不是坐在办公室里花上好几个小时来做排班表。"

"你有没有想过和他们谈谈，而不是进行如此剧烈的改变然后把马特作为反面教材？"塔尼亚说，"在他们看来，只有当你所想的是更为有效地帮助他们时，你才会变得实至名归。"

第四章 决策技能

问题

1. 托尼在制定引进其新排班政策时,做出了怎么样的假定?
2. 托尼在此次使用了怎样的决策方法?参考决策制定中的直觉法和理性方法的材料以获得帮助。
3. 托尼要怎样改善其人际技能才能解决沟通障碍?
4. 托尼现在应该怎么做?

制定决策

一些作者使用术语"决策制定者"来意指管理者。然而,虽然管理者都是决策者,但不是所有的决策者都是管理者。举例来说,一个将水果和蔬菜分类的人需要进行决策,但却不是管理者。不过,所有的管理者,无论在组织中的地位如何,在追求组织目标的过程中都必须做出决策。事实上,决策制定渗透在所有的基本管理职能中:计划、组织、人事、领导和控制。尽管每项职能需要不同类型的决策,但是他们都需要决策。因此,为了成为一名优秀的计划者、组织者、人事工作者、领导者和控制者,管理者首先必须成为一名优秀的决策制定者。

诺贝尔经济学奖获得者赫伯特·西蒙(Herbert Simon)曾描述过管理者**决策过程**的三个阶段:(1)信息;(2)设计;(3)选择。信息阶段包括搜索环境找出决策所需的条件。设计阶段包括创造、开发和分析可能的行动方案。选择是最后的阶段,指的是对行动方案的实际选择。

决策过程的各阶段显示了管理决策与非管理决策的区别。非管理决策主要关注于最后的(选择)阶段。水果和蔬菜分类者仅仅需要在商品的规格和质量方面做出选择。管理决策则更为强调信息和设计阶段。如果决策制定过程仅被视为选择阶段,那么管理者在决策上花费的时间就很少。然而如果决策过程不仅被视为实际的选择,而且被视为对信息和设计工作的选择,那么管理者的绝大部分时间将花费在决策上。

决策制定与问题解决

决策制定与问题解决这两个术语常常被混淆,因而有必要澄清一下。正如前面所提示的那样,**决策制定**就其狭义而言是指从各种不同方案中做出选择的过程。其所存在的问题是对某些标准和所欲求的绩效水平的偏离。而**问题解决**则是指决定缓解问题所必须采取的恰当反应或行动的过程。问题解决必然包括决策制定，因为所有的问题都能以许多种方式加以解决，而问题解决者必须决定何种方式是最佳的。另外，并不是所有的决策都包含问题（诸如某人对水果和蔬菜进行分类）。然而，从实践的角度来说，几乎所有的管理决策都包含问题解决，或者至少包括问题的避免。

决策制定中的直觉法

当管理者单单依靠预感和直觉来做出决策时（**直觉法**），他们对管理实践的看法就好像管理完全是并仅仅基于感觉的艺术。尽管直觉和其他类似的判断在许多决策情景中的确发挥了作用，但是当管理者忽视了明显的事实而仅仅依靠感觉时，问题就会发生。当这种情况发生时，管理者有时会对某个状况过于情绪化以至于没有什么能改变他们的想法。他们会发展出"别拿什么事情来烦我——我已经做出决定了"之类的态度。乔治·奥迪奥恩（George Odiorne）把可能对管理者造成损害的以下情绪控制问题单列了出来：

1. 被未经证实的事情缠住并死死盯住它们。
2. 被一些丑闻所吸引并夸大其重要性。
3. 把每个事实问题都强行塞入同一个道德模型中。
4. 除了立刻能派上用场的东西以外忽视其他一切问题。
5. 对罗曼蒂克类的故事有偏好，认为这类信息比其他包括确凿证据的信息都重要。

此类情绪控制问题都是真实的，并且能导致很恶劣的决策。它们最能影响那些"生活在过去"的管理者和决策制定者，这些人或是不愿，或是不能将其思想跟上时代。比如说，某个管理者坚持要像公司40年前的创立者那样进行决策。

奥迪奥恩为被情绪控制所困扰的管理者和决策制定者提出了两条建议。第一，要认识到偏见并对此做出谅解。未曾发现的偏见会造成最大的危害。第二，寻找独立的见解。问问那些在决策中没有既得利益的人的观点总是明智的。直觉在决策制定中的确发挥了作用。但是当事实是很明显的时候不要忽视它们，这也是很关键的。

决策制定中的理性方法

试图通过使用某种演绎推理来评估事实信息的决策方法被称做理性方法。下面将讨论两种理性方法:

最优法

物理学提供了一种能适用于管理问题的理性方法。决策制定中的**最优法**(有时也称作理性方法或者科学方法)包括以下步骤:

1. 识别决策的需要。
2. 对决策的评判标准进行设定、分类和衡量。
3. 收集现有的信息和资料。
4. 确定可选方案。
5. 按照所有的评判标准来评估每个可选方案。
6. 选出最优方案。

一旦决策的需要被知晓,就该为决策的预期结果设定评判标准了。这些标准应该能够根据其重要性来衡量排序。

接下来,就要收集与决策相关的事实资料。此后,要找出所有满足标准的可选方案。每个方案都要参照所有的评判标准进行评估。最后的决策是基于最符合标准的方案做出的。

最优法的局限

决策制定中的最优法相对于直觉法来说是一种改进,但也不是没有自身的问题和局限性。最优法是建立在"经济人"概念的基础上的。

这一概念认为,人是基于理性行动的,并且他们的行动是基于以下假设的:

1. 人们能清晰地界定标准,并且他们分配给这些标准的相对重要性是稳定的。
2. 人们具有关于所有相关可选方案的知识。
3. 人们有能力参照所有标准来评估每个可选方案,并且对每个可选方案做出全面的评估。

4. 人们具有选择等级最高的可选方案的自律性（他们不会操纵这个评级系统）。

考虑一下上述方法的各种困难。首先，这些假设是不现实的；决策制定者通常无法清晰地界定决策的标准。其次，许多决策者是基于可选方案的有限知识进行决策的，甚至当信息触手可及、十分丰富时，离完美也还相差甚远。最后，人们总是倾向于操纵或者忽视收集到的信息并且选择一个自己喜欢的（但不必然是最好的）可选方案。

由于最优法的这些局限，大多数决策仍然需要做出判断。因此，管理者通常在决策过程中把直觉法和理性方法结合使用。

职业管理

培养成功职业生涯的习惯

现在你已经熟悉了这样的说法："好的习惯带来好的结果。"你如何处理诸如工作、学习、餐饮等日常事务，为培养良好的习惯创造机会？这里有一份能帮助你个人和事业成功的习惯的清单：

- 守时
- 做到最好
- 倾听
- 把事情写下来
- 不断努力
- 积极的态度
- 完成所有的工作
- 志愿精神
- 平和的性情
- 少说闲话
- 成为值得信赖的人
- 机敏地工作
- 展示领导力
- 激情
- 个性

满意选择法

赫伯特·西蒙相信最优法的假设一般来说是不现实的。他试图理解现实中管理者是如何做出决策的，并最终形成了他的**有限理性原则**。这一原则指出："与需要客观理性行为解决的问题的规模相比，人们形成和解决复杂问题的能力范围是非常小的，甚至与客观理性的近似值相比也是如此。"有限理性原则指出，人们的理性通常具有明确的界限。基于这个原则，西蒙提出了"行政人"的决策模型，这一模型做出了如下假设：

1. 一个人关于可选方案和标准的知识是有限的。

2. 人们是基于关于真实世界的简化的、结构不良的心理图示来行动的，这一图示受到个人的观念、偏见等因素的影响。

3. 人们并不是试图达至最优，而是把满足其现有期望水平的方案视为第一选择。这叫做满意决策。

4. 一个人对于某个决策的期望水平是上下波动的，这取决于最新找出的可选方案的价值。

第一假设是有限理性原则的总纲，第二假设是第一假设的自然推论。如果对人类理性的限制的确存在，那么一个人就必然是基于有限的和不完全的知识进行决策。第三假设也是对第一假设的自然推演：如果决策制定者的关于可选方案的知识是不完全的，那么决策将无法达至最优而只能达至"满意"。**最优决策**意味着选择最佳的可选方案，而**满意决策**意味着选择能满足决策制定者最低满意标准的第一可选方案。第四假设是建立在这样一个信念之上的，即对可选方案的满意标准取决于个人现有的期望水平。**期望水平**指的是个人期望达到的绩效水平，它受个人先前成功和失败的影响。

图表4—1展示了决策制定中的满意选择法。如果决策者已经发现了一个令其满意的可接受的备选方案，那么他将会选择这个备选方案。否则的话决策者将会继续搜索其他的备选方案。在图表4—1中，双箭头表示双向

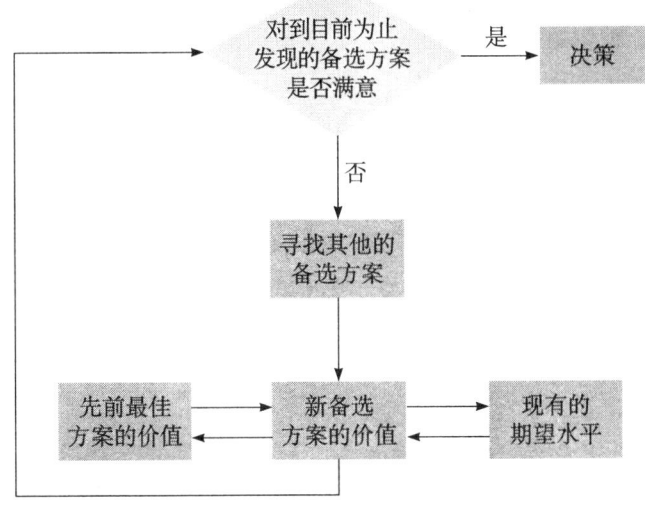

图表 4—1 满意选择法的模型

资料来源：Adapted from James G. March and Herbert A. Simon, *Organizations*, 1958, John Wiley & Sons.

关系：新备选方案的价值受到先前最佳方案的影响，同时先前最佳方案的价值也受到新备选方案的影响。正如箭头所表示的那样，新备选方案和现有的期望水平之间也存在类似的双向关系。这种评估的最终结果将决定决策者是否对备选方案感到满意。因此，"行政人"选择能满足其最低满意标准的第一方案，而不是试图达到最优。

学习进度检测问题

1. 解释决策制定与问题解决两者之间的区别。
2. 解释决策制定中的直觉法。
3. 决策制定中的最优法的六个步骤是什么？
4. 解释决策制定中的满意选择法。

决策制定者的环境

管理者进行决策的自由度主要取决于管理者在组织中的地位及其组织结构。一般而言，更高层的管理者有更大的选择灵活性和自由度。由正式组织结构所体现的职权模式也影响着决策者的灵活性。

决策风格中的另一个重要因素是组织目标和组织传统。举例来说，与一个志愿组织相比，军事组织就需要一种不同的决策风格。

组织的正式和非正式群体结构也会影响决策风格。这些群体包括从工会到咨询委员会等各类群体。

最后的子环境包括决策制定者所有的上级和下属。这些人的个性、背景和期望都影响着决策制定者。

图表4—2显示了组织中影响决策制定者的主要环境因素。除了这些主要的组织因素，在一般环境中还经常有一些其他因素。其中一些因素包括行业规范、劳动力市场、政治气候和竞争。成功的管理者必须对这些环境力量有正确的识别能力，一方面要考虑这些环境因素的影响，另一方面也要通过其决策来影响环境。

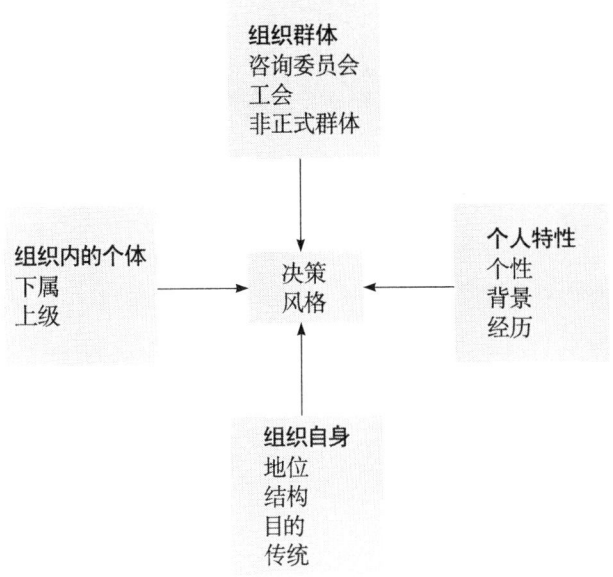

图表 4—2　在组织中影响决策制定的环境因素

决策制定的条件

决策并不总是靠着同样数量的显性信息做出的。最好的决策往往取决于未来会发生什么。考虑一下出门时是否带雨伞这样一个简单的决策。更可取的备选方案取决于是否会下雨,而这并不在决策制定者的控制之中。图表 4—3 给出了一个可选方案和天气情况及其预期结果的组合,个人可以此来决定出门时是否带雨伞。

图表 4—3　　　　　　　雨伞决策的备选方案和结果

备选方案	状态性质	
	不下雨	下雨
带雨伞	未淋湿,但不方便	未淋湿
不带雨伞	未淋湿,高兴	淋湿

确定性

清楚地知道什么将发生会使决策制定者处于**确定性**情景中。在这样的情景中,决策制定者能精确计算出每个备选方案的结果。如果天要下雨,那么人们会知道每个备选方案的结果,因而能选出最好的方案(带上雨伞)。如今组织中的决策很多是在确定的条件下做出的。管理者决定是用飞机交货（以一定的成本花费一定时间送达）还是用卡车交货（也要以一定的成本花费一定时间送达），就是在确定的条件下进行决策的例子。

风险性

遗憾的是，并不是每个备选方案的相关后果都能预先得知。决策者常常能以一些成本获取关于不同可能结果的信息。获取信息的适宜度是通过获取信息的成本与信息价值之比来权衡的。如果能够获得某些可靠但不完整的信息，那么决策制定者就处于**风险性情景**之中。在风险性情景中，每种结果的发生概率是可以知晓的。如果天气预报说有40%的概率要下雨，决策者就处于风险性情景之中了。

伦理管理

一家制造公司新任命的副总裁戴夫刚被告知，来自公司总部办公室的一个内部审计团队将在两天内到达。他让其员工尽力做好相关准备。在审计员到的前一天，他的一个助理发现了一些令人不安的信息。他说，工作了30年的老职工伍迪似乎多年来一直在系统地更改账户。伍迪一个月又一个月地给顾客运送产品却不记账，然后在不运货的时候却记账了。

戴夫惊呆了。在追问了相关解释之后，他了解到这种做法并不涉及欺诈。伍迪并没把东西放进自己的口袋中。他只是想帮点忙。他的目的是让订货的循环性质变得更流畅，就这样一个月又一个月，报送到内部办公室的数字看上去平稳又一致，没有高峰也没有低谷。戴夫发现钱没少也没多：最后很平衡。虽然数目不是很大，但是这些资金还是会影响5%左右的工厂年收入。

就某种意义而言，伍迪的做法对戴夫很有益，他一直由于其明智的预测和能准确地满足目标而被老板称赞。但是戴夫也知道如果这种做法被曝光，伍迪会立刻被辞退，而他自己虽然到现在才知道这事，但也要对此做出艰难的解释。毕竟，伍迪一直在捏造记录并对管理层、股东和国税局谎报公司收入。

戴夫该怎么办？

资料来源：Adapted from "Smoothing the Factory's Accounts," Institute for Global Ethics, www.globalethics.org/resources/dilemmas/smoothing.htm.

通常，各种结果的确切发生概率是不得而知的。但是，基于历史资料和过去的经验常常能够合理地推算出它们。

当没有此类数据时，就很难估算概率。在这样的情况下，一个可行的办法就是调查每个人的观点。

在风险性条件下，决策制定者可以使用预期价值分析来帮助其做出决策。运用这种技术，基于每项已知的备选方案的发生概率，可以用数学方法估算其预期收益。预期价值分析的一项潜在缺点是：如果某个事件是反复多次发生的，那么其反映的是平均结果。因而它对于只发生一次的事件就没什么帮助了。比如说，飞机乘客并不对平均死亡率感兴趣，他们只对他们所在的特定航班的未来情况感兴趣。

不确定性

当决策制定者只有很少或几乎没有可靠的信息来估算不同方案的可能结果时，他就处于**不确定性情景**之中了。在不确定性情景之下，决策者没有关于不同可能后果发生概率的知识。比如说，某个人要去纽约并且没有听纽约的天气预报，因而不知道下雨的概率，也不知道是否要带雨伞。

如果决策制定者关于何种情况会发生的信息知道得很少或者根本就不知道，那么可以采取某些基本方法中的一种。第一种方法就是选择能产生所有备选方案可能结果中的最好结果的那个备选方案。这是一种乐观的、赌博性的方法，有时也被称做**最大最大法**。采取这种方法的决策者将不会带雨伞出门，因为只有这个方案才能产生最好的可能结果（既不会被淋湿也很方便）。

第二种处理这种不确定性的方法是比较每个备选方案产生的最坏可能结果，然后选择那个最不坏的。这是种悲观的方法，有时被叫做**最大最小法**。在那个雨伞的例子中，决策者会比较带雨伞和不带雨伞产生的最坏的可能结果，然后将会决定带上雨伞，因为不被淋湿要比被淋湿好得多。

第三种方法是选择其可能结果变化最小的那个备选方案。这就是风险规避法，由此能导致更为有效的计划。如果决策者选择不带雨伞，其结果会从不被淋湿变成被淋湿。因此，规避风险的决策者会带上雨伞保持干爽。

图表 4—4 总结了在不确定性条件下进行决策的不同方法。

图表 4—4　　在不确定性下进行决策可能使用的方法

方法	如何运用	与雨伞案例相关的决策
乐观方法或赌博性方法（最大最大法）	选择能产生所有备选方案可能结果中的最好结果的那个备选方案。	不带雨伞
悲观方法（最大最小法）	比较每个备选方案产生的最坏可能结果，然后选择那个最不坏的。	带雨伞
风险规避法	选择其可能结果变化最小的那个备选方案。	带雨伞

决策花费的时间

若想合理地配置决策的时间，必须要认识到决策的需求目标。但这通常并不是件容易的事。管理者也许完全不知道未来会发生什么，或者需要进行决策的问题是个伪问题。一些管理者似乎总是现场就做出了决定，而另一些则即使面对很简单的问题时也要拖上很久才能决策。那些总是立刻做出决策的管理者面临着做出错误决策的风险。不去收集和评估一切可以收集到的资料、不去考虑人们的情感、不去预测决策可能造成的影响，这些都会导致过快做出极其错误的决策。但是另一个极端也会有同样的风险：管理者听取各种问题，承诺采取行动，但就是不进行决策。那些一拖再拖才做出反应的管理者也很糟糕。其他类似的还包括那些总是觉得似乎没有充足信息来做出决策的管理者、那些即使面对简单问题也会愁眉不展的管理者和那些把一切问题都推给上级的管理者。

知晓何时做出决策是很复杂的事，因为不同的决策需要不同的决策时限。比如说，比起 3 个员工请病假时怎么办这样的决策，管理者在决定委员会的任命上要花费更多的时间。没有什么神奇的准则来告诉管理者何时应该做出决策或者应该花费多少时间来做出决策，重要的是应看到适当配置决策花费时间的重要性。

决策制定中的参与

大部分管理者都有机会让其下属或者其他人参与到决策制定的过程中。由此，一个相关的问题便是：群体是否能比个人做出更好的决策？另一个问题是：在进行管理决策时下属应该何时参与进来？

群体或者团队决策

大家都知道"三个臭皮匠，赛过诸葛亮"这句老话。在一些不是很重要的条件限制之下，经验证据也一般支持这个观点。群体绩效常常比群体成员个人平均绩效要高。类似地，群体在培养创新和创造性的解决问题等方面也更为成功。群体也常常要花费比个人更长的时间来做出决策。因此，当避免错误比决策速度更为重要时，群体决策一般来说是更好的。

由于两个原因，群体绩效一般要高于群体成员个人平均绩效。首先，群体的知识总量更大。其次，比起个人，在决策过程中群体具有更宽的备选方案范围。

让我们把群体或团队决策面临的风险和个人单独决策面临的风险做个比较。实验室的实验表明，全体一致的群体决策一向比个人决策更有风险。这多少有点让人吃惊，因为群体压力常常会抑制群体成员。比起其单独行动时，人们很可能会觉得对群体决策所造成结果的责任变小了。最近更多的研究已经发现当群体决策以更多极的形式出现时，会比个人单独决策做得更好。"更多极"意味着群体倾向于比个人决策做出更多不同的极端的解决方案。图表4—5总结了群体或团队决策中的积极面和消极面。

图表 4—5　　群体（团队）决策中的积极面和消极面

积极面	消极面
1. 群体的知识总量更大。 2. 在决策过程中群体具有更宽的备选方案范围。 3. 决策过程中的参与增强了群体成员对决策的接受程度。 4. 群体成员能更好地理解决策，并且对备选方案做出更为细致的考虑。	1. 某个人可以主导或者控制整个群体。 2. 合群的社会压力会对群体成员产生抑制。 3. 竞争会达到这样激烈的程度：获胜比解决问题更重要。 4. 群体潜在地倾向于接受第一个积极的问题解决方案，而对其他可能的解决方案不加注意。

---学习进度检测问题---

5. 列出管理者在进行决策制定时的不同条件。

6. 解释决策制定中的最大最大法和最大最小法之间的区别。
7. 什么是决策制定中的风险规避?
8. 总结一下群体决策中的积极面和消极面。

决策有效性的障碍

虽然对如何做出决策的研究是很有必要的,但是管理者还必须努力去除那些限制决策有效性的障碍。丹尼尔·惠勒(Daniel Wheeler)和艾尔文·詹尼斯(Irving Janis)指出了决策有效性的四个基本障碍。第一个障碍是自满:决策者既无视危险的信号和机遇,又无视可能影响决策制定的来自环境的信息。第二个障碍叫做防御性回避:决策者拒绝承认危险、机遇和对行动的责任的重要性。恐惧是第三个障碍:心慌意乱地试图去解决问题很少会导致好的结果。最后一个障碍是进行决策的决心:接受决策的责任和挑战对于所有的有效性来说都是至关重要的。所有这些障碍都必须被去除,以创造一个能促进有效性和进行创新性决策的环境。

制定有创造性的决策

如果决策制定中的最优法是基于不切实际的假设之上的,而直觉法和满意选择法产生的结果又常常不及最优法,那么管理者能做些什么来改善其决策过程呢?在许多组织中,一项能产生积极结果的可选方案就是鼓励有创造性的决策和组织内所有层级的创新。一项由普华永道(PricewaterhouseCoopers)所做的最新研究发现,几乎一半(45%)的能带来丰厚利润的想法——无论是产品和服务的突破,还是旧产品的新用途开发,抑或是节约成本的办法——都来自员工。另一半则来自顾客、供应商和竞争者。本节将讨论一些能用来培育组织内有创造性的决策的技术。

案例讨论 4.1

离开军队

杰伊·艾伯特很自信如果他决定留在军队,他的未来会很有保障并且

第四章 决策技能

会有财务上的回报。在靠ROTC奖学金完成其大学教育之后，他在10多年前以军官的身份进入了军队。32岁的杰伊已被提升为上尉，而且现在正被考虑提升为少校。他相信他肯定会被提升。在他所有被任命的职位上他都干得很成功，每个人——他的同辈、上级和下属——都很喜欢他，而且他也没有什么污点记录。

他不断提醒自己，军队有许多积极方面：现在他每年已经能挣到4万美元了，等他晋升到几乎肯定会得到的职位上时，工资会涨到每年4.6万美元。此外，他现在正处于被推荐去军队的指挥和参谋学院深造的过程中。他肯定会被批准的，而完成这次学习会使他的前途更为光明。如果待在军队，他10年后（那时他42岁）就能退休，会有其最终工资一半的永久性退休收入，还有免费的医疗和牙医保险。到那时，他估计他可能是基本工资为6.1万美元的中校；再不济他退休时也是个少校。42岁时，如果他需要，他会有大量的时间投入第二职业。

但是，无论这些利益看上去多么诱人，军队的工资却没法跟上通货膨胀率上涨的步伐：国会已经限定工资上涨不得超过3%，而且也没什么证据显示未来几年内会有变化。事实上，杰伊阅读的报刊文章显示国会正在考虑减少军队福利，服役20年退休的人员尤其如此。

自做了一些调查核实之后，杰伊了解到在军队中受到的培训和经历对民间的雇主来说是很有价值的。由于在通信部队任职，他拥有通信领域的大量经验。他最近刚在一家服务学校以指导员的身份完成了一次旅行。在军队期间，他曾经担任过许多领导职位。32岁的他比那些民间管理者拥有更多的第一手管理经验。他知道大型组织正以比给大学毕业生更高的1万美元到1.5万美元的工资招聘年轻的退役军官。

问题

1. 哪些因素在促使杰伊考虑离开军队？
2. 哪些因素又鼓励他考虑留下？
3. 你认为哪些因素更重要？为什么？
4. 你会给杰伊什么建议？

创建创造性的过程

创造性和创新看起来似乎很类似，但是实际上两者是不同的过程。创造性是一种思维过程，包括产生一种对创造者或其他人而言是新的、原创的、有用的、令人满意的思想或观念；**创新**则指的是做新的事。

创造性指的是提出新的想法，而创新则是指运用这个新的想法。如今管理者面临的挑战是创建一个既鼓励创造性又鼓励创新的环境。最成功的管理者不仅其个人具有很强的创造性，而且能够创建一个鼓励员工的创造性的环境。以下五个步骤一般被认为有助于创建创造性的决策环境：

1. 预备。管理者进行深入调查，以确保问题的所有部分都得到了完全的理解，所有与问题相关的事实和信息都被找出来了。

2. 专注。管理者致力于及时解决问题。

3. 酝酿。管理者认识到可接受的问题解决办法并不总是最佳办法。（要运用创意的火花引起新的想法。）

4. 阐释。管理者把文件和可接受的问题解决办法联系起来。（这一步常常被叫做尤里卡连接。）

5. 验证。管理者对解决办法进行检验，并接受其结果。

虽然这些步骤往往是重合的，但是它们还是为开发创造性的问题解决方案提供了一个合理的起点，而这些创造性的解决方案对于现代组织的成功是关键性的。

创建创造性的环境

可能影响组织成员的创造性和创新的一个最重要的因素就是他们的工作氛围或者说是工作环境。当然，管理者的老板能对所形成氛围的类型产生影响，但是最终还是管理者个人设立了其责权领域的基调。如果管理者真的对创造性思维感兴趣，那么大部分员工会明白这一点。相反也是一样：当管理者对创造性并感不兴趣时，大部分员工也会知道管理者的真实想法。

人本管理的技能和积极的领导都会鼓励创建一个有创造性的环境。为了避免掩盖创造性，管理者必须：

- 灌输信任感——消除由错误想法带来的恐惧。
- 发展积极的内部和外部沟通。上行的和横向的沟通有利于创新。
- 寻求组织内人才的混合。不同个性之间的融合和互动有利于创造性地解决问题。
- 对有用的想法和解决办法做出奖赏。
- 允许在现有的组织结构中出现一些弹性变化使新想法和创造性的解决方法不至于被传统所扼杀。

学习进度检测问题

9. 什么是决策有效性的四大障碍?

10. 解释创造性和创新两者之间的差别。

11. 一个具有创造性的管理者和一个能鼓励其员工的创造性的管理者哪个更为重要?为什么?

12. 管理者能采取哪些步骤来避免掩盖创造性?

培育创造性的工具

除了创建适当的环境,管理者还可以使用一些技术来鼓励创造性。下面讨论其中一些技术手段。

头脑风暴

亚历克斯·奥斯本(Alex F. Osborn)为帮助广告代理商进行创造性思维而开发了头脑风暴。总的来说,**头脑风暴**是指向一组人提出一个问题,并允许他们就此问题的解决办法提出各种想法。头脑风暴试图产生大量的想法或备选方案,而且一般来说有一个明确的程序。

在第一阶段,小组成员被要求提出他们头脑中所有的想法。小组成员被告知数量而非质量是其目标所在。小组组长提出的问题一般包括:我们如何才能以另一种方式来运用它?我们如何才能做出改变?我们如何才能进行替代或我们如何才能进行结合?第一阶段的四个基本原则如下:

1. 不允许对这些想法进行批评。
2. 不允许对这些想法进行表扬。
3. 不允许对这些想法进行质疑或者讨论。
4. 对先前已提出想法的融合和改进是被鼓励的。

在第二阶段,每个想法的优缺点都要进行评论。这种评论常常会导致更多的备选方案。然后,那些优点较少的备选方案就在这个阶段被排除了。

在第三阶段,常常是通过小组全体一致同意,某个备选方案就被选出来了。

戈登技术

威廉·戈登(William J. J. Gordon)为理特咨询公司(Arthur D.

Little, Inc.）开发了一种技术来激励创造性地解决问题。这种技术起初被设计用在技术问题上以获得创造性思维。**戈登技术**与头脑风暴的区别在于除了小组组长没人知道所讨论真正问题的确切性质。一个关键词会被用来描述这个问题的领域，谈话小组就使用这个关键词作为起点来扩展整个领域。举例来说，"储备"这个词也许会被用来开启一场关于能源储备的讨论。这个关键词将会主导这次讨论并对其他领域的储备问题提出建议，而不仅仅限于能源储备问题。戈登技术的支持者认为该技术能产生更高质量的思想，因为就像头脑风暴中的案例一样，讨论并不局限于某个特定的领域。

创意书写

在**创意书写**方法中，小组成员被告知某个问题的情况，然后被要求将其想法写到纸上但不进行讨论，纸上不署名；然后相互交换这些纸，再写下想法；然后再继续，直到每个人都参与其中。

创造性决策制定的模型

本节提出了一个能使决策更好、更有创造性的实践模型。这个模型包含了部分的理性方法，其重点在于鼓励新思想的产生。图表 4—6 描绘了这个模型的各个阶段。

图表 4—6 　　　　　　　　　　创造性决策制定的模型

阶段	活动
1. 认识	
2. 发现事实	调查并最终确认问题或决策情景。
3. 发现问题	
4. 发现构想	产生可能的备选方案或解决办法（构想）。
5. 发现解决办法	确认标准并对阶段 4 产生的构想进行评估。
6. 接受	制订规划以实施选择的构想。

资料来源：Bruce Meyers, unpublished paper, Western lllinois University, 1987.

阶段 1：认识

当存在一个问题或者决策情景时，首先以书面形式描述一下环境是很有益的。以叙事的形式简单写下事实状况是个有效的方法。这个阶段应该描述一下现有状况，并且还要描述一下何时何地已经发生的相关事件和未来将要发生的相关事件。

阶段2：发现事实

在以书面形式描述了决策的环境之后，下一步就是要系统地收集现有状况的更多的信息。这一阶段的问题通常是以谁、什么、哪里、多少或者类似的疑问词来提出的。发现事实阶段的目的在于整理可收集到的关于决策环境的信息。

阶段3：发现问题

发现事实阶段主要关注过去和现在，而发现问题阶段则指向了未来。在某种意义上，这个阶段也可以被视为对问题的重新界定或者是对问题的分析。这个阶段压倒一切的目的是以一种鼓励更具创造性地解决问题的方式来重新写下或者重新陈述问题。由于阶段1和阶段2的工作，决策制定者此时应该试着以各种不同的方式来重新陈述问题，以达到鼓励产生更多解决方案的最终目的。比如说，"我是否应该用我的储蓄开始一笔新的生意"这样的决策问题可以重新表述为："我应该以何种方式为我的新生意融资"。与第二种陈述相比，第一种陈述给出的问题解决范围就窄多了。类似地，"我是否应该炒了这个员工"可以重新表述为："我是否应该对这个员工进行调整、惩罚、停职、辞退或者我应该再给他一个机会"。

在列出问题的一些重新表述之后，决策制定者应该选出一个最贴近问题真实含义并且具有最多潜在解决方案的表述。此时，决策的情况应该以提出多种解决方案的方式来加以界定。

阶段4：发现构想

这个阶段的目的在于产生针对决策情景的许多不同的备选方案。在这个阶段，可以使用头脑风暴的方法，并遵从以下两条简单的规则：（1）不允许做出判断和评估；（2）所有提出来的构想都要加以思考。这些规则的目的在于鼓励产生备选方案，而不论这些备选方案起初看来是多么不切实际。对于决策制定者来说，尽可能多地列出与问题相关的构想是一个不错的办法。然后，决策制定者应该回过头去考虑一下哪些应该可以被替代或合并、哪些可以被采纳、哪些需要修改或排除、哪些可以通过重新的排列组合来改变先前产生的构想以形成新的构想。

阶段5：发现解决办法

本阶段的目的是确立决策标准并评估阶段4中产生的可能的构想。对于决策者来说，第一步是通过列出所有的可能性来制定一份决策潜在标准的清单。一份潜在标准的清单被制定出来之后，决策者还应该通过选出最合适的标准来削减这份清单。当然，决策者的目标应该是使标准的数目降到一个便于管理的范围（通常少于 7 个）。下一步就是要照着选出的标准来评估阶段 4 产生的每个构想。通常靠一个简单的检查就能排除许多阶段 4 中的构想。剩下的构想应该按照标准，运用某些类型的量表来再次评估。在每个构想都按照所有的标准评估过后，最佳的解决办法就自然变得很明显了。

阶段 6：接受

这个最后的阶段试图确认为了成功地实施所选的构想或者解决办法还需要做些什么。这个阶段不仅要提出谁、何时、何地和如何等问题，而且还要试着去预测对这个决定的可能的反对意见。

虽然上述模型并不是十全十美的，但是它的确能鼓励管理者超越有限理性，并使其做出的决策比按照满意选择法做出的更好。

案例讨论 4.2

去海外

你监管着 12 个技术人员。他们接受的正式培训和工作经历都很相似，你派他们去做不同的项目。昨天，你的管理者通知你，一家海外分公司要求派 4 个技术人员去海外 6~8 个月处理一笔延期贷款。由于一些原因，他主张这个要求应该由你的团队来满足，你也表示同意。

你所有的技术人员都能完成这个任务。从现在和未来的项目计划的角度来看，也没有什么特殊的理由让哪个技术人员留下。使情况稍微有点复杂的是这样的事实，即这个海外任务针对的是一家普遍不受欢迎的当地公司。

问题

1. 对于谁应该去海外处理延期贷款你会怎样选择？
2. 影响你决定的一些主要因素是什么？
3. 你会怎样与被选出完成这项任务的技术人员沟通这个信息？
4. 如果被要求的技术人员不愿去海外，你会怎么做？

资料来源：Victor H. Vroom, "A New Look at Managerial Decision Making," *Organizational Dynamics*, Spring 1973.

学习进度检测问题

13. 解释头脑风暴过程的三个阶段。

14. 头脑风暴和戈登技术的主要区别是什么？
15. 解释创意书写是如何生效的。
16. 解释创造性决策制定的模型的六个阶段。

管理信息系统

管理信息系统（MIS）也叫做管理报告系统，是为日常运营和管理者的策略决定提供支持的。MIS 是被设计用来产生成功的过程管理、部门管理和业务管理所需的信息的。一个管理信息系统能提供管理者预先指定的信息，同时完全地满足其信息需求。通常，管理信息系统的信息是以定期报告、特别报告和数学模拟结果的形式提供的。

就更广泛的意义而言，管理信息系统甚至在电脑出现之前就已经存在许多年了。然而，在大部分人的心目中，管理信息系统这个术语就暗示着使用电脑来处理数据，而管理者则以此来进行业务决策。管理信息系统提供的信息在过去发生了什么、现在在发生什么和未来会发生什么这三个方面对组织或者组织的主要部分做出了描绘。

注意到管理信息系统与数据处理的不同是很重要的。**数据处理**是对数据的获取、处理和储存，而管理信息系统则是使用这些数据来为管理者进行决策解决问题提供信息。换句话说，数据处理是管理信息系统的数据基础。

事务处理系统用计算机处理系统代替了人工记录程序。这些例子包括薪酬系统、结算系统和库存记录系统。通过定义可知，事务处理系统需要常规的和高度结构化的决策模型。它实际上是一个子集数据处理。因此，一个组织可能有一个有效的事务处理系统而没有管理信息系统。

许多管理信息系统被特定的组织次单元开发出来并投入使用。管理信息系统在具体的职能领域支持管理者的例子包括业务运营信息系统、营销信息系统、财务信息系统和人力资源信息系统。一些组织次单元的具体的管理信息系统运用问题在后面章节会加以讨论。

小 结

经验丰富的管理者常常对其能在预感和"极其重要的直觉"的基础

上做出决策感到自豪,而没有认识到经验在培育他们如此信赖的直觉上所发挥的重要作用。对于新的管理者来说,决策技能常常就是进入新角色的最宝贵的资产。你提供的知识和工作绩效也许会让你赢得提升,但是新的职位带来了为制度做决策的责任。正如我们在本章所看到的那样,在应该如何决策和在决策过程中决定可接受的风险水平等方面保持一致的政策,组织将会做得很好。在下一章中,我们将讨论在决定管理的战略选择和业务的未来导向时,如何把这些决策制定技能投入实际工作之中。

工作世界:托尼以不同的方式看待事物

"在他们看来,只有当你所想的是更为有效地帮助他们时,你才会变得实至名归。"

塔尼亚的话开阔了托尼的视野。他过去自认为通过改变排班政策,他的员工会理解他要干什么,但是现在他意识到员工们看到的只是贴在人员告示栏上的新政策通知,而没有任何讨论或警示。拿马特做反面典型更多的是一种自我保护而不是给剩下的员工传递信息——托尼可不希望他是个"容易屈服的人"这样的话传到杰里·史密斯的耳中,或者更糟的是传到道恩·威廉姆斯的耳中。

他在抽出时间与他的员工一起工作方面本是有着最好的意图的,但是员工们的反应显示出他们可不这么看。托尼现在被卡住了。他过去一直在考虑以内部晋升的方式来填补塔尼亚轮班主管的空缺(两个优秀的人做好了准备),但是现在他不确定他是否能指望他们坚持足够长的时间来申请这个职位。

他真的想要在塔克·巴恩餐厅留下自己的印记,以让对其表示信任的杰里和道恩安心,但是托尼肯定这种潜在的反抗根本没在他过去的考虑之中。他依然确信有更好的办法来安排每周的排班表,而且他真的想要解放出时间来和他的员工一起待在饭店中,但是他所做的一切却让他的员工——在托尼晋升之前,他们是和他一起工作多年的朋友——确信他正在某种权力阶梯上。他怎样才能获得以前忽视的信息?由于不承认这些信息使得他在作为单位经理的第一次主要决策中犯了重大的错误。

第四章 决策技能

问题

1. 托尼应该改变排班政策回到过去的情况中去吗？为什么应该？为什么不应该？
2. 你认为这个新认识将怎样改变托尼的管理风格？
3. 你认为他能重建与员工的关系吗？为什么能？为什么不能？
4. 托尼应该怎么做？

1. 决策制定过程中的三个阶段是什么？
2. 你对于决策制定中的最优法有什么样的批评？
3. 描述一下创建一个有创造性的环境的五个步骤。
4. 解释管理信息系统的作用。

决策过程 包括三个阶段：信息、设计和选择。

决策制定 就其狭义而言是指从各种不同方案中做出选择的过程。

问题解决 是指决定缓解问题所必须采取的恰当反应或行动的过程。

直觉法 管理者主要凭预感和直觉做出决策的方法。

最优法 包括以下步骤：识别决策的需要，对决策的评判标准进行设定、分类和衡量，收集现有的信息和资料，确定可选方案，按照所有的评判标准来评估每个可选方案，选出最优方案。

有限理性原则 认为以既有的时间和认知能力，人们只能在处理有限信息的基础上做出决策。

最优决策 选择最佳的可选方案。

满意决策 选择能满足决策制定者最低满意标准的第一可选方案。

期望水平 个人期望达到的绩效水平，它受个人先前成功和失败的影响。

确定性情景 决策者清楚地知道将会发生什么，而且经常能精确计算出每一种备选方案的结果。

风险性情景 决策者大体知道每种结果发生的概率。

不确定性情景 决策者在评价不同方案的可能结果方面只有很少或几乎没有可靠的信息。

最大最大法 选择能产生所有备选方案可能结果中的最好结果的那个备选方案，有时也被叫做决策制定中的乐观方法或者赌博性方法。

最大最小法 比较每个备选方案产生的最坏可能结果，然后选择那个最不坏的，有时也叫做决策制定中的悲观方法。

风险规避法 选择其可能结果变化最小的那个备选方案。

创造性 提出一种对创造者或其他人而言是新的、原创的、有用的、令人满意的思想或观念。

创新 将新的、创造性的想法运用于生产、服务或者运营方法之中的过程。

头脑风暴 向一组人提出一个问题，并允许他们就此问题的解决办法提出许多想法，开始时不允许进行批评。

戈登技术 与头脑风暴法的不同之处在于，除了团队的领导，没有人知道需要思考的真正问题的确切性质是什么，通常用关键词来描述问题涉及的范围。

创意书写 小组成员被告知某个问题的情况，然后被要求将其想法写到纸上但不进行讨论，纸上不署名；然后相互交换这些纸，再写下想法；然后再继续，直到每个人都参与其中。

管理信息系统（MIS） 为管理者提供解释和相关数据而帮助其做出决策的一整套系统。

数据处理 对数据的获取、处理和储存。

事务处理系统 用计算机处理系统来代替人工记录的程序。

网上练习

研究商业杂志（《商业周刊》、《快速公司》、《财富》或《福布斯》）或报纸（《华尔街日报》或《纽约时报》），然后确定一家主要公司所做的重大商业决策。

1. 什么商业因素和/或经济因素推动了这个决策？
2. 管理者是否涉及了满意或最优？
3. 他们所做决策的风险法是什么？

4. 就你的估算，他们的决策有多大的创造性？

团队练习

本杰明·富兰克林的"T字图"

当面临要做出艰难决策的时候，本杰明·富兰克林（Benjamin Franklin）会使用一种简单而有效的步骤来实现其认为"正确"的决策。他会在一张纸上画一个很大的"T"，然后在T左边的横线下画"＋"（表示赞成这个选择的原因——优点），在右边的横线下画"—"（表示反对这个选择的原因——缺点）。包含条目最多的一边将决定所做出的选择。

一群人作为一个整体选择一个重要的决定，然后把这群人分成两组，一组关注这个决定的优点，另一组关注其缺点。花上10分钟去填写你所指定的T字图的一边，然后回答以下问题：

1. 同意你将采取的这个重要决定有多困难？
2. 最终的决定是什么？
3. 如果你能给每个优缺点增加一个相对重要性的权衡因素，使得一个优点可能比其他的更为重要，那么这样会改变结果吗？
4. 这应该是做出重大决策时的唯一步骤吗？为什么是？为什么不是？

讨论练习 4.1

雅芳：化妆品外的变革

钟彬娴（Andrea Jung）怎样通过更敏锐地处理数字阻止企业的衰退？

2005年，美国雅芳产品有限公司（Avon Products Inc.）的不败神话发生了逆转。在保持6年的10%增长和在CEO钟彬娴任职期间实现的3倍盈利之后，公司突然出现了全球性的亏损。亏损不仅出现在了一些增长性的市场，如中欧和俄罗斯，也出现在了美国和墨西哥——雅芳创造惊人业绩的主要市场。长期以来支持雅芳的全球多样性的经营理念开始成为雅芳转折的原因。这个戏剧性的转变使得很多投资者感到惊奇。5月，钟彬娴预测，雅芳将超过华尔街已经十分高的预期。而到了9月，出现在中国、中欧和俄罗斯的问题逐渐突出，钟彬娴全速回舵，愤怒的股东纷纷撤资。

雅芳的股价在钟彬娴执掌CEO前5年半增长了181%，而在4月到10月之间迅速缩水了45%。在过去的18个多月的时间里，钟彬娴一直在思考究竟发生了什么和如何解决问题。雅芳逐渐从华尔街的混战中探出头来，但这还远不值得庆贺。通过一个500万独立代表的网络，雅芳卖出了Skin So Soft、Anew护肤、化妆和其他系列的产品。从2006年8月起截止到2月27日，雅芳的股价缩水了39%，跌到36.65美元。令投资者感到欣喜的是，虽然中国政府对直销进行了严格限制，但是迅速增长的中产阶级仍旧造成了有利的销售局面，雅芳又在中国聘用了399 000名销售人员。在中欧和美国的重新增长也对股价产生了帮助。2006年第四季度，雅芳的收入提高了9%，达到了26亿美元，纯收入保持在1.84亿美元。

痛苦的裁员

作为品牌创设专家，钟彬娴在她入职以来从未遇到过这样的逆转。她总在怀疑自己的裁员决定是否为公司恢复增长状态所必需。"从前我从未做过这样的决定，"48岁的钟彬娴说，"我的第一反应是：我能做到的。我看到了数字，但我不知道，我或者我们能否消化它。"钟彬娴最重要的举动之一是迫使经营者基于事实而非直觉做出决定。在过去的一年里，钟彬娴重组了雅芳的管理结构，取消了很多国家分公司的独立性，以适应全球化生产和营销的需要。在此之前，从波兰到墨西哥，雅芳的经理都经营着自己的工厂，发展自己的新产品和创作自己的广告，通常对数据的依赖跟对胆量的差不多。用钟彬娴的话来说，他们是"每个决定的主宰者"。如今钟彬娴已经减少了7个管理层，从总共的15个到后来的8个，最后，就如最大的消费产品公司已经做了数十年的那样，雅芳提出了一种以重数量、投资决定回报的分析。这样的分析来自纽约总部更多由外来人员所组成的执行官队伍。最近招募的人员来自更大、更有分析性的消费产品公司，比如吉列、宝洁、百事和卡夫。

针对钟彬娴的问题，在2005年12月，管理界的权威拉姆·查兰（Ram Charan）给她提了个重要的建议，他建议钟彬娴在周五晚上回家时想象自己已被解雇，然后在周一早上带着一种局外人的意念来上班。"如果能做到那么客观，然后再把自己对机构的认识和关系进行协调，你便能获益。"一个月后，钟彬娴飞赴全球各个分公司，进行她的CEO巡回演讲，听众是她的1 000名最高级的管理人员。她带来的信息是：年底前你们当中的1/4将离开雅芳。"这样的决定牵涉到很多人，"钟彬娴说，"你可以想象我走过大厅时是多么艰难。"

分析

雅芳新的措施和数据在纽约2007年2月的年度分析会上宣布。在过去，年会的重点在于产品的推广和广告片段的展示。但在这一年，公司做了长达4小时的幻灯片，在幻灯片里，公司详细地分析了在全球114个市场里出现的不尽如人意的问题，比如：在墨西哥，待售的产品名录激增到13 000种；又如：在美国减少新增销售代表的支出。但雅芳的数据调查并不只是为了做出一套幻灯片，它对于改变雅芳的市场和产品发展更有帮助。雅芳销售过成千上万种产品，而当中的1 000多种是在过去的12个月内推出的。中心工厂和其他创意的盈余被放到了广告、调查和发展中，钟彬娴所希望的战略已呈上升趋势。雅芳增加了广告预算，从2005年的1.36亿美元到2006年的2.49亿美元。这也是公司2006年6%增长的一大因素。雅芳计划将广告的投入增加到2亿美元，但较好的回报来自巴西、美国和俄罗斯这些同时进行电视广告和其他市场推销以及说服性管理的市场，增加了4 900万美元的收益，总的增长达到了83%。雅芳还做了更多的市场活动，以使其招聘显得更为亮眼。去年公司用于中国的电视和报纸的广告支持了1 400场招聘，在俄罗斯赞助了一个电视节目，该节目是由一个销售雅芳产品的人来主演的。

问题

1. 为什么钟彬娴对雅芳的经营逆转毫无准备？
2. 雅芳的全球经营结构在公司低迷时期发生了怎样的改变？
3. 当一个机构变得更为"以数据为中心"时，能得到什么好处？
4. 你觉得钟彬娴的决策是不是一场成功的翻身仗？为什么？

资料来源：Adapted from Nanette Byrnes, "The Corporation," *BusinessWeek Online*，March 12, 2007.

讨论练习 4.2

穆拉利，福特最重要的新车型

为了帮助福特扭亏为盈，它的新CEO首先攻击了其根深蒂固的管理结构，迫使其变得更为轻便和有效。

随着本周在北美国际汽车展上六款概念车和实际出产车的亮相，福特汽车公司正努力向世界表明：这家有着103年历史的汽车制造商虽然其市场份额在下降且遭受了财务上的损失，但是在其第二个世纪中依然认真。最重要的新车型在底特律的科博馆得以亮相，然而与汽车同样重要的是它的新CEO阿兰·穆拉利（Alan Mulally），他在离开波音进入这个挣扎中的汽车制造公司之后才干了3个月。

穆拉利还不具有"汽车人"的特征。事实上，当他到达之后立即在10月的车展上闲逛，一个福特的设计师向他展示了林肯的MKR概念车，并解释C柱设计在未来的林肯车中将会有多重要。"什么是C柱啊？"这位波音前执行官问道。对于一个历来在充满阳刚之气的业务中运营的汽车行业统治者而言，这种在助理面前的天真行为在10年前或许会被私下密谈解读出一种社会的和政治的深意。

但现在不会了。福特汽车的未来是如此的动荡不安，以至于那些过去很快就拒绝外来东西的底特律汽车战争中的顽强老兵现在都欢迎其以有条理且超严格的训练方法来重整汽车业。这种方法的确暗示着急速的品牌重新定位或快速推出新产品的构想，但是它更依赖于提出一些以前没有提出的问题。

清除不必要的复杂性

穆拉利只是解除了由亨利·福特二世（Henry Ford Ⅱ）在几乎40年前置入的管理制度。这个全世界范围内的分区制度已经耗尽了公司在当今全球行业中进行竞争的能力，但比尔·福特（Bill Ford）主席不能也不愿给它松绑。穆拉利正在加速变革，而这个变革在比尔·福特当CEO并还没给他让位前就以小打小闹的方式开始了。例如，现在把重点放在了减少福特历史上权力很大的财务部的权力上，这个部门常常为了节省几美元就在车型竞争中让步。

这些日子穆拉利经常说的话就是："我听见你讲的话了，但我没拿到你的成果。"而这已经引起了员工们的窃笑，他们以尊敬的口吻来模仿他友善的讲话，有时还会用胳膊搂住肩膀。就说穆拉利几个月前展示的林肯概念车吧。展示的车是后轮驱动的福特野马车。福特还可以选择另一款后轮驱动车，即澳大利亚的猎鹰车。福特的美国区主席马克·菲尔茨（Mark Fields）说，穆拉利问题的中心并不主要在于设计——他也喜欢这个，而在于为什么福特会有两个独立的后轮驱动的小型和中型车生产研发平台，诸如野马和猎鹰。菲尔茨说答案在于福特过去的地区制度，因此福特的澳大利亚区不愿和北美区联合开发底盘，反之亦然。

当2006年9月穆拉利来到福特时，他锁定的第一件事就是消除毫无必要的复杂性。他还发现了用以研发小型跑车、大型SUV车和小型货车的多个工程和制造平台。最令他困惑的是，这么一家在全世界创造生产和效率并为生存而奋斗的全球性公司在北美有一个生产负责人，在世界其他地方又有一个。仅仅工作了3个月，这位不知道C柱就是后座乘客的纵向支撑的CEO就任命了一个全球生产负责人——德瑞克·库扎克（Derrick Kuzack），并让他向穆拉利汇报而不是向菲尔茨汇报。

不怕使用刹车

穆拉利并不是一个完全的汽车初学者。他带着各种知识与个人感情来谈论他在20世纪70年代所拥有的尼桑系列跑车。他说，由于燃油线缠绕发动机缸体的方式不理想，汽车引擎会局部发热。就此车而言，穆拉利肯定很熟悉刹车。迄今为止，穆拉利一直抨击他们推迟了的两个重大且潜在成本很大的决定，这两个决定在其接手前差点做出——福特不断衰退的英国豪华车品牌（捷豹和路虎）的销售以及去年菲尔茨宣布的在北美（如墨西哥）建立一个新的成本较低的制造综合部的计划。相反，他叫菲尔茨在12月下旬去日本和丰田会谈，除其他事务外还讨论了在北美进行联合制造项目的可能性。

把秩序带进"上议院"

福特已经抵押其资产贷了234亿美元的款，以资助其重组计划，预期到2009年将损失数十亿美元。这家公司2006年前9个月就损失了70亿美元，预期在接下来两年内要耗费170亿美元的现金。预期福特将把2007年美国的销售量第二的位置输给丰田。

福特的高级主管说，穆拉利对财务部在生产上所拥有的权力震惊万分。比如说，当一年前福特推出Fusion系列轿车时没有导航系统，也没有卫星广播或副座安全气囊。财务部强行提出限制，要让车的"零件成本"下降。但这却使车缺少了设备，甚至比现代伊兰特提供的设备还少。2007年销售的新车型就有了副座安全气囊以及卫星广播和全轮驱动的选择。直到现在，财务部依然使得福特的Escape车型没有稳固的控制设备，而这在很大程度上导致SUV车在《消费者报告》的推荐名录中被删除，菲尔茨说福特必须在这个方面获得更多的支持。

穆拉利的管理和沟通方法在以前的福特中是没有见过的,历史上福特一直拥有媲美贵族的王国氛围。现在地区负责人有责任要每周进行会谈,而不是每季度进行。每个管理者身后都有彩色编码进展线,反映新产品或财务目标的进度。如果他落后了,颜色就会变红。

直言不讳的新人物

但是穆拉利对工作还是有点缺乏经验。除了他对 C 柱的询问外,他最近还问了汽车行业游说集团的名称(汽车制造商联盟)是什么以及 NADA(全国汽车经销商协会,2 月份他将在那里做主题发言)代表什么。虽然他说出了底特律车展上(直到现在他才出席了这个车展)的林肯概念车的名称——MKR,但是把这个名称缩写说得很慢,而且还转向菲尔茨去问问他是否说对了。当被问到为什么福特在主要的汽车制造商的公司中平均燃油经济性(CAFE)排名最低时,他问了一名福特的公共关系经理:"是这样吗?"

但是经验的缺乏被员工所赞赏的令人精神振奋的坦率而直白的沟通平衡了。在公司宣布其最新的重组计划前,他问员工:"我们会对捷豹车说些什么呢?"然后,福特的欧洲区负责人马克·舒尔茨快速地说出了计划用来向媒体宣读的三段论式的回答。这位 CEO 回应说:"我不知道你刚才说了什么东西……我们是否要维持捷豹车的生产呢?如果需要,那就直接说要;如果要改变,我们就得让他们明白这回事。"

"更轻便地工作"的商业模式

他正在攻击常常一年一次轮换经理的制度,而这让许多福特的高级主管很高兴。比如说,由于这个制度福特多年后在欧洲已经有了 5 个负责人。

福特复兴的关键并不在于以比竞争对手丰田更低的资源进行生产,而在于以更轻便的方式进行工作。想一想福特现在在美国、南美、欧洲和亚洲有不同的 V6 汽油引擎。而且公司过去还有 3 种明显不同的小型车用于南美、欧洲和美国市场。穆拉利说:"这样的重复所引起的成本和复杂性是荒谬可笑的。"福特最近正致力于为其全世界的市场生产一种小型车,这种车在钣金设计上略有改动以适应当地的消费偏好。

这就避免了由于试图在全世界销售完全一样的车型而导致的失败,而福特 20 世纪 80 年代和 90 年代初期生产 Contour 紧凑型轿车就是这样做的。汽车的技术将来自一个最近形成的在密歇根州的核心工程中心。"由于欧洲区想要源自欧洲,南美区想要源自南美,而且他们还真的这样做了，这就因如此多的重复建设而导致了亏损，"菲尔茨说，"这是一种不再奏效的商业模式，只要我们继续这么下去，我们就要为维持其运转而付出代价。"

魄力与好奇心

穆拉利羞于透露他上个月去日本访问丰田主席张福士夫（Fujio Cho）的细节。通常他会说，一般主要是讨论燃油——经济的规则与技术，还有就是"我们可以合作的地方"。

穆拉利对于福特几乎有着一种像孩子对圣诞节早晨一样的好奇心。他也许会受到鼓励，部分是由于他曾两次接手波音的 CEO 职位。在最近的一次去拉斯维加斯的旅途中，他租了一辆福特的 Taurus 车，他对这种车有着深厚的感情，因为 20 年前他曾为福特的生产系统研发过这种车。在把这种车变成租赁车之后，福特停止了这种车的生产。"我还没有时间去深究为何我们要停止对这种车的投资，但是我想这么做，"他若有所思地说，"你知道，丰田曾经对福特和 Taurus 车怕得要死，认为当停止对此的投资时我们在酝酿什么阴谋。我倒希望真是如此。"

问题

1. 阿兰·穆拉利试图向福特的员工和顾客沟通什么样的信息？
2. 作为福特汽车公司的新 CEO，穆拉利在建立其信誉时会面临什么样的挑战？
3. 举出早期穆拉利作为福特新 CEO 时所做的三个决策。
4. 福特汽车公司现在正处于财务困境，2006 年已经损失了 127 亿美元，这迫使其贷了 234 亿美元的款以应对预期会持续到 2009 年的进一步损失。你认为这种令人绝望的情景会怎样影响穆拉利的决策制定过程？

资料来源：Aadpted from David Kiley, "Autos," *Business Week Online*, January 9, 2007.

The Second Part
第二部分 计划和领导

第五章　计划和战略管理
第六章　领导和文化

第五章
计划和战略管理

Chapter Five

"长期计划与未来的决策无关,而与现在决策的未来结果有关。"

——彼得·德鲁克

■ 学习目标

学完本章之后,你将能:
1. 对计划做出界定并明确区分正式计划和职能计划。
2. 对比战略规划和运营规划。
3. 界定目标管理。
4. 对战略进行界定并解释战略管理的过程。
5. 界定组织使命并解释使命是如何与长期和短期目标相联系的。
6. 讨论SWOT分析的构成要素。

工作世界：托尼尝试一种新方法

塔尼亚帮助托尼以一种不同的方式看待塔克·巴恩公司中的情形，而且他也准备好了尝试一种新方法——这种方法包含两个阶段。在第一个阶段，托尼不再那么严格并且拒绝员工日程安排中的任何变化，而是与所有的员工举行了一次会谈，并且解释说他改进绩效的笨拙尝试是旨在使他有更多时间和员工在餐厅一起工作，而不是让他的生活更舒适或者让员工工作更困难。这种坦诚似乎使大家冷静了下来，但是依然留下了管理每个员工排班需要的问题。托尼知道他可以扮演强硬角色并照旧给其员工"工作或者离开"的选择，但是他对这些人做出了承诺，并希望他们继续为塔克·巴恩工作。

第二个阶段包括向总部人力资源部门订购一些"项目计划"培训材料，以及安排足够的培训会议以确保每个人都能看到材料。托尼等到每个人都经过了培训才宣布其决定。培训的反馈信息很积极——人们发现材料很有趣，并且其中一些员工已经开始在其工作中运用一些材料中的理念。然而，没人质疑过为什么所有的员工都要投入培训，现在他们就要发现原因了。

在接下来的员工会议上，托尼以一种平淡的口吻宣布，他要把排班的责任交给每个员工。凯文——他们中最有经验的并且即将接替塔尼亚轮班主管职位的团队成员——被任命为项目领导，但是托尼强调，他希望每个人都参与项目，并且更重要的是他希望他们不仅仅是做好排班，而且要作为一个团队来完成，当无法独立完成指定任务时要相互帮助。

乍看之下，这个决定好像是托尼把令人头痛的排班扔给了员工去管理，但是他是在打赌：作为一个团队员工们会获得一个更为清晰的情景图像，而不是每个人仅仅考虑自己的事务安排，而把难题都扔给他。

此外，托尼认为，规划训练对他们而言是个很好的经历，如果他们干得不错，那未来还将规划其他的锻炼机会。

问题

1. 你认为员工是会把这看做一次成长的机会，还是认为托尼把更多的工作丢给了他们？解释你的答案。

2. 你认为员工能够作为一个团队来管理排班吗？为什么能？为什么不能？

3. 如果他们第一次排班的尝试不成功会发生什么情况？

4. 阅读本章的"计划过程"一节，然后给凯文建议几种可以在建立新排班的过程中运用的方法。

计划过程

计划是决定未来一段时期内追求什么目标以及如何实现这些目标的过程。计划是主要的管理职能，并且内在于管理者的一切工作之中。本章主要讨论计划职能的基本知识以及这个职能是如何与战略管理相联系的。

为什么要计划

对于一名管理者而言，试图完成其他管理职能却不制定计划将使管理失去意义。没有一项计划就试图去做组织工作的管理者会发现他们不过是在常规基础上进行重组而已。没有一项计划就试图去做人事工作的管理者将会不断地招募员工又辞退员工。在一个经历着持续重组和拥有很高员工流动率的组织中，激励几乎是不可能的。

计划使管理者和组织能够积极地影响未来而不是消极地接受未来。通过设置目标和制定行动路线，组织致力于"促成某事发生"，这使得组织能够影响未来。没有一个已经制定好的行动路线，组织非常有可能坐等事情发生，然后在一种危机状况下对那些已经发生的事情做出反应。

在组织管理中，计划为来自组织所有领域的员工的积极参与提供了一条途径。参与产生了许多益处：首先，来自全组织的投入提高了计划的质量，好的建议会来自组织的任何层级。计划过程中的参与还能提高对组织命令和发展趋向的全面理解。了解全局能减少部门之间和个人之间的摩擦和冲突。举例来说，通过计划，销售部门能理解和赞赏生产部门的计划以及与组织目标之间的联系。在计划过程中的参与培育了一种对计划更为强烈的责任心，这个计划会变成"我们的"计划而不是"他们的"计划。由参与创造的积极态度也会提高整个组织的士气和忠诚度。

计划还能对管理绩效产生积极影响。研究已经证实，在管理者强调计划时员工能获得高绩效水平。这些研究还显示,计划对工作的质量也有积极的影响。虽然有些被证明不是决定性的,但是一些研究已经报告了计划和特定的组织成功要素诸如利润和目标等之间具有积极的联系。一个能符合所有最新发现的解释就是良好的计划是与组织成功相联系的,而不是仅仅存在或者不存在计划。

计划的最后一个理由是心智演练需要制定一项计划。许多人认为贯彻整个计划制定过程中所获得的经验和知识迫使管理者去以一种未来导向和应急导向的方式进行思考,而这使其比那些静态思维的管理者具有更大的优势。

正式计划

所有的管理者都做计划,区别在于他们所使用的方法和计划所达到的程度。绝大部分计划是在非正式的或者随意的基础上完成的。当计划者没有记录下他们的思想而是将其留在脑中时,这种情况就发生了。一项**正式计划**是按照确定的程序制定的、书面的且有记录的计划。其复杂性的适当程度取决于管理者个人和组织自身的需要。商业活动的环境、规模和类型都是影响组织计划需要的典型因素。

职能计划

计划常常按照功能和用途来分类。最常遇到的**职能计划**的类型有销售和营销计划、生产计划、财务计划、人事计划。销售和营销计划用于开发新产品和服务以及销售现有的和未来的产品和服务。生产计划负责按照适时的时间安排来生产需要的产品和服务。财务计划负责满足财务需求和组织的资本支出。人事计划与组织的人力资源需求相关。许多职能计划都是相互联系和相互依存的。比如说,财务计划明显依赖于生产计划、销售计划和人事计划。

计划的时间视野:短期、中期和长期

计划的时间视野的长度是相对的,而且在各行业之间会有所变化,这取决于特定的环境和活动。在一个快速变化的行业诸如电子行业被视为长期计划的,到一个相对静态的行业诸如砖块制造业也许就被视为短期的计划了。然而,在实践活动中,**短期计划**的时间跨度通常在 1 年内,而**长期计划**的跨度至少是 3 年～5 年，有的甚至延伸到未来 20 年。尽管在组织的任何层级都可能存在长期计划，但是主要是高层来实施长期计划。

中期计划的时间跨度在短期计划和长期计划之间。从实务的角度而言，中期计划的时间跨度一般在 1 年～3 年或者 1 年～5 年，这取决于长期计划的时间跨度。通常，中期计划来自长期计划，而短期计划来自中期计划。举例来说，如果长期计划要求到第五年年底销售量实现 40% 的增长，那么中期计划应该列出 1 年～5 年内要采取的必要的行动步骤，而短期计划要描述一下明天要采取哪些必要的行动。

运营规划 VS 战略规划

战略规划等同于高层的长期计划。它运用于组织最高层的计划过程，占据了相对较长的一段时间并且对组织的许多方面都产生影响。**运营或策略规划**则是短期计划，关注职能计划的制订。生产日程安排表和日常计划都是运营规划的例子。

但是，战略规划和运营规划的区别不是绝对的，主要的差异是制定规划的层级。战略规划主要是高层管理者制定的，而运营规划则可以由组织所有层级的管理者制定，特别是由中层管理者和低层管理者制定。

应急计划

无论计划有多么彻底，总是会有出差错的情况。出差错的情况常常超出了管理者的控制。比如说，经济出现没有预料到的下滑、机器坏了、新设备的送达时间被推迟等等。当这种事情发生时，管理者必须准备好备用的应急计划。**应急计划**是对管理者工作的条件假设分析，使管理者养成做好准备的习惯，并在出现问题时使其知道要做什么。当然，应急计划并不能为所有的可能情况做好准备。管理者应该做的是找出现有计划中最关键的条件假设，然后为具有合理的发生可能性的问题开发应急计划。从有可能出什么差错的视角来检查一下现有的计划，这是一个好办法。迅速变化的环境最需要应急计划。

目标

如果你不知道你要去哪里，你怎么知道何时会到达？**目标**就是对你所试图获得的东西的陈述。目标指出了组织及其成员的发展方向和目的。很少有管理者质疑目标的重要性,他们只对什么应该成为目标有疑问。

正如在第一章中所讨论的那样,管理就是协调组织各种资源——土地、劳动力和资本——来实现组织目标这样一种形式的工作,而这个过程就是以目标为中心的。不去追寻特定的目标,管理就不可能被适当地实践。现在的和未来的管理者必须关注他们以及他们的组织将朝什么方向前进。

意识到组织内所有层级的管理者和员工都应该有目标这一点是很重要的,每个人都应该知道他试图获得什么。组织成功的一个关键就是使不同层级的目标紧密结合在一起。

长期目标

长期目标一般会跨越组织当前的财政年度。长期目标必须支持组织的使命,而不是与之相冲突。它们也许和组织使命相当不同,然而依然要支持组织使命。举例来说,一家快餐店的组织使命也许是为城市的某一个区域提供快速的热食服务。它的一个长期目标也许是在接下来的 4 年内使销售量增长到一个特定水平。很明显,这个目标与组织使命相当不同,但是它依然支持了这个使命。

短期目标

短期目标应该来自对长期目标的一次深度评估。这次评估要产生长期目标的先后顺序,然后才能设置短期目标来帮助实现长期目标。

目标应该清晰、简明,在可能的情况下要进行量化。受目标影响的人员应该清楚地认识到对他们的期望是什么。通常来说,多重目标应该反映某个组织单位或人员的理想绩效。从高层的角度来看,目标应该跨越组织所有主要的领域。一个主要目标的问题是,它的实现常常要以牺牲其他所欲求的目标为代价。举例来说,如果产量是唯一的目标,那么质量就可能被牺牲掉以实现最大化的产量。由于不同领域的目标相互之间可以提供核查校正,因而这些目标彼此间应该合理地保持一致。

目标应该是动态的,也就是说,它们应该要随着环境和机遇的变化重新进行评估。组织的目标通常可以归入以下四个一般类型中的某一个:(1)利润导向;(2)顾客服务;(3)员工需求与福利;(4)社会责任。甚至是非营利组织也必须关注利润问题,因为在某种意义上说,它们一般必须在预算线内运营。组织目标分类的另一种方法就是将其分为:(1)主要的；(2) 次要的；(3) 个人的；(4) 社会的。主要目标直接与利润相关。次要目标运用于组织的特定单元（例如部门目标）。个人目标直接关注组织的员工。社会目标涉及地方的、国家的和全球的社区。以下内容简要描述了大多数组织确立目标的领域范围：

1. 盈利能力。测算公司所获得的可接受的利润水平，通常以税前或税后利润、投资回报率、每股股票收益或者利润和销售额的比例等形式表现。

2. 市场。反映公司在市场中的地位，以市场份额、单位销售量或者行业利基来表示。

3. 生产力。以投入产出比的形式测算内部的运营效率，表现为诸如每单位时间生产的项目和服务数量。

4. 生产。描述了产品或服务的引入和退出，体现为何时将引入或消除一项产品和服务。

5. 财务资源。反映与公司资金需求相关的目标，体现为资本结构、普通股的新发行、现金流量、运营资本、分红数量和集资周期。

6. 实体设备。描述了公司的实体设备，体现为办公空间或工厂空间的大小、固定成本、生产单位或者类似的测量指标。

7. 研究和创新。反映了公司进行研究、开发和创新的强烈愿望，通常体现为所花费的金钱数量。

8. 组织结构。描述了涉及公司结构变革及其相关行为的目标，体现为期望的未来结构和关系网。

9. 人力资源。描述了组织的人力资源资产，体现为缺席率、迟到率、抱怨的数量以及培训。

10. 社会责任。是指公司关于社会和环境的承诺，体现为各类活动、服务的天数或者财政捐赠。

目标管理

一个具有相当普遍性的设立目标的方法是**目标管理（MBO）**。MBO 是一种将组织目标转化为个人目标的哲学，它假定建立个人目标会激发员工投入工作，从而产生更好的绩效。MBO 也被叫做结果管理、目的和控制管理、工作规划和审查管理以及目的管理。所有这些程序都很相似，并且遵从同样的基本过程。

当每个组织单元的目标都是来自上一级组织单位的目标时,目标管理的效果最好。

案例讨论 5.1

首先进入市场

朱安·庇隆是受雇于华帝工程公司(Vantage Engineering, Inc.)的一个流程工程师,他被分配到了先进产品部(APD)的研究实验室。华帝是一家信誉卓著的军事硬件制造商,先进产品部的主要目的是改进公司的军事硬件产品。然而,最近实验室主任被获准开发一些可能在公开市场上出售的副产品。

朱安在 APD 花费了一年时间来协助各种项目任务。在那年快结束的时候,他开始负责一个特殊的项目:去研究用于特殊用途的经过化学处理的木材。在这个项目的初始阶段,朱安花费了绝大部分时间在实验室,从而熟悉了处理过程的各个基本方面。然而,他很快就厌倦了冗长而烦琐的实验工作,变得越来越热切地希望能迅速宣传和推销这种产品。这个愿望很快就变成了现实。最近,全国性贸易出版物的一篇文章表达了对类似木材产品的浓厚兴趣,因此华帝公司立即拨出了几千美元来研发和推销这种经过化学处理的木材。与此同时,他们进行了一次小型的重组,将朱安和他的项目置于其密友格雷格·怀特斯的领导下。因此,朱安有机会离开实验室,参与越来越渴望的宣传和推销过程。

很快,朱安和格雷格就开始在全国旅行,和潜在的顾客讨论这种新产品。旅行使得朱安在实验室花费的时间越来越少,结果导致了许多需要判断新产品性能特点的实验无法完成。随着有兴趣购买少量产品以试验其用途的公司数量的增长,朱安建议格雷格建造一个小型的实验工厂。为了回应格雷格对木材性能特点的关心,朱安向其保证:初步测试表明木材能被成功地生产出来。朱安认为,在其他人进入这个市场前,华帝已经有了一个领先的开端,他们应该立即建立实验工厂以应对突然涌入的订单,然后再考虑性能测试的完成问题。格雷格由于想到了第一个进入市场的优势,所以同意了朱安的看法,并在不久后开始建造实验工厂。

施工期间，朱安和格雷格继续旅行以宣传这种木材。当实验工厂接近完工时，朱安去了华帝公司的人事部，要求雇用三个员工来经营这个工厂。朱安打算自己亲自指导技术操作，因此他认为没有必要为这个职位制定一份详细的工作说明书。

一周之后，朱安迎来了他的三个员工。由于华帝公司电子部工作量减少了，填补这些职位的员工就干起了体力活以避免被解雇。一个是采购代理，剩下两个是电子技术员。在开始工作的那天，朱安走访了工厂，并给了他们一整天的指导才离开去打销售电话。没有任命正式的领导，而这三个员工很少了解其中涉及的化学过程，只是被教导要"使用常识和智慧"。

在运转上路一个月之后，一家主要的弓箭生产商下了一笔7万个弓把手的订单，要求及时支付以便在即将到来的狩猎季节销售。能做成这笔生意那就太好了！朱安知道如果他们能接下这笔订单，工厂第一年就肯定有钱赚。一收到产品规格书，朱安就说服格雷格签下合同，他声称如果他们不干的话，他们付出的辛苦就白费了。随后，一个保障按时完成订单的应急项目在工厂建立了起来。

一个月后，最后一批把手也做好了。朱安雇用了一个高级工程师利比·亚当斯（Libby Adams）去进行因匆忙完成订单而取消了的性能试验。利比检查了一些实验把手，发现了在不同压力点上的细微裂痕，而这在初步实验中是没有出现的。她立即前往朱安的办公室通知他这个问题，并且发现朱安和格雷格正坐在那里看一份来自那个弓箭公司的电报。电报上说，由于把手上有细微裂痕，一些零售商已经退回了弓箭，而这家弓箭公司正在为其在把手上的全部损失寻找一个解决办法。

华帝公司支付了赔偿款，并随后取消了木材项目。

问题

1. 什么引起了木材项目的失败？
2. 是否有更有效的战略来帮助朱安和格雷格确保项目的成功？
3. 在战略管理过程的哪个阶段出现了问题？
4. 为防止这种情况再次发生，可以提出什么一般性的意见？

资料来源：From Patricia Buhler, "Managing in the 90s," *Supervision*, May 1997. Reprinted by permission of © National Research Bureau.

因此，目标设立的过程需要组织不同层级的参与与合作，这种合作的努力会产生有益的结果。首先，每个层级的人们都更为理解组织目标。他们对组织的目标理解得更深，对自己在组织中的作用也就理解得更好。其次，每个人的目标都是由个人和上级联合制定的，他们之间存在着来回的协商会谈。完成自我制定的目标会加强个人激励，因而提升个人工作绩效。我们在第十一章将会对 MBO 做进一步的深入探讨。

政策

为了在目标设立过程中获得帮助，管理者可以在某种程度上依靠组织发展出来的政策和程序。**政策**是约束或指导目标实现的、具有概括性和普遍性的行动纲要。政策并没有准确告诉组织成员做什么，但是政策确立了一条成员必须在此范围内活动的约束线。举例来说，"必须在 10 天内以书面形式回复顾客的书面投诉"这一政策并没有告诉管理者要如何准确地回复，但是它的确说明了必须在 10 天内以书面形式做出回复。政策在群体成员之间形成了一种共同的理解，这使得每个成员对其他成员的行为更有预期性。

程序和规定仅仅在程度上与政策有所区别。事实上，它们也可以被认为是低层级的政策。**程序**就是为达到特定目的而采取的一系列按时间安排的步骤或行动。程序强调细节，以一步接一步的形式来界定行动方法，通过这种方式使政策得以实现。**规定**是告诉管理者在特定情境下应该做什么、不应该做什么的清晰描述。规定对于应该做什么很少留下疑虑的空间，它们不允许弹性变化或者偏离。规定不像程序，并不一定要明确规定行动顺序。比如说，"会议室中禁止吸烟"就是一个规定。在现实中，程序和规定是包含于政策之中的，它们的主要目的是提供行动指导。其区别在于运用的范围和弹性程度。比起处理顾客投诉的程序而言，禁止吸烟的规定的弹性要小得多。不过，规定与目标之间还是有清晰的联系的。举例来说，一个禁止吸烟的规定也许有助于组织实现其"更清洁和更安全的环境"这一既定的目标。

学习进度检测问题

1. 区分正式计划和职能计划。
2. 战略规划和运营规划之间的区别是什么？

3. 大多数组织确立目标的十大领域范围是什么？
4. 什么是目标管理（MBO）？

战　略

战略这个词源于公元前 400 年的希腊，它是关于指挥军队的艺术和科学。**战略**简要描述了管理者为实现某个目标或者某组目标计划要采取的基本步骤。换句话说，战略概述了管理者打算怎么实现其目标。

战略层级

战略存在于组织内主要的三个层级中，而且可以按照其意图达到的范围进行分类。这三个层级的战略是公司战略、业务战略和职能战略。

公司战略

那种涉及公司经营方向以及明确组织资源如何在组织内进行分配的战略就是**公司战略**。公司战略有时也叫做总体战略，它是由组织内的最高层确立的，并且包含长期的时间视野。公司战略关注于对组织的全面指导，它尤其是与使命相连接，一般是由高层管理制定。一般可以识别出四种基本的公司战略类型：增长型战略、稳定型战略、防御型战略和组合型战略。

当组织试图在销售量、生产线、员工数量以及其他类似指标等方面进行扩张时，就是在运用**增长型战略**。在这种战略观念下，一个组织能通过集中现有业务、纵向一体化和多样化等形式进行扩张。凯洛格（Kellogg）和麦当劳非常成功地运用了集中化战略——聚焦于扩张现有产品和服务的销售量。巴斯公司（A. G. Bass，著名品牌鞋"preppie"的制造商）则相信纵向一体化是较好的增长型战略，通过此战略公司扩张进入以前是作为现有产品和服务的供应商或者消费者的领域。最后一种增长型战略的例子是可口可乐公司（Coca-Cola）在 20 世纪 80 年代早期对分钟少女牌橙汁（Minute Maid Orange Juice）以及更近的对撒尼牌矿泉水（Dasani spring waters）的收购。多样化可以采取某些形式，但是中心化（在相关领域）是最常见的。

当组织对现有的经营状况满意时就会使用**稳定型战略**。管理工作是努力消除少数存在的缺点,但是一般而言其行动主要是维持现状。在没有变化或者变化很慢的环境中,稳定型战略最有可能获得成功。在稳定型战略之下,增长是有可能的,但是会缓慢且有条不紊地进行,同时不带有很强的进取心。绝大部分组织是在自然而然的默认状态下选择了稳定型战略,而不是经由有意识的决策或者计划做出的。

当公司希望或需要减少其经营活动时,使用的就是**防御型或紧缩型战略**。它们常被用于扭转消极趋势或者克服危机问题。其中三种最流行的战略类型是扭亏为盈(旨在扭转消极趋势并使组织重新获得盈利能力)、资产剥离(公司出售或者剥离自身的业务或部分业务)和清算(整个公司被出售或解散)。

当同时对公司不同部分运用不同的战略时,组织就是在使用**组合型战略**。大多数多业务公司会使用一些类型的组合型战略,特别是那些服务于不同市场的公司。举例来说,可口可乐公司在1989年就推行了组合型战略,当时它剥离了哥伦比亚电影公司(Columbia Pictures),同时扩张了其软饮料和橙汁业务。

图表5—1总结了组合型战略的主要类型和次级战略。

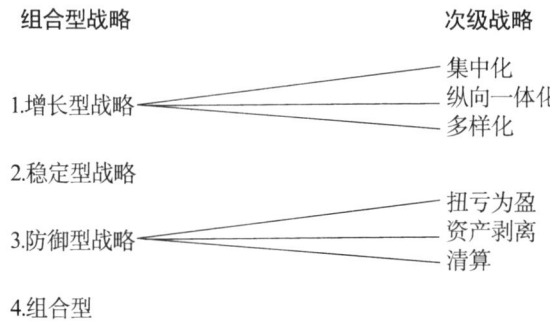

图表5—1　组合型战略的主要类型和次级战略

伦理管理

多年来,新英格兰薯片公司一直是一家备受尊敬的食品公司。最近,公司扩张进入新的市场,以维持其雄心勃勃的增长规划。为了这样做,它需要吸引新的投资者,而为了吸引新的投资者,它就要显示其有能力每年给投资者提供可靠的回报。

为了实现这些目标,公司引进了一项新政策,将在每年6月30日使已生产的产品库存降至最低,此时正是公司财政年度结束之时。为什么要这样做?库存越低,被限制住无法流动的资金就越少。这种情况往往会使公司在年末处于一个更好的现金状况,而这意味着更多的钱可以作为分红交给股东。

作为一名最近被聘用的生产经理,简意识到这个政策有个不利之处。当6月30日库存水平比全年任何时候都低时,对薯片的需求却比任何时候都要高,最终结果就是无法用各种类型的薯片来满足全部消费者的需求。事实上,一旦库存降低了,就要花上超过一个月的时间来使进程恢复正常并再次顺利运营。

简预测,影响既包括年底销售量的损失,也包括许多与低库存情形相联系的运营问题。

对简而言,困境就在于是否要让高级管理层知道这些问题。简应该怎么做?

资料来源: Adapted from "How to Keep the Chips from Falling?" Institute for Global Ethics, www.globalethics.org/resources/dilemmas/how_to_keep_the_chips.htm.

业务战略

业务战略是战略制定中第二个主要层级的战略,有时也叫做竞争战略。业务战略集中关注在既定的业务中如何进行竞争。一项业务战略在范围上比公司战略小,一般运用于某个单一业务的单位。虽然业务战略通常在性质上是随着情景变化的,但绝大部分还是可以分为总成本领先(overall cost leadership)、差异化(differentiation)和集中化(focus)三个类型。

总成本领先是旨在以比竞争者更低的成本生产和提供产品或服务的战略。成本领先通常要通过对经验和效率的结合来实现。更具体地说,成本领先要密切关注生产方法、日常费用、边际客户和诸如销售和研发等领域的总成本的最小化。达到低成本的地位常常需要公司发展一些超过其竞争者的独特的优势和长处。高市场占有率、获取原材料的有利方法、最先进设备的使用或者使大规模制造变得容易的特殊设计功能等都是这方面的例子。沃尔玛(Wal-Mart)和家得宝公司(Home Depot)就已经采用了这一战略并取得了巨大的成功。

差异化的目的是使产品或服务在同类产品中成为独特的,由此使组织可以收取高于平均水平的价格费用。差异化可以采取多种形式，如品牌形象、质量、技术、客户服务或者经销商网络。差异化战略的基本目的是获取顾客的品牌忠诚度以及由此导致对价格的更低的敏感度。但遵从差异化战略并不是指公司不关心成本，而是指所追求的主要竞争优势应该是通过差异来获得。

公司是否觉得有必要承担相对较高的费用，这取决于需要实现差异化的是什么。比如说，如果高质量的原料和大量的研究是必要的，那么由此生产的产品或服务也许会以相对较高的价格定价。在这种情况下，公司所持有的想法是：这种产品或服务的独特性将会使部分顾客愿意支付额外的溢价。虽然这种战略是很有利可图的，但是它也许会阻碍公司获得很高的市场占有率。比如说，劳力士（Rolex）对其手表的定价很高，并由此带来了利润，但是它只有很小的市场占有率。圣大保罗运动服（Ralph Lauren Polo sportswear）和梅赛德斯—奔驰（Mercedes-Benz）是另外一些运用差异化战略的例子。差异化可以通过卓越的产品（微软）、高质量的形象（梅赛德斯—奔驰）或者品牌形象（圣大保罗运动服）来获得。

集中化是第三种业务战略。使用这种方法的公司聚焦于或者将其注意力集中于一个狭小的市场部分。这个部分也许是一个特殊的购买人群、一个地区性市场或者生产线的某个部分。与那些服务于界定过宽或过窄的市场的竞争者相比，运用集中化战略的公司可以更好地服务于一个界定合理但狭小的市场。一家名叫"高大男子"的服装店就是遵从集中化战略的一个例子。比如说，高露洁棕榄公司（Colgate-Palmolive）为了成功吸引西班牙裔顾客，决定必须利用这个不断增长的市场共享特征。它的西班牙牙膏销售量的市场占有率达到了70%，这主要因为其了解到3/4的西班牙裔通过西班牙语电台看电视或者听收音机。高露洁棕榄公司对这些电台的受人喜欢的节目做了大量的赞助。

职能战略

第三个主要层级的战略是职能战略。**职能战略**在范围上比业务战略更窄，主要关注组织不同职能领域——生产、财务、营销、人力资源和其他类似领域——的活动。职能战略支持业务战略并且主要关注如何实施。通常，职能战略的实际生效期是一个相对较短的时期，常常是1年或者不到1年。图表5—2总结了不同层级的战略。

> **公司战略**
> 涉及公司经营方向以及明确组织资源如何在组织内进行分配，描述了公司为实现其目标而采取的方法。
>
> **业务战略**
> 聚焦于在既定的业务中如何进行竞争。
>
> **职能战略**
> 关注组织不同职能领域的活动，使用短期的一步接一步的方法（策略）。

图表 5—2　战略层级

学习进度检测问题

5. 政策与程序之间的区别是什么？
6. 解释组织中三个层级的战略。
7. 什么是组合型战略？
8. 职能战略是如何区别于业务战略的？

战略管理过程

战略管理

当今商业世界的快速变化使得管理者实时更新计划的必要性不断增长。**战略管理**就是基本的计划过程在组织最高层级的运用。通过战略管理以及确保对战略计划的仔细制定、合理实施和持续性评估，高层管理者决定了组织的长期发展方向和绩效水平。战略管理的本质是制定战略规划并随着环境的变化保持其实时更新。有可能发生的是：准备好了正式计划并提出了合理界定的战略但没有实施战略管理。在这种情况下，规划可能随着环境的变化变得不合时宜。实施战略管理并不会确保组织能成功地满足所有的变化需求，但是的确会提高其成功几率。

虽然战略管理是由高层管理进行指导的，但是成功的战略管理涉及组织不同层级的参与。譬如说，在制定高层计划时高层管理者也许会叫中低层管理者投入其中。一旦高层计划制定出来，不同的组织单元部门就会被要求明确制定它们各自领域的计划。一个适当的战略管理过程有助于确保整个组织不同层级的计划是相互协调和相互支持的。

自觉进行战略管理的组织一般遵从某种正规化的程序以制定决策、采取行动来影响其未来发展方向。在没有正式的程序时，战略决策以一种零碎的方式进行。然而，非正式的战略方法并不必然意味着组织不知道要做什么。它只是意味着组织没有以正规化的程序来启动战略和管理战略。

战略管理的过程包括确立组织使命，界定组织将从事的业务，制定、实施和评估战略以及在必要时进行调整。在绝大部分组织中，基本的过程是相似的，其差别在于过程的正式性、参与管理的层级以及程序制度化的程度。

虽然不同的组织使用不同的方法来进行战略管理的过程，但是这些方法具有某些共同的要素和一个类似的程序。战略管理的过程是由三个主要阶段构成的：（1）战略规划的制定；（2）战略规划的实施；（3）战略规划的评估。**制定阶段**关注于制定最初的战略规划。**实施阶段**涉及实施已经制定好的战略规划。**评估阶段**强调实施之后的持续性评估和更新战略规划的重要性。这三个阶段中每一个阶段对于战略管理过程的成功都至关重要。其中任何一个阶段的失败都会引起整个过程的失败。

战略制定

战略管理过程中的制定阶段涉及制定所要实现的公司战略和业务战略。这一战略的最终选择是由组织内部的优势和弱势以及环境提出的威胁和机会来形成的。

制定阶段的第一部分工作是获得对组织现有地位和状况的清晰认识。这包括识别使命、确认过去和现在的战略、诊断过去和现在的绩效以及设立目标。

识别使命

一个组织的使命实际上是其最宽泛的和最高层级的目标。**使命**界定了组织的基本目的（由于这个原因，"使命"和"目的"这两个术语经常被交替使用）。一个组织的使命基本上概述了这个组织存在的原因。使命宣言通常包括对组织的基本产品和服务的描述和对组织的市场及收入来源的界定。图表 5—3 简要介绍了公司使命的目标。图表 5—4 显示了来自现实中的三家知名公司的使命宣言。

图表 5—3　　　　　　　　　　公司使命的目标

> 1. 确保组织目标的一致性。
> 2. 作为激励组织资源运用的依据。
> 3. 发展分配组织资源的基础与标准。
> 4. 建立组织气氛基调,例如,倡导彼此间以职业的方式相互往来。
> 5. 凝聚能够认同组织目标与方向的人,而将无法认同者摒除在外。
> 6. 方便组织目标转换为工作架构,而将任务分派给需负起责任的组织分子。
> 7. 使组织意图(purpose)更为具体,并且转化为其成本、时间与绩效参数都可以衡量和控制的施行目标(goals)。

资料来源:Adapted from William R. King and David I. Cleland, *Strategic Planning and Policy* (New York: Van Nostrand Reinhold, 1978), p. 124.

图表 5—4　　　　　　　　　　使命宣言的例子

公司	使命宣言
联邦快递	通过以重点经营的方式来提供高增值的物流服务、运输服务和相关的信息服务,联邦快递公司将为其股东提供卓越的财务回报。顾客的需求将在每个市场服务部门以最高品质加以满足。联邦快递公司致力于发展其员工、合作者以及供应商之间的互利关系。安全是所有业务中最受关注的。公司行为将符合最高的道德标准和专业标准。
哈雷—戴维森	基于我们制造摩托车的多年经验,通过向摩托车手和普通公众提供不断扩大的摩托车型以及品牌产品和服务,我们会实现梦想。
辉瑞公司	对患者、顾客、同事、投资者、商业伙伴以及我们工作和生活所在的社区而言,我们将成为世界上最有价值的公司。

　　界定使命是至关重要的,它也比人们想象的更为困难。50 多年前,彼得·德鲁克曾强调不仅要在初创时期或困难时期检查和确认组织的目的,在成功时期也要这么做。如果 20 世纪早期的铁路公司或者 19 世纪的货车制造者能提出它们的组织目的以确立其在运输业中的地位,那么它们如今也许还能保有它们先前所享有的经济地位。

　　德鲁克指出:一个组织的目的不能由组织自身来决定,而应由其顾客来决定。顾客对组织产品或服务的满意度能比公司的名称、公司章程或条文更清晰地界定公司目的。德鲁克简要论述了确定组织现有业务时需要回答的三个问题。首先,管理者要识别顾客:他们在哪里、他们如何购买以及如何吸引他们。其次,管理者必须知道顾客买的是什么。比如说,劳斯莱斯（Rolls-Royce）的车主买的是其运输功能还是其代表的声望？最后，顾客在产品中看中的是什么？举例来说，房主是由于价格、质量还是服务而从西尔斯（Sears）购买家用设备的？

　　管理者还必须确定业务未来是什么样以及它应该是什么样。德鲁克指出了需要调查的四个领域。首先是市场潜力：长期趋势怎么样？其次，由于经济的发展、时尚或潮流的变化或者竞争的原因，市场结构会发生什么变化？再次，什么样的可能变化会改变顾客的购买习惯？什么样的新观念或者新产品会创造新的顾客需求或者改变旧有的需求？考虑一下手机对付费电话的影响。最后，顾客的什么需求还没有被现有的产品或服务完全满足？联邦快递引入隔夜包裹快递就是发现和填补现有顾客需求的一个典型的例子。

确认过去和现在的战略

　　在决定一项战略改变是否必要或可取之前，需要清晰地确认组织过去和现在使用的战略。一般有以下问题：过去的战略是否被有意识地制定出来了？如果没有，那么能否对过去的历史进行分析以探明内在的战略已演变成了什么样子？如果已经制定了，那么这项战略有没有以书面的形式记录下来？在这两种情况下，正如组织过去行动和意图所反映的那样，一项战略或一系列战略通常能被查明。

职业管理

职业的探索和专业的帮助

　　"工作在哪里"也许是毕业生所问的第一个问题。

　　学生们面临的一个挑战是职业的学习过程。了解自己适合去什么样的公司工作、学会识别高报酬的职业、学会职业态度测试，这些都是能在你工作探索过程中有助益的工具。

　　为了帮助学生们学到更多探索职业的知识，大多数学院都有就业中心，所有学生在那里都能获得上述的就业帮助。

　　访问你学院的就业中心，开始学习所有能让你的工作朝着正确方向前进的方法。

诊断过去和现在的绩效

　　为了评估过去的战略如何发挥作用以及决定是否需要战略改变，组织的绩效需要被审查。组织现在的绩效如何?过去几年组织的绩效又如何?绩效的趋势是朝上还是朝下?在试图制定任何类型的未来战略之前,管理者都必须提出这些问题。评估一个组织的绩效通常涉及某种类型的深度财务分析和诊断。

一旦管理者拥有了关于组织现有状况的准确图像,制定战略阶段的下一个步骤就是鉴于现有的使命决定长期、中期和短期目标应该是什么。然而,没有对内外环境的审查,这些目标是没法准确确定的。因此,确立长期和中期目标与分析内外环境是相互影响的并行过程。

设立目标

一旦组织的使命被清晰地确定,那么就应该遵循前文所提供的指导纲要来决定不同组织单元的特定长期目标和短期目标。一般来说,长期组织目标应该来源于使命宣言。然后,应根据这些长期目标确立组织的短期绩效目标。随后,每个主要的部门要制定派生的目标。这一过程要从不同的次单元一直持续到个人层面。

── 学习进度检测问题 ──

9. 界定战略管理。
10. 战略管理过程中的三个主要阶段是什么?
11. 一个组织的使命是什么?
12. 诊断过去和现在的绩效为什么很重要?

SWOT 分析

SWOT 是对组织的优势、劣势、机会和威胁的简称。**SWOT 分析**是用来评估一个组织的内部优势和劣势以及其外部机会和威胁的技术。使用 SWOT 分析的一个主要优点是它能提供总体情况是否健康的一个一般概述。SWOT 分析暗含的假设是在仔细审查组织的优势和劣势以及考虑环境显示的威胁和机会之后,管理者能更好地制定一个成功的战略。

一个组织的优势和劣势通常是经过对组织的一次内部分析来识别的。进行一次内部分析的基本理念是客观地评估组织现有的优势和劣势。组织在哪些方面做得好?组织在哪些方面做得很糟糕?从资源的视角来看,组织的优势和劣势是什么?

由环境显示的威胁和机会通常是经过对组织外部环境有条理的评估而得以确认的。一个组织的**外部环境**包括组织之外的一切事物，但评估的焦点是那些对其业务产生影响的因素。这些因素可以按其与组织的临近程度进行分类：它们或者是在一般环境中或者是在竞争环境中。一般环境因素有点远离组织，但依然能对组织产生影响。一般经济环境以及社会的、政治的和技术的趋势代表了一般环境中的主要因素。竞争环境中的因素贴近组织，并常常与之发生联系。股东、供应商、竞争者、工会、顾客和潜在的新进入者代表了竞争环境中的因素。

管理者使用许多定性和定量方法来预测一般环境的变化趋势。定性技术主要是基于观念和判断，而定量技术则主要是基于对数据的分析和对统计技术的运用。这两种方法都很有用，具体哪个更好用取决于环境和可获取的信息。

竞争的五力分析模型是由迈克尔·波特（Michael Porter）开发出来的分析工具，它被用来帮助管理层分析其竞争环境。这个模型表明竞争环境可以通过对竞争环境或行业环境中的五个主要因素的输入和相互作用的分析进行评估：（1）供应商；（2）购买者；（3）行业中公司之间现有的竞争程度；（4）替代性产品或服务；（5）潜在的竞争者。通过使用这个分析工具来评估竞争环境，管理者可以更好地选择其所追寻的最适当的业务层级战略。图表5—5概括了竞争的五力分析模型。

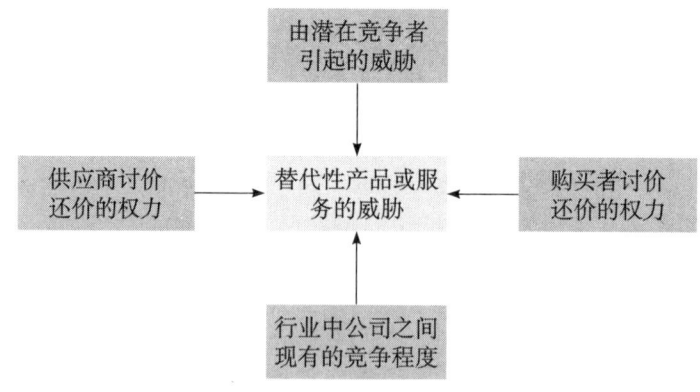

图表5—5　竞争的五力分析模型

资料来源：M. E. Porter, *Competitive Strategy* (New York: Free Press, 1980).

对外部环境的分析强调这样的事实，即组织并不是在真空中运营的，它受到环境非常大的影响。图表5—6列出了当评估组织的优势和劣势以及环境所带来的威胁和机会时管理者应该考虑的一些因素。SWOT分析最重要的结果就是得出结论的能力,这一结论包括组织情况的吸引力以及所需的战略行动。

图表 5—6　SWOT 分析——在判断公司的优势、劣势、机会和威胁时应该关注什么

潜在的内部优势	潜在的内部劣势
● 关键领域的核心能力 ● 充足的财务资源 ● 良好的品牌形象和美誉 ● 被广泛承认的市场领导地位 ● 深思熟虑的职能战略 ● 获得规模经济 ● 完全免于(至少在一定程度上免于)强烈的竞争压力 ● 专利技术 ● 成本优势 ● 强势广告 ● 生产创新技术 ● 已被证实的管理能力 ● 不断增长的经验 ● 更强的制造能力 ● 卓越的技术能力 ● 其他	● 没有明确的战略指导 ● 陈旧的设备 ● 由于……导致的低标准的盈利能力 ● 缺乏管理的深度和才能 ● 缺乏某些关键技能和胜任的能力 ● 在实施战略方面有糟糕的记录 ● 内部运营的困境 ● 研发方面落后 ● 过于狭窄的生产线 ● 在市场想象能力方面较弱 ● 分销网络较差 ● 低于平均水平的营销技能 ● 无法满足战略变化所需的财务要求 ● 单位总成本相对于主要竞争对手较高 ● 其他
潜在的外部机会	潜在的外部威胁
● 能服务其他的顾客群体或扩张新的市场、细分部门 ● 扩大生产线以满足更大范围内的顾客需求的办法 ● 能把技能和专门技术转变为新的产品或业务 ● 前后上下的整合 ● 消除外国市场的贸易壁垒 ● 竞争对手的自满情绪 ● 由于市场需求的强劲增长而能够迅速扩张 ● 新技术的涌现	● 成本较低的外国竞争者的进入 ● 替代性产品销售的崛起 ● 市场增长放缓 ● 外汇汇率和外国政府贸易政策的不利变化 ● 增加成本的规制要求 ● 对经济衰退和商业周期的脆弱性 ● 顾客和供应商不断增长的议价能力 ● 正在改变的购买者的需求和品味 ● 不利的人口变化 ● 其他

资料来源:From Arthur A. Thompson, Jr., and A. J. Strickland Ⅲ, *Strategic Management*: *Concepts and Cases*, 8th ed, 1995, p. 94. Reproduced with permission of The McGraw-Hill Companies.

比较战略备选方案

战略制定阶段的目标是找出可行的战略备选方案(根据已经完成的工作来达到这一点),然后选择最佳的备选方案。给定使命和长期目标,

什么是可行的战略备选方案？SWOT分析的结果也限定了可行的展览备选方案的范围。举例来说，内部财务分析的结果可能严格限制了组织的扩张选择。类似地，人口趋势的外部分析结果也可能限制组织的扩张计划。一旦一套可行的备选方案已经确定，那么就必须做出最终的战略选择。

对适宜的战略备选方案的评估和最终选择涉及对使命、目标、内部分析和外部分析的整合。在这个阶段，管理者试图选择这样一个公司战略，通过采取与其风险承担能力和价值结构相容的行动，这个公司战略能提供组织实现其使命和目标的最大可能性。一旦公司战略被确定，就必须选择其他的次级战略来支持它。

在多样化和多业务的组织中，比较战略备选方案涉及评估每项业务的吸引力以及总体业务组合的吸引力。一个**战略业务单元（SBU，事业部）**就是一项独特的业务，这项业务具有自己的竞争对手，而且能合理地独立于组织内其他业务进行管理。SBU的组成内容因组织而异，可以是一个部门、一个子公司或是一条生产线。在小型组织中，整个公司都可能是一个SBU。

战略实施

在公司战略已被仔细地制定出来之后，它就必须转化为组织的行动。假定公司战略和业务战略已经明确，那么要采取哪些行动来实施这些战略呢？战略的实施包括把战略成功地付诸实践所必须完成的一切事。

这些必要的行动包括决定和建构最适宜的组织结构，制定短期目标以及确立职能战略。

案例讨论 5.2

哈德森制鞋公司

约翰·哈德森的公司位于一个美国中西部城市，是其已故的父亲在大约50年前创立的。这依然是一个家族企业，其哥哥戴维德负责生产，弟弟山姆是主管会计，姐夫比尔·欧文斯负责生产研发。比尔和戴维德共同承担质量控制的责任，而且比尔还和山姆一起从事行政事务和广告活动。公司

第五章 计划和战略管理

也雇用了许多有能力的下属,公司在制鞋行业有着最好的名声。其产品的诚信令人羡慕,这也是公司的自豪之处。

在中美洲的圣多明各奥罗度假期间,约翰决定拜访一些鞋类进口商。他和其中一些进行了交谈,并对布艾诺公司的佩罗兹先生印象最深。在核查了佩罗兹的银行存款和个人资料之后,他对其的印象就更肯定了。佩罗兹说如果所提供的样品让他满意,他就下一笔初始订单。约翰立刻给他的办公室打电话,要求公司迅速把畅销鞋的样品送给佩罗兹。一些天后,在约翰动身离开此处准备回家之前,样品就送来了。在到家之后没多久,约翰就很高兴地收到了来自佩罗兹的一笔1 000双鞋的订单。

约翰通过电话与佩罗兹保持着联系,在初始订单发出之后的两个月之内,哈德森制鞋公司收到了每月再加5 000双鞋的订单。生意一直以这种水平维持了两年,直到佩罗兹访问了公司。他对此印象深刻,并将其每月的订购数量增加到5 000双~10 000双。

这让哈德森制鞋公司陷入了危机,这个家族举行了一次会议。他们必须决定是以相当大的投资来扩大生产能力还是放弃一些客户。他们并不喜欢放弃忠诚的客户这样的想法,但是他们也不想要进行重大的投资。戴维德建议他们两班倒以增加产量,这将漂亮地解决问题。

一年后,洛佩兹再次来访问,并留下了每月15 000双鞋的订单。他还告诉他们,现在他需要以更大的努力和代价去进行鞋子的销售。除了他定期的5%的佣金,他要求约翰每双鞋再支付2美元的佣金。当约翰犹豫不决时,洛佩兹向他保证哈德森公司可以以再增加2美元的价格出售鞋子,这不会有任何损失。约翰虽然感觉不舒服,但是由于这笔生意既轻松、稳定又有最大的利润可图,因而还是继续做下去了。

到第二年年底,洛佩兹已经每月下20 000双鞋的订单了。他要哈德森公司去竞标提供首都圣多明各整个警察部队的靴子。哈德森公司接受了协议,而且在一年内开始提供圣多明各的陆军和海军以及中美洲其他三个国家的鞋子。

一些哈德森公司的老顾客的订单又没有按时完成。其他的顾客则抱怨送货的延迟。此外,哈德森公司似乎不太乐于接受季度末的退货或者提供减价津贴和广告资金。这些对其出口业务都没必要。然而,哈德森制鞋公司决定不放弃其最大的国内客户——一家美国最大的邮购连锁店。

翌年6月,洛佩兹访问了哈德森制鞋公司。他告知约翰,除了他的每双鞋2美元的佣金外,如果约翰想要继续保证出口许可,那么就也有必要按每双鞋2美元给税务部长佣金。接着,国防部长——他批准了哈德森业务所在各国的陆军和海军订单——也要每双鞋给他2美元。销售价格再一次随之上涨。洛佩兹告诉约翰,美国和其他两个国家的制鞋商正热切希望拥有这笔业务。约翰要求花上10天时间来和他的合伙人讨论这个事情。洛佩兹同意了,并回国等待他们的决定。在哈德森制鞋公司召开董事会会议的上午,公司接到了来自国内那家邮购连锁店的电话,说它下个季度不会在哈德森采购了。约翰·哈德森宣布召开会议。

问题

1. 哈德森制鞋公司的目标是什么?
2. 哈德森制鞋公司存在什么样的政策?
3. 你会如何评价约翰·哈德森的计划?
4. 如果你是约翰·哈德森,你会怎么做?

组织因素

一个组织不仅有其战略史,还有其结构、政策以及系统。虽然这些因素中的每一项都会随着新战略的产生而进行变革,但是每项因素都必须进行评估,并被视为实施过程的一个部分而加以处理。

虽然一个组织的结构随时可以进行变革,但是相关的费用也许会很高。举例来说,一次重组会因新结构的工作设置而导致大量的招聘和培训成本。因此,从实际的角度来看,一个组织现有的结构会对战略实施产生某些限制。

战略必须与组织政策相符,否则就必须要修改冲突的政策。过去的政策常常严重影响着未来政策所能改变的程度。比如说,A.T.高仕公司(A.T. Cross Company)——世界知名的笔具制造商——有一个产品终身保修的政策。由于顾客都已经对这项政策形成了预期,因而高仕公司发现很难中止这项政策。

类似地,组织现有的系统也会对战略的实施产生影响。这些系统可能是正式的,也可能是非正式的。这些系统包括信息系统、补偿系统、沟通系统以及控制系统。

职能战略

正如本章前文所介绍的那样,职能战略是业务战略得以运作的工具。职能战略简要描述了组织的不同职能单位(生产、营销、财务和人力资源)在实施其业务战略时所要采取的具体的短期行动。职能战略的制定一般需要许多管理层级的积极参与。事实上,较低管理层级在制定阶段的参与对于职能战略的成功实施是必不可少的。

战略评估和控制

在战略规划付诸实践之后,下一个挑战就是不断监控组织的运行过程以使其朝向组织的长期目标和使命。公司战略发挥作用了吗?是否应该做些修改?问题有可能在哪里发生?重点是让管理者意识到有可能发生的问题,以及一旦问题真的发生应该采取的行动。正如本章前文所讨论的那样,对内外环境的持续性评估和反应是战略管理的全部意义所在。

图表5—7总结了战略管理的全过程及其主要构成要素。

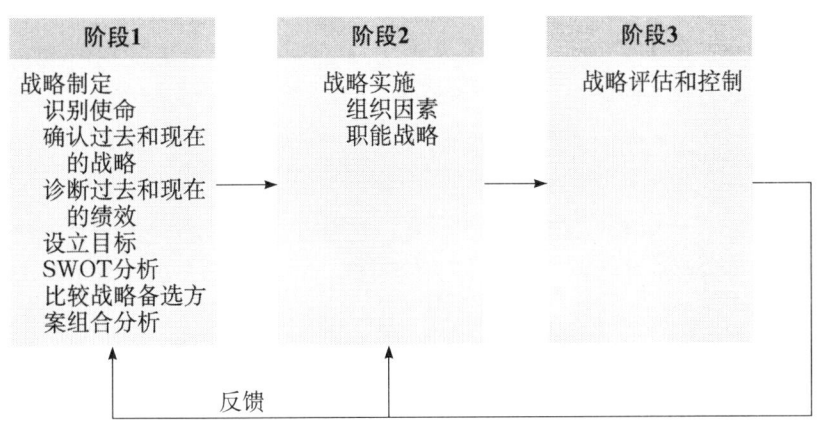

图表5—7 战略管理的过程

——学习进度检测问题——

13. 解释"SWOT分析"。
14. 什么是竞争的五力分析模型?
15. 什么是SBU?
16. 职能战略与业务战略的区别何在?

小　结

在第一章中，我们将管理定义为"决定使用组织的资源来生产产品或提供服务的最好方式的过程"。在本章中，我们已经看到制定这些决策同时需要日常经营的视角和战略的视角。虽然亨利·明茨伯格观察到管理者的角色在某种程度上必须"在此刻"发挥作用，但是有效管理的关键是对未来进行计划并积极发挥影响而不是消极地接受未来的命运。在下一章中，我们将审视与管理相联系的领导的重要性，并讨论组织文化的重要性，这种文化能够支持一种使有效管理得以产生的环境。

工作世界：托尼填补了空缺

排班项目做得相当好。一开始，有些人抱怨说托尼简单地把自己头痛的事丢给了他们，但是一旦员工们卷起袖子开始进行排班工作时，一些令人吃惊的变化开始了。首先，那些阻止每个员工在特定时间进行特定换班的问题和调整都变得易于管理，排除在排班表之外了。人们开始变得更频繁地拼车，开始彼此为对方免费照看婴儿，员工们从互换指定的轮班工作中获得了更多的经验。所有这些都使排班表发挥了作用，且确保了每个人的换班都涵盖在内。托尼实践了他所说的话，利用可利用的所有时间在餐厅和新员工一起工作，而且帮助其他人在塔克·巴恩的其他系统领域进行交叉培训。

凯文在领导这个排班项目中干得很好，他希望一旦塔尼亚离开这会使他最终晋升到轮班主管的职位。塔尼亚将在本周末离开，而且到目前为止还没有宣布任何决定。

午餐休息时间结束之后，凯文接到了他等待已久的邀请——与托尼在其办公室进行私人会谈。

"凯文，你一直是一个杰出的员工，而你在那个排班项目中也干得很好。"

凯文想托尼会直切要点。"多谢，托尼。"他回答道。

"我正在把你作为塔尼亚的接班人提交给道恩，"托尼说，"但这还要些支持信息。你的工作记录自身已说明了这些，但是道恩喜欢通过工作简历之外的东西来了解别人,因此我想让你为我写个小报告。"

"什么样的报告?"凯文问道,他突然有点紧张。

"塔克·巴恩一直在寻找未来的单位经理和地区经理,而我想你应该会纳入这个群体的,凯文。为了使道恩确信,我想让你写个本单位未来3年~5年的战略规划。别太复杂——只要有我们现在的情况以及你认为我们在接下来几年内应该走向何方就行。我想你能完成吧?"

"当然没问题。"凯文回答道,他突然觉得当初在学校的商业课程上他能多专心点就好了。

"太好了,"托尼说,"塔尼亚这周末就要走了,因此如果你能在两天内把报告交给我,那我就能把它放到道恩的办公桌上,在她离开前及时拿到你的晋升令。"

问题

1. 对凯文的晋升考虑更多的应该是他对排班项目的领导才能还是他在塔克·巴恩的工作年限?解释一下你的答案。
2. 托尼为何要凯文写一个战略规划报告?
3. 凯文应该在他的报告中写入什么信息?
4. 你认为托尼能使用凯文报告中的某些材料吗?为什么能?为什么不能?

问题回顾

1. 为什么有必要做计划?最常见的计划是怎样进行的?
2. 描述一下目标、政策、程序和规定之间的区别。
3. 你会对以下来自管理者的问题做出怎样的回应:"当我甚至不知道明天要干什么时,我怎样对明年做出计划?"
4. 如果战略规划是高层管理的活动,那么为什么一线管理者和中层管理者也应该关注战略规划呢?

关键术语

正式计划 按照确定的程序制定的、书面的且有记录的计划。

职能计划 源自于组织的诸如生产、营销、财务和人事等职能领域。

短期计划 通常指时间跨度在1年内的计划。

长期计划 其典型的时间跨度在3年～5年,有的甚至延伸到未来20年。

战略规划 对战略计划的制订、合理实施和持续性评估;决定了组织的长期发展方向和行为。战略管理的实质是根据企业内外部环境的变化及时发展和调整战略计划。

运营或策略规划 主要是由中层或者低层管理者制定的短期职能计划。

应急计划 是对管理者工作的条件假设分析,使管理者养成做好准备的习惯,并在出现问题时使其知道要做什么。

目标 简要描述组织正要实现什么,给组织及其成员明确行动方向。

长期目标 跨越组织当前的财政年度,必须支持组织的使命,而不是与之相冲突。

短期目标 一般限于1年或不到1年的特定时间期,来自对长期目标的一次深度评估。

目标管理(MBO) MBO是一种将组织目标转化为个人目标的哲学。它假定建立个人目标会激发员工投入工作,从而产生更好的绩效。

政策 约束或指导目标实现的、具有概括性和普遍性的行动纲要。

程序 为达到特定目的而采取的一系列按时间安排的步骤或行动。

规定 告诉管理者在特定情境下应该做什么、不应该做什么的清晰描述。

战略 是对管理者计划要实现某个目标或某组目标的基本步骤的概括。简言之,指管理者如何实现组织目标。

公司战略 涉及公司经营方向以及明确组织资源如何在组织内进行分配的战略。

增长型战略 当组织试图在销售额、生产线、员工人数以及其他类似指标等方面进行扩张时,适合采用的战略。

稳定型战略 组织对现有的经营现状满意时采用的战略,也称维持现状战略。

防御型或紧缩型战略 当一个公司希望或需要减少其经营活动时使用的战略。

组合型战略 当组织对公司不同部分同时使用不同战略时使用的

第五章 计划和战略管理

战略。

业务战略 聚焦于在既定的业务中如何进行竞争。

职能战略 关注组织不同职能领域活动的战略。

战略管理 对战略计划的仔细制定、合理实施和持续性评估;决定了组织的长期发展方向和绩效水平。战略管理的实质是根据企业内外部环境的变化及时发展和调整战略计划。

制定阶段 战略管理的第一个阶段,在这个阶段,组织制定最初的战略规划。

实施阶段 战略管理的第二个阶段,在这个阶段,战略规划将得以执行。

评估阶段 战略管理第三个阶段,在这个阶段,战略规划得到监控、评估和更新。

使命 界定了组织的基本目的:组织为何存在。

SWOT 分析 管理者经常用 SWOT 分析来评价一个部门或整个公司的表现,其中,S 代表 strength(优势),W 代表 weakness(劣势),O 代表 opportunity(机会),T 代表 threat(威胁)。

外部环境 存在于组织外部的所有环境的总和。

战略业务单元(SBU) 具有自己的竞争对手并且能合理地独立于组织内其他业务进行管理的独特业务。

识别使命宣言的要素

使用互联网,选出一个组织的使命宣言,然后识别出宣言的下列要素:

1. 顾客和/或市场
2. 产品和/或服务
3. 地区范围
4. 技术
5. 对生存的关注
6. 哲学理念
7. 自我概念
8. 对公共形象的关注

团队练习

环境因素

以下总结了两种会影响汽车行业的因素。描述一下由于这些环境因素而使通用汽车公司可能面临的威胁与机会。

社会的

对社会和经济趋势的研究表明,汽车行业具有一个巨大的购买人群,他们既有购买意愿又有财力去定期购买新车。三个对该行业尤为重要的人口群体是婴儿潮一代、妇女和老人。

长大了的婴儿潮一代会有比他们的上一代多得多的可支配收入来购买汽车,而且相当多的高收入群体将会青睐豪华车和越野车。婴儿潮一代和老年人对大型旅游车的需求会增长,而随着他们家庭的成长,对小型旅游车和微型面包车的需求将减少。不过,婴儿潮一代中的巨大的且不断增多的蓝领群体会喜欢皮卡车和日本车。

妇女会越来越喜欢买新车,而且希望在汽车市场行使和男人一样多的权利。因此,汽车市场未来的成功将由凸显妇女的广告来创造。

最后一个主要群体反映了"美国的老龄化",他们是55岁及以上的购买者。他们构成了25%的新车购买者,而且这个数字正在增长。老年购买者寻求那些能让车开得更安全、更舒适的特征,包括警告驾驶者正在昏昏入睡或无视设备仪表板的电子系统以及简化了的电子控制系统。

技术的

汽油价格的三级跳已经使效率成为几乎所有购买者的首选。明天的汽车会装有智能系统:智能电脑会更有效率地运转引擎和传动,电子悬吊系统和雷达障碍区侦察会帮助驾驶者避免车祸,导航系统将会帮助驾驶者避免交通高峰,而视频则能显示可选路线。提高夜视能力的自变色玻璃和红外技术也将被提供。反锁控制、安全气囊和牵引控制将会成为标准配置。

太空塑料的使用会大大增加,因为它们比钢铁更轻、更低廉而且不会被腐蚀。用先进电脑来快速且低廉地制作模型和原车型的新技术将会成为未来的潮流。

机器人技术在生产中的广泛运用会大大增加,而且汽车制造商会开发未来能以其他燃料运行的汽车。对电力和混合动力汽车的需求会戏剧般地

第五章 计划和战略管理

增长。

把一群人分成两个组,一个代表通用电气,一个代表丰田。每组都将以书面形式准备一个讲演,说明他们被指定的那个组织对这些环境因素会做出什么反应以及在未来3~5年将如何着手。

讨论练习5.1

伊莱克斯的重整

约翰·海尔特松驱动变革。

2003年,当约翰·海尔特松(Johan Hjertonsson)接到上司伊莱克斯公司(Electrolux)的CEO汉斯·斯特拉伯格(Hans Straberg)的电话时,他正在斯德哥尔摩的住处附近小憩。"汉斯说:'我们遇到了一个问题,'"海尔特松回忆道,"业务运转得不够快。"销售在下降,产品要花很长的时间才能出现在市场上。消费者并不能确定他们要买伊莱克斯的产品而不是别的。斯特拉伯格对海尔特松说:"我想让你来处理这个问题。"如果在过去,这个瑞士设备制造大户会把问题扔给他们强大的工程师团队,让他们开发新产品来扭转颓势。但这一次,伊莱克斯公司的工程师们并没有统领这次的发展进程,斯特拉伯格选择了一个更激进的方法——运用另一种模式,由设计师、工程师、市场营销专家和销售人员共同组成的团队设计受消费者欢迎的产品。这种模式为海尔特松所创,当时他正是地板产品和小件设备生产单位的市场营销经理,而这些产品在20世纪90年代受到了更低廉的中国货的重创。这种以团队为基础的方法被称为消费者创新项目(Consumer Innovation Program,CIP)。海尔特松更新了全部的分支机构设置,从一份以工程人员为主导、多个国家的重要生产企业全面运作的公司到融合性的全球公司由团队来管理,同时对消费者的观察为导向。他引进了创新(设计)顾问IDEO设计了项目的基准,并在2001年推出其项目。那时整个公司在亚洲的竞争中遇到了麻烦。在2003年,海尔特松,这个消费者创新的领导人,雇用了战略顾问麦肯锡公司制作了一份调查问卷,发给了500个经理。他的团队随后进行了60个深度调查。4个问题开始凸显:经理对消费者没有足够的了解,因而不知道该发展什么;产品的技术含量很高但不能满足消费者的需要;研发不与商业产品的开发同时进行；执行官不敢冒险。

在 2004 年初，斯特拉伯格和海尔特松开始了为期六周的巡回宣讲，会见了几百个公司经理并向他们解释消费者创新计划。"他们的反应是：我完成了上个月的份额，也完成了预算，那不就好了吗？"海尔特松说。这些经理人迅速意识到的"好了"是斯特拉伯格不感兴趣的每月定额。他要重新开发公司，改变产品生产、投入市场和销售的方式。他要进行一个销售模式的革命，而不仅仅是改良。该计划迅速行进到 2006 年，伊莱克斯变得和以前很不一样了。它运用了一系列的革新方式，以发现尚未满足的消费者需要并研究怎样去制造新产品来迎合他们、产品如何开发和投放市场以及产品和经理是否在合适的位置。海尔特松把它简称为"天才的管理"（talent management），用的是"胡萝卜加大棒"政策。奖金发放的标准是看经理是否适应伊莱克斯公司的新模式。评估的程序包括一系列 30 个问题，伊莱克斯公司运用了三种测量措施，旨在衡量经理是否适合于新的环境。首先是他们所称的"价值市场共享"（value market share）。它是指从消费者的钱包里流到伊莱克斯公司的钱相对于其他竞争者的份额。它由设备的数目乘以平均价格计算而得。伊莱克斯公司同时也密切关注利润空间的增长和平均价格。该三项量表设定的目的是把产品的焦点转向更高价值和远离"商品化"的产品。

伊莱克斯公司最大的变化之一是从询问消费者需要什么样的产品到走访看他们在家中是怎样使用设备的。新的以消费者为中心的策略已受到设计师们的关注，亨里克·奥托（Henrik Otto）就是其中之一。亨里克·奥托 41 岁，在 2004 年被斯特拉伯格从沃尔沃雇为伊莱克斯公司的总设计师。奥托运用了与在沃尔沃时相似的方法，并发现把这种方法用在完全不同的公司里的势头已经无法抗拒。同时，他也看到了设计小汽车和家用电器的相似之处。"现在已不是价格和性能的单纯比较，而是人们对产品的满意程度，"他说，"如今，人们需要个性化的家电。"在奥托的带领下，设计部开始问"我们的产品怎样才能更有人情味，从而摒除传统家电的苍白方正的形象？"通过对全球 16 万消费者的家访和调查，核心用户的轮廓和类型最终呈现。她们被伊莱克斯公司重新命名为安娜、凯瑟琳、玛利亚和莫妮卡，以帮助开发团队想象他们为谁来设计产品。凯瑟琳有洁癖，安娜总想尽快把琐事做完，玛利亚是个急性子，莫妮卡是个爱家女人。海尔特松说这些人为去除了国际、年龄和社会经济的差异。

第五章 计划和战略管理

斯特拉伯格正在培训700名经理（涵盖了几乎全部的高管）运用消费者创新项目的方法。小团队运转，包括设计师、工程师、市场营销专家和经理开发他们原创的产品。在这种多维的工作团队里工作，设计师可以避免设计在工程上不能实现的产品，工程师们也不会再设计出外观上不敢恭维的货色，而营销人员则根据零售商的需要进行包装。

伊莱克斯公司也用这种思路对旧产品重新改造后进行投放。例如，在欧洲推出的柜式洗碗机和除雾冰柜。此外，伊莱克斯公司在意大利推出了一种迷你洗碗机，只有微波炉大小，适合一口到两口之家。如果这样的家庭使用一般的洗碗机，等到机子装满，每周就只能运转一次到两次，碗碟更难洗净，而且最喜欢的碗碟不能每天使用。而伊莱克斯的机器能够改变这样的状况。

当斯特拉伯格和海尔特松制定重振伊莱克斯的计划时，他们没有自欺欺人地说已经完成了。海尔特松相信这样的计划还需要"很多很多年"来完成。"如果你要问的话，"他说，"这不是一场短跑比赛，而是一次旅程。"

问题

1. 在约翰·海尔特松来到伊莱克斯公司之前，伊莱克斯公司的发展过程中有什么主要的弱点？
2. 消费者创新项目（CIP）的特点是什么？
3. 伊莱克斯公司的雇员对CIP的最初反应是什么？
4. 列举约翰·海尔特松在伊莱克斯公司实现的成功。

资料来源：Adapted from Ariane Sains and Stanley Reed, *BusinessWeek Online*, November 27, 2006.

第六章
领导和文化

Chapter Six

"领导就是让某人去做他不愿做的事并让他喜欢上这样做。"

——哈里·杜鲁门（Harry Truman）总统

■ 学习目标

学完本章之后，你将能：
1. 界定领导、权力和职权。
2. 讨论领导及其与管理的关系。
3. 解释领导者的态度。
4. 描述 X 理论的领导者与 Y 理论的领导者之间的区别。
5. 解释交易型、变革型和魅力型领导风格之间的区别。
6. 确认有效管理公司文化的战略。

第六章 领导和文化

工作世界：托尼被分配了一个项目

托尼把凯文作为塔尼亚在塔克·巴恩餐厅轮班主管职位的接替人上报了。他曾叫凯文写了一份报告以支持他的申请——一个未来3～5年的战略规划。

凯文准确地按照托尼的要求做了，道恩这位地区经理对此有很深刻的印象，批准了凯文为新的轮班主管的任命。事实上，道恩对这份报告的观点的印象是如此深刻，以至于她叫托尼来她的地区办公室见她。

当他们开始上午的会面时，道恩说："托尼，那份战略规划的观点很有创新性。"

"多谢，道恩——我想这真会给凯文一个机会来显示他那些对工作有所助益的积极想法——他真是一个优秀的团队成员，而且只要有正确的鼓励，我想他会在塔克·巴恩走得更远。"

"说到在塔克·巴恩走得更远的人，"道恩继续说，"你似乎已经很好地填补了杰里的空缺，托尼——销售量在上涨而你的员工在一起干得很好——你真是新官上任三把火啊。"

托尼想了一下，意识到现在是个表达想法的机会。"多谢夸奖，道恩。杰里带出了一支好队伍，而且在他就任新职位前，他还给了我一些不错的建议——'不破不补'——我可一直努力记着呐。"托尼尽力使自己看上去严肃一些，即使他脑中闪过了他那个灾难性的排班构想——但愿道恩知道托尼曾离叛乱有多近。

"那好，"道恩继续说，"我认为你的单位运作得很好，我们可以让你离开一周去参加一个全公司的项目——你认为呢？"

"听上去不错，"托尼回应说，"凯文能搞定的，如果他需要帮助，我可以定期核查一下。"

"很好，"道恩接着说，"我们正在为这个组织未来的领导者——就像你和凯文这样的人——开发一个领导培训项目。我们一直在和一个咨询团队一起工作，他们建议在开始组合这个项目前，我们真有必要调查一下我们的员工，以感受一下我们组织中现有的领导者是什么类型的，以及这些领导者都创造了怎样的组织文化。一旦我们做好了这事，我们就能继续向前去看看哪种文化和领导风格能带我们去我们未来想要去的地方——你怎么看呢？"

"听上去棒极了。"托尼回答，他不知道这个项目将会持续多久，以及他自己是否真能回答那些问题。他的领导风格是怎样的？他能描述塔克·巴恩餐厅这个组织的文化吗？

> **问题**
> 1. 就目前你对托尼的了解而言，你会怎样描绘其领导风格？参考下文中不同的领导风格的分类。
> 2. 你将怎样描绘塔克·巴恩餐厅的组织文化？
> 3. 你认为顾问调查员工的建议是个好点子吗？为什么是？为什么不是？
> 4. 列出6个你认为应该包括在调查中的问题。

权力、职权和领导

在理解关于领导的研究之前，我们必须对权力、职权和领导三者的关系形成一个清晰的认识。**权力**就是要求别人去做自己想要别人做的事情，以及避免受迫于他人要求去做自己不想做的事情的潜在力量。图表6—1总结了组织中的一些权力来源。在我们的社会中，对权力的欲望和使用常常被视为负面的，因为权力常常与处罚、主导和控制联系在一起。

图表6—1　　　　　　　　　　权力的来源

组织来源	基础
奖赏权	提供奖励的能力
强制权	进行处罚的能力
法定权	个人在组织等级制中的职位
个人来源	基础
专家权	个人所具有的技能、专长和知识
参照权	个人具有的能使其他人愿意与之交往的个性特质

权力同时具有积极的和消极的两种形式。当交换是自愿的并且当事双方都对交换表示满意时，积极权力就产生了。当个人是被迫进行交换时，

消极权力就产生了。组织中的权力行使的方向可以是向上、向下或者水平运动。它并不必然遵循组织从上到下的等级制度。

职权是发布指令和使用资源的权利,它与权力相关但在范围上更小。一个管理者所拥有的职权大小基本上取决于管理者所具有的强制权、奖赏权和法定权的大小。职权是组织等级制中职位的功能,其方向是从组织的顶端流向组织的底部。一个人可以拥有权力——专家权或参照权——而没有正式职权。进一步来说,一个管理者的职权会因其职位上的强制权和奖赏权的减少而缩小。

领导是一种影响人们自愿服从领导或遵守决定的能力。**领导者**拥有一批追随者并且能在目标的设立和达成方面对其产生影响。领导者运用权力来影响群体行为。比如说,政治领导常常使用参照权,组织中的非正式领导者一般同时具有参照权和专家权。一些管理者仅仅依靠职权,而其他管理者则使用不同的权力组合。

领导和管理

领导和管理并不必然是相同的,但也不是不相容。组织中的有效领导构建了一个考虑到组织内各方当事人的合法长期利益的未来愿景,制定了朝向这个愿景的战略,获得了员工的支持以向前发展,并激励员工执行战略。管理是利用正式职权进行计划、组织、人事、激励和控制的过程。在实践中,有效的领导和有效的管理最终必然是一致的。

领导者的态度

道格拉斯·麦格雷戈(Douglas McGregor)提出了关于基本人性的两种态度概况或者说是假设。这两种态度被称做 **X 理论和 Y 理论**,图表 6—2 对此做了概述。麦格雷戈认为,许多领导者本质上都属于 X 理论或 Y 理论中的一种,并据此进行相应的活动。与一位信奉 Y 理论的领导者相比,X 理论的领导者可能会体现更为专制的领导风格。麦格雷戈的工作的真正价值在于这样一个理念,即领导者对人性的态度会对领导者的行为产生重大的影响。

图表 6—2　　　　　　　　　关于人的假设

> **X 理论**
> 1. 每个人都有厌恶工作的天性，如果有可能就会尽力避免工作。
> 2. 由于不喜欢工作，绝大多数人要靠强制、控制、督导或惩罚的威胁才能努力实现组织的目标。
> 3. 每个人都倾向于被指导，希望能避免责任，很少有什么雄心壮志，对安全保障的渴望高于一切。
>
> **Y 理论**
> 1. 工作中心力或体力的付出，正如同游戏或休息一般的自然。
> 2. 为促使员工努力以达成组织目标，外部控制及威胁并非是达成这种效果的唯一方法。只要员工对目标有所承诺，他将运用自我引导及自我控制的方式达到目标。
> 3. 对目标的承诺是目标达成后的报酬的函数。
> 4. 在适当的条件下，每个人都将学会不仅仅要接受责任，而且要寻找责任。
> 5. 在组织问题的解决上，绝大部分的员工都会充分发挥想象力、聪明才智及创造力。
> 6. 在现代工业的生活条件下，每个人的智力潜能仅能被部分利用。

资料来源：From D. McGregor and W. Bennis, *The Human Side of Enterprise*, 1/e, 1989. Reproduced with permission of The McGraw-Hill Companies.

领导者的期望与由此产生的下属的绩效这两者之间的关系已经引起了人们的高度重视。一般而言，人们发现如果管理者的期望很高，那么生产率也很可能很高。另一方面，如果管理者的期望很低，那么生产率就很可能很差。麦格雷戈称这种现象为**自我应验的预言**。

── 学习进度检测问题 ──

1. 界定权力、职权和领导这三个术语。
2. 解释 X 理论和 Y 理论不同的预期。
3. 你会把自己看做是 X 理论的管理者还是 Y 理论的管理者？为什么？
4. 定义管理的自我应验的预言。

领导研究的分类框架

关于领导问题已经进行了许多研究。图表 6—3 显示了一个对这些研究的有用的分类框架。焦点是指领导是作为一套特性而加以研究还是作为一套行为而加以研究。特性是指领导者所拥有的个性特质,而行为则涉及领导者干了什么。第二个维度——方法——则是指领导是从一种普适的方法还是从一种权变的方法加以研究的。普适的方法假定无论环境如何,最佳的领导方法只有一个。权变的方法则假定最佳的领导方法是视环境而定的。图表6—3显示的每种研究都将在下文中进行探讨。

图表6—3　　　　　　　　领导研究的分类框架

焦点	方法	
	普适的	权变的
特性	特性理论	菲德勒的权变理论
行为	领导风格	路径—目标理论
	俄亥俄州立大学研究	情景理论
	密歇根大学研究	
	管理方格图	

资料来源:Arthur G. Yago, "Leadership Perspectives in Theory and Practice," *Management Science*, March 1982, p. 316.

伦理管理

由于糟糕的天气和供应问题,你在某个建设项目上的进度落后了,公司的所有者叫你雇用一些非法移民来使项目回到正常的进度上。你被要求"在暗地里"给他们钱,而且所有者认为这个决策很正当,"就这一次的事,与抓工地上几个无证工人相比,移民和归化局有更大的事要做。如果我们被抓了个现行,我们要支付罚款——但这比起由于误了工期而赔付给客户的钱要少。"你会怎么办?

资料来源:Andrew Ghillyer, *Business Ethics: A Real World Approach* (New York: McGraw-Hill, 2007), Chapter 3, page 47.

特质理论

早期致力于领导问题的研究强调领导者是什么样的人,而不强调领导者干了什么——这就是领导的**特质理论**。不同领导者的许多个性特征(诸如原创性、主动性、毅力、知识和热情）、社会特性（例如机智、耐心和同情）以及生理特征（身高、体重和相貌魅力）等都被加以审视。

乍看之下，一些特质似乎的确把领导者和追随者区分开来了。这方面包括在诸如身高和体重等生理特征上的轻微优势以及在支配力、智力、外向性和适应性等测验上取得较高分数的趋向。但是这些差异似乎都很细小，而且大部分是重合的。

因此，这个领域的研究一般被认为是徒劳无效的——主要是因为在某个案例中被认为与领导相关的特性在其他案例中没有可预测性。一般情况下，可以说特质在一定程度上影响了领导的能力。但是这些特质必须在领导的环境方面进行分析（本章后面的内容会对此做详细讨论）。

基本的领导风格

其他研究研究了领导者的风格。他们发现了三种基本的领导风格：专制型、放任型和民主型。这三种风格的主要区别在于决策制定职能的范围。一般而言，**专制型领导**会为群体制定绝大部分的决策，**放任型领导**会允许群体成员制定所有的决策，而**民主型领导**则会指导和鼓励群体成员制定决策。图表6—4给出了每种领导风格的更多细节内容。这张图暗示民主型领导风格是最可取的和最富有成效的。然而，本章后面所讨论的现有的关于领导的研究却不必然支持这个结论。领导风格研究的主要贡献是确认了三种基本的领导风格。

图表6—4　　　　　　　领导风格与群体成员之间的关系

专制型风格
领导者
1. 个人很在意其地位。
2. 很少信任群体的成员，也不对其抱有什么信心。
3. 领导者相信报酬是对工作合适的奖励，并相信只有报酬能激励员工。
4. 发布的命令要被执行，不许有什么质疑，也不做出什么解释。
群体成员
1. 对绩效不承担什么责任，人们仅仅是做那些他们被要求做的事。
2. 领导在场时生产率很好，但是领导不在时生产率就很差劲。
放任型风格
领导者
1. 对自己的领导能力没有信心。

2. 这种领导者不为群体设立目标。

群体成员
1. 群体中任何愿意做出决策的人都可以制定决策。
2. 生产率一般很低，工作很马虎。
3. 个人对其工作没有什么兴趣。
4. 士气和群体协作一般很差。

民主型风格

领导者
1. 决策是由领导者和群体一同做出的。
2. 当领导者被要求或强制进行决策时会向群体解释原因。
3. 可以做出客观的批评和表扬。

群体成员
1. 鼓励新思想和变革。
2. 群体内培养一种责任感。
3. 工作的质量和生产率一般很高。
4. 群体一般感觉很成功。

资料来源：L. B. Bradford and R. Lippitt, "Building a Democratic Work Group," *Personnel* 22, no. 2, November 1945.

俄亥俄州立大学的研究

俄亥俄州立大学进行了一系列关于领导的研究，试图找出成功领导者的最重要的行为。这些研究希望能发现成功的领导者都干了什么，而不论领导的群体的类型是一群暴徒或一个宗教群体，还是一所大学或一个商业组织。为了达到这一目的，他们开发了一种调查问卷，叫做**领导行为描述调查问卷（LBDQ）**。这种问卷的原始版本及其变体现在仍在使用。

这项研究认为，有两种领导行为始终是最重要的：关怀与定规。**关怀**这个术语指的是领导者体现出来的关心群体成员个体以及满足群体成员需要的行为。而**定规**这个术语指的是构建群体成员工作结构和指导成员实现组织目标的领导行为。

自从俄亥俄州立大学开展研究以后，人们还就领导者的关怀行为和定规行为与由此产生的对领导有效性的影响这两者的关系进行了大量研究。从这些研究中我们可以得出的主要结论是：

1. 比起在关怀维度上得分较低的领导者，那些得分较高的领导者倾向于拥有更为满足的下属。

2. 关怀维度上的得分与领导有效性之间的关系取决于所领导的群体类型。换句话说，对于一家大型工业企业的管理者和办公室职员来说，关怀维度上的高分与领导有效性之间具有正相关的联系，而对于体力工人来说，关怀维度上的高分与领导有效性之间则是负相关的关系。

3. 定规与领导有效性之间也没有一致的联系，相反，两者关系的变化取决于所领导的群体的类型。

密歇根大学的研究

密歇根大学社会研究所进行的研究发现了同时有助于提高群体生产率和群体成员满意度的原则。起初的研究是在新泽西州纽瓦克市的保诚保险公司（Prudential Insurance Company）的家庭办公室中进行的。

研究人员对 24 名管理者和 419 名非管理者进行了访问。访问结果表明，具有高生产力工作群体的管理者更有可能：

1. 接受来自上级的一般性的监督而非密切的监督。
2. 喜欢在其工作中有一定的职权和责任。
3. 在监督上花费更多的时间。
4. 对其下级进行一般性的而非密切的监督。
5. 员工导向而非生产导向。

具有低生产力工作群体的管理者则基本上拥有相反的特性和技巧。他们是生产导向的，并且进行密切的监督。

那时的研究所所长伦西斯·利克特（Rensis Likert）在《新型管理模型》（New Patterns of Management）一书中公布了其多年的研究成果，这本书也是该领域的经典之作。利克特认为组织中管理所运用的领导风格有四种类型。他将这些风格一一标明如下：

类型 1：剥削式威权（exploitative authoritative）。威权的管理形式，试图剥削其部属。

类型 2：仁慈式威权（benevolent authoritative）。威权的管理形式，但本质上属于家长式的作风。

类型 3：咨询式（consultative）。管理者向部属征询并接受其意见，但管理者仍保有最后决策的权力。

类型 4：参与式（participative）。管理者给予部属一些指示，但是决策是基于全体参与者的一致或大多数共识而达成的。

第六章 领导和文化

利克特利用调查问卷来从整体上决定组织中的领导风格和管理模型。他研究的结果表明类型4是最有效的管理风格，组织应该致力于开发与此相符的管理模型。

案例讨论6.1

塑料部的变革

埃德·沙利文（Ed Sullivan）曾是华纳制造公司（Warner Manufacturing Company）塑料部的总经理。11年前，埃德招聘了罗素（鲁斯地）·明斯（Russell Means）作为塑料部下属的两家工厂的总经理。埃德过去把鲁斯地（Rusty）作为经理来培训，并一直认为他是个优秀的经理。这个看法很大部分是基于这样的事实，即产品能按日程安排生产而且质量很好，很少有顾客抱怨。事实上，在过去的8年里，埃德在相当大的程度上让鲁斯地独立经营工厂。

鲁斯地强烈相信他的工作就是看着生产顺序运作。他觉得那就是他的工作。有时这会很舒适，有时则不。如果员工不喜欢这工作，要么调整，要么辞职。鲁斯地和他的工厂职工说："让一切运转起来。他就是公司，而不是什么没意义的东西。要么按照规章完成任务，要么就等于根本没做。"工厂的员工流动率很低，几乎每个员工都喜欢鲁斯地，相信他了解他的生意并且代表着他们的利益。

两个月前，埃德·沙利文退休了，他的接替人华莱士·托马斯（Wallace Thomas）出任了塑料部的总经理。托马斯所做的第一件事就是召集他的核心管理人员并宣布他想要实施的一些主要变革。这些变革包括：（1）将操作工纳入决策制定过程；（2）建立一个由3个管理人员和3个操作工组成的规划委员会；（3）开创建议制度；（4）尽快设立管理层和操作工都同意的绩效考评计划。华莱士还说他将积极地看着这些项目被实施，而不会被耽搁。

会议之后，鲁斯地有点不安，决定找塑料部的销售总经理罗伯特·米切尔（Robert Mitchell）谈谈。

鲁斯地：华莱士真要进行变革，不是吗？

罗伯特：是啊，也许这是最好的。在埃德管理时期，情况有点松懈。

鲁斯地：我就喜欢那样。埃德让你管理自己的工厂。我担心华莱士想要时刻监视我。

罗伯特：好吧，让我们给他个机会吧。毕竟，他提出的有些变革听上去挺不错的。

鲁斯地：那好，我可以告诉你我们的员工不会喜欢这些变革的。让他们参与决策制定还有其他的事仅仅是一种幻想，管理人员不会和我们的员工一起工作的。

问题

1. 在这个案例中显示了怎样不同的领导风格？
2. 你认为华莱士不得不对鲁斯地运用哪种领导风格？
3. 你同意鲁斯地的观点吗？为什么同意？为什么不同意？
4. 如果"产品能按日程安排生产而且质量很好，很少有顾客抱怨"，那么为什么还应该有变革？

管理方格

罗伯特·布雷克（Robert Blake）和简·莫顿（Jane Mouton）也开发了一种个人领导风格的分类方法。图表6—5所描绘的**管理方格**图是基于关

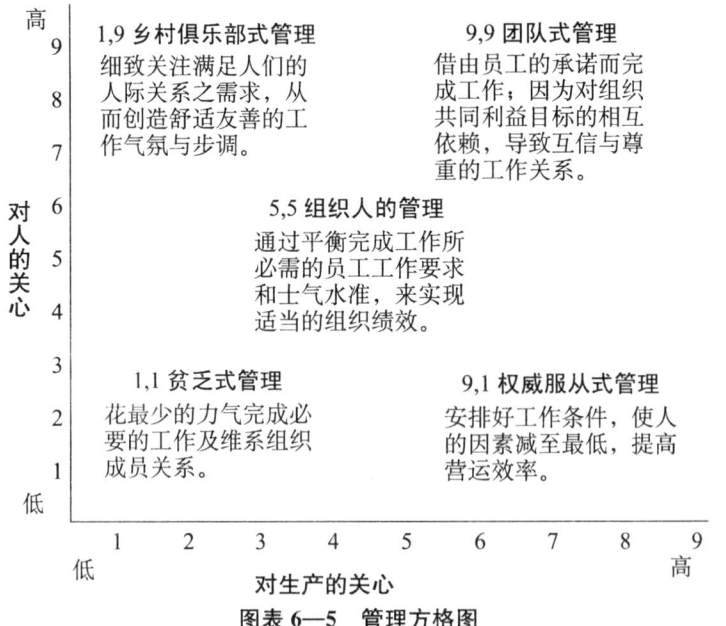

图表6—5　管理方格图

资料来源：Robert R. Blake and Jane Srygley Mouton, *The New Managerial Grid* ® (Houston：Gulf Publishing, 1978), p. 11. Copyright © 1978 by Gulf Publishing Company. Reproduced by permission.

心人和关心生产来对领导者评级的二维分类框架。（注意：这些活动与俄亥俄州立大学研究的领导者行动密切相关。）可以使用一份调查问卷来将某个特定的领导风格或管理风格定位于某个方格中。

布雷克和莫顿运用管理方格图确认了五种基本的管理风格。权威服从式管理——在右手边下面的角落（9，1）——假定安排好工作条件，使人的因素减至最低，可提高营运效率。相反的观点是乡村俱乐部式管理——在左手边上面的角落（1，9）——假定对人们需求的适当关注会导致一个舒适的工作环境和氛围。团队式管理——在右手边上面的角落（9，9）——则结合了对人的高度关注和对生产的高度关注。图中其他两种风格是贫乏式管理（1，1）和组织人的管理（5，5）。管理方格图试图作为一种分类框架服务于管理者，使其知道他们的领导风格是怎样的，并去制定一个朝（9，9）位置的团队式领导风格前进的计划。

职业管理

职业规划目标的基础

对于那些变得越来越关注其职业的学生们来说，需要问一些基本的问题以帮助他们设置一些课程，在这些课上学生将能看见其职业方向。

在开始规划职业的目标之前，先阅读以下的问题，并尽力做好回答，这将会帮助你形成你的就业意向。

- 你的理想职业是什么？
- 你认为什么样的公司会更适合你并能为你提供让你为之奋斗的职业？
- 你可能拥有多少能很好适应你理想职业的技能？
- 你希望从你的理想职业中获得多少薪水和福利？
- 你愿意（为之）重新定居吗？
- 是什么在阻止你获得这个理想职业？

领导权变理论

到目前为止所讨论的关于领导的研究都是类似的，它们都没有特别指出群体（诸如生产工人与会计）以及其对领导行为的影响这两者复杂的差异性，只是表示管理者应该成为员工导向的而非生产导向的（密歇根大学的研究）或者表示管理者应该同时显示其对人和生产的关注。这对在特定情景下管理者应该怎么做并没有说出什么东西,对日常的领导情景也没提供什么指导。因此,相关研究开始聚焦于特定情景下最有效的领导风格。这叫做**领导权变理论**。

最早运用权变理论进行研究的是弗雷德·菲德勒(Fred Fiedler)。他研究了领导者的个性与情景之间的匹配问题。菲德勒识别了两种基本的领导者个性特征——任务激励与关系激励。任务激励型的领导者经由任务的完成而获得满足。关系激励型的领导者从人际关系中获得满足。菲德勒把任务激励或关系激励看做是一个人相对固定的领导特质。

人们常常用最不喜欢的同事评价量表(least preferred co-worker scale,LPC)来衡量一个人是任务导向的还是关系导向的领导者。受访者被要求回想起所有与之共事的人,并选出与之工作时效率最差的那个人。然后受访者在最不喜欢的同事评价量表上描绘那个最不喜欢的同事。那个以相当友好的形式来描述最不愿意与之共事者的人可以认定是靠与他人密切的人际关系来获得激励的;菲德勒将这些人归为关系激励型领导者。另外,那些拒绝同事并认为与之合作存在困难的人可以被推定为靠完成工作来获得激励的;他们可以归为任务导向型领导者。

菲德勒接下来转向领导者活动的情景。他把领导情景置于由基于领导—成员关系、任务结构和职位权力三个维度组成的有利—不利连续带。**领导—成员关系**是指其他人对领导者的信任程度和尊重程度以及友好程度。这有点类似于参照权。**任务结构**是工作任务的结构化程度。**职位权力**是因职位产生的权力和影响。一个能够招聘、辞退和处罚员工的管理者具有更大的职位权力。职位权力类似于强制权、奖赏权和法定权。运用这三个维度,可以发展出8种分类组合。图表6—6显示了连续带中的各种组合。

图表6—6　　　菲德勒的情景分类

情景	1	2	3	4	5	6	7	8
领导—成员关系	好	好	好	好	差	差	差	差
任务机构	结构化	结构化	非结构化	非结构化	结构化	结构化	非结构化	非结构化
职位权力	强	弱	强	弱	强	弱	强	弱
	对领导者有利						对领导者不利	

图表6—7显示了每种情景下最具生产力的领导风格。在高度有利和高

度不利的情景下，任务激励型领导者被认为是更有效率的。在高度有利的情景下，群体已经准备好接受指挥并且乐于接受做什么的命令。在高度有利的情景下，群体欢迎领导者制定决策、指挥群体。在中度有利的情景下，关系激励型领导者被认为更有效率。在情景 7（中度糟糕的领导—成员关系、非结构化的任务以及强大的职位权力）中，任务型和关系型领导风格会取得一样的生产效率。

图表 6—7　　　　　　　　领导风格和领导情景

情景	1	2	3	4	5	6	7	8
领导—成员关系	好	好	好	好	差	差	差	差
任务机构	结构化	结构化	非结构化	非结构化	结构化	结构化	非结构化	非结构化
职位权力	强	弱	强	弱	强	弱	强	弱
	对领导者有利						对领导者不利	
最具生产力的领导风格	任务型	任务型	任务型	关系型	关系型	无数据	任务型或关系型	任务型

领导行为的连续带

罗伯特·坦南鲍姆（Robert Tannenbaum）和沃伦·施密特（Warren Schmidt）也主张情景要素的不同组合需要不同的领导风格。他们表示，最有效的领导风格涉及三个重要因素或者说是重要力量：影响管理者、下属和情景的力量。而且，所有这些因素都是相互依赖的。

图表 6—8 详细描述了影响领导情景的各种力量。由于这些力量在强度上的差异和在不同情景中的相互作用，使得一种领导风格不可能在所有的情景中都有效。

事实上，坦南鲍姆和施密特认为存在一个领导者所施展行为的连续带，这个连续带取决于情景的变化（参见图表 6—9）。作者进一步得出这样一个结论，即成功的领导者能敏感地意识到在某个既定时间内与其行为最相关的各种力量。成功的领导者不仅能准确地理解自身，而且也能准确地理解组织中的其他人以及社会环境，并且由于这方面的洞察力使得他们能够正确地行动。

图表 6—8　　　　　　　影响领导情景的力量

影响管理者的力量	影响下属的力量	影响情景的力量
价值系统：管理者对授权行为的个人感受如何，对下属的自信程度有多少。 个人的领导倾向。 专制还是参与。 不确定情景中的安全感。	对独立的需求：一些人需要并希望被指导，而另一些人则不是这样。 承担责任的意愿：不同的人需要不同程度的责任。 对模糊性的容忍度：具体的指令还是一般性的指令。 对重要问题的兴趣和感知：通常，人们对重要问题越是感兴趣就越会努力去解决。 对组织目标的理解程度和明确程度：管理者更可能授权给看起来对组织目标有积极态度的人。 分析决策的期望度：在以下属为中心的领导风格下工作的人们常常憎恶以老板为中心的领导风格。	组织的类型：集权化的还是分权化的。 工作群体的效率：群体一起工作时的效率怎么样。 问题本身：工作群体与问题相关的知识与经验。 时间压力：在危机情况下很难对下属进行授权。 来自上级管理层的要求。 来自政府、工会和社会的一般要求。

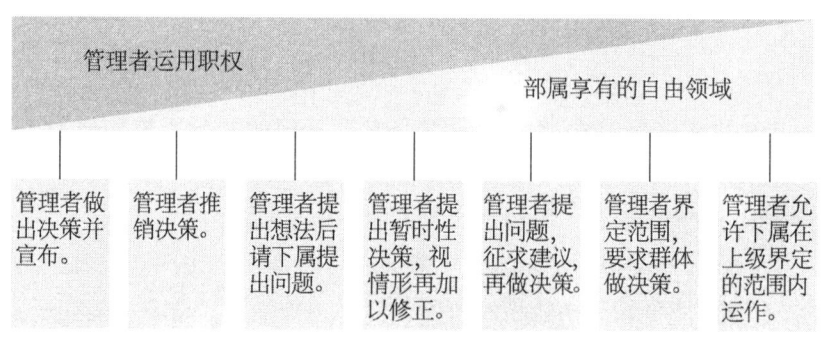

图表 6—9　领导行为的连续带

资料来源：Reprinted by permission of *Harvard Business Review*. Exhibit from "How to Choose a Leadership Pattern," by Robert Tannenbaum and Warren H. Schmidt，June 1973. Copyright © 1973 by the Harvard Business School Publishing Corporation；all rights reserved.

领导的路径—目标理论

领导的路径—目标理论试图界定领导行为与下属的绩效和工作行为这

两者之间的关系。领导者的行为之所以被下属视为可接受的，是因为在某种程度上他们将之视为现在满意度的一个来源或者是迈向未来满意度的一步。当领导行为使下属对满意的需求变成视绩效的成功度而定时，它就对下属的激励产生了影响，并提供了有效的绩效所需的指导、支持和报酬（但是这些并没有在环境中体现出来）。领导的路径—目标理论和激励的期望理论（这将在第十章进行更为详细的讨论）两者是密切联系的，因为领导者的行为既能增加也能减少员工的预期。

依据路径—目标理论，领导者的行为可归纳为四种基本类型：角色澄清（role classification）、支援（supportive）、参与（participative）以及专制（autocratic）。角色澄清型领导者会让下属知道对其期望是什么，给予下属应该做什么及如何做的指示，在下属间安排及协调工作，并且维持明确的绩效标准。支援型领导者是一个友善的、容易亲近的且试图为下属营造更为舒适的工作环境的领导者。参与型领导者在决策过程中会咨询下属并要求下属提供建议。专制型领导者发布命令且不容许部属对命令有所质疑。

在此理论下，各种领导行为会造成不同的绩效水平及下属满意度，这视工作任务的结构化程度而定。当员工从事非结构化任务时，角色澄清型的领导会导致高满意及高绩效。支援型领导者则带给从事高度结构化任务的员工很大的满足感。参与型领导者的行为可以提高从事混沌不明之任务的下属的绩效及满意度。专制型的领导行为无论对结构化或非结构化的任务情景均会产生负面影响。

情景领导理论

保罗·赫西（Paul Hersey）和肯尼思·布兰查德（Kenneth Blanchard）将追随者的成熟度列为领导行为的一项重要因素。根据**情景领导理论**，当追随者的成熟度递增时，结构性（任务）应当随之减少，而情感支持（关系）起初则应该递增，但随之逐渐递减。追随者的成熟度决定于三项因素：追随者的相对独立性、承担责任的能力以及其成就—激励水平。

图表6—10显示了取决于追随者成熟度的领导者所运用的基本领导风格周期图。情景领导理论建议，当追随者由不成熟发展为成熟时，领导者的行为应做如下移动：从（象限1）高任务—低关系到（象限2）高任务—高关系，再到（象限3）低任务—高关系，最后到（象限4）低任务—低关系。

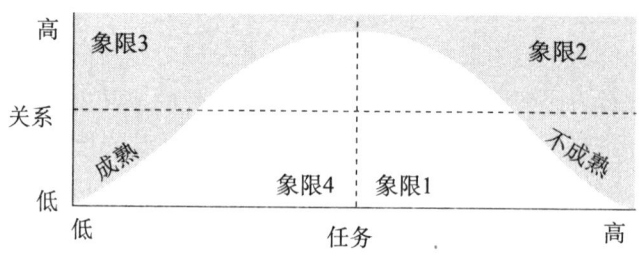

图表 6—10　情景领导理论

交易型、变革型和魅力型领导

对领导进行分析的另一种理论是建立在领导者与追随者彼此的关系如何的基础上的。根据这种理论，领导可以被视为交易型、变革型和魅力型。**交易型领导**与其追随者的关系是一种非情感的讨价还价的交易关系——管理就是简单的"照章办事"。这种情况下的领导者会：

1. 告知员工如果要获得报酬应该做些什么。
2. 只有在员工无法完成绩效目标时才采取矫正措施。

变革型领导则培养员工对群体使命的接受度。这种管理者—员工关系是一种相互鼓励的关系，是部分由于领导者的魅力及其对下属的鼓舞、领导者体恤下属的需求以及双方在心智上彼此激荡的结果。

魅力型领导体现了一种独特的情景，在这个情景中，领导者与追随者的关系是直接基于领导者的个性特征之上的，而且领导者常常缺乏证实其技能或经验的事实。与现代将其解释为公共关系管理中的优雅而技巧十足的领导者不同，传统上对魅力型领导的界定暗示了一组特定的环境。伴随着英雄般壮举的实现（将不良企业扭亏为盈、振兴不断老化的管理机构或者推出新的公司），魅力型领导常常由于以下原因而出现：

1. 对引人注目的未来愿景的强有力的宣传沟通。
2. 对其愿景的强烈信仰。
3. 以无穷的精力来不懈地推进其信仰。
4. 提出创新性的"跳出框框"的观点。
5. 通过表达对其追随者实现高标准的能力的信心以及建立追随者对领导者的信任、信念和信仰来鼓舞追随者的杰出绩效。

学习进度检测问题

5. 界定以下领导风格：专制型、放任型和民主型。
6. 总结俄亥俄州立大学和密歇根大学的研究发现。
7. 解释领导的路径——目标理论。
8. 解释交易型、变革型和魅力型三者领导风格的区别。

领导研究的经验总结

所有这些领导理论如何才能与组织所需要的有效管理联系起来呢？首先，鉴于本章所讨论的情景因素，准确预测成功领导者这样一个挑选过程看来是不可能被开发出来了。管理角色动态变化的性质进一步使情景变得复杂化。即使起初的过程能选出有效的领导者，动态的管理情景也会使这种选择失效。另外，与许多的研究结论相反，现在大多数的领导培训似乎都假定存在一个领导的最佳办法。在现实中，绝大部分领导依然是视情景而定。成功的领导者认识到有效的领导需要许多技巧和技术，是取决于个人的情景而非一个规定好的领导模式。

任何领导风格的有效性都取决于环境或组织自身的氛围。员工是心情愉悦而富有成效的还是存在缺勤和员工流失等问题？员工感到被重视了吗？他们是为组织的未来发展贡献了积极的和创新性的想法还是只是"刷卡上班，刷卡下班"而等着下一笔工资？

领导是一个组织的氛围或文化的关键性决定因素，组织未来的成功或失败在某种程度上依赖于文化是支持还是挑战了组织在竞争性市场中向前迈进的能力。

管理企业文化

文化（culture）一词以一种迂回的方式源于拉丁文"colere"，意思是"培育"。后来，culture用于表示驯化某种特定作物似的提炼和育种过程。现在这个词的意思是对其农业含义的衍生：它与社会的控制、驯化和完善本身相联系。**文化**的当代定义是"共同体成员共享的一系列重要理解（常常是没有明确说明的）"。

组织中的文化可以比作是一个人的个性。人类拥有相当持久和稳定的特征,以帮助其保护他们的态度和行为。组织也是这样。另外,大家都知道某种群体或某种个性类型包括共同的特征要素。组织也可以以类似的形式进行描绘。它们可以是热情的、积极的、友善的、开放的、创新的或者保守的等等。一个组织的文化通过许多方式进行传播,包括长期的不成文规则,共享的关于何为重要的标准,偏见,社会礼仪和风度的标准,已确立的与同级、上司和下属关系的习俗,以及其他使员工清楚什么是适当的行为、什么不是适当的行为的传统。因此,通过确立一个价值系统,经由惯例、仪式、神话、传说和活动,企业文化告诉了人们应该如何行动。简单地说,**企业文化**就意味着"我们在这里做事的方式"。

文化的表达形式

文化有两个基本组成部分:(1)内容,即所包含的价值、规范和信念等意义;(2)形式,这些意义进行表达、肯定和在成员间进行交流的实践活动。

文化如何产生

毫无疑问,不同的组织发展出了不同的文化。是什么使一个组织发展出了特定类型的文化?许多组织将其文化追溯到提供了组织主要价值的某个人的活生生例子。强生公司(Johnson & Johnson)的罗伯特·伍德·约翰逊(Robert Wood Johnson)、宝洁公司(Procter & Gamble)的哈利·普罗克特(Harley Procter)、迪士尼公司(Walt Disney Company)的瓦尔特·迪士尼(Walt Disney)、IBM 的托马斯·沃森(Thomas J. Watson Sr)和耐克(Nike)的菲尔·奈特(Phil Knight)都在其领导的组织中留下了印记。然而研究表明,只有不到一半的新公司的价值反映了创立者或主管的价值。剩下的企业文化看上去是随着对公司运营环境和员工需求的反映而发展起来的。四个不同的要素有助于组织文化的产生:历史、环境、人事和社会化的引入。

历史

员工了解组织的过去,而这种了解建构了文化。许多"办事方式"是过去事情一直这么做的一种延续。现存的文化可能是某个强势领导者起初创立的,后来经过流传而不断得到了巧妙强化。

现状也由于人类强烈坚守自己的信念和价值观、反对变革的天性而得到了保护。据报道，迪士尼公司的主管会毫不犹豫地捡起地上的垃圾，他们这么做是因为迪士尼个人对迪士尼乐园所具有的完美无瑕的愿景。

环境

由于所有的组织都必须与环境发生互动，因而环境在形成企业文化的过程中发挥了一定的作用。20世纪80年代电信行业的放松管制剧烈地改变了其环境。在放松管制之前，环境是相对容易规避风险和非竞争性的，增加的成本自动会转嫁到消费者身上。由于放松管制，环境在一夜之间变得高度竞争，而且更为动态。因为不再有规制下的环境所提供的保护伞，电信公司的文化被迫发生变革。

人事

组织倾向于雇用、保留和晋升那些在重要的方面与其现有员工类似的人。一个人与之适合的能力在这些过程中会很重要。这种"适合"的标准确保了现有的价值观被接受，并排除了潜在的关于"我们怎么做"的挑战。调整必须小心地加以管理。举例来说，当1991年比尔·乔治（Bill George）接管了美敦力公司（Medronic）——心脏起搏器的一家主要生产商——之后，他很快发现要在快速发展的高科技医疗保健行业中生存下去就需要一场变革，但不必牺牲历史上在公司中发挥作用的东西。他选择与另一家公司进行合并。合并带来了"新鲜血液"——这在性质上是一场不受约束的试验性的尝试——并与现有的高度纪律性的、有条不紊的文化相配合。虽然这是很艰难的工作，但是对员工的赋权和对文化的合并帮助这家公司缩短了一半的发展时间，并使其在行业中保持了竞争力。

社会化的引入

虽然组织的价值、规范和信仰也许很广泛地被人们一致地持有，但是它们很少被书面记录下来。那些最不熟悉企业文化的新员工最有可能对其发起挑战。因而，帮助新员工接纳组织的文化是很重要的。拥有强大企业文化的公司高度重视新员工的引进和培训过程，这个过程被称做**社会化的引入**。引入社会化不仅可以减少来自新员工的对组织的威胁，而且可以使得新员工知道组织对他们的期望是什么。这个过程会在个人或群体的基础上以一种正式或非正式的方式进行。

强势企业文化和弱势企业文化

强势的企业文化经过了明确的界定,能不断强化关于何为重要的共同理解,并且拥有管理者与员工的支持。通过构建关于员工应该如何行动的理解,这种文化对一个组织的成功做出了重大的贡献。图表6—11明确了强势企业文化的特征。

图表6—11　　　　　　　　强势企业文化的特征

- 关于如何在其业务中获取成功,组织成员分享清晰的价值和信条。
- 关于什么是如何获取成功的最重要的信条,组织成员具有一致意见。
- 组织的不同部门拥有关于如何获取成功的类似信条。
- 组织日常生活的仪式是经过良好组织的,并且与公司目标相一致。

资料来源:Terrence E. Deal and Allan A. Kennedy, *Corporate Cultures: The Rites and Rituals of Corporate Life* (Reading, MA: Addison-Wesley, 1982).

弱势的企业文化具有相反的特征。在一个弱势企业文化中,个人的行为方式与公司的处事方式常常不一致。图表6—12总结了弱势企业文化的一些特征。

图表6—12　　　　　　　　弱势企业文化的特征

- 关于如何在其业务中获取成功,组织成员没有清晰的价值或信条。
- 组织成员拥有许多关于如何获取成功的信条,但是对其中何者最为重要这一点无法达成共识。
- 组织不同的部门对如何获取成功拥有根本不同的信条。
- 那些具体体现文化的人是分裂而具有破坏性的,并且不是建立在关于何为重要的共同理解之上的。
- 组织日常生活的仪式没有加以组织或者处于相互冲突之中。

资料来源:Terrence E. Deal and Allan A. Kennedy, *Corporate Cultures: The Rites and Rituals of Corporate Life* (Reading, MA: Addison-Wesley, 1982).

学习进度检测问题

9. 定义术语"文化"。
10. 组织的文化是从何产生的?
11. 解释有助于组织文化产生的四个不同因素。
12. 总结弱势企业文化的特征。

识别文化

研究者已经确认了七个能揭示组织文化本质的特征：

1. 个人自主性。组织中个人所拥有的责任、独立性和主动运用机会的程度。

2. 结构。规定和规章的数量，以及用于监督和控制员工行为的一般性监管的数量。

3. 支持。管理者向其下属提供支援的数量和热情程度。

4. 认同。组织成员在何种程度上将组织视为一个整体而非其特定工作群或其专业技术领域。

5. 绩效奖赏。奖赏分配（提薪和晋升）在何种程度上是基于绩效标准的。

6. 对冲突的容忍度。在同级与工作群体中体现出来的冲突程度，以及对这些冲突和差异的诚实和开放意愿。

7. 对风险的容忍度。员工在何种程度上被鼓励去积极进取、勇于创新和寻求风险。

这些特征中的每一项都应被视为处于一个从高到低的连续带中。通过对组织中这些特征的每一项的评估，我们就可以形成一幅组织文化的整体景象。

就像存在着许多组织一样，现实中也存在着许多不同的文化。绝大多数的组织文化可以归入四种基本的类型，具体是哪一种则取决于两个因素：（1）与组织行动相联系的风险程度；（2）组织及其员工获得表明决策成功的反馈信息的速度。图表6—13以矩阵模型的形式显示了四种一般的文化类型。

图表6—13　　　　　　　　组织文化的一般类型

		风险程度	
		高	低
反馈的速度	迅速	强硬的男性气质型文化	努力工作/尽情享乐型文化
	缓慢	赌博型文化	过程型文化

强硬的男性气质型文化

强硬的男性气质型文化以员工习惯承担高风险并迅速获得决策正确与否的反馈为特征。团队合作并不重要，而且每个同事都是潜在的竞争对手。在这种文化中，合作的价值是被忽视的，没有机会从错误中进行学习。在这种文化中干得最好的人是这样一种人：由于要求立即的反馈，他们需要一点赌博精神来容忍要么是全面风险要么是无风险的后果。为主要客户群制定大型广告计划的公司具有强硬的男性气质型文化的特征，因为这些广告计划通常预算很高，而且其结果是要么被迅速接受要么是迅速失败。

努力工作/尽情享乐型文化

努力工作/尽情享乐型文化鼓励员工少冒风险并且希望有快速的反馈。在这种文化中，行动是成功的关键。持久的毅力和发现需求加以满足的能力会带来奖赏。由于需求较大，那些友善而外向的团队成员会取得成功。诸如房地产之类的公司常常具有努力工作/尽情享乐型文化。

赌博型文化

赌博型文化需要做出涉及重大利益的决策，且要经过相当长的时间才能知晓结果。在这种环境中总会显示出制定正确决策的压力。涉及耐用品制造的公司常常具有赌博型文化的特征。

过程型文化

过程型文化是低风险与低反馈并存的，员工必须聚焦于如何办事而非其结果。这种氛围中的员工会变得小心谨慎且具有保护性。成功者是条理清晰、守时而关注细节的。规制行业或受保护的行业中的公司常常是在这种类型的文化中运营的。

组织的次文化

除了整体文化之外，组织还常常拥有多种次文化。这是很常见的事，因为组织各部分彼此之间的价值观、信念和实践都各不相同。举例来说，一家公司新收购的部门经常会有文化的差异，需要随着时间的推移而加以克服。全球性公司也常常面临多种文化。诸如语言、社会规范、价值观、态度、风俗习惯和宗教等因素在全球范围内自然不同。

组织内不同次文化的存在并不会阻止形成共通的兼容领域。例如，一家强调质量的公司能在其遍布世界的网点中融入当地文化。然而，成功的公司已经学会了在想要收购、兼并或设立新的地方网点时先思考一下文化的兼容性。极端的文化差异会使成功的收购或扩张变得十分困难。

案例讨论 6.2

我们做事的方式

菲茨杰拉德公司（Fitzgerald Company）制造各种消费品并通过零售

百货商店来销售其产品。30多年来，这家公司坚信顾客关系和强有力的销售导向是商业成功的关键。结果，所有的高层主管都拥有销售背景，而且在公司外的顾客身上花费了许多时间。由于强烈关注顾客，菲茨杰拉德公司的管理层都强调新产品的开发项目和在数量上的增长。公司很少实施削减成本的项目或者流程改进的项目。

在1975年到1985年的10年间，菲茨杰拉德10%的市场占有率是这个行业中最大的，利润率也相应地比行业平均水平要高。然而，在最近的10年中，菲茨杰拉德许多产品的市场已经饱和，而菲茨杰拉德的市场占有率也从行业第一跌为第三。自1991年以来，虽然菲茨杰拉德提供了比其竞争对手规模更大的生产线，利润率还是在平稳地下降。顾客抱怨菲茨杰拉德的价格比其他公司的要高。

1996年6月，菲茨杰拉德公司的总裁杰夫·斯蒂尔（Jeff Steele）雇用了管理咨询公司（Management Consultants, Inc.）的瓦莱丽·斯蒂文（Valerie Stevens）来帮助他改善公司的财务业绩。对菲茨杰拉德公司和其行业群体进行了广泛研究之后，瓦莱丽面见了杰夫，并说："杰夫，我认为菲茨杰拉德公司也许不得不实质性地变革其文化。"

问题

1. 从总体上描述一下菲茨杰拉德公司的企业文化。
2. 基于"顾客关系和强有力的销售导向是商业成功的关键"这个信念的商业理念有什么问题？
3. 当瓦莱丽说菲茨杰拉德公司必须要变革其文化时，其意思是什么？一些必要的变革是指什么？
4. 讨论一下当试图实施这些变革时公司可能面临的问题。

学习进度检测问题

13. 哪七个特征抓住了组织文化的本质？
14. 解释组织文化的四种一般类型。
15. 四种基本文化类型中的哪一种能最准确地描述你现在工作的（或曾经工作过的）那个组织？举出例证来支持你的观点。
16. 界定"组织次文化"这个术语。

文化的变革

那些成功变革了组织文化的业务主管们估算变革的过程通常要花费6～15年时间。由于变革组织文化很困难且很费时间,因而此类尝试都应该经过深思熟虑。

组织文化的专家阿兰·肯尼迪(Allan Kennedy)相信,只要有五个理由就可以证明大规模的文化变革是正当的:

1. 组织拥有不适应变化的环境的强势价值观。
2. 行业竞争很激烈,且正以闪电般的速度前进。
3. 组织只是二流水平,甚至更差。
4. 组织即将加入大型公司的行列。
5. 组织很小但是发展迅速。

一些组织只有被其环境或经济形势的变化所迫,才会试着去变革其文化,其他的组织则会预测必要的变革。在大多数情况下,大规模的文化再定位也许是合理的,它通常会强化和微调现有的局势。被系统、结构和政策不断强化的公司使命宣言是强化文化的一个有用的工具。

由于变革文化所涉及的成本、时间和困难,许多人认为改变人或者直接换人要容易一点。这种观点假设绝大多数组织会提升那些适应组织现有的主导规范的人。因此,换人虽然不是变革组织文化的唯一方式,却是最简单的方式。

小　　结

在本章中,我们已经看到了领导与管理并不必然是相同的,但却不是不兼容。有效的领导创造了一个未来的愿景并建立了组织的文化,以此来鼓励组织中所有的利益相关者共同努力实现那个愿景。在实践中,这说起来容易做起来难,因为每个利益相关者都是带着自己独特的视角进入组织的。因而,挑战便在于创造一种文化,在包容不同个人视角的同时又能传递一致的信息以推动组织前进。正如我们将在下一章所看到的那样,应对这个挑战的一个关键因素是对组织中工作活动的有效组织。

第六章 领导和文化

 工作世界：塔克·巴恩公司收到了一些令人吃惊的反馈信息

托尼发现他远比其过去认为的更喜欢这个领导培训项目。与其他的单位经理和地区经理一起工作使他能更好地从一个整体来感受塔克·巴恩餐厅——这里有许多具有创造性且富有才华的经理，但是其单位业绩明显不同。一些单位经营得很好，而且为塔克·巴恩连锁餐厅创造了很大的利润；但是还有些则是"问题儿童"，其员工流动率很高，财务绩效很差，遗憾的是顾客服务也很差。

单位业绩的不同由员工调查反馈直接反映了出来。顺利运营的单位的员工看上去工作很开心，而且对单位向何处发展有着强烈的信心。他们觉得单位有一个强势的顾客导向的文化，而且作为整个组织团队的一部分，他们受到了重视。然而，那些在苦苦挣扎的单位的员工则有了一个机会来表达他们在领导上的挫折感，以及与塔克·巴恩连锁餐厅这个大家庭在文化上的隔离感。

虽然回复信息是匿名的，但是那些可以被识别出是来自他的单位的员工的评论是很积极的，托尼（作为其中的一员）感觉很庆幸。他也为项目中那些员工反应消极的成员感到遗憾。

调查数据刚收集和分析完，道恩就召集了一次会议，来讨论这些数据对这个地区和整个塔克·巴恩组织意味着些什么。

"好了，伙计们。我想你们都同意我们在这里干点活。我们有些很高兴的员工，也有些不高兴的。老实说，我们真没预料到整个结果会是这样。看来我们还没有一致的领导风格，而且我们当然也没有让员工认同的清晰的文化。"

"你们知道，接下来几年我们预期会进行重大的扩张，而只有从一个坚实的基础出发，我们才能实现这一点。那么，我们何去何从呢？塔克·巴恩公司的正确的领导风格是怎样的？塔克·巴恩这个大家庭又该有什么样的文化？"

问题
1. 领导团队应该对这样的调查结果表示惊讶吗？为什么应该？为什么不应该？
2. 他们应该追求一种"正确"的领导风格吗？为什么应该？为什么不应该？

3. 如果塔克·巴恩公司没有一个清晰的文化感受（就像调查结果看上去暗示的那样），那应该从哪里开始又怎样开始培养文化？

4. 塔克·巴恩公司的领导现在应该做什么？

1. 讨论以下说法：领导者是天生的，不能后天培养。

2. 解释一下当人们说"领导者通过以身作则来进行领导"这种话时他们是什么意思。你相信吗？解释你的回答。

3. 企业文化是如何产生和维持的？

4. 列出证明大规模的文化变革是正当合理的五个理由。

权力　影响、命令和使用强力的能力，要求别人去做自己想要别人做的事情，以及避免受迫于他人要求去做自己不想做的事情的潜在力量。

职权　权力的合法行使，发布指令和使用资源的权利，与权力相关但范围更小。

领导　一种影响人们自愿服从领导或遵守决定的能力。

领导者　拥有一批追随者并且能在目标的设立和达成方面对其产生影响的人。

自我应验的预言　领导的期望与由此产生的下属的绩效这两者之间的关系。

特质理论　强调领导者是什么样的人而非领导者干了什么。

专制型领导　为群体制定绝大部分的决策。

放任型领导　允许群体成员制定所有的决策。

民主型领导　指导和鼓励群体成员制定决策。

领导行为描述调查问卷（LBDQ）　设计用来判断领导者成功地做了什么的调查问卷，而不管其领导群体的类型。

关怀　领导者体现出来的关心群体成员个体以及满足群体成员需要的行为。

定规　构建群体成员工作结构和指导成员实现组织目标的领导行为。

管理方格　基于关心人和关心生产这两个维度建立起来的评价领导方

第六章 领导和文化

式的方格图。

领导权变理论 聚焦于特定情景下最有效的领导风格。

领导—成员关系 对领导者的信任程度和尊重程度以及友好程度。

任务结构 工作任务的结构化程度。

职位权力 因职位产生的权力和影响。

领导的路径—目标理论 试图界定领导行为与下属的绩效和工作行为这两者之间的关系。

情景领导理论 当追随者的成熟度递增时,结构性(任务)应当随之减少,而情感支持(关系)起初则应该递增,但随之逐渐递减。

交易型领导 领导者通过交易关系领导下属。

变革型领导 培养员工对群体使命的接受度。

魅力型领导 成功运用其个性或可感知的魅力而非以正式权力或经验为支持来影响员工行为的领导者。

文化 共同体成员共享的一系列重要理解(常常是没有明确说明的)。

企业文化 指企业在生产实践过程中,为组织成员所共同遵守的,通过例行仪式、神话、传说和行为而逐渐建立起来的一套价值观体系。

社会化的引入 介绍和教化新员工融入组织的过程。

强硬的男性气质型文化 以员工习惯承担高风险并迅速获得决策正确与否的反馈为特征。

努力工作/尽情享乐型文化 鼓励员工少冒风险并且希望有快速的反馈。

赌博型文化 需要做出涉及重大利益的决策,且要经过相当长的时间才能知晓结果。

过程型文化 低风险与低反馈并存,员工必须聚焦于如何办事而非其结果。

网上练习

访问创造性领导中心(CCL)的网站:www.ccl.org/leadership。

1. 什么是创造性领导的哲学理念?
2. CCL 的使命和愿景是什么?
3. 写下 CCL 所做的领导研究的一个例子。
4. 选择并总结一个 CCL 的关于制定解决方案的案例研究。

把一个班分成三人到四人的小组。每组都要选择一个组织,这个组织如果要在未来壮大繁荣,就要变革其文化。向你的同伴进行一次 PPT 演讲,简要论述以下内容:

1. 简单假设你所选的组织的文化。
2. 总结那种文化需要怎样的变革。
3. 解释为何你认为这种变革必须进行。
4. 对这种变革如何实施提出清晰的建议。

讨论练习 6.1

贝塔斯曼亲近网络的新 CEO

这家德国媒体综合企业将任命一个适合公司发展的新 CEO——那样它的网络才有希望扩大。

哈特穆特·奥斯特劳斯(Hartmut Ostrowski)在被 2007 年 1 月 19 日官方任命为首席执行官以前已经声名显赫了。德国和外媒的无数报道都锁定了奥斯特劳斯。他 48 岁,是典型的贝塔斯曼(Bertelsmann)人,在一个注重谦逊和忠诚的公司里保持低调,并得到以利兹·摩恩(Liz Mohn)为首的家族股东青睐。

在描述奥斯特劳斯时不可忽略的因素是他在担任贝塔斯曼盈利而又不起眼的欧维特(Arvato)平面媒体服务部主管时的经历。在担任这个职位的时候,奥斯特劳斯"以谨慎和内向著称",一位前欧维特的职员说:"这在贝塔斯曼是被珍视的品质。"但奥斯特劳斯,这个水管工的儿子,在威斯特法伦的贝塔斯曼的总部过了大半生,却以一种比评论所述的更富进取心的姿态出任了首席执行官。

把公司置于时代的前沿

的确,他不是托马斯·米道霍夫(Thomas Middlehoff)类型的闪亮的商界明星,后者 2002 年从贝塔斯曼的 CEO 位子上下台。米道霍夫、奥斯特劳斯把贝塔斯曼引领到互联网这一媒体发展的可能上,贝塔斯曼已经在

第六章 领导和文化

互联网上有令人瞩目的表现,但有批评说它可以更进一步。根据尼尔森的调查,RTL集团——贝塔斯曼的电视分部——德国最大的和广播相关的网站。(RTL的编制包括拍摄Pop Idol秀的公司。)相对于对手新闻集团(News Corp.)而言,贝塔斯曼在互联网的地位略显卑微,前者在2005年购买了社交网络聚友网(MySpace)。

与此同时,就像其他的媒体公司一样,贝塔斯曼的传统业务如兰登书屋(Random House)的书刊、古纳雅尔(Gruner + Jahr)的杂志和BMG唱片(现在是索尼BMG音乐娱乐的一部分)已遭受互联网发展的破坏性打击,后者抢走了很多的观众和广告者。

关于预算

预计将在2008年1月1日接替冈特·蒂伦(Gunter Thielen)成为贝塔斯曼的CEO的奥斯特劳斯,会在互联网世界中强劲出击。一个非正式的报道说,奥斯特劳斯并不打算采取收购MySpace那样的大手笔,而更倾向于取得小规模、现金流稳定的公司。

其实,就算奥斯特劳斯想一下子进行大宗收购,贝塔斯曼也缺少相应的资源。贝塔斯曼忙于偿还116亿美元的债务,该债务源自外部投资者布鲁塞尔·兰伯特集团(Groupe Bruxelles Lambert)25%股权的回购。相反,奥斯特劳斯看重理性的价格上的回报,比如宽带网络的运营或者移动电视。

在经营欧维特期间,奥斯特劳斯在数码世界中也不是个外人。例如,欧维特为英国的百代唱片公司提供网络平台,使其能在互联网上出售节目。通过和华纳兄弟家庭娱乐集团共同投资,欧维特开发了一个名叫In2Movies的视频和电影下载服务。

稳定的客户

虽然公司的其他部门在唱片和杂志的危机中挣扎,但事实上,欧维特的努力还是使得贝塔斯曼保持了增长的态势。连续性的工作开始于蒂伦,他在担任贝塔斯曼的CEO之前管理欧维特,奥斯特劳斯把曾经的印刷公司改造成外包的强队,其业务包括电子商务。

欧维特运营着麦当劳和诺基亚的消费者服务中心。同时,它还处理了微软的Xbox游戏机在欧洲的运送业务,并且分担了一些数码的业务,比如沃达丰集团(Vodafone Group)和T-mobile国际的手机铃声。奥斯特劳斯以踏实而非壮观的业绩继承了公司。在2006年的前9个月中,贝塔斯曼的盈利提高了8.3%,达到了13亿美元,销售达到了176亿美元。然而,纯收益滑落了36%，只有4.71亿美元，主要是因为上升的税率和利息支出。为了实现更大的增长，一向谨慎的奥斯特劳斯表现得像硅谷的企业家而不像一个传统意义上的贝塔斯曼人。

问题

1. 你会怎样描述贝塔斯曼的企业文化？举出例子来支持你的论述。
2. 贝塔斯曼采取了什么样的变革来对付像 News Corp. 这样的对手？
3. 奥斯特劳斯是贝塔斯曼 CEO 的合适人选吗？说出你的理由。

资料来源：Adapted from Jack Ewing, "Bertelsmann's New Web-Friendly CEO," *BusinessWeek.com* Europe, January 19, 2007.

讨论练习6.2

西门子的文化冲突

CEO 克莱菲尔德正在进行变革，并瞄准包括队伍内的敌人。

如果事情真的显示出了一点不同，那么西门子（Siemens）的首席执行官克劳斯·克莱菲尔德（Klaus Kleinfeld）也许已经走在了成为大明星的道路上，就像他这个角色的典范杰克·韦尔奇（Jack Welch）那样。在克莱菲尔德接管这个慕尼黑的电子和工程巨头之后才两年，西门子就自2000年以来首次有望实现其雄心勃勃的内部盈利目标了。事实上，它在销售和利润两个方面都比韦尔奇主导的通用电气公司扩张得更快。更重要的是，这家公司在诸如印度等快速成长的市场上有比通用电气更大的份额。但是与想要出本管理智慧书的出版商挤破他家大门的情况相反，克莱菲尔德的门外正有一群愤怒的员工在示威。他并没有因为其2006年销售增长16%且利润上涨35%而得到掌声，反而面临着贿赂丑闻的问题，虽然他本人没有牵连其中，但这还是会使其权威受损。

改革西门子从来也不是一件轻松的事。这家公司在190个国家设有分部，去年的销售额为1 140亿美元，它长期由于其工程专长而受到尊敬，但也因其迟缓而受到批评。而且德国具有和谐劳工和强势工人委员会的长远传统，这会高度抵制克莱菲尔德想要实施的那种变革。那也是西门子在总利润上严重落后的一个原因，与通用电气12.6%的利润相比，其利润只

第六章 领导和文化

有3.5%。克莱菲尔德承认一些人怀疑西门子能否改变其方式，但是他指出："开始取得增长势头花费的时间比我们原本计划的要少。"克莱菲尔德仅仅在两年内就克服了重重困难，推动了一场伟大的重组。他引用了韦尔奇的管理戒律，并参考了通用电气的方式来重组作为诸如机场、电站等基础设施和医疗设备的主要供应商的西门子。他已经迫使西门子的475 000名员工更快地进行决策，并且像关注技术一样关注顾客。他分离了绩效不佳的电信设备业务，并且简化了公司的结构。当一群管理者没法兑现承诺时，他就解散了这个部门。

尊敬和怨恨

虽然重组主导了他的任期，但是克莱菲尔德不仅仅是一个成本削减者。这位49岁的管理者相信西门子能够进行准确的定位以从全球的人口和财富变化中获利，他去年花费了86亿美元在诸如医疗和风力发电等领域进行收购。他说，随着发展中国家的人们变得更为富裕，西门子将会提供CT和MRI扫描仪来诊断他们的疾病。西门子将为他们的火车和地铁建立换乘系统和引擎。此外，它还将向他们出售净水设备、发电厂和在矿山与工厂运作的机器。克莱菲尔德说："这家公司正在解决这个星球上最大的问题。"投资者喜欢克莱菲尔德的远见。西门子的股票在他接管以来的两年内涨了25%，而通用电气才涨了6%。但是他的策略也使他成为了德国人对全球化和美国式无情的管理方法的怨恨对象。当他试着开放些，邀请工人在他博客上留言时，他们真的这么做了——不过是用铁锹写下的文字。"我过去在西门子这个大家庭感觉很好，"一个员工写道，"但是现在没留下多少那种感觉了。"

中心地带的愉悦

克莱菲尔德淡化了他在美国的三年的影响，一个普通的德国人会把这看做是其简历上的一个污点。然而，毫无疑问，他认为这些日子是最好的时光。"我喜欢在那里的日子。"克莱菲尔德说，他在2002年到2003年期间曾是西门子美国业务的CEO。"无论我到哪儿，我都会交到朋友。"到现在，克莱菲尔德的风格已绝对地比其前任海因里希·冯·皮埃尔（Heinrich von Pierer）更少德国化了。冯·皮埃尔会和大学校长打网球，而克莱菲尔德则会跑纽约马拉松。冯·皮埃尔曾担任过半打德国公司的董事，而克莱菲尔德则在花旗集团、美国铝业公司和纽约大都会剧院担任这样的职务。冯·皮埃尔英语说得很好，但是更喜欢德语，而克莱菲尔德则完全说着一口流利的英语。

克莱菲尔德的一个问题是很少有内部的西门子人员能配上他的能量。老的保守派常常抱怨克莱菲尔德过于急躁而且要求太多。在2005年1月接管之后不久，克莱菲尔德就表示西门子最终将会实现在2000年由每个单位所确定的雄心勃勃的利润率目标。这些目标包括从汽车部门的6%到效率最好的医疗设备部门的13%。克莱菲尔德用自己的工作打赌，到2007年4月公司会实现这些目标——分析人员说现在这看来很有可能。他这个行为所包含的信息是：每个人，包括老板，都负有责任。"我们承诺了某事，那么我们就要兑现它，"克莱菲尔德说，"这就是我们要形成的文化。"遍及如此庞大的一家公司的文化变革中的沟通问题是一个巨大的挑战。公司11个主要业务单位几乎都是作为分离的实体在运行，具有自己的董事会和不同的企业文化，从而使得上面发布的指令很难传递到下面的群体中。一位主管说，到目前为止，克莱菲尔德最大的影响就是增加了在全公司说英语的压力——这几乎是个翻天覆地的变化。虽然西门子善于技术上的突破，但是由于差劲的营销和缺乏对使用产品的消费者的关注，使得他们常常遭遇失败。

你会怎样说服西门子那些骄傲的工程师去更关注消费者呢？克莱菲尔德宣布在其办公室生涯的前100天，他将拜访100个西门子最大的客户。他最终和他们面谈超过了300次。当觉得有必要时，克莱菲尔德并不羞于使用管理猛药。对于这家有159年历史的公司来说，这是新鲜事。到2005年底，制造供美国邮政服务使用的产品的物流和装配系统只能提供2%的利润率这个事实已经变得很清楚了。在克莱菲尔德看来，最不可原谅的是这个单位的经理坐等了太久，以至于不得不提醒他这个问题。因此克莱菲尔德把这个部门最有利可图的部分——诸如航空行李处理系统——转移到了西门子的其他部门，其他部分就出售掉了。一周之内，这个年度销售额为19亿美元的西门子部门就消失了。

问题

1. 你会怎样描述在克莱菲尔德被任命为CEO之前的西门子文化？
2. 在克莱菲尔德的领导下，文化发生了怎样的变化？举例来支持你的回答。
3. 你认为克莱菲尔德所采取的"美国式的管理方法"对西门子而言是正确的选择吗？为什么是？为什么不是？

资料来源：Adapted from Jack Ewing, "Global Business," *BusinessWeek Online*, January 29, 2007.

The Third Part
第三部分　组织和控制

第七章　组织工作
第八章　组织结构
第九章　人员配置
第十章　人员激励
第十一章　管理控制
第十二章　运营控制

第七章
组织工作

Chapter Seven

"我们常常倾向于通过重组来适应任何新的情况,这种方法可能会创造一种进步的幻觉,而实际上则产生了混乱、低效和士气低下。"

—— 佩特罗尼乌斯·阿比德(Petronius Arbiter)

■ 学习目标

学完本章之后,你将能:

1. 解释组织工作背后的重要性和合理性。
2. 界定劳动分工。
3. 区分权力、职权(权威)和责任。
4. 解释集权与分权。
5. 定义授权。
6. 明确管理者不愿授权的一些原因。

工作世界：托尼试着进行授权

这段时间托尼一直在忙领导培育项目的员工调查，这使他的日程安排表排得太满，结果其在餐厅的职责被拖后了。他不想向道恩承认他无法胜任这个额外的工作，但是他很聪明，意识到他需要一些帮助，于是他就向他的那些同是单位经理的伙伴们寻求建议。

得到的建议包括从撤出调查项目到先简单地把工作堆在一边（这可不是个好选择），完成调查后再做工作。托尼知道，那个调查项目的结束不过意味着领导培训项目的开始，而这个项目是他热切希望参与的，因此把工作推迟到后来的日子是没什么指望的。最后，他向一个老单位经理弗雷德·汤普森（Fred Thompson）寻求建议，他建议其"下放一些工作给你的员工"。

"人力资源管这叫'授权'，"弗雷德接着说，"但是别把会搞得一团糟的事给他们，否则把这事理顺就会是你的工作了。别试着管一切事，给他们一些更简单的任务去做：订购、菜单管理和时间表管理。暂时打断他们的日常工作，他们会很感激的，如果他们做得好，你就会发现一些未来的轮班主管。"

托尼喜欢弗雷德的建议，他自己也承认通过总是比与之一起工作的人干得更好——他更努力、更长久地工作，总是乐于从杰里那里接更多的活以在管理餐厅方面学习更多的东西——他的工作已经做得很出色了。他能指望谁干得和他一样好呢？

最后，随着道恩不断地叫他做越来越多的员工调查工作，托尼做出了决定。一天，他的一个服务员凯蒂提醒他，餐厅的材料——餐巾、调料和菜单卡片夹——已经所剩无几。托尼正分心于一个紧迫的截止日期——这是个要交给道恩的东西，因此就反问凯蒂：

"凯蒂你看，我真的很忙——你为什么不列个所需物品的清单，然后交给我们的供应商呢？凯文会给你相关数量的，只要别太费钱就好。"

问题
1. 如果会影响在塔克·巴恩的工作，托尼为什么不愿撤出调查项目？
2. 弗雷德对"授权"的解释有何问题？

3. 托尼给了凯蒂清晰的指导了吗？为什么给了？为什么没给？
4. 托尼应该怎样做？

组织工作

如今绝大多数的工作是通过组织来完成的。一个**组织**就是在某种类型的集中或协调努力下，一群人一起工作以实现目标。因此，一个组织提供了实施战略和实现目标的工具，而这是个人单独分开工作所不能实现的。组织的过程就是对实现共同目标所必需的活动的集合分组，并给每个组指派一个管理者，这个管理者拥有监督人员完成活动所需要的职权。因此，组织工作基本上就是通过适当授权所实现的劳动分工过程。合适的组织活动能更为有效地利用资源。

明确正式组织界限的框架——组织在此范围内运行——就是组织结构。第二个同样重要的组织因素是非正式组织。**非正式组织**指的是个人间相互联系和互动的集合，其与正式组织内的工作群体相联系。非正式组织也有结构，但并不是正式的也不是有意识设计的。

组织的原因

进行组织活动的一个主要原因是要确立权威链条。清晰的权威链条会构建组织内部的秩序，而权威的缺失几乎常常会导致混乱的状况，每个人都被其他所有人命令行事。

其次，组织活动通过协同作用提高了工作的效率和质量。当个人或群体一起工作产生了比各部分总和更大的整体时，协同作用就发生了。比如说，当三个人一起工作时，协同作用使其产生了比三个人分开工作更多的成果。协同作用可能是源于劳动的分工或不断加强的协作，而这两者都是良好组织的结果。两个看起来很类似的组织会由于其组织结构产生的协同作用而导致不同的绩效水平。非常成功的组织一般会由于其组织的方式而获得很高的协同作用。

进行组织活动的最后一个原因是改善沟通。良好的组织结构可以清晰地界定组织成员间的沟通渠道。这样一个系统也可以确保更为有效的沟通。

从历史上看，对组织活动的需求导致了组织的发展。组织使得人们可以联合起来去：(1) 增进专业化和劳动分工；(2) 使用大型技术；(3) 管理外部的环境；(4) 节约交易成本；(5) 行使权力和控制。当组织被加以有效设计和协调时，这些特点会帮助组织以高度的服务性和生产率为其顾客提供服务。

劳动分工

组织过程基本上是劳动分工的过程。几个世纪以来，劳动分工的益处已经广为人知。劳动既可以做纵向分工，也可以做横向分工。劳动的纵向分工基于权威链条的确立，并且确定了构成纵向组织结构的层级。除了确立职权，纵向劳动分工还方便了组织内的沟通。要解释各公司间的纵向劳动分工为何不同，可以考虑一下20世纪80年代早期的汽车工业。那时，丰田公司在主席和一线主管之间只有5个层级，而福特则超过了15个。

横向劳动分工则是基于工作的专业化。横向劳动分工的基本假设是通过使每个工人的工作任务专业化，经由增进效率和质量，可以完成更多的工作。具体而言，横向劳动分工能导致以下优点：

1. 每个人所需的技能更少了。
2. 用于甄选或培训目的所需的技能更容易提供。
3. 熟能生巧。
4. 由于主要是使用每个工人的最佳技能，从而促进了对效能的有效利用。
5. 同时开工成为可能。
6. 由于每个零件通常是由同一个人完成的，所以最终产品的相似度增加了。

横向劳动分工的主要问题是它很容易导致厌倦，甚至是员工的屈辱感。横向劳动分工的一个极端例子是汽车装配生产线。在汽车装配生产线上工作的绝大多数工人一遍又一遍地做着非常简单的少量工作，通常不用多长时间这些员工就变得对工作很厌倦。一旦员工变得厌烦，他们的生产率常常就会下降，而其缺勤率和迟到率则会增加，结果是工作质量的下降。解决由横向劳动分工所引起问题的办法包括对工作范围的重新审定、实施岗位轮换以及平衡工作简单度和工作深度。

工作范围指所完成的不同种类工作的数目。在完成范围狭小的工作时，员工只做很少的业务工作，频繁地重复周期循环。缺乏变化幅度的工作的消极影响因完成工作的人的不同而有所变化，但是都包括导致更多的错误和更低的质量。岗位轮换——其中的工人按计划顺序转换活动——常常能根除厌倦和单调，鼓励多重技能和交叉培训。

工作深度涉及员工是否有权计划和组织自己的工作，是否能按自己的节奏工作，是否能按自己的意愿走动和交流。缺乏工作深度会导致对工作的不满意和规避，而这反过来会导致缺席、迟到甚至是故意破坏。

劳动分工并不是在所有的情况下都是更有效或可取的。成功地使用劳动分工须具备两个必要条件：第一个必要条件是相对大的工作量。必须要有足够的工作量来保证专业化，并使每个工人保持忙碌。第二个必要条件是在工作量、员工出勤率、原材料质量、生产设计和生产技术等方面的稳定性。

---学习进度检测问题---

1. 什么是非正式组织？
2. 解释"协同作用"这个术语。
3. 横向劳动分工的好处与坏处是什么？
4. 解释"工作范围"和"工作深度"。

权力、职权和责任

权力是影响、命令和使用强力的能力。权力通常来源于对资源的控制。**职权**是一种源自职位权利的权力，反映了对权力的合法行使。因此，职权是管理者权力的一个来源。职权链条联系着各种组织要素。不清晰的职权链条会产生组织内重大的混乱与冲突。

责任就是对实现目标、利用资源和坚持组织政策所负有的义务。一旦接受了责任，那么完成指定的工作就成了一项义务。这里使用的"责任"一词不能与界定工作责任内容中的"责任"相混淆。

职权的来源

就像刚才提到的那样，职权可以被视为职位的一个功能，沿着正式组织从上到下地流动。根据这个观点可以得出：人们具有职权是因为他们占有某个职位；一旦离开了职位，他们就失去了其职权。进一步考虑这个理论，我们可以说美国人民通过宪法和法律体现了这个国家职权的最终来源。宪法和法律保障企业的自由经营权。自由企业的所有者有权挑选董事会和高层管理，高层管理挑选中层管理，这个过程一直延续到组织的最低层。这种传统的职权观点也叫做职权的正式理论。

第二种职权理论由玛丽·P·福莱特（Mary Parker Follett）在 1926 年首次提出，并由切斯特·巴纳德（Chester Barnard）在 1938 年加以推广。这种理论叫做职权的接受理论，其主张管理者职权的来源在于其下属，因为下属有权或者接受或者拒绝管理者的指挥。据推测，如果下属不把管理者的职权视为合法的，那么它就不存在。福莱特和巴纳德都把不接受来自管理者的沟通视为下属对职权的一种拒绝。总之，职权的接受理论认识到下属在决定职权链条的过程中扮演着积极的角色，他们并不仅仅是消极接受。这种思想有点类似于这样的观点，即没有追随者也就没有领导者。这两者必须同时出现并且相互之间都承认现实结构的存在。具有高度员工参与和责任的公司似乎都承认接受理论对于劳工和管理者之间的相互支持和鼓励是有益处的。

案例讨论 7.1

一名优秀的管理者？

弗朗西斯·罗素是韦伯实业（Webb Enterprises）的一名总经理助理和销售经理。此时，这个自封为完美主义者的人正坐在床上，核对着他明日待办事项（TTD）的时间表。这个 TTD 把他每天的活动列出来，并置于一个准确的时间表之中。罗素不是个虚张声势的人，他有自己特殊的办法来提醒员工时间就是金钱。自从成为公司最好的销售员以来，他比起其他人工作得更努力了。这也获得了回报，因为仅仅两个月后（那时老查理要退休了），他显然就是总经理职位的接班人。当这个想法在他脑中闪过时，他的自豪感立刻被一个恼人的问题所取代。他去哪里找出时间来完成他的职位所要做的工作呢?他肯定不能仅仅维持现状。然后这个想法迫使他计划明天的活动,而那个问题则被推入未来考虑的背景之中。

(我们来看看罗素周密规划的一天的一部分。)

10月16日待办事项:

7:15 与约翰逊(正在做采购)一起吃早饭。从他的编目中获得一些信息。也许可以和销售部一起采购以避免重复。

8:30 与亨利(助理销售经理)会面。告诉他与州外代表的销售会谈要如何准确进行。要小心:他一遇到问题就会发抖。

9:15 与查理(总经理)讨论新行政手册的进度。(他对我在这事上的拖延有点恼火,得让他知道我已经叫纽曼去处理这个问题了。)

9:45 分配给派特·纽曼一个工作,让他去收集本行业其他公司的行政手册的相关资料和样本。为他设立一个系统以便在分析中使用。

10:45 和爱克里夫印品通电话。这是个潜在的大客户。(罗素草草地写下了这个客户的一些信息,他感觉他的员工中没人能像他那样处理这个大客户,这真是一件耻辱的事。这个想法令人高兴,同时又令人烦恼。)

12:00 与J.爱克里夫共进午餐(已经在布兰克·安格斯酒店预订了)。

3:00 与弗兰克·兰茨广告助理)会面,并检查其新销售活动的进度。(罗素想到了兰茨一向狂野的想法,希望他能遵循总主题并准备好了粗略的计划。)

7:30 商业会谈。[问问皮尔斯·汉森——他也许能对爱克里夫这个客户有所帮助。]

问题

1. 你认为弗朗西斯是个努力做好工作的被高度激励的员工吗?解释你的回答。

2. 就弗朗西斯作为一名管理者的有效性而言,你看出了什么问题?

3. 有什么选择能帮助弗朗西斯?

4. 假设你是总经理查理,你会推荐怎样的解决方案?

集权与分权

任何职位上的权力都存在限制。这些限制也许是外部的,以法律、政策或者社会态度的形式显示出来;或者也许是内部的,由组织的目标或工作说明书加以刻画。职权的锥形图表明:随着职权层级的降低,职权的宽度和范围变得更为受限(参见图表7—1)。

高层管理确定了图表7—1和图表7—2中漏斗的形状。高层管理选择下放的权力越多,漏斗越不尖;漏斗越不尖,组织就越分权化。**集权**和**分权**指的是较高层管理授权的程度。这通常是由较低层管理者所做决策的数

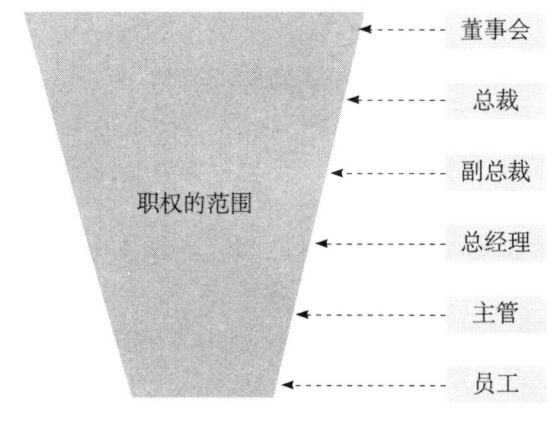

图表7—1 职权锥形图

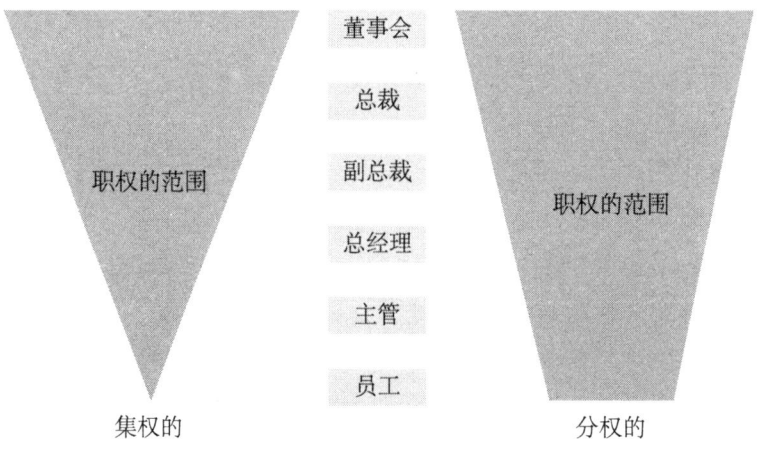

图表7—2 集权的职权与分权的职权

量和类型来反映的。随着这些决策的增加，分权的程度也提高了。因此，一个组织不可能是完全集权或完全分权的；相反，它总是处于高度集权到高度分权的一个连续带上。在图表7—2中，左图所代表的组织比右图所代表的组织更为集权。

当今组织的趋势是倾向更大程度的分权。分权具有允许更大灵活性和更快行动的优势。它也使主管从费时的细枝末节的工作中解脱了出来。允许较低层级的管理者积极地参与决策制定过程常常会产生更高的士气。分权的主要不利之处是对控制的潜在流失。分权还常常伴随着重复努力。

学习进度检测问题

5. 解释权力、职权和责任这三个术语。
6. 什么是职权的正式理论？
7. 什么是职权的接受理论？
8. 分权结构的优势和劣势分别是什么？

授 权

授权是分权的一种形式，它涉及给予下属做出决策的实质性职权。在授权行为中，管理者表达了对员工以高水准完成工作的能力的信心。员工也被鼓励去接受其工作的个人责任。在授权真正发生的情景中，员工获得了对其完成工作并影响组织绩效的能力的自信。授权的一个结果是员工显示了对追求组织目标的更大的主动性和持久性。为了使授权生根发芽并茁壮成长，以下四个要素必须存在：

- **参与**。员工必须积极并心甘情愿地从事各自的工作。他们必须有意愿去改进其工作流程和工作关系。
- **创新**。员工必须被给予许可和鼓励去创新，而不是按照过去一直采用的方式做事。
- **获取信息**。组织中任何层级的员工都应该做出这样的决策，即他们需要何种信息来完成其工作。这与传统的组织有所不同，在传统的组织中，高级管理者决定谁得到怎样的信息。
- **责任**。员工必须承担其行动及其后果的责任。

虽然授权的概念看上去较为简单，但是实施起来会很困难，尤其是在那些传统上权威是自上而下流动的组织中。组织可以采取一些措施来帮助其实施授权：

- 无论何时只要有可能，就要对组织中的单元重新结构化，使之更小、更简单，并在决策和行动方面更少依赖其他单元。
- 将组织硬性规定的数量减少到最低。
- 强调一场遍及全组织的变革，这场变革聚焦于用于产生结果的授权和个人责任。
- 提供必要的教育和培训以使人们能够对改进的机会做出反应。

与当今组织倾向更大分权的趋势相伴随的是当今对员工不断增长的授权这样一个潮流。虽然一些人认为授权在工作中口碑甚好却很少实施，不过由于对其员工进行授权的公司体验了很积极的结果。

案例讨论 7.2

休假请求

汤姆·布莱尔（Tom Blair）的假期即将来临，而他真希望将其调整到五月的第三周，那时正是职业钓鱼季节的高峰。唯一的问题是，他所在部门其他五个成员中的两个已经向他们的老板路德·琼斯（Luther Jones）提出请求要在同一周休假，并获得了批准。汤姆决定直接向哈里·杰森（Harry Jensen）提出请求，他是路德的老板并且对汤姆相当友好（汤姆已经好几次带他一起去钓鱼了）。哈里批准了请求，并没有意识到路德还不知道。几周之后，路德偶然才发现汤姆已经被批准在五月的第三周休假。

真正激怒了路德的是这仅仅是许多类似情景中的一个，他的下属会直接去找哈里并获得批准做某事。事实上，就在上周他在盥洗室无意中听到了一场谈话，大意是："如果你想让某事获得批准，那就别和路德浪费时间，直接去找哈里。"

问题

1. 哈里本应该怎么做？
2. 谁错了？是哈里还是汤姆？
3. 汤姆应该度这个假吗？为什么应该？为什么不应该？

4. 路德应该做些什么以确保这种事不会再发生?

自我管理的工作团队

对员工进行授权的一个办法是使用自我管理的工作团队。自我管理的工作团队（也叫自我指导的工作团队或者自我规制的工作团队）是没有一线管理者的工作单元，并被授权来控制他们自己的工作。任何类型的团队背后的理念都是通过识别和解决与工作相关的问题来改进绩效。其基本的观点是，通过使员工参与影响自身以及工作的决策来激励他们。自我管理的工作团队是这样一些员工的团队，他们在其责任领域内完成工作而没有受到直接的监督。每个工作团队安排其工作、制订工作计划、进行设备维护、做好工作记录、获取供应并做出挑选新成员进入团队的决策。

毫无疑问，近些年来对自我管理的工作团队的使用数量已经戏剧性地增长了，而且在未来还将继续增长。在第九章中我们将进一步讨论自我管理的工作团队，并致力于理解工作团队的所有形式。

基于职权的原则

由于职权是组织管理过程中的一个关键要素，因而一些相关的关键概念也需要进行讨论。授权、统一指挥、等级原则和管理幅度历来是这些概念中最重要的。

授权：对等原则

根据赫伯特·恩格尔（Herbert Engel）的观点："作为一个抽象的观念，授权肯定就像人类自身一样古老。"由领导者来把具体的职责分配给群体的成员看上去既自然又必要。授权通常发生在一个人需要做某事而自己不能做或选择不去做的时候。这种决定也许是基于群体或组织所表明的情景、技能、时间、已确立的秩序或者责任的扩张和增长。管理者可以把责任委派给下属，从而使下属向自己负责。然而，这种向下属的委派并没有减少管理者对上级的责任。对责任的委派并不意味着进行授权的管理者的责任的丧失。责任并不是一种可以从一个人传到另一个人的东西。

对等原则表明职权和责任必须一致。管理层必须进行充足的授权以使下属能够做他们的事。同时，下属可以被预期仅仅接受其职权领域内的责任。

在授权过程完成之前，下属必须同时接受职权和责任。管理者有时希望员工能寻找和承担他们没有被要求承担的责任，然后再要求必要的职权。这样一种制度只会导致产生挫折和浪费时间的猜谜游戏。

职业管理

理解影响结果的事项

优秀的成绩、成功的工作和健康的关系是良好习惯的结果，而且其他积极的结果也会随之而来。

当这些习惯与你的职业相关时，为了得到更好的结果，应阅读下面的清单。如果你养成了良好的习惯而且在这些领域的每项技能都得到了改进，那么你职业生涯的成功将向着潜在的杰出成果迈进。

为了更好地掌握职业技能，要做以下的事：
- 填写工作申请
- 改善你的着装
- 知道如何适当地贯彻你的工作
- 理解人际网络的力量
- 提升你的个人素质
- 改进你的态度
- 提高技能的开发与运用
- 提高工作的投入精神与完成度
- 改进你的人生规划和平衡技能
- 充分利用教育和额外的培训

管理者对授权的抵制是很自然的。对于这种不情愿有以下一些原因：
1. 担心下属在完成任务时会失败。
2. 相信比起进行授权自己一个人完成任务更容易点。
3. 担心下属会看上去"太优秀"。
4. 权力对人类的诱惑。
5. 满足于以先前的方式完成任务。
6. 对员工的成见。
7. 渴望设立正确的榜样。

尽管有不进行授权的这些原因，但是还有要管理者进行授权的强有力的理由。当管理者成功授权时，一些情况就发生了。首先，管理者的时间可以被解放出来去完成一些其他的任务，而且下属会获得归属感和被需要的感受。这些感受常常会导致下属真正的献身精神。其次，授权是培养员工和满足顾客的最好方法之一。把职权下放到组织底部也会使员工更为有效地应对顾客。哈尔马克卡片公司（Hallmark Cards, Inc.）在其20世纪90年代中期的再造努力中发现，当你从顶层去推动什么时，你不得不清晰地说明和沟通为何要这么做。通过转化授权形成一个共享的愿景，组织有好得多的机会去实现其目标，而不用诉诸引起敌意的说服。类似地，塔克钟（Taco Bell）能从1982年的一家5亿美元的地区性公司发展到现在的30亿美元的全国性公司，其原因就在于它认识到最终吸引和满足顾客的途径是授权给其较低层的员工，使其对业务战略和策略做出变化。成功的授权包括委派能刺激员工的事务。

如何授权

为了成功地进行授权，管理者必须决定何种工作可以授权。图表7—3显示了管理者可以遵循的步骤以分析和改进授权过程。清晰地界定目标和标准、使下属参与授权过程，以及在一开始就进行明确和鼓励授权的培训，这些常常会改善整个授权过程。控制授权行为需要授权的管理者定期进行检查以确保一切都在计划内进行。检查的频率应该由进行授权的管理者和下属合作确定。检查不应该太过频繁以免抑制员工，但是应充分提供必要的支持与指导。

图表 7—3　　　　　　　授权过程的步骤

1. 分析一下你是怎样花费时间的。	4. 下放职权。
2. 决定哪些工作可以委派。	5. 构建义务（责任）。
3. 决定谁来处理每项工作。	6. 控制授权。

授权过程中最模糊的部分可能就在于要进行多大程度的授权这个问题。如前所述，管理层必须进行充足的授权以使下属能完成其工作。准确地说，什么可以授权、什么不能授权要取决于管理者的承诺和下属的数量与质量。一条经验法则是可以把职权和责任委派给有能力承担的组织最低层级。

未能掌握授权可能是管理者失败的最常见的原因。为了成为一名优秀的管理者，一个人必须学会授权。

例外原则（又称例外管理）表明管理者应该集中精神处理那些明显偏离正常的重要事务，而让下属去处理一般的日常事务。例外原则与对等原则密切相关。例外原则背后的理念是管理者应该集中精神处理那些需要其才能的事务，而不应该深陷于其下属所承担的责任中。当不胜任的或没有安全感的下属由于害怕做出决策而将一切都推给上级时，例外原则就很难被遵循了。另外，上级应该从已授权给下属去做的决策中解放出来。这方面的问题常常涉及微观管理。

统一指挥

统一指挥原则表明一个员工应该有且只有一个直接的管理者。同时服务超过一个上级的难处在几千年前就被认识到了。记得圣经上说过："一仆难侍二主。"就其最简单的形式而言，当两个管理者叫同一个员工去做不同的事时，这个问题就产生了。这个员工因此处于一种稳输无赢的情形中。无论他服从哪个管理者，另一个管理者都会不满意。避免发生此类问题的关键是确保每个员工都清晰地了解直接影响他的权威链条。往往管理者假定员工了解了权威链条，但是事实上他们并不知情。所有的员工都应该对公司的组织图和自身所处的位置有个基本的了解。组织图常常能清晰反映权威链条和指挥链条。

更多的时候，与统一指挥相关联的问题源于管理者的行为而非员工的行为。最常发生的是管理者对不是直接为其工作的员工提出要求这样的情形。

等级原则

等级原则表明组织内的权威每次都是沿着管理者链条的直线流动的，并且按从高到低的顺序排列。等级原则通常叫做指挥链，是基于沟通和统一指挥的需要而形成的。

围绕等级原则所产生的问题是运行过程中绕过的环节可能会有很重要的信息。举例来说，假设杰里绕过了其直接上级艾伦，去向更上一级的查理请求允许其午餐休息时间增加30分钟。查理认为这个请求是合理的，就批准了，但后来发现杰里所在部门的其他两个人也重新安排了其午餐休息时间。由此，这个部门从12:30到1:00整个时段都空下来了。而艾伦，这个被绕过的管理者，原本是应该知道其他人重新安排午餐休息时间的。

一个常见的误解是每个行动都必须费力地通过链条中的每个环节才能进行，无论其是上行还是下行。这个观点早在许多年前就被林德尔·厄威克（Lyndall Urwick）——一位国际知名的管理顾问——驳斥了：

> 只要上级和下属之间有合适的信任和忠诚，并且双方不怕费事就其关切的事务保持通信，"等级原则"的确并不意味着没有捷径。当提供的权威是被认可的且没有逃避或替代的企图时，只要不阻止层级间的捷径，那就有广阔的空间去避免以一步爬一个台阶或从一个梯子上而从另一个梯子下这样的幼稚行为。

正如亨利·法约尔在比厄威克更早的多年前所说的那样："无必要地驱除权威是个错误，而当其随后损害到业务时还保留它是个更大的错误。"厄威克和法约尔都认为，在某些情况下，一个人可以而且应该在等级链条中走捷径，只要不是以秘密的或者欺骗性的方式进行。

学习进度检测问题

9. 为了使授权成功，必须有哪四个要素？
10. 什么是自我管理的工作团队？
11. 管理者不愿进行授权的原因是什么？
12. 什么是例外原则？

管理幅度

管理幅度（也叫做控制幅度）是指一名管理者能有效管理的下属的数量。虽然人们通常把优先控制幅度概念的提出归功于第一次世界大战期间的英国将军伊恩·汉密尔顿（Ian Hamilton）爵士，但与此相关的事例在历史上比比皆是。汉密尔顿认为一个狭小的管理幅度（不超过6个下属向其汇报）能使管理者在一个正常的工作日内完成工作。

伦理管理

一群民间工程师正在参与一个重大的建设项目。他们的职责是联系建筑师和建筑商，并就这个建筑不同部分的适当结构材料提供建议。遗憾的是，他们用来运算的软件包有两个主要的缺陷，一个是在某些运算中会产生计算错误，还有一个是会产生用于此项目道路的一些承重材料性能的错误信息。项目的进度已经落后，而开发商正在向建筑商施压，要求赶上进度。

在建设过程的中途，建筑物已经无法支撑置于其上的重量。一个位于顶层的起重机坠下好几层，在此过程中导致许多工人死亡。对此灾难的分析显示，计算错误和材料强度的不正确信息一起导致了这场事故。在此情况下，谁对这场事故负有最大的道德责任呢？是没有认识到材料信息是错误的工程师？还是加快了进度使得无法进行压力计算核对的开发商？抑或是提供了缺陷产品的软件开发商？

资料来源：T. Forester and P. Morrison, *Computer Ethics*: *Cautionary Tales and Ethical Dilemmas in Computing*, 2nd ed. (Cambridge, MA: MIT Press, 2001) pp. 233-236.

1933年，V. A. 格兰库纳斯（V. A. Graicunas）发表了一篇经典论文，以数学公式的形式分析了上下级关系。这个公式的理论基础是：随着下属的数量以算术级数增加，管理的复杂性就会以几何级数增加。

基于其个人经验和汉密尔顿与格兰库纳斯的著作，林德尔·厄威克首次将管理幅度的概念作为一个管理原则加以陈述："没有一个上级能直接监督超过五六个以上工作相互连接的下属的工作。"

自从格兰库纳斯和厄威克的著作出版以来，人们就持续对五个或六个下属的上限进行批评，认为其过于严格。许多实践者和学者认为存在某些情况下能有效地监督超过五个或六个下属的情况。他们的看法已经被相当多的经验证据所证实。这些证据表明：在许多情形下，五个或六个的下属限制可以被成功地突破。厄威克认为这些例外可以被这样的事实所解释，即高级工作人员常常作为非官方的管理者或领导者发挥作用。

鉴于最近的证据，管理幅度这个概念已经被修正为：应向某人直接汇报的人员的数量应该基于工作的复杂性、多样性和接近性、完成工作的人员的素质以及管理者的能力。

虽然人们会做出许多努力来确保管理者的管理幅度不至于过宽，但是却常常忽视了相反的一面。在组织中，情况往往会发展到这样的地步，即只有一个员工向一个特定的管理者汇报。虽然在某些环境中这种情形也许是有道理的，但是它常常会导致一个效率低下且头重脚轻的组织。扁平化

第七章 组织工作

组织（管理幅度很宽、层级很少）与高耸式组织（管理幅度很窄、层级很多）的优缺点将在下一章做详细的讨论。图表 7—4 总结了影响管理者的管理幅度的因素。

图表 7—4　　　　　　　　影响管理幅度的因素

因素	描述	对控制幅度的影响
复杂性	工作范围 工作深度	缩小控制幅度
多样性	被管理的不同种类工作的数量	缩小控制幅度
接近性	被管理的工作的物理分散度	放宽控制幅度
下属的素质	被管理的员工的一般素质	放宽控制幅度
管理者的能力	完成管理职责的能力	放宽控制幅度

组织中工作场所的变化

工作场所的环境发生的一些变化会影响到实体如何最好地被组织。弹性工作制、远程办公和工作共享是三种越来越流行的实践形式。

弹性工作制或者弹性工作时间允许员工在某个限度内选择何时开始其工作时间，何时结束其工作时间。通常，组织会明确一个核心时间（如上午 10：00 到下午 3：00），在此期间所有的员工都要工作。然后剩下的时间就由每个员工决定何时开始及结束其工作时间，只要这些工作时间包含了核心时间就行。一些弹性工作制计划允许员工改变每天的工作时间，只要他们满足了特定的总时间就可以，通常是 40 小时。提供弹性工作制组织的比例在最近 15 年以来有了戏剧性的增长。人力资源管理学会最近所做的一项研究发现，2005 年提供某种类型的弹性工作制的雇主比例已达 56%。

弹性工作制的好处是允许不同的员工适用不同的生活方式和日程安排。其他的潜在好处包括避免了上下班高峰时间以及更低的缺勤率和拖沓。从雇主的视角来看，弹性工作制的好处是提供了一个招募新员工和保留很难发现且符合条件的员工的优势。此外，据报道，实现弹性工作制的组织在生产率方面平均提高了 1%～5%，同时还改善了招聘和留用。就其缺点而言，弹性工作制会导致上级和管理者的沟通与协调问题。

远程办公是在家工作或边旅行边工作的一种工作形式，它能与办公室进行互动，或者通过卫星办公室工作。当今的信息技术（个人电脑、互联网和手机等）使得许多公司的远程办公成为现实。根据国际远程办公协会和委员会的研究，2005年有超过4 500万的美国人在家工作，有超过2 000万的美国人在其汽车上工作。前文所引的人力资源管理学会的调查发现，37%的受访者进行过某种类型的远程办公。远程办公的优势包括具有更低的人员流动率、更少的旅行时间，避免了上下班高峰和在办公室的分心，能够以灵活的时间来工作以及更低的用于员工的房租成本。远程办公的潜在缺点是与员工在家工作的健康和安全相关的保险问题。另一个缺点是有些州政府和地方政府限制了何种工作可以在家做。油价的急剧上升使得远程办公对数以百万计的美国人变得更有吸引力。

工作共享是比较新的概念，由两个或更多的兼职员工完成通常是由一个全职员工完成的工作。工作共享可以是平等的共担责任的形式或者分别承担责任的形式，也可以是两者兼而有之。根据人力资源管理学会2005年所做的调查，在美国，大约有19%的主要企业提供了某种类型的工作共享。工作共享对于那些想要工作但又不想做全职的人来说特别有吸引力。与工作共享相关的一个关键因素是如何处理所得利益。利益常常是在兼职员工之间按比例分配。有些组织会允许进行工作共享的员工通过支付其按比例所得利益与全职职工的保险费之间的差价而享有完全的健康保险。

学习进度检测问题

13. 解释管理幅度（控制幅度）。

14. 想一下你为之工作的组织（或曾经为之工作的组织），其管理幅度是怎样的？

15. 解释以下术语：弹性工作制、远程办公和工作共享。

16. 你公司有可能引进远程办公吗？为什么可能？为什么不可能？

小 结

组织工作是根据指定的任务来分配劳动资源并进行必要的授权以完成这些任务的过程。管理者必须直接参与这一过程的所有方面，但最重要的

第七章 组织工作

是确立权威链条。如果没有清晰地界定权威链条，组织会很快陷入混乱以致崩溃。在下一章中，我们将讨论供管理者用以明确组织正式边界的各种选择，以便确定组织工作发生的环境。

工作世界：注意你想要的东西

凯蒂真的很喜欢在塔克·巴恩餐厅工作。她的一些朋友也在这里工作，而且托尼已经紧步杰里之后尘，对她的日程安排真的很灵活，以至于她能够满足拉拉队和AP课程的需要。因此，当托尼叫她编制一个餐厅所需物品的清单并处理订购时，凯蒂决定要向托尼显示一下给她这个任务是他所做出的多么英明的决定。

她起初找托尼时提醒他，他们需要餐巾和调料（盐和胡椒），而且那些开裂的和作废的菜单卡片夹要换成新的。自从托尼要她编制一份所需一切的清单后，凯蒂就决定在下订单之前要详细检查一下餐厅。她比平时的轮班时间早了一个半小时，从头到尾、里里外外把餐厅检查了一下。她发现餐厅不仅需要餐巾、调料和一些菜单卡片夹，可能还需要一些餐具（茶匙总是那么少，以至于服务员在他们的工作台上储存了一些以确保够用）。此外，一些盘子已经裂了，还有两个盘子已经放不稳了。（如果由于放不稳而使得一盘水洒在地上，托尼会怎么办呢？）另外还要在这里放些水壶、在那里放对烛台——所有这些都旨在使这个餐厅尽可能地好看。

凯蒂问凯文要了数目，问销售商要了名录，然后下了订单——这个订单比每周定期的订单要多出几百美元。当销售人员好心地向凯蒂指出这点时，她回答说：

"托尼现在正忙于我们地区办公室的一个项目，他已经叫我来处理订购事宜了。这些东西什么时候能送达？"

问题

1. 凯蒂的错误是什么？
2. 托尼做了什么导致了这种情况？
3. 托尼会有怎样的反应？
4. 你会怎样处理这种情形？

问题回顾

1. 横向劳动分工与纵向劳动分工的区别是什么？
2. 讨论看待职权来源的两种途径。
3. 什么是统一指挥原则？
4. 作为一名管理者，你是喜欢相对较大（超过七个下属）的还是相对较小（七个以下的下属）的管理幅度？为什么？你所做的选择有何含义？

组织　在某种类型的集中或协调努力下，一群人一起工作以实现目标。

非正式组织　个人间相互联系和互动的集合，与正式组织内的工作群体相联系。

工作范围　指所完成的不同种类工作的数目。

工作深度　涉及员工是否有权计划和组织自己的工作，是否能按自己的节奏工作，是否能按自己的意愿走动和交流。

权力　影响、命令和使用强力的能力，要求别人去做自己想要别人做的事情，以及避免受迫于他人要求去做自己不想做的事情的潜在力量。

职权　权力的合法行使；发布指令和使用资源的权利；与权力相关但范围上更小。

责任　对实现目标、利用资源和坚持组织政策所负有的义务。

集权　权力很少被授予较低层级的管理者。

分权　大量权力被授予较低层级的管理者。

授权　分权的一种形式，使下属拥有决策的自主权。

对等原则　表明职权和责任必须对等。

例外原则　表明管理者应该集中精神处理那些明显偏离正常的重要事务，而让下属去处理一般的日常事务；又称例外管理。

统一指挥原则　指一个员工应该有且只有一个直接的管理者。

等级原则　表明组织内的权威每次都是沿着管理者链条的直线流动的，并且按从高到低的顺序排列，也叫做指挥链。

管理幅度　一名管理者能有效管理的下属的数量，也叫做控制幅度。

第七章 组织工作

访问远程办公联盟（TelCoa）的网站：www.telcoa.org。
1. TelCoa 的使命和愿景是什么？
2. 下载并总结 IDC 的 2007 年"homeshoring"白皮书。
3. 2007 年名人堂获奖者是谁？
4. 远程办公如何与业务的持续性规划联系在一起？

ABC 公司的助理营销经理已经在这个职位上干了 6 个月。由于过去 18 个月差劲的销售记录，营销经理刚刚被炒了鱿鱼。然后，ABC 的总裁把经理的工作给了助理营销经理，并要其接受以下的规定：
- 你不能增加广告预算。
- 你必须继续让地铁媒体公司负责广告事务。
- 你不能进行任何人事变动。
- 你将承担本财政年度全部的销售责任（该财政年度两个月前就开始了）。

分成两个组。第一组赞成接受这个职位。第二组则主张放弃这个职位。每组都有 30 分钟时间来准备一个发言以简要论述其决定的理由。

讨论练习 7.1

捷蓝航空的惨败也许会改善航空业

随着航空公司竞相打折以维持业务并留住顾客，新的服务努力使竞争者注意到：变革是必要的。

这是航空公司主管都必须观看的一段视频。在 2 月 20 日贴在公司主页上的一段两分钟的视频剪辑中，一脸悔意和疲倦的捷蓝航空公司（JetBlue Airways）首席执行官戴维·尼尔曼（David Neeleman）为航空公司为期六天的崩溃而向乘客道歉，并发誓这种业务上的灾难将"绝对不会再次"降落到公司及其乘客身上。在一些情况下，拥挤的飞机停放在空门边上长达八九个小时甚至十个小时。愤怒的乘客向工作人员和保安大喊大叫。据报道，一些捷蓝的新员工开始哭泣。这是一种乘客和航空公司都不愿看到的业务上的灾难。

在这个视频剪辑中，尼尔曼说公司正经历着"我们历史上最困难的时期"。他又说："作为这家公司的CEO，我向你们保证，上周发生的事情和你们所经历的感受将绝不会重演。"在随后的记者会上，尼尔曼再次向员工道歉，并承诺"为他们获取正确的资源、工具和支持"。

公共关系上的冒犯

那么，这家自称"为客户服务"的公司在其飞行业务上到底出了什么问题呢？简言之，一切都有问题。这个组织具有反对取消航班的偏见——捷蓝公司是整个行业中取消航班最少的，其基础设施又过于薄弱以至于无法管理恶劣的天气和伴随而来的航班延误和取消的情况，而这两者发生了冲突。

现在总部在纽约的这家公司正在进行高姿态的公共关系活动，雇用新员工并发放少量的退款和免费机票，希望客户不会就此离开这个曾经取得巨大成功的公司。不管它的新《顾客权利法案》听上去多刺耳并且有多少怀疑者，捷蓝都由此获得了一个好机会去实现尼尔曼的誓言。捷蓝2月的这场导致3 000万美元损失的灾难最终会使美国整个航空行业形成一个对乘客更热情好客的环境。

为什么会这样？恐惧和偶然。

航空公司被以下情形惊呆了，那些本就热切地想要责备服务事务的政治家将会实施新的政府任务，他们也许会比以往更积极地去进行真正的变革。尼尔曼看上去正是推动变革并将其变为行业惯例的人选。他是具有成功记录的一个行业局外人，是自美国西南航空公司的赫伯·凯莱赫（Herb Kelleher）以来与美国航空业关系最密切的CEO。这位急躁的事必躬亲的CEO立刻感觉到了这个情况的严重性，并以高调回应的方式使这个问题始终处于公众的视野中。他发出了大量的日常道歉，宣称他自己被这个业务所"羞辱"，并拒绝为他公司的业绩做辩护。

现金退款

只要不是飞行员被通知处于"起落架收起"的阶段，捷蓝会让在航班上坐了5小时以上的乘客离机休息。到港之后，如果一个航班等待一个空门超过30分钟，乘客就会收到退款，从25美元到全额的旅程费用不等。

公司的口号是离港航班耽搁3～4小时的，赔偿100美元；耽搁时间更长的，赔偿全程票价。

到目前为止，这家公司已经花费了1 400万美元用于退款和租用其他航空公司的飞机来运送旅客，而且承诺在未来将为受影响的乘客支付1 600万美元赔款。他还将因为为此问题道歉而在新网广告上花费巨大。

多米诺效应

取消航班对于像捷蓝这样的公司而言是个危险的问题。他们透露将实施一系列的成本很大的措施来建设辐射式空运系统。首先，乘客需要被重新预定到后来的航班上，或者在某些情况下要被预订到其他收费更高的航空公司的航班上。公司的飞机将不能在它们本应降落的城市降落，也不能接送其他的乘客，因此这会使它们无法在其预订的时间内到达最终目的地。机组人员也不能回机场，他们本应在联邦政府规定的工作时间内上另一架飞机或回航。最重要的是，那些付了钱的顾客会觉得很不方便，而且通常怒气冲冲、焦虑不安，最终筋疲力尽。

承诺，承诺

一直以来，许多观察家认为把航班延误与惩罚性赔偿联系在一起是个很糟糕的主意。如果为了省几个钱而让航空公司的工作人员在起飞时觉得有压力，那这会在这个行业设立一个令人不安的先例，而这个行业中安全必须是至高无上的。"设想董事会凭直觉就能发现一套乘客服务标准，既能实现意欲的利益，又不冒安全的风险，这真是极度的狂妄自大。"商务旅行联盟的主席凯文·米切尔（Kevin Mitchell）在对捷蓝问题做出反应时在其主页上如此写道。

克里斯·柯林斯（Chris Collins）是基地在丹佛的边疆航空公司的高级业务副总裁，也是捷蓝公司的前业务经理，他说："迫使航空公司去这么做事的未曾想到的后果是吓跑了我们这个行业的许多人。"尼尔曼在华盛顿说，捷蓝公司的极为简陋的员工队伍和顾客管理系统将得到改进并在30天内扩大，其新的《顾客权利法案》已经追溯到了2月14日。

问题

1. 捷蓝公司"自称是服务于顾客的航空公司"。这样的服务于顾客的公司怎么会落到这样的地步，使乘客困于飞机中"在某些情况下到八九个小时甚至十个小时"？

2. 取消航班的多米诺效应会导致什么情况？

3. 你是否同意戴维·尼尔曼的决定，去做出这样的道歉并明确承诺新的《顾客权利法案》？为什么同意？为什么不同意？

4. 你认为尼尔曼的方法将被其他航空公司遵循吗？为什么会？为什么不会？

资料来源：Adapted from Justin Bachman, *BusinessWeek Online*, February 21, 2007.

讨论练习 7.2

维基工作间

由于招募了年轻的员工，越来越多的公司正运用网络工具，以增强合作，并培育创新精神，促进增长。

1994 年，当罗伯特·史蒂芬斯（Robert Stephens）从明尼苏达大学毕业并获得计算机科学学位时，他想要开创一家企业咨询公司。但是雇用一名优秀的顾问要花很多钱，而史蒂芬斯没什么钱，因此他创立了奇客公司（Geek Squad），这是一家以顽强为标志的电脑服务公司，它为消费者在日益复杂的电子配件中导航。

从一个卑微的起点开始，奇客长了又长。在 2002 年，经过十年的盈利业务，这家公司收购了电子消费品巨头百思买（Best Buy）。

当时，史蒂芬斯只有 60 个员工，每年进账 300 万美元。现在，700 家百思买的地区商店遍布北美，奇客的 1.2 万个服务机构每年收入接近 10 亿美元，而且把大约 2.8 亿美元返给底线的销售商。

对于史蒂芬斯来说，奇客公司的流星般炫目的成功是令人振奋而又富有挑战的。比如说，他要怎样招聘和培训越来越多的员工，让他们参与机密的智囊团并全身心投入业务中？

一天，史蒂芬斯问其总部的反竞争情报副主管这个领域的事情进展如何。"我担心在拉斯维加斯的安克雷奇的那些代理人员，"他说，"在那里有大约 20 个人，而我担心他们是否能保持任务上的联系。"

"哦，那些安克雷奇的小伙子们，我一直在和他们通话。"副主管回答说。

在说明细节时，他有些不好意思地告诉史蒂芬斯，他们都在线玩《战地 2》的网络游戏。"在每个服务器的虚拟环境中，你可以拥有 128 个人，同时彼此之间开战，"主管说，"我们都带着耳机，并使用语音通信软件，这样我们能在互联网上通话，同时进行战斗。"

史蒂芬斯也时不时地加入了谈话，说："这些代理人员彼此嘲笑，说'嗨，我看见你躲在墙后面了。'但接着，当我们手里正拿着枪往前走时，一个在我后面的代理人员会说：'好了，我们会完成预算收入的。'而其他人则会说：'嗨，你是怎样重设了思科的路由器密码的？'"

欢迎来到维基工作室。

维基工作室的崛起

正在转变的媒体、文化和经济的信息和通信技术也在重新塑造公司和员工发挥作用的方式。诸如维基和博客之类的新网络工具把前所未有的沟通力量放到了员工的手中。

一些公司担心无法控制的通信泄露的风险。但是越来越多的人认为新的合作工具对于创新和增长都是有益的——它们有助于员工与世界各地区更多的人进行联系，且比起先前工作场所技术下的几代人麻烦更少、快乐更多。

奇客正是这样一个案例。数以千计的奇客员工正在使用越来越多的成套的合作工具来进行头脑风暴产生新产品和新服务、管理各种项目、交换服务窍门，并与同行进行交往。

百思买的 CEO 布拉德·安德森（Brad Anderson）说，授权员工以非正统的方式进行合作就是"释放人力资本的力量"。随着零售商继续加剧竞争，安德森似乎正打算着什么。这家盈利的公司已经是北美最大的电子消费品销售商了，它计划本年内设立超过 100 家的新店面，而诸如电路城（Circuit City）之类处境艰难的竞争对手正在收缩地盘。

这种情况在很大程度上要归功于欢迎基于网页的工具的年轻一代员工，而这种网络技术却常常让老员工不知所措。在即时通信、博客、维基、聊天群、播放清单、点对点文件共享、多玩家在线视频游戏等技术的滋养和支持之下，年轻一代最终会一步一步地把更大的舒适感带入技术中，更倾向于进行社会联络，更强调创造性和趣味性，他们工作的公司也会变得更为多样化，而他们发现自己也更为多样化了。

从下到上的知识创造

一些像奇客之类的公司已经发现内部的博客和维基有助于刺激创造性思维以及捕获知识。举一个例子：一般而言，高层战略文件是由公司等级制中级别最高的少数人制定的。在施乐（Xerox），首席技术官苏菲·范德布洛克（Sophie VanDebroek）把这个过程内化了，她设立了一个维基条目，并允许研发小组的研究员进行合作界定公司的技术战略。

范德布洛克预料由此会产生一个更为健全的技术路线图和一个强大得多的竞争战略。"我们会在我们所有的专业领域获得更多的内容和知识，"她说，"包括从材料科学到最新的文件服务和解决方案，所有的一切。"

另一个先驱者是IBM。它在2006年9月邀请了超过160个国家的员工——带着他们的客户、商业伙伴甚至还有家庭成员——来参加一个大规模的开放式的头脑风暴会议，会议的名称叫做"创新大讨论"（Innovation-Jam）。超过10万人参与了两场72小时的会议，来进行一系列的设有信件区管理人的在线大讨论。

IBM预期，在未来十年内，这些收集起来的见解将会改善整个行业，提升人类的健康状况并帮助保护环境。首席执行官山姆·帕米萨诺（Sam Palmisano）如此强烈地相信这些看法，以至于他已承诺投入1亿美元来开发那些具有最大社会和经济潜力的想法。

准备好了吗

随着年轻的员工倾向于开发他们自己的自组织网络以跨越传统的公司部门划分，无论公司是否做好了准备，维基、博客和其他的工具都将进入工作场所。越来越多的员工将作为全球的实时劳动力而进行互动。的确，如果Linux、维基百科和其他合作的项目在暗示什么的话，它们只是表明比起将员工挤进传统的业务单位，这些工具会让员工更轻松和更便宜地进行自组织生产。

工作场所中太多的开放和自组织是否会导致无组织、混乱或者缺乏重点和方向？看看谷歌的CEO埃里克·施密特（Eric Schmidt）是怎么说的吧，他的员工被允许进行相当多的自我指导。

"这并不会让人觉得你有一种控制感，而这种控制感是在一种更为传统的环境中进行决策时人们能感觉到的。"施密特说。他相信自组织是更好的。"你谈了谈战略，让人们感到振奋，然后你告诉人们公司的优先事项是什么，这样就搞定了。"

在组织中，清晰的目标、结构、纪律和领导将像以前一样得以保留，也许随着自组织和同辈联合生产成为组织的工作场所原则，这些会变得更重要。如今的区别在于随着员工跨越部门和组织的界限，掌握了新的工具进行合作,这些特质会有系统、有组织地自我涌现。是的,"人力资本的力量"可以得到释放。

问题

1. 为什么这些合作工具"有益于创新和增长"?
2. 释放"人力资本的力量"的潜在收益是什么?
3. 如此多的开放和自组织是否有缺陷?
4. 博客和维基在你的公司有用吗?为什么有用?为什么没用?

资料来源:Adapted from Don Tapscott, and Anthony D. Williams, The *BusinessWeek* Wikinomics Series, March 26, 2007.

第八章 组织结构

Chapter Eight

"每个公司都有两个组织结构：一个是正式的组织结构，它反映在组织图上；另外一个存在于组织中人与人之间日常交往的关系中。"

——哈罗德·S·吉尼恩（Harold S. Geneen）

■ 学习目标

在学完本章之后，你将能：

1. 解释组织图的目的。
2. 描述影响组织结构的因素。
3. 解释权变方法。
4. 辨别部门划分的不同方法。
5. 描述组织结构的不同类型，包括虚拟组织。
6. 讨论委员会的类型和有效使用。

第八章 组织结构

 工作世界：塔克·巴恩连锁餐厅提供离岸的顾客服务

塔克·巴恩连锁餐厅关于领导能力的调查发现了许多需要引起关注的问题，例如许多部门管理者在领导风格和能力上的显著差异。因此，人力资源部门迅速承担了开发一种新的领导力培训课程计划的任务，这个计划将会帮助经验不足的部门管理者提高自身的管理技能，同时在塔克·巴恩连锁餐厅的管理者之间建立一种更一致的管理风格。

同时，为了满足那些不愿意到餐厅用餐的顾客的需要，塔克·巴恩连锁餐厅宣布增加一项名为"送餐上门"的顾客服务。凭借一个免通信费的订餐电话，顾客就可以从塔克·巴恩连锁餐厅的菜单上订购食物，然后在30分钟之内在他们当地的餐厅享用食物。

托尼在部门经理的地区月例会上被推荐到这项新的顾客服务项目中工作。开始时，托尼的反应非常积极。他们的竞争对手提供类似的服务已经有几个月了，托尼认为塔克·巴恩的反应是远远滞后的。但是，当公司的地区信息技术专家发表陈述来解释为什么这项新服务花了这么久的时间来实施时，托尼发现他对这项新项目的热情迅速消失了。

因为塔克·巴恩连锁餐厅的菜单上有太多的选择——尤其是附带的选择，所以餐厅决定不采用网站订购的方式来提供"送餐上门"的顾客服务。通过电话订购的方式被认为对顾客更友好，就像和顾客自己在餐厅里向服务员点餐一样。但是，进一步的调查表明，采用电话订购对任何一家餐厅的经营都具有破坏性，而且建立和维持一个主要的预订中心的成本很高。公司于是考虑将电话订购服务外包给服务机构，但即使这样做花费也很高。

地区IT专家从一个关于将生产和服务业务外包给海外（一种被称为"离岸"的趋势）的会议回来后，为连锁餐厅找到了解决方案。这个IT专家听取了一个印度公司提出的建议，即塔克·巴恩连锁餐厅可以成立一个电话服务中心，在美国的营业时间内记录下所有电话订购，然后用计算机将这些订单传送到离顾客最近的塔克·巴恩连锁餐厅。所有这些所需的花费还不到提供同样服务的供应商所要求的费用的一半。

这个方案在连锁餐厅的地区会议上反应非常强烈。塔克·巴恩连锁餐厅节约了潜在的成本，大量杂志发表文章评论塔克·巴恩连锁餐厅如何利用先进技术为顾客提供服务，公司董事对此非常满意。地区和部门经理不需要在自己所负责的餐厅处理顾客订购电话，因此他们也十分满意。然而，托尼对此不太确定。

> **问题**
> 1. 你认为成本节约应该成为公司开展一项新活动的主要决策因素吗？如果是，为什么？如果不是，又为什么？
> 2. 外包的潜在好处和挑战是什么？复习下文中的外包的内容来帮助回答这个问题。
> 3. 在准备采取一项服务之前，哪些事项必须得到关注？
> 4. 你认为在这件事情上，托尼关心的是什么？

组织结构

组织结构是界定正式组织的界限以及组织运营范围的框架。组织结构反映了团队如何竞争资源、关于利润和其他绩效措施的责任在哪里、信息如何传递以及决策如何做出。许多人认为，不管组织结构和组织环境如何，一个好的管理者或一个合格的员工都应该能够表现出色。他们相信，如果管理者或员工足够好，他们就能够克服组织结构所带来的一切难题。另一些人则认为，只要给定了一个组织结构，每个人都应该以可接受的方式完成工作。真理位于这两者之间。一个恰当的组织结构当然有助于形成好的表现。

组织成长阶段

图表8—1描述了组织成长和成熟的各个阶段。手工作坊或家庭阶段以缺乏正式的政策、目标和结构为特征。在这个阶段，对组织的管理主要关注于某一个体和某一职能领域。第二阶段是企业家阶段。在这一阶段，组织先是快速增长，然后是增长率逐步下降。由于销售和利润的快速增长，乐观的气氛渗透到整个组织。第三个阶段是企业家被职业经理人所代替或演变成职业经理人。职业经理人履行计划、组织、人事、激励和控制过程中的职能。这一阶段组织认识到利润更多的是靠内部的高效率，而不是靠

外部市场开拓来实现的。组织有了书面的政策、程序和计划。

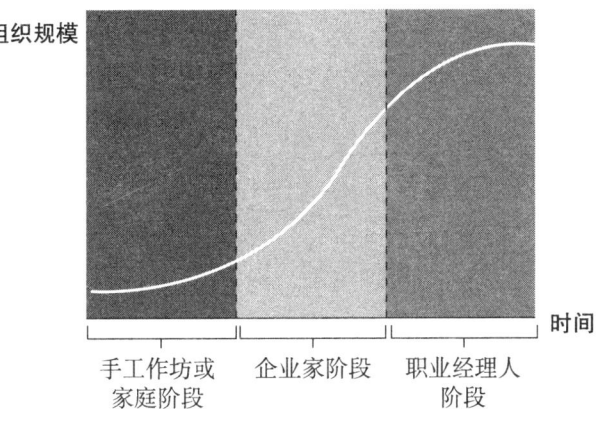

图表 8—1　组织成长的各阶段

当组织从手工作坊阶段发展到企业家阶段时,组织结构一定得到了发展。这对组织来说是一个发展的关键阶段。如果一个合适的组织结构没有建立起来并加以利用的话,那么企业家将失去对组织的控制,整个组织可能解体。组织结构必须得到发展,从而使得组织能够适应环境的变化。

组织图

组织图即使用一系列方格和线条来描述组织结构。每一个方格代表了组织中的一个职位,每一个线条显示了不同职位之间的关系。组织图不仅可以表示组织中的特定关系,而且可以揭示整个组织运作的过程。当一个组织变得更大、更复杂,运用组织图来将组织中所有的关系准确地表现出来也变得更加困难。

影响组织结构的因素

对一个既定的组织而言,选择最合适的组织结构受很多因素影响。一个在 8 个国家拥有 5 万名员工的高科技公司的结构并不一定适合一个只有 12 名员工的零售企业。战略、规模、环境和技术是与组织结构关系最为密切的几个影响因素。

战略

在一个组织为实现其目标而制定的战略中,最主要的一部分涉及组织结构。一个合适的组织结构并不一定能保证成功,但是它增加了组织成功的机会。企业领导者、体育教练和军队领导者都强调,一个人要取得成功不仅需要一个好的战略,而且还要在思想上和组织结构上做好准备。除了通过授权明确的战略之外,组织结构既可能推进组织战略的实施,也可能阻碍组织战略的实施。

在一项有关组织结构的研究中,阿尔弗雷德·D·钱德勒(Alfred D. Chandler)提出了一个关于组织结构演变的模式。这个模式建立在对杜邦、通用汽车、西尔斯百货和标准石油公司的研究基础之上,同时也采用了许多其他公司的数据。钱德勒提出的模式是:战略的变化会导致许多管理问题,从而导致绩效下降、组织结构重新设计,随后又回到健康的经济状态。总之,钱德勒总结得出:结构随着战略变化。换句话说,战略的变化最终会导致组织结构的变化。钱德勒的研究特别关注在市场扩张、产品链多样化和纵向一体化的过程中,如何实现组织的成长和调整组织结构,以保持组织的高绩效。

尽管随后的研究已经认同战略和组织结构之间存在相关性的看法,但是战略不是影响组织结构的唯一变量。使组织结构和战略相匹配的过程是复杂的,而且必须在对现有的组织结构的历史发展过程和其他变量(如规模、环境和技术)有一个完整理解的基础上实施。

规模

有许多方法可以衡量一个组织的规模,销售量和员工的数量是两个最常用的衡量因素。当一个组织不存在硬性的规则时,组织的某些特征通常与组织规模有关。一个小型的组织倾向于低专业化(劳动的水平分工)、低标准化和高集权化。一个大型的组织倾向于高专业化、高标准化和高分权化。因此,随着一个组织规模的扩大,组织结构自然也会发生变化。

环境

一项具有里程碑意义的有关组织与环境关系的研究是由汤姆·伯恩斯(Tom Burns)和G. M. 斯德克尔(G. M. Stalker)在英国进行的。通过对处于变化行业和稳定行业中的大约20家公司的调查,伯恩斯和斯德克尔集中研究了一个公司的组织模式是如何与外部环境的某些特征发生互动关系的。他们界定了两种显著不同的组织系统。**机械系统**的特征是对职能分工有严格的界定、对岗位有精确的描述、权责分明和有能使信息上传下达的完善的等级制度。**有机系统**的特征是较少对职位进行描述，更多强调适应性和参与，固定职权较少。伯恩斯和斯德克尔发现，在稳定的、完全建立起来的行业中，成功的公司在组织结构上倾向于机械系统式的；而在充满活力的行业中，成功的公司倾向于有机系统式的。图表8—2完整地比较了机械系统和有机系统的结构上的差异。

保罗·劳伦斯（Paul Lawrence）和杰伊·洛尔施（Jay Lorsch）随后对组织结构和环境的关系进行了研究。他们最初的研究涵盖了三种不同的行业环境下的10家公司。劳伦斯和洛尔施的研究结论与伯恩斯和斯德克尔得出的结论类似：要想取得成功，在充满活力的环境下的公司需要采用一个相对有弹性的组织结构；在稳定的环境下的公司需要采用一个更刚性的组织结构；而在介于充满活力和稳定之间的环境下，公司需要采用一个介于有弹性和刚性之间的组织结构。

图表8—2　　机械系统和有机系统的结构差异

机械系统和有机系统的特征	
机械系统	有机系统
工作被划分为窄小的、专业的任务。	工作根据一般任务划分。
任务按专业化分工完成，除非等级制中的管理者发生变化。	通过任务所涉及的人员之间的交流，任务根据需要持续地进行调整。
控制结构、职权结构和交流结构是通过等级制实现的。	控制结构、职权结构和交流结构是一个网络。
决策由一个专业化的层级做出。	决策由具有相关知识和技术专长的个人做出。
沟通主要是上级和下属之间的垂直沟通。	沟通是上下级之间的垂直沟通和同级之间的水平沟通。
沟通的内容大多是上级的指令和决策。	沟通的内容大多是信息和建议。
强调对组织的忠诚和对上级的服从。	强调对组织目标的承诺和对专业技能的拥有。

资料来源：Adapted from Tom Burns and G. W. Stalker, *The Management of Innovation* (London: Tavistock, 1961), pp. 119-22.

伦理管理

作为迪士尼公司的总裁和CEO，迈克尔·艾斯纳（Michael Eisner）位居公司权力的最高层。但在理论上，他的活动受董事会的监督，董事会是独立的、具有目标且致力于保证艾斯纳以一种符合伦理和专业的方式经营公司。实际上，艾斯纳与董事会的成员具有以下私人和专业关系：

- 欧文·拉塞尔（Irwin Russell）是艾斯纳的私人律师，帮艾斯纳进行有利的合同谈判并忠诚于艾斯纳和股东。同时，拉塞尔还是迪士尼公司的薪酬委员会的主席。
- 执行官罗伯特·斯特恩（Robert Stern）是艾斯纳的私人建筑师，他很感激艾斯纳让他做了大量的迪士尼公司的工作，包括设计新动画大楼。
- 瑞维塔·鲍尔斯（Reveta Bowers）是西部好莱坞的早期教育中心的主要负责人，这个中心是由艾斯纳的儿子和迪士尼公司其他执行官的孩子捐助建立的。
- 利奥·奥多诺万（Leo O'Donovan）是一名耶稣教会的神父以及乔治敦大学的校长。在艾斯纳的儿子布瑞克（Breck）从乔治敦大学毕业后，艾斯纳就把利奥·奥多诺万任命为董事会的成员。他还给乔治敦大学捐了100万美元并设立了一笔奖学金。
- 除了作为董事会成员的薪资之外，乔治·米切尔（George Mitchell）还挣了一笔5万美元的咨询费。他的法律公司从代理迪士尼公司的各种法律事务中挣了数十万美元。

以上的关系图有什么不对吗？迪士尼公司应该做哪些事情来保证董事会能履行对公司股东的义务？

（想了解更多关于董事会的信息请看本章后面的内容。）

资料来源：James B. Stewart, *The Disney War* (New York: Simon & Schuster, 2005).

案例讨论 8.1

谁的错

2006年10月，工业水处理公司（Industrial Water Treatment Company, IWT）使用了一种新产品Kelate，这种产品比其他处理锅炉内沉淀物的方法的效果高出10倍。对Kelate的突然增加的需求要求IWT在未来的一年里的服务工程师增加1倍。

这种突然的扩张，导致IWT要重组公司的运作。以前，每一名地区办公室都由地区经理领导，地区经理由一名总工程师和两名工程监督人员

第八章 组织结构

辅佐。2007年，这种结构发生了变化。现在，地区经理由一名总工程师和一名运营经理辅佐。四名工程监督人员（现在被设计为团队领导）的职责已被确立。他们必须通过运营经理来引导组织的工作，而所有与工程有关的问题都由总工程师来处理。每一个团队领导监督8～10名现场服务工程人员（见图表8—3）。

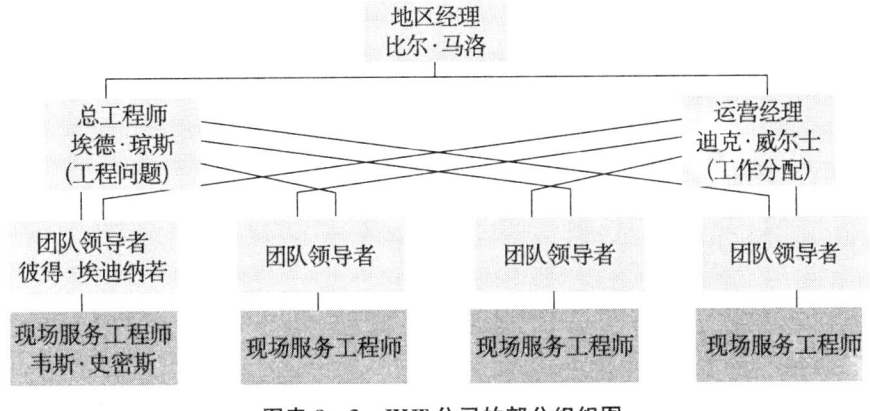

图表8—3　IWT公司的部分组织图

东南区经理比尔·马洛（Bill Marlowe）收到了一封来自老客户Sel Tex公司的信件，Sel Tex公司是一个大客户。这封信上说，上星期Sel Tex公司检查IWT的一个锅炉时，发现它的水处理系统没有很好地工作。当Sel Tex公司联系了IWT公司的东南区的服务工程师韦斯·史密斯（Wes Smith）时，却被告知韦斯·史密斯已经被派往杰克逊维尔，明天会派另外一个人去Sel Tex公司。但是，等到第二天，没有一个人出现，Sel Tex公司十分恼火，毕竟IWT公司承诺了这样的工程服务。

比尔·马洛对公司这几个月来不断增加的顾客投诉感到恼火。他把总工程师埃德·琼斯（Ed Jones）叫到办公室，并把Sel Tex公司的投诉信递给埃德·琼斯看。

埃德：你为什么要给我看这个？这是工作分派上的错误。

比尔：你知道这些不满意的地方吗？

埃德：当然，韦斯发现了问题后马上就打电话告诉了我。因为他们的管道出现了腐蚀和氧化，所以必须用Kelate。我把这情况告诉了韦斯的团队领导彼得·埃迪纳若（Peter Adinaro），并且建议他安排人去Sel Tex公司。

比尔：好的，埃德，谢谢你的帮忙。（比尔把彼得·埃迪纳若叫进了办公室。）彼得，两个星期以前，由于 Sel Tex 公司的管道出现了腐蚀问题，埃德让你派人去 Sel Tex 公司。你还记得吗？

彼得：哦，当然记得。通常是韦斯·史密斯联系埃德，而不是联系我。因为我的整个团队已经安排满了工作，没有人有空余，所以我留了张条给迪克让他派人去。我以为迪克会让其他的团队领导派人去。

比尔：好的，谢谢你的帮助。告诉迪克让他马上到我办公室。

运营经理迪克·威尔士（Dick Welsh）大约在 20 分钟后来到了比尔的办公室。

比尔：迪克，这是一封 Sel Tex 公司的投诉信。你看看，然后告诉我你所了解的情况。

迪克：（看完这封信后）比尔，我不知道这件事情。

比尔：我已经问过韦斯的团队领导彼得，他告诉我他留过一张条让你派人去 Sel Tex 公司。你没有收到过这张条吗？

迪克：难道你最近没有留意到我的办公桌吗？我已经被这些条给淹没了。我所有的时间都用来处理这些条了。如果能让他们不把所有的工程问题都推到我身上，我就不会有这么多条了。当然，他可能给我留了一张条，但是我没有看见它。不过，我会回去找找。信上好像是说遇到了工程问题，埃德应该联系他们去解决问题。

比尔：我会亲自写信给 Sel Tex 公司向他们解释这个情况。下午我们俩应该讨论一下这个难题。一会见，迪克。

问题

1. IWT 公司的组织结构发生了什么变化？
2. 比尔·马洛面临了什么样的问题？
3. 这些问题是与 IWT 公司的组织方式有关还是和 IWT 公司的员工有关？
4. 应该如何解决这些问题？

组织和技术

有许多研究调查了技术和组织结构之间的潜在关系。其中最重要的一项研究是由琼·伍德沃德（Joan Woodward）于 20 世纪 50 年代进行的。她的研究建立在对英格兰艾塞克斯东南部地区的 100 家制造企业的分析的基础之上。琼·伍德沃德的研究方法是按"技术复杂性"将企业分类，这种分类涉及三类产品模式：（1）单位生产或小批量生产（如定做的机器）；（2）大批量生产或大规模生产（如自动装配线）；（3）连续生产或过程生产（如化工厂）。单位生产或小批量生产模式代表了技术复杂性程度的最低水平，而连续生产或过程生产模式代表了技术复杂性程度的最高水平。

将企业按上述的标准进行分类之后，琼·伍德沃德研究了一些组织变量。她有如下发现：

1. 当技术复杂性程度提高时，组织层次增加。
2. 管理者和员工总数之间的比例随组织技术复杂性程度的增加而增加。
3. 运用伯恩斯和斯德克尔有关有机系统和机械系统的定义，有机系统倾向于控制企业技术复杂性的两端，而机械系统倾向于控制企业技术复杂性的中间范围。
4. 技术复杂性与组织规模之间并不存在显著的联系。

多年之后，爱德华·哈维（Edward Harvey）进行了类似的研究。不同于琼·伍德沃德的按技术复杂性程度进行分类，哈维按照从技术的分散性到技术的特异性程度将企业进行分类。技术分散性的企业拥有更广泛的产品，生产的产品每一年都有变化，并且更多地生产定做的产品。在技术和许多组织特征之间的重要关系的方面，他的发现与伍德沃德类似。

伍德沃德和哈维的研究得出的基本结论是：组织技术和组织结构的一些方面存在明显的联系。许多其他的研究也证实了技术和结构之间的关系。尽管他们得出了一些相互冲突的结论，但大多数的研究都发现了技术和结构之间存在一定的联系。

---学习进度检测问题---

1. 什么是组织图？
2. 解释组织成长的各个阶段。
3. 组织结构的四个最重要的影响因素是什么？
4. 解释机械系统与有机系统之间的不同。

影响组织结构变化的因素

近几年，通信技术的巨大进步产生了许多管理企业的新方法。这些新方法已经影响了许多组织的组织结构。外包就是其中的一种新方法。

外包是将特定的工作活动转包给外部组织的做法。无论外包是对缩减规模的反应、降低成本的尝试还是提高服务的努力，它都将会对工作场所和组织图产生重要的影响。经常被外包的工作职能包括会计和财政职能、人力资源、信息技术，甚至包括按照合同进行的生产。邓白氏咨询公司（Dun and Bradstreet）估计，30年前开始实施的外包发展到现在，在全世界范围内每年已经有了4万亿美元的规模。在美国，外包从2004年的215亿美元发展到2008年的326亿美元。估计超过25%的执行预算被用于外包的提供或服务。外包是被大公司和小公司使用的一种实践。

国际专业外包组织估计，在美国，几乎30%的外包是由年收入在5亿美元以下的公司进行的。

外包有许多潜在的优点，包括：

- 可以使组织关注于其核心竞争力，而不必花费时间在可以外包的日常领域。
- 通过将任务交给能更有效地完成它的人去做来减少运营成本。
- 能够获得高端人才和艺术级的技术而不用拥有它。
- 减少人事方面的问题。
- 通过允许组织更快地增长来改善资源的分配。

当然，外包也存在着许多潜在的缺陷。其中一个最引人注目的问题是外包使得许多工作机会流失到国外。例如，据估计，到2015年美国将流失300万个工作机会。外包的其他缺陷包括：

- 失去控制并受卖方摆布。
- 失去内部技术。
- 如果太多的事情由卖方支配，劳动力的道德将受到威胁。
- 不能保证节约资金或提供更好的服务。

同大多数管理方法一样，外包并不是一种万能灵药。我们必须注意，应在长期战略下进行外包，而不是为了短期地降低成本。在适当的情况下，外包能运作得很好，但是这往往需要好的管理、好的合同和合理的预期。

权变方法

前面的讨论强调了影响组织结构的多种因素。不存在最佳的组织方法（即组织设计是因条件的变化而变化的）的这种认识，导致了组织的权变（情景）方法的产生。图表8—4描述了先前讨论的变量和其他有助于形成最佳组织结构的变量。权变方法应该被视为一个评估这些相关变量并根据情景选择最佳组织结构的过程。因为大多数变量是动态的，所以，管理者应该根据任何相关变量的变化周期性地分析和评估组织结构。

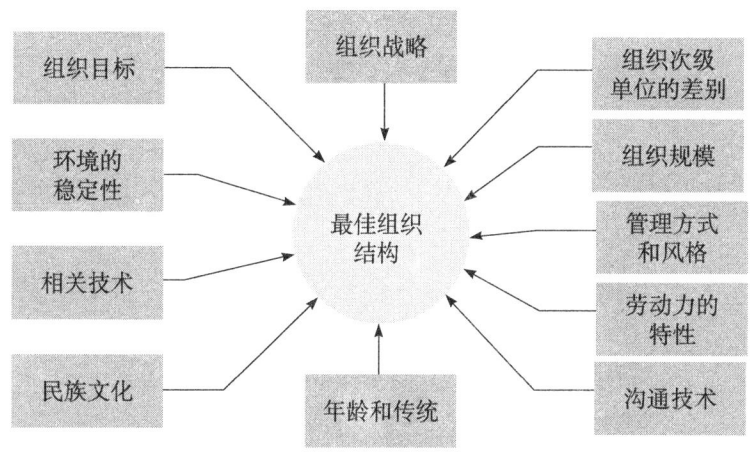

图表8—4　影响合适的组织结构的变量

部门化

现有的组织结构有几千种，其中绝大多数是建立在部门化的基础之上的。**部门化**是指将若干工作按相关的工作单位进行分组。工作单位是按照工作职能、产品、地区、顾客、技术和时间来划分的。

工作职能

按职能划分部门是指按工作的性质划分部门。尽管可以用许多术语来描述工作职能，但是大多数的组织拥有四个基本职能部门：生产、销售、财务和人力资源。生产部门的职能是对产品和服务等实际价值的创造。销售部门的职能涉及产品或服务的计划、根据需求给产品或服务定价、评价如何最好地分配产品或服务，以及通过销售和广告向市场传递信息。任何一个组织，不管是生产型还是服务型的组织，都必须为组织活动的开展提供必要的财务结构。人力资源部门负责保证和发展组织成员。

每一个基本职能都可以根据需要进行分解。例如，生产部门可以分为维修、质量控制、工程和制造等部门。销售部门可以分为广告、销售和市场调研等部门。图表 8—5 是一个典型的按职能划分部门图。

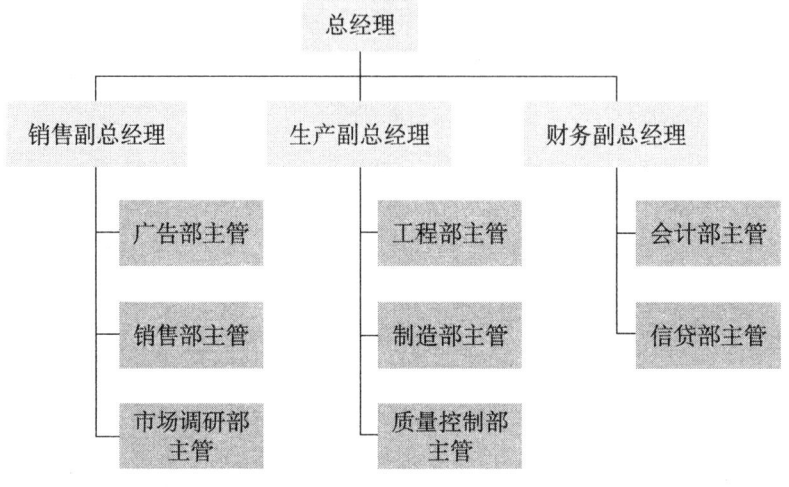

图表 8—5　按职能划分部门

按职能划分部门的最主要的优势是：它实现了按职能进行的专业化分工。同时，它也在职能范围内提供了设备和资源的有效利用、潜在的规模经济和协调的增进。但是，按职能划分部门也有一些消极的效果，比如，职能团队的成员更忠诚于职能部门的目标而不是组织目标。例如，销售部门可能过分热心地去销售产品，即使生产已经不能满足任何额外的顾客需求。如果职能部门的目标和组织的目标不一致时，问题便产生了。冲突也可能在不同的部门争取实现不同的目标时发生。另外，固定在某一职能部门的员工会形成一种狭窄的视角看待组织的发展。最后，当一种多元化的探讨具有越来越大的优势时，管理者狭窄的职能视角可能成为一种劣势。

产品

在**按产品划分部门**中，生产和销售一种产品或服务所需要的所有活动都由一个管理者来管理。这个管理系统允许员工鉴别一种特定的产品，从而发展团队精神。同时，它还易于按照一个明确的利润中心来管理每一种产品。通过让员工体验广泛的职能活动，按产品划分部门为员工提供了人事培训机会。如果职能部门之间竞争过度从而损害到整个组织，那么问题便产生了。第二个潜在的问题是职能部门之间设备的重复购置。按产品划分部门适用于大型、有多种产品的组织。图表8—6描述了一个公司如何运用按产品划分部门的方法来建立组织。

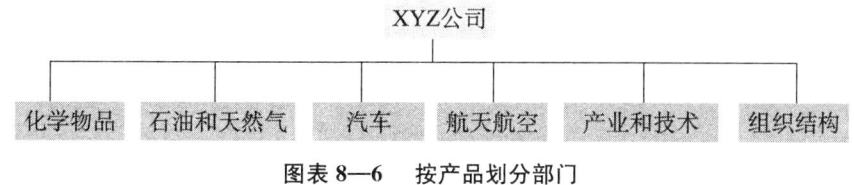

图表8—6　按产品划分部门

地区

按地区划分部门通常发生在人员分散和独立运作的组织中。按地区划分部门允许使用当地的员工或售货员。这能带来顾客的友好态度，增强对当地需求的了解，从而导致高水平的服务。当然，拥有太多的当地员工将使成本增加。

顾客

按顾客划分部门指按所服务的顾客将活动分类。一个常见的例子是：一个组织设立一个为零售顾客服务的部门，还有一个为批发或工业顾客服务的部门。图表8—7描述了强生公司的按顾客划分部门的情况。按顾客划分部门的方式与按产品划分部门有相同的利弊。例如，如果图表8—7中描述的专业部和医药部之间为争取公司资源而过度竞争，那么公司的整体绩效将会受到损害。

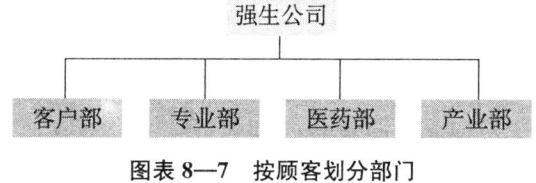

图表8—7　按顾客划分部门

其他类型

还有许多其他可能的部门划分方式。按员工的数量来划分部门在一个组织最重要的成功因素是员工数量时使用。按过程或设备划分部门是另一种方式。最后一种划分部门的方式是按时间或轮换划分部门。昼夜不停工作的组织可能采用这种划分方式。

混合型部门划分

通常，随着组织规模的增长，组织的部门层级也会增加。一个小型组织最初可能没有部门划分，但随着组织的不断增长，它可能最先按照一种方式进行部门划分，然后按照另外一种，然后再按照另外一种。例如，一个大型销售组织可能采用产品划分部门的方式建立自治的事业部，然后每一个事业部再进一步按照地区和顾客类型划分。

混合型部门划分是指组织同时使用一种以上的部门划分法。正如图表8—8描述的一样，一个既定的组织可能混合采用不同的部门划分方式。哪种划分方式最合适则要根据特定的情况而定。

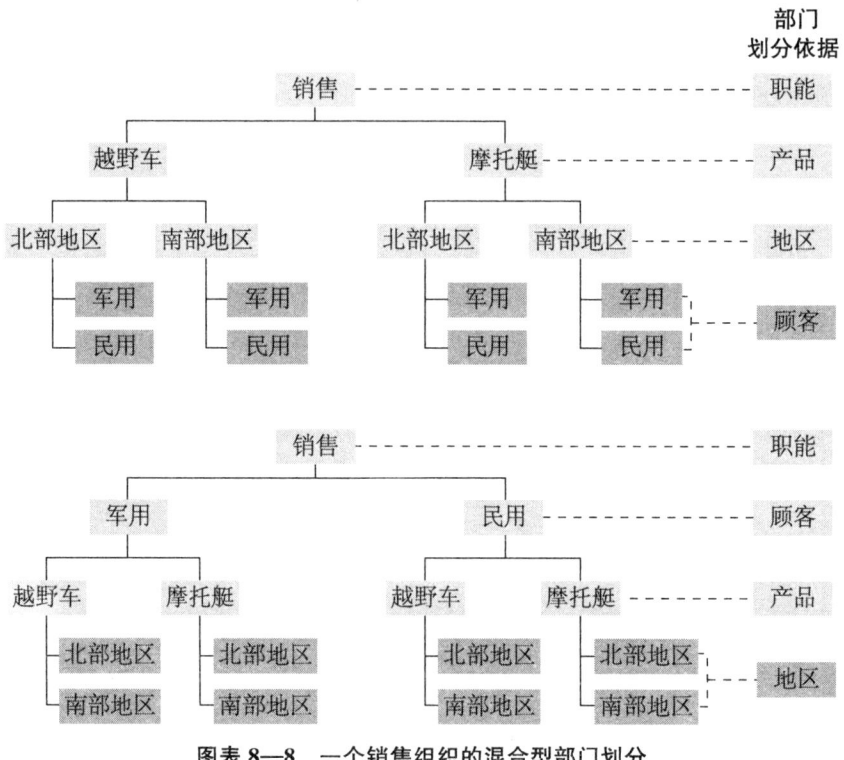

图表8—8　一个销售组织的混合型部门划分

学习进度检测问题

5. 外包的潜在优点和缺陷是什么？
6. 解释组织的权变（情景）方法。
7. 解释部门化的过程。
8. 界定按地区划分部门、按顾客划分部门和混合型部门划分这三个术语。

组织结构的类型

有许多组织可能采用的基本的组织结构类型。传统上，组织结构的类型包括直线结构、直线参谋结构或矩阵结构。近来，新型的组织结构和新型组织逐步形成，这些组织结构的发展利用了新的沟通技术和逻辑技术。新的组织结构包括水平结构和虚拟组织。下面将详细讨论这些组织结构。

直线结构

在直线结构里，权力源于最高层管理者并向下递减。所有的管理者都拥有直线职能或者直接按有助于公司盈利的职能工作。直线职能的管理者包括生产部经理、销售代表和市场部经理。

直线结构的最重要的方面是所有的组织单位的工作直接涉及生产和销售组织的产品和服务。这是最简单的组织结构，其特征是组织的不同层级之间的联系是垂直联系。组织的所有成员都通过指挥链接受命令。直线结构的一个优势是存在一个清晰的职权结构，有助于快速决策和避免"推卸责任"。它的一个缺陷是可能会迫使管理者承担太多的职责，从而可能导致组织变得过于依赖一个或两个有能力承担职责的关键性的员工。由于直线结构非常简单，因此直线结构通常存在于小型组织之中。图表8—9描述了一个简单的直线结构。

直线参谋结构

参谋人员加入到直线结构中就形成了**直线参谋结构**。随着直线组织的发展，参谋变得十分必要。**参谋职能**指本质上具有咨询和支持性的职能，有助于保证组织的效率和持续性。**直线职能**指直接涉及生产和销售组织的产品和服务的职能。直线职能一般与达成组织的主要目标直接相关，而参谋职能间接为组织作出贡献。参谋人员通常是某一个领域的专家，并且他们的职权通常只限于向直线人员提出建议。典型的参谋职能包括研究与开发、人事管理、员工培训和各种"助手"职位。图表 8—10 描述了一个简化了的直线参谋结构。

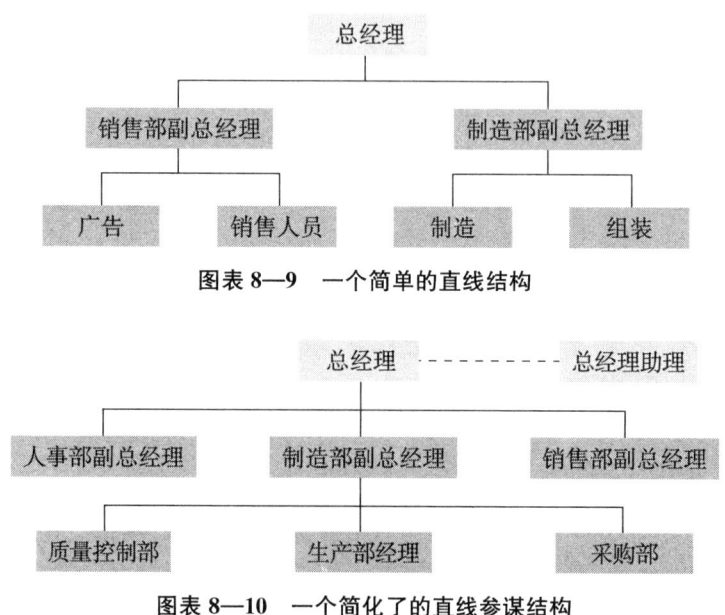

图表 8—9　一个简单的直线结构

图表 8—10　一个简化了的直线参谋结构

直线人员和参谋人员的冲突

与简单的直线结构相比，直线参谋结构允许更多的专业化和灵活性，然而有时它也会造成冲突。一些参谋人员可能并不满足于他们只是直线人员的建议者，而并没有实际的直线权力。同时，直线经理知道他们对产品负有最终的责任，因此经常不愿意听从参谋人员的建议。一些参谋人员认为不应该把他们放在给直线人员提建议的这个位置上，他们认为直线经理应该听取他们的意见。如果参谋人员坚持自己的看法，直线经理可能就会抱怨参谋人员"试图干涉和控制我的部门"，而没有坚持自己的看法的参谋人员则经常变得很泄气，因为"从来没有人听我们的建议"。

矩阵结构

组织的矩阵形式，也称项目形式，是在传统的直线参谋结构里建立

第八章 组织结构

项目小组的一种方式。项目是指"为达到一个特定的目的而设立组织中暂时性的人力和非人力资源的联合"。一种新产品的销售和一座新大楼的建设就是项目的例子。因为项目是临时性的,因此必须寻求一种管理和组织项目的方式,以便现有的组织结构不被完全破坏并且保持一定的效率。

在**矩阵结构下**,为某一项目工作的人员被正式派任到项目小组并仍从属于原来的部门。管理者被赋予在保证一定的花费、质量、数量和完成时间等条件下完成项目目标所需的职权和职责。然后,项目经理由原来的职能部门授予必要的人事权。因此,在原有的垂直直线结构中形成了一个水平直线结构。在这个体系中,职能人员被委派到项目中并由项目经理进行绩效评价。当项目或所负责的任务完成时,职能人员回到原来的部门或者在一个新的项目小组中开始一个新的项目。图表8—11描述了一个矩阵结构。

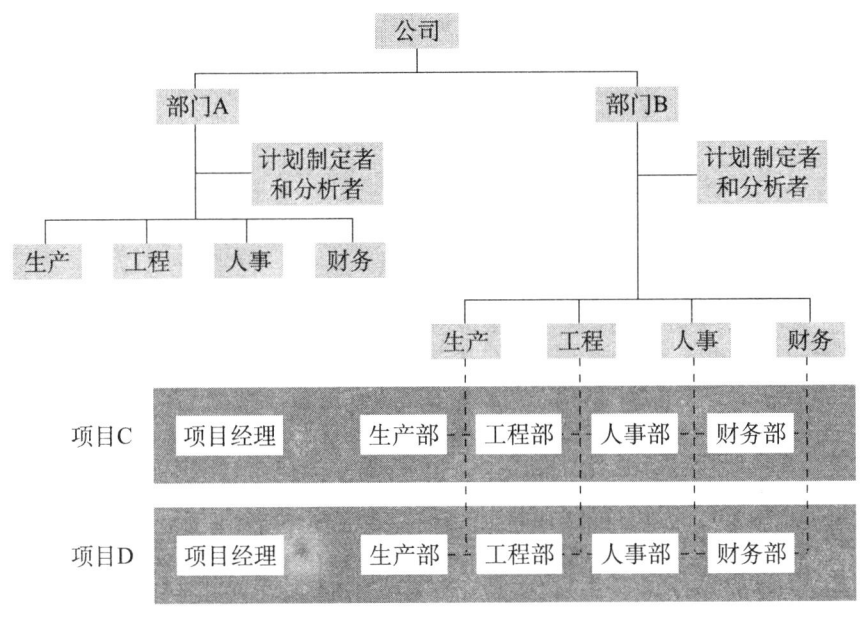

图表 8—11　矩阵结构

资料来源:From David Cleland and William King, *Systems Analysis and Project Management*, 3rd ed., 1983. Reproduced with permission of the McGraw-Hill Companies, Inc.

矩阵结构的一个主要优势是:当项目需要发生变化时,人员和资源的整合也易于改变。其他优势包括:通过建立项目小组把重点放在项目上,一旦项目结束,项目成员就可以回到原来的职能部门。另外,员工经常受到挑战;由于项目经理必须承担多样化的角色,从而可以促进其管理才能不断提高,因此各部门间的合作也能得到发展。

矩阵结构的一个严重问题是:它违反了统一指挥原则。如果项目经理的职权不明确,那么就会产生角色冲突。在这种情况下,被委派到这个项目的人员可能会收到来自项目经理和所属的职能经理的相互冲突的命令。矩阵结构的第二个问题是:被委派到某一项目的人员仍由所属的职能经理对其进行绩效评估,而职能经理通常几乎没有机会了解到他在项目中的工作表现。此外,矩阵结构忽视传统并给通信网络带来了过度的压力。

职业管理

评估自身优势和弱点

了解我们自身的优势和弱点具有重要的意义。首先,面对生活和工作,我们能认清自己的真实意愿并清楚自己能做什么。了解自己擅长做什么能有助于工作的改进。如果我们诚实地接受自己的弱点并在工作中注意克服这些弱点,那么我们的意志将得到磨炼,从而真正了解自己的优势和弱点。

然而,我们很难接受批评,或者有时候赞扬让我们学习并成长,但是,当我们了解自己的优势和弱点时,我们能成长得更好。

你知道你的优势所在吗?你的弱点又是哪些呢?怎样做才能改进自身弱点和更好地利用自身优势?做一个自我评价,那么你就会了解自身的优势和弱点。

水平结构

水平结构也称团队结构,是一种较新的组织结构类型。水平结构包括两个团队:第一个团队由负责战略性决定和政策的高层管理者组成;第二个团队由负责不同环节工作的授权员工组成。图表8—12描述了一个基本的水平结构。一个水平结构的特征包括:

1. 组织围绕3~5个核心过程建立,比如在特定的绩效目标下开发新产品。每一个过程都有一个所有者或拥护者。

2. 组织层级扁平化从而减少管理层级。

3. 团队管理一切，包括他们自己。成员对绩效目标负责。
4. 顾客驱动绩效，而非股票或盈利驱动。
5. 团队绩效将受到奖励，而非个人。鼓励员工发展多样技能并给予奖励。
6. 顾客和员工的关系最大化。
7. 强调为员工提供信息和对员工的培训。"不要止步于获取必须知道的信息。"

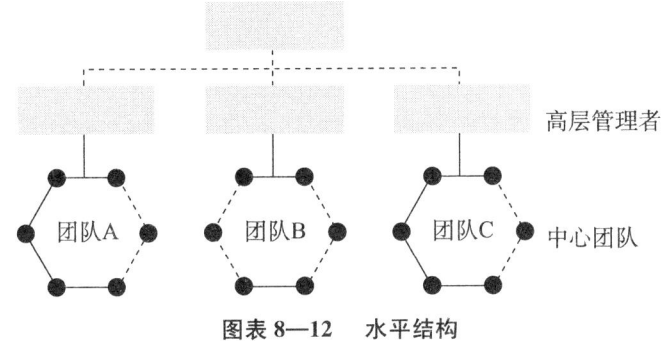

图表8—12　水平结构

如上所述，水平结构强调顾客满意度，而非财务或职能目标。信息由过程中的团队在最低层级得到处理。最低层级出现的问题通常很快由过程中的团队解决，因此使得组织的运作更有弹性，反应也更快捷。

水平结构的优势还包括效率的提高、团队文化和士气的改善以及顾客满意度的提高。卡夫食品、福特汽车公司、通用电气、英国航空公司、美国电话电报公司、摩托罗拉、伸宝、特易购、美国运通公司财务顾问等都至少在组织内部分地采用水平结构。

—— 学习进度检测问题 ——

9. 直线参谋结构是如何设立的？
10. 解释矩阵结构如何运作。
11. 矩阵结构的主要优势是什么？
12. 水平结构具有哪七个特征？

虚拟组织

虚拟组织是指商业伙伴和团队通过信息技术手段跨越地理或组织界限

而一同工作的组织。在虚拟组织中，有三种基本的类型。

一种类型是通过计算机、电话、传真和视频会议将一群有技术的人组织起来形成一家公司。第二种是致力于特定职能的一些公司——例如生产或销售公司——组合在一起。第三种是大型公司通过利用现代科技把信息传达给合作公司的方式将其许多业务外包给合作公司，从而使大型公司能集中在其擅长的领域。

虚拟组织建立了一个合作者的网络，合作者们通过这个网络追求一个特定的机会。实现这个机会，合作者们通常就会解散，并且组成新的联盟去寻求新的机会。因此，虚拟组织具有流动、灵活和不断变化的特点。图表8—13描述了一个虚拟组织的基本类型。技术在虚拟组织的形成过程中扮演了重要的角色。综合的计算机和信息技术成为了将不同的合作者整合在一起的工具。为了描述一个虚拟组织是如何运作的，假定你领导了一家大公司。在圣诞节期间，你的公司需要额外增加100名客户服务代表。圣诞节一过，公司就不再需要这些额外增加的客户服务代表了，因此，雇用长期员工没有意义。相反，你可以雇用100个在家工作并拥有自己的电脑的人。对虚拟组织来说，地理位置并不重要，他们可以在克利夫兰、香港或者新加坡。虚拟组织的员工连接到公司的数据库，就可以成为公司的扩展部分。只要有一个顾客进行呼叫，所有关于顾客的信息就会在处理电话的员工的计算机屏幕上出现，因此，广泛分散的员工也能开展工作，就像在同一个地点工作一样。一旦圣诞节一过，这种合作就解体了。

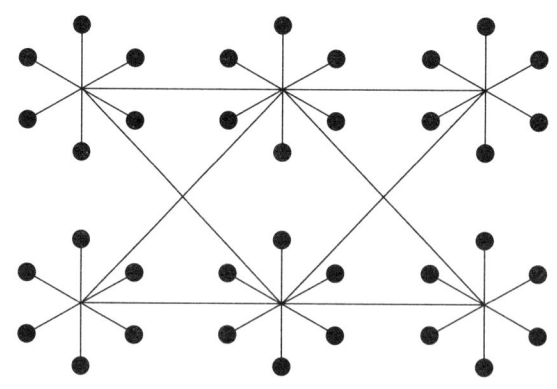

图表 8—13　虚拟组织

如图表8—14所示，虚拟组织有很多潜在的优点和挑战。许多人认为某些类型的虚拟组织将成为未来的发展趋势。

第八章 组织结构

图表 8—14　　　　　虚拟组织潜在的优点和挑战

优点	挑战
提高生产率。 降低成本。 能够雇用到最有才能的员工而不必考虑地理位置。 通过建立动态团队快速解决问题。 更简单地平衡静态员工和动态员工。 改善工作环境。 更好地平衡工作和个人事务。 提供竞争优势。	领导者必须从控制模式转变到信任模式。 需要新的沟通和合作方式。 管理者必须营造一种学习型文化并愿意接受改变。 需要对员工进行再教育。 监控员工行为变得十分困难。

资料来源：Maggie Biggs, "Tomorrow's Workforce," Infoworld, September 18, 2000, p. 59; and Sonny Ariss, Nick Nykodym, and Aimee A. Cole-Laramore, "Trust and Technology in the Virtual Organization," S.A.M. Advanced Management Journal, Autumn 2002, pp. 22-25.

组织结构的发展趋势

在过去的几十年中出现了若干发展趋势。在 20 世纪 50 年代和 60 年代，研究者的注意力集中在了扁平式结构和高耸式结构的比较上。扁平式结构是指管理层级较少、管理幅度较大的组织结构；**高耸式结构**是指管理层级较多、管理幅度较小的组织结构（见图表 8—15）。詹姆斯·沃斯（James Worthy）进行了这方面的研究。沃斯研究了 12 年间西尔斯—罗巴克公司（Sears and Roebuck）的 10 多万名员工的士气。他的研究表明，管理层级少、管理幅度大的组织会带来更高的工作满意度。管理幅度大也会迫使管理者授权给下属并发展更直接的沟通联系。另外一方面，罗科·卡佐（Rocco Carzo）和约翰·雅努泽斯（John Yanouzas）发现，在高耸式结构中运作的团队，其绩效明显比在扁平式结构中运作得好。其他的研究也提供了相互矛盾的结论。因此，不能说扁平式结构比高耸式结构好，也不能说高耸式结构比扁平式结构好。

通常，与美国的组织相比，日本的组织从历史上看中层管理者更少、更扁平化。例如，从历史上看，与通用汽车、福特或者克莱斯勒相比，丰田公司的管理层级较少。然而，经过近几年的规模缩减，美国的组织管理幅度也开始扩大，组织结构趋于扁平化。随着 20 世纪 80 年代初托马斯·彼

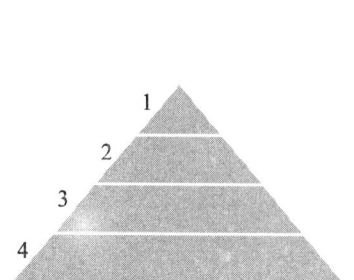
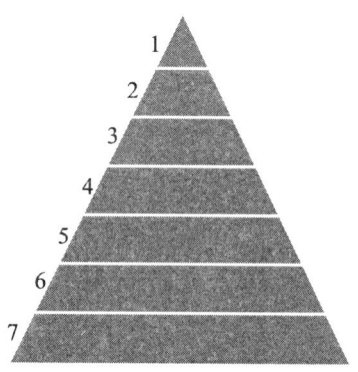

管理幅度8∶1
4个管理层级
扁平式结构

管理幅度5∶1
7个管理层级
高耸式结构

图表8—15　扁平式结构与高耸式结构

得斯和罗伯特·沃特曼的《追求卓越》这一畅销书的出版，人们的注意力转向了具有简单的形式和更少的人员的组织结构。从历史上看，随着组织的增长和成功，它们倾向于形成越来越复杂的组织结构。这种变化发生的主要原因是员工职位的增加，尤其是在高级管理层。随着组织的增长，许多管理者需要更多的员工和更复杂的组织结构。他们认为人员的数量等于成功。

彼得斯和沃特曼在研究中发现，大多数成功的公司采用了简单的组织结构和较少的员工。其中一个原因是，简单的形式和较少的员工使得组织能够更快地适应快速变化的环境。同时，这样也有助于革新。简单的形式和较少的员工相互促进：简单的形式要求较少的员工，较少的员工导致简单的形式。

近年来，许多组织都抛弃了传统的直线参谋结构，而倾向于采用水平结构和虚拟组织。所有的迹象表明，这些趋势将会继续下去。随着越来越多的员工得到授权，公司将更强调通过团队进行管理。与此类似，随着通信技术的改进，很多公司将会发展成虚拟组织。

委员会

委员会是最传统的组织结构的重要组成部分。**委员会**是由一群经正式委任的人组成、凌驾于某一行业之上的组织结构，或负责考虑、决定特定事务的团队或人员结构。委员会可以是永久的，也可以是临时的，通常负责直线职能和参谋职能，或者起辅助性作用。

团队是在非传统的水平结构和虚拟组织中委员会的类似物。由于团队对现代组织具有重要意义，因此下一章将讨论团队。

有效使用委员会

管理者能够做很多事情来避免错误和提高委员会的效率。第一步是明确界定委员会的职能、范围和职权。显然，委员会的成员必须清楚委员会有效发挥其作用的目的。如果是一个临时性的委员会，必须告知委员会的成员预期的工作期限。这将有助于避免不必要地延长委员会的工作期限。负责设立委员会的人应该清楚地知道委员会的职责范围。委员会一经设立，就应该确定其职责范围。

第二步是应该仔细挑选委员会成员和主席。委员会的规模是一个重要的变量。通常，随着委员会规模的增长，委员会会变得越来越没有效率。一个经验是，最好的方法是使用完成工作所需要的最少的成员。选择有能力的成员比选择有代表性的成员更为重要。从相同的组织层级中挑选成员也十分重要。来自更高层级的成员可以限制其他成员的行动和参与。图表 8—16 列举了挑选委员会成员和主席的几种方法，并描述了各种方法的优缺点。

图表 8—16　　　　　　挑选委员会的方法

方法	优缺点
指定主席和成员。	提升全体成员的责任意识。挑选的大多数成员是有能力的。成员们可能不能很好地一起工作。
指定主席并由主席挑选成员。	也许会相处得很好。但是成员缺乏责任心。挑选的人可能不是最有才能或最具有代表性的。
指定成员并由成员推举主席。	主席缺乏责任意识。主席可能不是这个职位的最佳人选。主席的选举可能会导致委员会的分裂。
全部都是志愿人员。	使得最有兴趣的人或最有时间的人参与进来。问题是成员可能缺乏责任心，而且成员之间分裂的可能性很大。

董事会

董事会实际上是委员会的一种类型，它负责按最高管理层的提议制定主要政策和进行战略决策。董事会成员可以是内部的也可以是外部的。内部董事的多数成员在组织中占据了管理职位；而外部董事的大多数成员不在组织中担任职务。内部董事由于在组织内担任了一定职务，因此在战略管理中负有一定责任。但是从整体上看，两种类型的董事所起的作用是基本相同的。董事会成员不必自己拥有股票（尽管许多组织要求董事会成员拥有股票），他们被推选为董事会成员主要是为组织服务的。

尽管大多数的董事会的职能限制在制定政策和战略方面，并且不能参与组织的日常运作，但是各个董事会参与到组织日常管理工作的程度不尽相同。多年来，很多董事会只是作为组织象征性的领导者，而对组织的贡献并不大。然而，近几年，这种情况正在改变。最近有关对董事会的诉讼大都涉及对组织日常运营的责任问题，这就增加了董事会为组织服务的风险。因此，董事会变得比过去更为活跃。而且，现在有些人在进董事会为组织服务之前都要签署责任保证书。一个最新的发展是，股东们要求董事会主席必须由一个与组织无关的外部人员担任。一个勤勉的董事会应该为股东利益服务，并关注这样一个关键问题：衡量公司管理的绩效的标准是什么？这个标准不是公司上一年赚了多少，而是公司应该赚多少。

学习进度检测问题

13. 虚拟组织潜在的优点和挑战是什么？
14. 列举三种类型的虚拟组织。
15. 解释扁平式结构和高耸式结构之间的区别。哪种结构更好？为什么？
16. 为什么董事会变得比以前更活跃？

小　　结

组织结构设定了一个正式组织的边界且确立了组织运行的环境。一个合适的组织结构有助于保证组织的高绩效，但是一个管理者是否会因为采用合适的组织结构而取得成功，这一问题还有待商榷。本章讨论了组织结构的权变方法并描述了不同组织结构的类型。由于可供选择的组织结构很多，因此，必须明确一个组织结构应该由谁做出决策、如何做出决策以及其对组织绩效的职责所在。在下一章，我们将讨论组织中的人事管理对组织成败的影响。

第八章 组织结构

案例讨论 8.2

一种新的组织结构

昨天，汤姆·安德鲁斯（Tom Andrews）被正式提升为柯布总医院（Cobb General Hospital）的院长。柯布总医院位于辛辛那提的郊区，拥有600个床位。汤姆对自己被提升感到非常激动，但是同时也有些担忧。

汤姆在柯布总医院已经工作了三年，以前是医院的副院长。尽管他是副院长，但实际上他更像是前院长比尔·柯林斯（Bill Collins）的助理。鉴于汤姆的教育背景（他获得了医院管理硕士学位）和对医院的忠诚，医院董事会上周接到比尔·柯林斯的辞呈后，就决定让汤姆接任院长一职。

汤姆正在查看医院的组织结构图，这是由比尔·柯林斯去年设计的（见图表8—17）。事实上，每一次设立新的部门或者开始新的职能时，比尔都让相关人员直接向他一人汇报。汤姆担心在这个新职位上，自己是否有管理这些人的能力，做到让这些人只向他一人汇报。

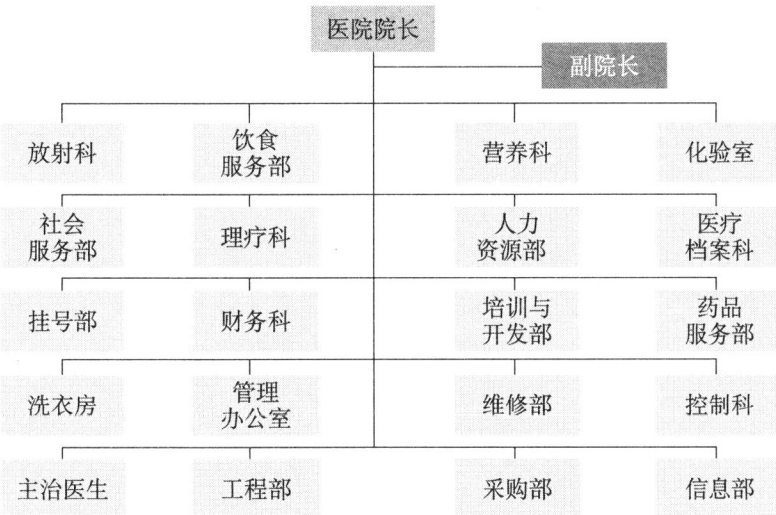

图表 8—17 柯布总医院的组织结构图

问题

1. 你认为汤姆是否具备新职位所要求的技能和经验？如果是，为什么？如果不是，又为什么？

2. 你将如何描述柯布总医院现有的组织结构？

3. 你同意汤姆的观点吗？为什么？
4. 你打算如何重新设计一份组织结构图？

 工作世界："塔克·巴恩送餐上门"

托尼并不确定这项名为"送餐上门"的新顾客服务能否达到每个人的高期望。但是，在这项服务还处在发展阶段时，就有两篇贸易杂志的文章发表评论：塔克·巴恩连锁餐厅利用先进技术为顾客提供服务。"也许这是件好事情"，托尼想着，尽管新项目的实施并没有带来预期的成本降低，但也许还没到时候。

这项"送餐上门"新服务关注成本的降低，这也是成立一个位于印度的电话服务中心这一想法如此诱人的原因。处理每一个订单所需的花费比提供同样服务的美国供应商所要求的费用的一半还少。然而，随着新服务的推行，公司开始认识到提供离岸服务所需的许多其他固定成本没有计算进去。突然，所有事情变得更昂贵——从把塔克·巴恩的员工送到海外对电话服务中心进行关于塔克·巴恩连锁餐厅的价值观的培训、顾客订单的混乱，到让印度电话服务中心的主管参观美国塔克·巴恩餐厅的运作。所有的这些花费成了固定成本。

为了将成本降到最低，大多数的花费被相应地缩减了。印度电话服务中心的主管观看塔克·巴恩内部的培训视频，而不是亲自参观塔克·巴恩餐厅的运作；通过召开电话会议对印度电话服务中心进行培训，然后印度的培训主管就可以训练员工如何为顾客提供电话预订服务。电话服务中心主管向塔克·巴恩执行官保证不会出什么问题，因为他们曾经为许多美国公司及其产品提供过服务，例如电脑、移动电话、技术支持和其他产品。

几周后，托尼收到一个邮件通知，他的部门已经被选为"送餐上门"服务的首个试点，而且这项服务将从下周五开始。托尼心里想着："太棒了，从忙碌的夜晚开始。但为什么不在星期六晚上开始，然后真正制造一些轰动呢？"

托尼从未认为自己是一个悲观主义者，但第一个晚上的情况比他期望的更糟。一些顾客打电话向电话服务中心预订，然后打电话给餐厅确认订单是否被记下。另外一些顾客向餐厅抱怨"电话上的女孩带着奇怪的口音，根本听不懂她在说什么"。还有更多的顾客抱怨他们不能像在当地的塔克·巴恩餐厅里那样取消一些订单项目。

同时，餐厅还收到了错误信息的订单或订单上的项目是餐厅从未提供过的。一些订单从未送达，因此，顾客在30分钟后到餐厅取预期中应该已经准备好的食物时，发生了不少混乱和争吵。

在两周的试验之后，托尼所在地区的"送餐上门"服务被停止了，而且一切回到原点。托尼被要求完成一份长达15页的评估报告。

托尼想："我该从哪里开始呢？"

问题

1. 托尼从哪里着手这项服务？在实施"送餐上门"的新顾客服务的过程中都出现了什么问题？
2. 这些问题的发生是在意料之中的吗？为什么？
3. 你认为这项新服务是如何影响餐厅的当地顾客的？
4. 塔克·巴恩公司现在应该做些什么？请阐述理由。

问题回顾

1. 描述组织战略和组织结构之间的关系。
2. 什么因素导致了直线参谋结构中直线人员和参谋人员之间的冲突？
3. 如果你是一名员工，你的公司实施了大规模的外包计划，你会如何回应？
4. 你认为虚拟组织会变得越来越重要吗？如果是，为什么？如果不是，又为什么？

关键术语

组织结构　界定正式组织的界限以及组织运营范围的框架。

机械系统　一种对职能分工有严格的界定、对岗位有精确的描述、权责分明和有能使信息上传下达的完善的等级制度的组织系统。

有机系统　一种较少对职位进行描述，更多强调适应性和参与，固定职权较少的组织系统。

外包 将特定的工作活动转包给外部组织的做法。

部门化 指将若干工作按相关的工作单位进行分组。

按职能划分部门 指按工作的性质划分部门。

按产品划分部门 指按生产和销售的产品或服务对所有必要的活动进行分类。

按地区划分部门 根据地域来划分部门。

按顾客划分部门 指按所服务的顾客将活动分类。

混合型部门划分 组织同时使用一种以上的部门划分法。

直线参谋结构 参谋人员加入到直线结构中的组织结构。

参谋职能 指本质上具有咨询和支持性的职能,有助于保证组织的效率和持续性。

直线职能 指直接涉及生产和销售组织的产品和服务的职能。

矩阵结构 不同职能领域的员工被指派到某一具体项目或工作任务上的混合组织结构。

水平结构 包括两个团队,第一个团队由负责战略性决定和政策的高层管理者组成;第二个团队由负责不同环节工作的授权员工组成。

虚拟组织 两个以上独立实体(包括供应商、顾客甚至竞争者)组成的临时网络,各实体通过信息技术实现共享信息、分担成本和进入彼此的市场。

扁平式结构 指管理层级较少、管理幅度较大的组织结构。

高耸式结构 指管理层级较多、管理幅度较小的组织结构。

委员会 由一群经正式委任的人组成、凌驾于某一行业之上的组织结构,或负责考虑、决定特定事务的团队或人员结构。

董事会 负责审查高层管理者提交的主要政策和战略决策的委员会,由公司投资者选举产生。

找出最新一期《财富》杂志评选出来的最受欢迎的公司排行榜。

分别从排行榜的前十名和后十名中各挑选两家公司。利用网络资源找出每一家公司的董事会的构成。

1. 这些公司中是外部董事还是内部董事占多数?

第八章 组织结构

2. 对比这四家公司，它们的董事会存在显著的差异吗？

3. 你认为未来发展趋势是采用更多的外部董事还是采用更多的内部董事？为什么？

4. 如果你是其中任何一家公司的股东，你愿意公司有更多的外部董事还是内部董事？为什么？

团队练习

将你的班级分成两个或三个团队。每个团队必须选择在高度竞争的市场上销售产品的一家公司。假定，尽管具有清晰的设计和功能上的优势，但是这种产品还是不如其他类似的产品畅销，因此必须重新进行销售分配。你可以做任何合理的假定以完成下列任务：

1. 设计你心目中组织公司的产品销售分配的一种最佳方法。

2. 为你的分配设计一个可选择的组织结构。

3. 你为什么采用这种组织结构？

4. 如果问题1或问题2中的答案没有被采纳，那么就设计一种混合型组织结构。在这种情况下，采用这种组织结构的赞成和反对意见有哪些？

讨论练习8.1

中国第一个全球资本家

联想总裁杨元庆正在树立一个新的国际品牌。

杨元庆，42岁，联想集团有限公司（Lenovo Group Ltd.）的总裁，领导着收入高达130亿美元的世界第三大PC公司。去年，当联想完成对IBM笔记本业务的收购后，杨元庆走上了国际舞台。他成为接管西方国家业务的第一个中国企业家。同时，他掌握了世界领先的计算机技术。现在，作为中国第一个真正的全球资本家，他有机会来帮助中国摆脱廉价的世界制造中心的形象。但是，杨元庆可以做得更多。从他29岁就为联想集团努力奋斗开始，杨元庆就已经打破了传统的中国经理人的形象。如今，他正成为第一个混合型的领导者，他将西方式管理的激励与创造力和中国式管理的高效率有机结合在了一起。

239

联想集团在收购IBM的全球PC业务后的蜜月期结束了。2007年春天，当美国部分国会议员担心联想的收购将会威胁到美国的国家安全时，杨元庆就开始遇到了一些政治上的阻碍。由于担心中国政府会在电脑里装置窃取信息的技术，美国政府调整了一些敏感性的方案。联想集团的内部也出现了分裂。2006年12月，杨元庆和公司董事会迫使前IBM高管史蒂夫·沃德（Steve Ward）辞去联想集团CEO一职，因为他在降低成本方面表现不佳。沃德的替任者是威廉·J·阿梅里奥（William J. Amelio），之前威廉是戴尔公司亚太区负责人。这是一个不同寻常的选择。杨元庆管理整个公司，而阿梅里奥负责向他汇报。但是他们在监督公司运作方面享有几乎同等的责任。联想集团的产品至少销售到66个国家的市场上，并且在中国、美国和日本等国家设立了研发实验室。另外，杨元庆和阿梅里奥必须整合老联想和前IBM公司的员工和公司文化。从本质上看，他们正在整合的是两个国家的文化，特别是阿梅里奥带着多名戴尔高管加盟联想集团后，他们要面对三家公司文化的融合问题。从来没有一位公司的领导者要处理如此复杂的关系网。

杨元庆的战略是雄心勃勃的。接下来的两年，在中国，他计划扩大联想已有的35%的市场份额，同时将公司业务拓展到其他新兴市场。在西方国家，他利用IBM将产品销售给大客户市场。在中小企业市场方面，联想正在模仿其在中国采用的战略，并且通过零售商开拓了一条新的市场渠道。同时，联想重新整合了前IBM公司的生产链以提高生产效率。

前IBM公司的工程师认为，自从联想并购之后，情况好转了，而且这种转变出乎了大家的预期。杨元庆将收入的一部分固定作为产品研究与开发费用。但是，由于中国市场的庞大业务，杨元庆遇到了不少困难。同时，杨元庆还拿出了1/5的产品研究与开发费用来削减成本。在美国，公司的战略主要关注成本的节约。

很难确切定位杨元庆在公司扮演的角色。他设计了IBM业务的收购，尽管并购引起的风波已经过去。由于曾经在中国市场上是不相上下的竞争者，因此，最初杨元庆和阿梅里奥两人之间的关系是紧张的。阿梅里奥回忆起在香港饭店时两人初次尴尬的一对一会面："曾经是想撕开对方的喉咙的两人开始一同讨论某些问题。"在他们的第二次会议上，当杨元庆拿出一张联想集团总裁和CEO的名单时，阿梅里奥震惊了。杨元庆的工作

第八章 组织结构

包括制定公司和技术战略以及与投资者进行沟通；阿梅里奥主要负责公司日常的 PC 业务。这不是总裁和 CEO 之间的典型分工——杨元庆会负责更多公司事务，因此更像一个 CEO 的组合体。阿梅里奥对此没有异议。因此，他们现在是一个紧密的团队。杨元庆发挥专长，负责销售和分配方面。同时，阿梅里奥负责调整供应链。在接管 IBM 的 PC 业务后不久，杨元庆就带领董事会设立了一个强有力的策略委员会，但是受到了包括公司合伙创始人柳传志在内的其他人的强烈反对。最初，委员会一个月召开一次会议；现在，委员会一个季度才召开一次会议。

2003 年，杨元庆的机会来了，当时他了解到 IBM 打算卖掉其庞大但亏损的 PC 业务。杨元庆将这个交易看成是联想公司进入国际市场的转机，当时正准备更改联想公司的英文名称。但是，全体董事会成员都反对杨元庆的决定。于是，杨元庆让联想的元老们思考这样一个事实：一家 30 亿美元的中国公司接管一个超过 100 亿美元的全球业务。事实上，IBM 开创了 PC 工业，如果销售 IBM 的产品不能赚钱，那么小小的联想怎么能期望做得更好？杨元庆和他的团队开始埋头苦干。他们向董事会作了一次又一次的报告，以致这些无止境的会议变得像法庭审判一样。最后，杨元庆胜利了。他同意把 CEO 职位交给一个更知名的西方主管，并向董事会保证会把前 IBM 业务经营得更赚钱。

问题

1. 杨元庆是如何打破了中国式管理者的形象的？
2. 解释杨元庆和阿梅里奥是如何配合成为"一个紧密的团队"的？
3. 当杨元庆和阿梅里奥"整合两个国家的文化，他们要面对三家公司文化的融合问题"时，出现了什么问题？

资料来源：Adapted from Steve Hamm and Dexter Roberts, "Global Business," *BusinessWeek*, December 11, 2006.

讨论练习 8.2

印度的蓝图

更多的建筑公司正在采用离岸外包。

真实情境中的管理学

即使在拉斯维加斯，一个以奢华著称的城市，卓彼康纳休闲赌场（Tropicana Casino & Resort）也是非常宏伟的。当花费 20 亿美元的修葺完成后，饭店将有 10 200 个房间、一个新的会议中心和购物中心、6 200 个停车位以及多个泳池。这对游客来说是相当棒的，但是对建筑师来说要完成这项工程是一个极大的挑战。吉姆·斯特普尔顿（Jim Stapleton）是总部位于辛辛那提的 FRCH 全球设计公司（FRCH Design Worldwide）的副总裁，同时也是这个工程的首席建筑师，他说："这个工程就像是要在短时间内建造三座多功能的赌城。"饭店的赌桌和公共区域经过修葺仍将投入使用，这就增加了工程的复杂程度。更糟糕的是，这个时候正是美国建筑师供应短缺的时期。

印度的时机来了。在大约离该地带 8 000 公里的加尔各答的一个狭小的办公室里，许多印度建筑师在夜以继日地为卓彼康纳休闲赌场赶工。他们为凯德弗斯股份有限公司（Cadforce Inc.）工作。凯德弗斯股份有限公司在印度拥有 150 名设计师和计算机技师，在美国有 41 名他们承担着设计位于圣迭戈的一家新医院、一些私人护养所和快餐连锁店等工作。凯德弗斯公司的 CEO 罗伯特·W·瓦尼什（Robert W. Vanech）是一个敢于冒险的投资者，在 2001 年创立了这家公司，他说："离岸外包的浪潮刚刚在去年开始。"凯德弗斯公司是这股浪潮中的一部分。凯德弗斯公司估计，每年美国 290 亿美元的建筑工业中会有大约 1 亿美元的业务外包到海外。哈佛大学和美国建筑师协会（AIA）的一次调查表明，大约 20% 的美国公司采用了离岸外包，另外，还有 30% 的美国公司正在考虑采用外包的方式。牵头这项研究的哈佛博士生大卫·德尔·比利亚尔（David del Villar）说："客户要求更少的环节、更低的费用和更好的细节。"

这样的工作不是那么吸引美国建筑师，但是对印度建筑师来说是一个很好的机会。外包公司的建筑师通常负责处理细节工作，例如把示意图转换成蓝图或者确保门和管道正确安装，而不是负责完成整个设计。尽管这些工作是不可或缺的，但是非常枯燥且需要花费很多时间。然而，25 岁的阿底提·阿尔琼桑（Aditi Sengupta）欣然接受了凯德弗斯公司的机会。她说："这是个好机会，能让我接触更大的空间和素材。"

数字化也是推动这股浪潮的一个重要的动力。越来越多的公司采用先进的计算机技术，从而能够监控整个大楼、进行模拟压力测试和追踪所有建筑材料。这使得远程工作成为可能。Satellier 公司是位于新德里、拥有

第八章 组织结构

300个员工并为排名前30位的美国建筑公司服务的一家公司，公司的CEO迈克尔·詹森（Michael Jansen）说："数字化挑战的并不是成本，而是对过程和系统的理解。"

离岸外包是一时之策吗？

并非每个人都认为建筑行业的发展趋势是离岸外包。美国建筑师协会的主要经济学家柯密特·贝克（Kermit Baker）认为技能的互补产生了离岸的外包。他指出，美国建筑师和印度建筑师之间的收入差距还没有软件编程师之间的收入差距大。很多拥有10年或15年经验的美国建筑师每年挣6万美元——大约是同级印度建筑师的4倍。而软件编程师之间的收入差距达到8倍～10倍。贝克预计："如果就业市场疲软，外包业务将会减少。"当然，仍有许多公司认为外包是有益的。位于加利福尼亚的埃克里斯集团公司Acres Group Inc.是一家快餐经营公司，通过将部分业务外包给凯德弗斯公司可以比原来多完成75%的工作。副总裁罗伯特·刘（Robert Liu）认为外包使他的开支减少了30%，他说："将最费时的技术性工作外包出去，这样可以让我腾出时间来做别的事情，比如获得更多的客户和专注于设计。"

问题

1. 阐述促使美国建筑行业将业务外包到海外的因素。
2. 这种离岸外包的潜在优点和挑战是什么？
3. 如果美国建筑师增加，那么外包到海外的业务会减少吗？
4. 你认为印度建筑师会永远做这些枯燥的工作吗？如果是，为什么？如果不是，又为什么？

资料来源：Reprinted with special permission from *Business Week Online*. Global Business, April 2, 2007, by Pete Engardio, with Nandini Lakshman in Kolkata.

第九章
人员配置

Chapter Nine

"与任何其他才能相比,我愿意付出更多来学习与人打交道的才能。"

——约翰·D·洛克菲勒(John D. Rockefeller)

■ 学习目标

在学完本章之后,你将能:

1. 描述人力资源规划的过程。
2. 定义工作分析、职位资格明细书和技能清单。
3. 辨别肯定性行动和逆向歧视。
4. 解释正式和非正式工作团队。
5. 讨论团队建设的概念。
6. 定义团队迷思。

第九章 人员配置

 工作世界：凯文提了一个建议

在塔尼亚宣布辞职后，托尼提升凯文成为领班。提升凯文是一个非常恰当的选择。他出色地完成了指派的任务，托尼开始为管理开发计划培训凯文，期望道恩能把凯文安排到自己所在的塔克·巴恩餐厅。

凯文一直非常积极且不断提出新想法，今天也不例外。托尼正在安排明天的生产订单，这时凯文敲了敲托尼办公室的门：

"托尼，你有时间吗？"

"当然有，凯文，有什么事吗？"

"我想谈谈我的新工作。你知道我们计划要进行的项目吗？"

"是的。"托尼回答道，他期望通过这次谈话知道更多。

凯文接着说："他们听到了一些消息，而现在他们想进行其他项目。老实说，托尼，我知道关于那个正在计划的项目你给了我极大的信任，但是大多数工作需要他们来完成，而且我认为他们改进食物预订服务和库存管理的主意确实不错。让他们每周一次或两次用大约半小时的时间来按照他们的想法工作，如果他们想要花任何钱，就必须从你那取得财政支持，我保证这不会耽搁他们的工作。你觉得这个主意怎么样？"

托尼的第一个反应是纯粹的恐慌，如果他的员工开始提出全部新想法，道恩也就没有理由让他留下了。但凯文愿意为员工挺身而出并且信任员工能力的态度让托尼很钦佩。

因此，托尼说："凯文，这是个好主意，让他们做一个项目报告，并给他们几周时间来运作。然后我们观察结果，再决定是否值得让道恩过目。"

凯文说："托尼，谢谢你，我相信他们的表现会让你感到惊讶的。"

问题

1. 为什么托尼的第一个反应是感到恐慌？
2. 凯文为什么以这种方式支持他的员工？他能得到什么？
3. 你认为托尼有做错吗？如果有，是为什么？如果没有，又是为什么？
4. 这个主意在你的公司会推行下去吗？为什么？

人事工作

管理的人事职能包括获取和发展员工从事由组织职能产生的工作。人事工作的目标是为组织获取最优秀的员工,并且开发这些员工的技能和能力。对组织员工的技能和能力的开发过程包括员工的发展和适当的晋升、调任以及离职。由于政府的多种规章制度,人事职能是错综复杂的,而且,许多规章制度经常发生变化。

令人遗憾的是,许多人事活动传统上都是由人力资源部门或人事部门来完成的,而且,一线经理们认为这些活动是相对次要的事情。然而,获取和发展合格人员的问题应该引起所有管理者的关注,因为它关系到一个组织所拥有的最有价值的资产:人力资源。

工作分析

工作分析是指通过调查和研究,确定与某一特定岗位性质相关的基本信息的过程。工作分析的结果包括职位说明书和职位资格明细书。**职位说明书**是指描述某一特定岗位所要求的工作目的、责任、内容和绩效结果的书面文件。职位说明书应用于发展公正和全面的奖惩体系。另外,工作分析的准确性有助于或阻碍招聘人员吸引合格求职者的努力。**职位资格明细书**是指说明了完成一项特定工作所必需的能力、技术、个性或品质的书面文件。总之,职位资格明细书规定了一个人完成工作的资格。工作分析通常由人力资源部门的专家来完成。但是,管理者也应该参与到与其管理的职位相关的职位资格明细书的最终确定中。

技能清单

通过工作分析,一个组织可以在现有或新增的职位的基础上确定当前的人力资源需求。**技能清单**是关于组织现有人力资源的统一信息。它包含了组织每个员工的基本信息以及对员工的全面描述。通过对技能清单的分析,组织能够评价其现有的人力资源的质量和数量情况。

技能清单应该包括六大类信息:

1. 技能:受教育情况、工作经历和培训经历等。

2. 特殊的资格证明：专业社团的成员、特殊成就等。

3. 薪酬和工作经历：现有的薪酬、以前的薪酬、加薪日期和担任过的职位等。

4. 公司资料：福利计划数据、退休信息和年资等。

5. 个人能力：测试得分、健康信息等。

6. 个人偏好：工作地点或工作偏好等。

由计算机处理技能清单的主要优势在于，它能对组织内可获得的技能做出快速而准确的评价。结合工作分析和技能清单提供的信息，组织就能够评价其现有的人力资源状况。

也可以设计和保存专业的技能清单。管理者清单就是一个例子，它将分别评价管理者的特定技能，如战略管理技能、经验（例如国际经验或语言能力）和管理或领导工作时的成功与失败的经历。

除了评价组织现有的人力资源状况之外，组织必须考虑现有的人力资源状况由于员工的退休、死亡、解雇、晋升、调任和离职等因素而发生的变化。人事方面的某些变化可以容易而准确地估计出来，但是，其他一些变化则难以预料。

人力资源规划（HRP）也称人事计划，指在合适的时间为适当的职位获取适当数量的合格人员的过程。也可以说，HRP 是一个组织内部人员（组织现有员工）和外部人员（组织即将雇用或招聘的人员）的供给量与组织在一定时期预期拥有的职位空缺数相匹配的系统。

HRP 包括对组织的人力资源进行规划的过程。一旦设定了组织计划和组织目标，HRP 过程将确保人力资源需求得以满足从而实现组织目标。

人力资源规划过程的第一个基本问题是：我们的现状如何？人力资源规划在回答这个问题时，经常要用到工作分析和技能清单。

职业管理

积极的态度及其重要性

你认为自己是一个积极的人吗？哪些变量会影响你的精神状态？消极的生活经历是否使你变得更为消极？思考你的性格是如何影响你的生活的？

- 学校表现和努力程度
- 现有的人际关系

- 完成工作的投入
- 他人对你的印象
- 超越自身的潜能

你的态度决定了事情的结果。一个积极的态度会产生积极的结果，这有助于你更好地处理事情。

预测

人力资源规划过程的第二个基本问题是：我们要向哪里发展？**人力资源预测**对这个问题的回答离不开对组织人力资源需求的考虑。这是个根据组织目标决定组织未来人力资源需求的过程。人力资源需求预测需要考虑许多变量，包括销售项目、潜在的商业风险、所需的技能、现有的劳动力构成、技术变化和一般经济环境。鉴于人力资源在实现组织目标中所发挥的作用，各级管理层应该关注预测过程。

人力资源预测通常是根据直觉进行的，管理者根据经验和判断力确定未来的人力资源需求。这种方式假定所有的管理者能清楚地知道整个组织未来的计划。令人遗憾的是，这种假设往往是不符合实际的。

转变

转变是人力资源规划的最后阶段，在这个阶段，组织根据人力资源预测的结果来确定如何获得所需的人力资源的数量和质量，从而实现组织目标。人力资源预测的结果是对组织的人力资源需求的说明，并且是以组织的计划和目标为依据。为了使人力资源的现有水平和人力资源预测的结果相一致，组织需要进行几项转变性活动。这些活动包括招聘和甄选新员工、发展现有员工或新员工、晋升或调任、裁员和解雇。鉴于许多组织中都有缩减规模的趋势，有些人力资源部门都预备了一张替换每一个员工的图表。在这个保密性的图表上，显示着每个管理层的职位和任职资格以及在需要时可以替换某一特定职位的候选人名单。一般来说，上面提到的全部活动的协调工作都是由组织内部的人力资源或人事部门来完成。图表9—1表明了工作分析、技能清单和人力资源规划之间的关系。

第九章 人员配置

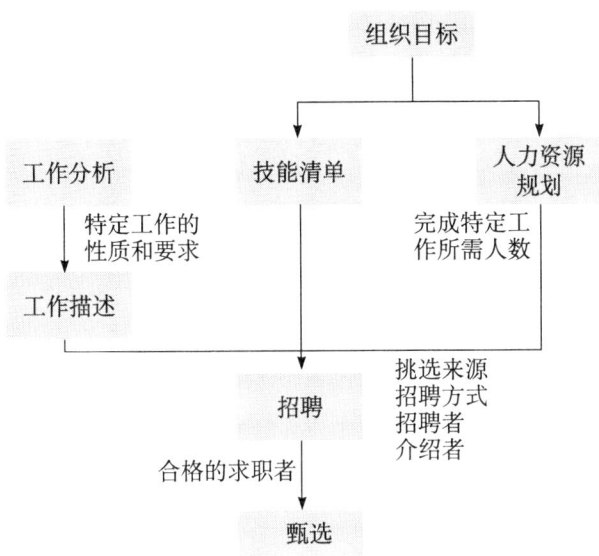

图表 9—1 工作分析、技能清单、人力资源规划、招聘和甄选之间的关系

法律因素

由于许多组织存在人事方面的歧视行为,所以政府规章在人力资源规划中发挥着至关重要的作用。下面的段落描述了影响人力资源规划的重要的政府法案和法规。

1963 年的《平等工资法案》(Equal Pay Act of 1963),于 1964 年 6 月生效,禁止雇主因性别歧视对相同的工作给予男女不同的报酬。

该法案规定:

"……对于需要同等技能和精力、承担同等责任并在相似的劳动条件下进行工作,在员工取得同等绩效的情况下……雇主向其支付工资时,不得……因为员工的性别差异而给予歧视待遇……即不得使某种性别的员工工资水平低于异性员工的工资水平。"

1964 年《公民权利法案》第七章(Title VII of the Civil Rights Act of 1964)旨在消除因为种族、肤色、宗教、性别或者国籍等原因的雇用歧视。该法案经过修订后适用于以下几种类型的组织:

1. 所有雇用了 15 名以上员工的私人雇主。
2. 所有公共和私人的教育机构。

3. 州政府和地方政府。
4. 公共和私人职业介绍所。
5. 拥有15名以上会员的工会。
6. 学徒和培训的劳工联合委员会。

国会通过了《公民权利法案》，为保证全部国民获得平等就业机会确立了指导方针。

平等就业机会的一个主要成果在于明确并禁止了歧视性的雇用行为。这样的行为构成了人为的、专断且多余的雇用障碍，助长了因性别、种族或因其他无法消除的差别而造成的歧视。

《雇佣年龄歧视法案》（Age Discrimination in Employment Act）于1968年通过，起初设计该法案的目的是保护40岁到65岁的个人免于在雇用、维持工作和其他情况下受到歧视。1978年进行修正，将个人年龄限制提至70岁。除非在特定情况下，该法特别禁止65岁强制退休。

1973年《康复法》（Rehabilitation Act of 1973）禁止联邦代理机构和联邦项目承包商在雇用员工时歧视残疾人。**1990年《美国残疾人法案》**（Americans with Disabilities Act of 1990）使残疾人迅速增加了获得服务和就业的机会。

1991年《民权法案》（Civil Right Act of 1991）妇女、少数民族、残疾人和非主流宗教信仰者如果能够证明受到雇主故意雇用和工作歧视行为的伤害，允许他们得到陪审团审判并起诉要求获得最高30万美元的惩罚性损失赔偿。该法案对所有雇用了15名以上员工的雇主有效。在本法案通过之前，陪审团的审理和惩罚性的损失赔偿只能在与种族歧视有关的故意歧视诉讼案中得到许可。该法案为非种族因素的故意歧视的受害者可得的赔偿金额设定了一个上限，此上限根据雇主雇用员工的数量而定。

该法案的第二个方面关注故意歧视诉讼中的公司举证责任。从1989年最高法院的一系列判决开始，法院放松了公司对其举证责任的要求。然而该法案要求公司应提供证据证明导致该差别的公司行为是非歧视性的，与工作绩效相关，是公司活动的需要。

《家庭与医疗假法案》（Family and Medical Leave Act，FMLA）于1993年颁布，它允许符合资格条件的员工由于家庭或健康的原因延长无薪假期，而员工不必担忧为此失去工作。根据法案，如果员工得了重病，或者其家庭成员患病，又或者在子女出生、领养孩子以及安排看护时，员工就能使用这个休假。

歧视的结果并非总像雇用和解雇一样显而易见。信息沟通、职业晋升路径和人际网络是员工在职场中取得成功的必要因素，这些也可能受到间接歧视的影响。图表9—2概述了与平等就业机会相关的法律和法规。

图表9—2　　　　　　　　　平等就业机会的法律和法规

法律和法规	年份	目的	适用范围
《平等工资法案》	1963	禁止雇主因性别歧视对男女相同的工作给予不同的报酬。	从事商业或商品生产且雇用两名以上雇员的私人雇主、劳工组织。
《公民权利法案》第七章（1972年修订）	1964	消除因为种族、肤色、宗教、性别或者国籍等原因的雇用歧视。	雇用15名以上、每年工作20周以上的私人雇主、教育机构、州及地方政府、职业介绍所、工会和劳工联合委员会。
《雇佣年龄歧视法案》	1968	保护40岁到65岁的个人免于在雇用、维持工作和其他情况下受到歧视。	从事商业或商品生产且雇用两名以上员工的私人雇主、劳工组织、职业介绍所、州和地方政府以及某些特定的联邦代理机构。
《康复法》（修订）	1973	禁止联邦代理机构和联邦项目承包商在雇用员工时歧视残疾人。	合同金额在2 500美元以上的联邦项目承包商和分包商、接受联邦政府财政支持的组织和联邦代理机构。
《越战退伍军人重新适应援助法》	1974	禁止在雇用时歧视残疾程度达30%以上的退伍军人、由于服役造成残疾而退伍或不再担任现役职务的军人，以及在1964年8月5日至1975年5月7日参与服役的军人。还要求特定的雇主具备书面肯定性行动计划。	合同金额在10 000美元以上的联邦项目承包商和分包商。雇用50名以上的员工且合同金额超过50 000美元的雇主必须具备书面肯定性行动计划。
《怀孕歧视法》	1978	在额外福利和休假上要求雇主将怀孕与其他医疗情况同等对待。	与《公民权利法案》第七章相同。
《移民改革与管制法案》	1986	禁止雇用非法移民。	任何个人或团体。
《美国残疾人法案》	1990	迅速增加残疾人获得服务和就业的机会。	雇用15名以上员工的私人雇主。

续前表

法律和法规	年份	目的	适用范围
《民权法案》	1991	妇女、少数民族、残疾人和非主流宗教信仰者如果能够证明受到雇主故意雇用和工作歧视行为的伤害，允许他们得到陪审团审判并起诉要求获得惩罚性损失赔偿。同时，公司应提供证据证明导致该差别的公司行为是非歧视性的，与工作绩效相关，是公司活动的需要。	雇用15名以上员工的私人雇主。
《家庭与医疗假法案》	1993	允许符合资格条件的员工由于家庭或健康的原因延长无薪假期，而员工不必担忧为此失去工作。	雇用15名以上员工的私人雇主。

招　聘

招聘包括寻找、吸引以及挑选合格的求职者。组织需要招聘的数量是由预测的人力资源需求量和组织内部可利用的人才数量之间的差距所决定的。在决定招聘之后，必须对人力资源的供给来源进行研究。

一个组织在完成有效的招聘过程后，便拥有了填补职位空缺的最好的供给来源：组织自己的员工。组织内部晋升在正在成长和有活力的组织中非常受欢迎。如果组织内部资源不能满足组织需求，外部来源就会得到利用。虽然外部来源的获取会花费更多金钱和时间，但是像职业介绍所、咨询公司、员工介绍人和招聘广告等这样的外部来源对组织来说还是有价值的。图表9—3概述了组织内部来源和外部来源的优缺点。

图表9—3　　　　　组织内部来源和外部来源的优缺点

来源	优点	缺点
内部来源	● 组织对职位候选人的优缺点有更深的了解。 ● 职位候选人对公司有更深的了解。 ● 增强了员工的忠诚度和士气。 ● 对现有员工的投资收益增加。	● 员工可能晋升到其无法成功地完成工作的职位。 ● 内部晋升引发的内部政治斗争会影响员工士气。 ● 遏制了新观念和变革的产生。

续前表

来源	优点	缺点
外部来源	● 拥有更广泛的人才。 ● 带来新观念和新鲜血液。 ● 从外部雇用技术或管理人员更节省费用、更便捷。	● 吸引、雇用和评价有潜力的员工变得更难。 ● 更长的适应时间。 ● 内部候选人未被晋升时可能产生士气问题。

增长最快的一种招聘是通过职业介绍所提供的**临时雇员帮助**。职业介绍所支付薪水和福利给雇员租赁公司，组织支付服务费用给职业介绍所。租赁服务的使用并不是由经济状况决定的。当一个组织扩大时，组织经常雇用临时雇员。当一个组织缩减规模时，使用临时雇员更具灵活性，并且在必要时解雇及召回临时雇员十分容易。使用临时雇员的一个明显缺点是他们缺乏对组织的忠诚度。

与临时雇员帮助不同，**雇员租赁公司**和专业雇主组织（PEOs）可以为有需要的公司提供长期员工、支付员工的工资、处理人事问题、保障公司规定的执行以及提供各种各样的员工福利等。另外，技术熟练的员工，如工程师和信息技术专家，根据技术服务公司和需要服务的公司签订的合同为长期项目工作。

招聘过程的法律影响

前面所讨论的法律法规也会对组织的招聘活动产生深远的影响。例如，法院裁决口头或未经程序进行的招聘是一种歧视行为，因为不利于女性和少数族裔在各种层次的组织中求职。

为了消除招聘过程中的歧视行为，平等机会委员会（EEOC）提供了以下几种建议：

● 保留未雇用的女性和少数族裔求职者的资料，作为未来空缺职位的候选人。当职位出现空缺时，首先联系这些候选人。

● 在招聘和整个人力资源过程中使用女性和少数族裔员工。

● 在"招工"或"招工，男性—女性"的目录下放置广告。确保广告的内容不涉及与工作相关的性别、种族、年龄、偏好和资格的要求。

● 在面向妇女和少数族裔的媒体上做广告。

● 所有广告应该包括"雇主提供平等就业机会"的标语。

研究表明，知道保护性立法和平等就业委员会方针的组织更倾向于促进员工的多样化，遵守公认的雇用规范，在招聘过程中注意自身形象，并采取实际行动来改善受保护群体的状况。多样化的工作场所已经成为一种现实，以成长为导向的公司会利用这种现实积极地促进组织的人员配置，而不是把它当作人员配置的消极因素。

甄　选

甄选过程是指从最可能胜任某个职位的求职者中做出选择的过程。甄选过程依赖于合适的人力资源规划和招聘。只有拥有一定量的符合资格的候选人，甄选过程才能发挥效用。甄选过程的最终目标是使个人的任职资格和职位要求相匹配。

谁是决策者

在不同的组织中，雇用员工的职责会分配给不同层级的管理者。通常，人力资源或人事部门负责招聘初始阶段的筛选，但是最后的甄选决策由职位空缺所在的部门管理者做出。这种系统减轻了管理者的负担，使他们不必为筛掉不合格和不满意的求职者而耗费时间。不太常见的做法是：人力资源或人事部门既负责初始阶段的筛选，又负责最后的决策。许多组织将最后的选择权交给直属管理者，但其决定要得到最高管理者的许可。在小型组织中，通常是由所有者或总经理做出选择。

另外一种可选的方法是让同事参与甄选决策。传统上，同事参与决策主要用于专家职位和高层管理者职位，但现在这种方法越来越多地用于组织的各个管理层上。通过这种方法，同事们能够在最后的甄选决策阶段发挥作用。

甄选过程中的法律因素

政府非常关注组织的甄选过程，这可以从已生效的法律和规章制度的数量上体现出来。这些规定禁止了甄选员工中的歧视行为。肯定性行动计划就是其中一项。**肯定性行动计划**是指为补救已发生的歧视行为而阐明具体目标和行动时间表的书面文件。所有合同金额在5万美元以上的联邦项目承包商和分包商和雇用 50 名以上员工的雇主必须具备书面肯定性行动计划，并且接受联邦合约计划办事处（OFCCP）的监督。虽然 1964 年的《公民权利法案》第七章和平等就业机会委员会未对具体的肯定性行动计划进行规定，但是法院对歧视性案件所做的裁决经常要求肯定性行动计划。

形成一份有效的肯定性行动计划需要许多基本的步骤。图表 9—4 列出了平等就业委员会对形成肯定性行动计划的建议。

没有制定肯定性行动计划的组织会发现，在联邦政府下达要求之前明确和改变具有歧视性质的就业政策是具有相当大的商业价值的。越来越多的法律规定和要求肯定性行动的法庭判决记录，这使得制定一份书面肯定性行动计划的收益更加明显。

然而，越来越多的逆向歧视诉讼案件可能对肯定性行动计划产生重要的影响。**逆向歧视**是指相比较另一类群体（如白人男性），给予某一群体（如少数族裔或女性）特惠待遇，而非提供平等的就业机会。

图表 9—4　　平等就业委员会对形成肯定性行动计划的建议

1. 一个组织的首席执行官应该发布一份描述他对计划的个人承诺的书面文件：将肯定性行动计划、法律义务和平等就业机会作为组织的一项重要目标。
2. 组织的一名最高管理者应该被授予指导并实施计划的权限和责任。另外，组织内所有的管理者和监督者应该清楚了解自己对实现平等就业机会所承担的责任。
3. 组织的政策和对政策的承诺应该向组织内外部公布。
4. 审查现有的就业情况，从而确认计划集中关注和使用不足的领域，并确定使用不足的程度。
5. 制定实现肯定性行动计划的目标和时间表，从而增加对少数族裔、男性和女性的适用性。
6. 应该重新检查整个就业系统，以确认和消除实现平等就业的障碍。检查的范围包括招聘、甄选、晋升系统、培训计划、薪资结构、福利与就业条件、裁员、解雇、惩罚行为以及影响这些范围的工会合同条款。
7. 应该建立内部审计和报告系统，从而监督和评价计划各方面的进展。
8. 开发支持平等就业机会的公司和社团。计划可以包括培训主管人员重视他们的法律责任和组织对平等就业、工作与职业生涯咨询计划的承诺。

资料来源：*Affirmative Action and Equal Employment*, vol. 1 (Washington, DC: U. S. Equal Employment Opportunity Commission, 1974), pp. 16-64.

伦理管理

过剩人员和机密人事信息

你所在的公司打算重组，并且每个人都知道这将会产生人员过剩现象。你在人力资源部门工作且知道关于重组的机密信息，包括过剩人员的名单。

一天午餐时候，一个同事提到：为了购买新房，她的上司正计划申请大笔贷款。他的妻子在几个月后会有第三个孩子，因此，他需要一所更大的房子。你知道这个人的名字被列入了过剩人员的名单。此时，你会怎么做？应该告诉人力资源部门主管这个信息吗？应该在同事的上司购买新房子之前告诉他公司的人事决定吗？

资料来源：St. James Ethics Centre, "Ethical Dilemmas," www.ethics.org.au .

这方面的第一个实例是1978年的巴克案件。白人男子阿伦·巴克（Allen Bakke）起诉戴维斯市加利福尼亚大学医学院。他指控说他遭到了违反宪法的歧视，他在申请入学时被医学院拒收，而一些资格较差的少数族裔学生却被接收了。最高法院做出了对巴克有利的裁决，但同时维护了肯定性行动计划的合宪性。

甄选程序

图表9—5为甄选员工提供了一些参考性程序。初步的筛选和面试排除了明显不合格的候选人。在初步筛选中，通过检查候选人的个人数据单、学校记录和类似的材料来确定其个性、能力和过去的表现。初步面试用来筛选那些虽然通过了初步筛选阶段但不适合职位或对职位不感兴趣的求职者。

图表9—5　　　　　　　　甄选的基本步骤

甄选过程的步骤	可能被淘汰的标准
● 根据求职书、简历、雇主记录等进行初步筛选 ● 初步面试 ● 测试 ● 证明材料审查 ● 招聘面试 ● 体检 ● 人事判断	不合格的教育水平或工作绩效。 明显对职位没有兴趣且不符合职位要求。 达不到职位相关的智力、才能和个性等基本要求。 推荐材料显示过去绩效不佳。 在能力和其他与职位相关的特质上表现不当。 健康状况达不到职位的要求 影响甄选新员工的直觉和判断。在能力和其他与职位相关的特质上表现不当。

测试

人员配置中争议最多的领域之一就是求职测试。**测试**是指根据个体的行为样例推断出个体的未来行为或表现。许多测试被用于组织的甄选过程中。

组织采用的测试可以分为以下几种基本类型：能力倾向测验、精神测验、业务知识测试、能力测试、兴趣测试、心理测验和谎言测试。

能力倾向测验测量一个人的学习能力或潜能。**精神测验**测量一个人的力量、灵活性和协调性。**业务知识测试**测试一个求职者所掌握的与职位相关的知识。**能力测试**测试求职者完成所要求工作的水平。**兴趣测试**是指与特定职位成功者的兴趣相比较，确认一个人的兴趣如何。**心理测验**测量一个人的性格特征。**谎言测试**记录测试者在回答一系列问题时身体内产生的物理变化，通常也称为测谎器测试。通过研究生理测量记录，谎言测试官就可以判断测试者的回答是真实的还是带有欺骗性的。

求职测试的合法性受到效度和信度的影响。**测试效度**是指某项测试达到预定标准的程度。对组织来说，常用的标准是工作绩效。因此，测试效度通常指测试预知未来工作绩效的程度。对于工作绩效的标准的选择是有难度的，而且标准选择的重要性无论怎么强调都不过分。显然，没有令人满意的标准，就不能衡量测试效度。

测试信度是指某项测试结果的一致性与可重复性。有三种方法可以来确认测试的信度。第一种方法称为复测法，即对一组人员测试之后，过一段时间后再次对他们进行测试，两次分数的接近程度决定了测试的可信度。第二种方法称为平行测试法，即要求给出两份相似但是独立的测试表格，两份表格得分的一致程度决定了测试的信度。第三种方法称为分半测试法，即把测试分为两半进行，从而确定两部分的结果是否相似，信度同样是由相似程度决定。所有这些方法都需要数据统计计算以确定测试信度。

背景和证明材料的审查

背景和证明材料的审查通常分为三类：个人审查、学历审查和工作经历审查。个人和学历的审查通常价值很小，因为很少有人会让某人成为自己的背景材料的证明人，除非他感觉到这个人会给他们提供有利的推荐。前雇主是客观信息的最佳来源。

但是，前雇主愿意提供的信息的数量和类型非常不同。一般来说，大多数的前雇主只会提供以下的信息——求职者是否在那里工作过、求职者的工作日期及其所担任的职位。

如果一个求职者因为外部报告服务公司提供的信用报告或其他类型的报告中的信息而没有得到工作，那么提供这份报告的公司的名称和地址必须告知求职者。法律并不要求报告服务公司给求职者提供一份关于他自己文件的副本，但是必须告知相关信息的性质和种类。

学习进度检测问题

1. 一个技能清单中应该包括哪六大类信息？
2. 解释人力资源规划过程。
3. 概述影响人力资源规划的七个重要的政府法案和法律。
4. 组织在甄选过程中采用哪些基本类型的测试？

招聘面试

所有的组织都把招聘面试作为在甄选过程中的重要步骤使用。它的目的是对甄选过程的其他步骤所获取的信息加以补充，以确定求职者是否适合组织某一特定的空缺职位。所有在面试中提出的问题必须是与工作相关的。

面试的类型

组织采用多种类型的面试。**结构化面试**是指使用预先确定的面试提纲（问题）的面试。通过使用这个提纲，面试考官主导着整个面试，因此能够系统地获得与求职者相关的所有信息。

结构化面试提供了有关求职者的同类信息，并且涵盖了组织认为必要的问题。结构化面试的使用提高了面试的信度和准确性。结构化面试有两种不同的类型：半结构化面试和情景模拟面试。**半结构化面试**是指具有一定灵活性的面试。面试过程中，考官预先设计好主要考题，同时为正确评价应试者的强项和弱点，也可根据实际情况向应试者进行一些辅助性的随机提问。**情景模拟面试**是指应试者被置于实际工作中可能面临的行动情景中，考官通过投影技术观察应试者的表现。例如，面试考官可能希望看到求职者如何处理顾客的抱怨或观察到特定的重要决策特点。然而，无论哪种类型，在面试时必须避免偏见。

非结构化面试是没有既定的模式和程序的面试。这种类型的面试使用开放性的问题，例如"谈谈你以前的工作"。这种类型的面试也产生了许多问题，如不能系统地获取信息以及容易受面试考官个人偏见的影响。当然，这种面试确实营造了一个相对轻松的气氛。

另外，组织在有限的范围内使用其他三种类型的面试技术。**压力面试**是将面试者置于压力情景中的面试。在压力面试中，面试考官对面试者采取一种敌对的态度。这种类型的面试的目的在于考察求职者是否是高度情绪化的人。**会议型面试或集体面试**是有两个或更多面试考官参加的面试。有时候也会用到**小组面试**，即考官同时向参与小组讨论的多名应试者提问的一种面试。会议型面试和小组面试既可以采取结构化面试，也可以采取非结构化面试。

面试中出现的问题

尽管面试已经在组织的甄选过程中得到了广泛的使用，但是也可能产生许多问题。第一个也是最重要的问题是：与甄选过程的其他步骤一样，面试在信度和效度上受到法律要求的影响。许多面试的信度和效度受到了质疑。一个可能的原因是：面试考官很容易因为错误的理由而对求职者产生有利或不利的印象。

在面试求职者的过程中可能会产生许多缺陷。和所有人一样，面试考官也有个人偏见，并且这些偏见可能在面试过程中发挥作用。例如，仅仅因为讨厌男性留长发就拒绝录用一名具备任职资格的男性求职者，这是不应该的。

与之紧密相关的一个问题是晕轮效应。当面试考官被应试者单一的显著特征支配了对所有其他特征的判断时，**晕轮效应**便产生了。例如，当一个人拥有令人愉快的个性时，人们就会忽视他的其他特质。但是，仅仅拥有令人愉快的个性并不能保证这个人是一名合格的员工。

过分概括是另一个常见的问题。一个求职者在面试中可能并没有将其平常的工作水平表现出来。面试考官必须记住，求职者是在压力之下进行面试的，有些人就是会在面试时变得非常紧张。

案例讨论 9.1

招聘面试

杰里·沙利文是一名承保经理，在一家位于美国西南部的大型保险公司工作。最近，他的一名最佳员工打算辞职，并且已经在两周前告知了他。这名员工马上就要生小孩了，因此，她和丈夫做出了她离开工作岗位、在家照看新生婴儿和另外两个小孩的决定。

今天，杰里计划开始为空出的职位进行面试。第一个求职者是芭芭拉·莱利。按照面试时间安排，她在早上九点钟到达公司办公室。不巧的是，在她来之前不久，杰里就接到了老板的一个电话，老板刚休了三周假回来，他想让杰里向他汇报前一段时间以及最新的进展情况。这个电话会议持续了 30 分钟，在这段时间，芭芭拉就坐在公司的接待室。

9：30，杰里来到接待室，并请芭芭拉到他的办公室。以下是他们之间的对话：

杰里：来杯咖啡吗？

芭芭拉：不用了，我已经喝过一杯了。

杰里：你不介意我喝杯咖啡吧？

芭芭拉：当然不，请自便吧。〔杰里停顿了一下，然后按铃叫秘书多萝西·坎农进来。〕

杰里：多萝西，能帮我泡一杯咖啡吗？

多萝西：我一会儿就拿进来。一线有你一个电话。

杰里：谁打来的？

多萝西：是汤姆·鲍威尔，我们在 IBM 公司的代表。他想和你谈谈新款文字处理器交货日期的事情。

杰里：我应该和他谈谈。（转向芭芭拉）我接一下电话，只要 1 分钟。（他拿起了电话）汤姆，我们什么时候能拿到机器？

这个电话会议持续了大约 10 分钟。挂了电话之后，杰里继续给芭芭拉面试。

杰里：抱歉，但是我必须了解那些机器的事，因为我们确实很需要这些机器。剩下的时间不多了，请你谈谈你自己的情况吧。

芭芭拉把自己的教育情况告诉了杰里，她拿到了一个心理学本科学位，即将获得一个 MBA 学位。她向杰里说，这可能成为她的第一份全职工作。就在这时，多萝西告诉杰里，下一个面试对象正在等他。

杰里：（转向芭芭拉）感谢来参加面试。在另外两位求职者的面试结束之后，我马上会和你联系。但是，我需要问一些简短的问题。

芭芭拉：好的。

杰里：你结婚了吗？

芭芭拉：我离婚了。

杰里：那么你有孩子吗？

芭芭拉：有，两个男孩。

杰里：他们和你住在一起吗？

芭芭拉：是的。

杰里：这份工作有时需要出差。对你来说有问题吗？

芭芭拉：没有。

杰里：谢谢，我会和你联系的。

问题

1. 指出这个面试的不当之处。
2. 杰里获得了哪些信息？
3. 你如何看待杰里最后提出的问题？
4. 你会问哪些问题？为什么？

开展有效的面试

面试过程中出现的问题，可以通过周详的计划工作来部分地解决。以下是提高面试过程有效性的一些建议：

第一，必须仔细挑选和培训面试考官。面试考官应该是性格开朗、善于调节情绪的人。面试技巧可以通过学习来掌握，负责进行面试的人应该就面试技巧进行严格训练。

第二，制定面试的相关计划，包括想要获得的求职者的信息和要提问题的提纲。计划还应该包括面试地点的安排。私密性和一定程度的舒适度也很重要。如果没有专门的面试房间，面试也应该保证在其他求职者听不到谈话的条件下进行。

第三，面试考官应该尽量使求职者感到放松。面试考官不应该和求职者争论问题或者将求职者置于一个尴尬的位置。关于兴趣的简单交谈或向求职者提供一杯咖啡都有助于放松紧张的情绪。应该鼓励求职者开口谈话。但是，面试考官必须保持主导地位，并且记住面试的首要目标是得到有助于甄选决策的信息。

第四，在面试中获得的信息应该马上记录下来。一般来说，面试可以也是应该做笔录的。

第五，应该对面试过程的有效性进行评价。评价有效性的一种方法是将员工的工作绩效和面试中做出的评估进行比较。这种反复核对的方法有助于评价单个面试考官和整个面试计划的有效性。

人事判断

甄选过程的最后一个阶段是人事判断。（当然，假定此时具备任职资格的求职者不止一位。）根据甄选过程中前面步骤所获得的全部信息，必须对职位的最佳人选进行价值判断。如果前面的步骤得到了正确执行，那么做出一个成功的人事判断的可能性就大大增加了。

做出人事判断的人也应该认识到，在某些情况下，所有的求职者都不能令人满意。如果这种情况发生了，应该用更丰厚的报酬来吸引更有任职资格的候选人，或者采取其他有效的行动。在接受一个并非真正适合职位的"最佳"员工时，必须保持谨慎。

调任、晋升和离职

人力资源规划过程的最后一个步骤包括调任、晋升和离职。调任是指将员工调换到另一个职位，新职位与原职位大致处于相同的组织层级，有基本相同的薪酬、工作要求和地位。有计划的调任可以作为一个良好的发展手段来利用。调任也有助于平衡不同部门之间的工作量要求。当一个"问题"员工被调任到完全信任下属的管理者手下时，调任常会发生最普遍的困难。对员工的培训、咨询或纠正性惩罚行为可能会使调任变得没有意义。如果员工的行为得不到修正，就要采用解雇而非调任。

晋升是指将员工调到一个薪酬、地位和绩效要求都更高的职位上去。绝大多数组织在晋升问题上采用的两个基本标准是业绩和资历。工会合约经常要求在晋升问题中考虑资历问题。许多组织更倾向于将业绩作为晋升的基础，以形成对绩效的奖赏和激励。

第九章 人员配置

显然,这样做的前提是组织拥有评价组织绩效和确定业绩的一套方法。一个组织必须考虑当前职位的要求,而不能只考虑员工在原职位上的绩效。在某一职位上的成功并不能保证在另一个职位上取得成功。必须考虑过去的绩效和未来的潜能。

离职是指自愿或强制终止对一名员工的雇用。对于自愿性离职,许多组织试图通过离职面试来确认员工的离职原因。这种类型的面试使组织可以洞察其内部存在的需要纠正的问题。强制离职包括终止雇用合同和临时性解雇。临时性解雇发生在组织不能提供足够数量的职位的时候。如果某段时间的工作量增加了,临时解雇的员工会被召回。终止雇用合同通常发生在员工不能胜任职务或违反了公司规定的时候,它应该作为最后的手段来使用。当公司雇用了一位员工并对其投入资源后,终止雇用合同将使组织的投资只能得到一个低回报。在解雇员工之前,组织经常会尝试进行培训和咨询工作。但是,当修正过程失败时,最佳的方法还是终止雇用合同,因为不满意或不称职的员工会对组织的其他人产生消极影响。

学习进度检测问题

5. 阐述六种最常见的面试类型。
6. 什么是晕轮效应?
7. 应该做哪五件事情以提高面试过程的有效性。
8. "终止雇用合同应该作为最后的手段来使用。"你同意这个说法吗?如果同意,是为什么?如果不同意,又是为什么?

理解工作团队

正式工作团队

管理层建立**正式工作团队**来实施特定的任务。正式工作团队可能存在很短或很长的时间。一个特派组就是正式工作团队的一个例子。这些团队具有一个特定的目标,比如解决一个问题或设计一种新产品。

非正式工作团队

非正式工作团队是指正式组织中因个人之间的联系和相互交往发展而

来的工作团队。经常在一起吃饭的员工和办公室派系就是非正式工作团队的例子。一种特殊的非正式团队就是利益团队。利益团队的成员拥有共同的目标或利益。例如，女性管理人员可能成立一个分享妇女在管理中面临的问题的团队。

工作是一种社会经历。员工在办公室、工厂、商店及其他工作场所工作时会相互交往。在交往过程中自然就产生了友谊。围绕着共同利益形成的非正式团队满足了人们重要的社会需要。在前几个世纪，不断扩大的家庭、教堂和小城镇满足了这类需要。而今天的大多数需要是在工作中得以满足的。

非正式团队影响着组织的生产效率、其他员工的士气和管理者是否成功。非正式团队可能导致并且有助于创造共享的忠诚观。这在高危险的职业如消防员和警察中特别流行。非正式工作团队一般是在员工工作联系比较紧密的地方（例如在隔开的办公室）和同一领域的员工（例如会计或平面设计）中发展起来的。员工可能聚在一块分享担忧或抱怨。在这种情况下，非正式工作团队的工作就违背了组织目标。

研究已经明确了非正式工作团队在组织中的力量。霍桑研究发现，团队可能设定自己的生产量标准，并且迫使其成员服从。在一个团队中，如果一个人的产量高于或低于大家都接受的标准，就会受到大家的责骂、讽刺和嘲笑，有时甚至是殴打。霍桑研究得出这样的结论，即拥有自身社会体系的非正式组织存在于正式组织中。

通常，管理者认识不到建立在友谊、利益或共同的工作场所和任务之上的非正式团队的重要性。但是，理解这些非正式团队能够改善管理者在正式工作团队中的工作。员工加入非正式工作团队是为了满足一定的社会需要。通常，他们在这些非正式工作团队中能获得极大的满足感。管理者应该在正式团队中复制这种感觉。

团队行为准则

团队行为准则是指组织采取的用来规范团队成员行为的非正式规则。这些准则可能是极其简单——一个团队在午餐时保持严格的座位秩序；也可能是团队成员的某种期望，这种期望保证了团队成员在任何情况下都保持对组织的忠诚。无论是什么样的行为准则，团队成员都要遵守。违反者通常会被排除出团队。

团队行为准则并不能规范团队的所有活动，它只对关系到团队生存的重要行为进行约束。例如，一个工作团队的行为准则会影响生产力水平、操作过程和其他相关工作的活动。行为准则可能不是书面甚至口头的，团队成员可以用他们的行动告诉新成员如何去做。

团队行为

想一想你在学校或住所附近的朋友和同学的非正式团队。无论怎么发展，非正式工作团队表现出的都是类似的行为。它们包括团队凝聚力、团队一致性和团队迷思。

团队凝聚力

团队凝聚力是指团队对组织成员的吸引力大小或一个团队的紧密结合程度。团队越有凝聚力，团队成员越会遵守团队行为准则。影响团队凝聚力的因素有：团队规模、成功、地位、外部压力、成员的稳定性、沟通和物理隔离等。

规模是影响团队凝聚力的一个尤为重要的因素。团队规模越小，团队凝聚力越强。一个小团队使得成员之间的联系非常频繁，而一个大型团队的成员很少有机会联系，因此，这类团队的凝聚力更弱。

想一想两个关系好的朋友一起学习的情景是怎样的。因为他们之间非常了解且交谈非常容易，所以，他们在一起工作时没有麻烦。现在再想象三个陌生的人在一起学习，大家对于最佳方案的选择意见可能不一致，工作很难开展，这可能会导致学习团队的解散。

成功和地位也是影响团队凝聚力的一个因素。团队取得的成功越多，越有凝聚力。许多因素和团队的地位有关。例如，相对于拥有低技能的团队，拥有高技能的团队的地位更高。地位高的团队的凝聚力比其他非正式团队的凝聚力要高。这是一种循环关系——成功和地位产生凝聚力，凝聚力又带来成功和地位。

外部压力，例如管理冲突，能够增强团队的凝聚力。如果一个团队将管理者的请求看成要求或威胁，那么团队会变得更有凝聚力。在这种情况下，团队成员可能会形成一种"我们反对他们"的心理。

成员的稳定性和畅通的沟通渠道增强了团队凝聚力。长期工作在一起的员工彼此之间十分了解，并且对团队行为准则非常熟悉。在同一领域工作的员工很容易相互交往。然而，在生产线上，交谈十分困难，团队的凝聚力也不强。

最后，与其他员工的物理隔离可能提高团队凝聚力。这种隔离迫使团队内员工之间紧密联系。

团队一致性

团队一致性是指团队成员接受并遵循团队行为准则的程度。团队通常出于以下两个原因控制团队成员的行为。首先，各自独立的行为可能导致威胁到组织生存的不一致意见。其次，一致的行为创造了一个相互信任的氛围，使得团队成员融洽地一起工作。成员能够预测到团队其他成员的行为。团队的个体成员在以下条件下遵守团队行为准则：

- 团队行为准则与个人态度、信仰和行为相类似。
- 虽然他们不同意团队的行为准则，但是在受到压力的情况下会遵守准则。
- 在遵守有奖励、不遵守会受到制裁时。

团队压力和一致性

研究人员已经就团队压力对团队个体成员的影响进行了研究。有关团队一致性的一项研究是在弗吉尼亚的一家纺织公司进行的。开始时某个纺织工人每天生产的产品多于团队每天50件的标准。在两周后，团队开始给这个工人压力让她减少产量，她马上将产量降到团队的标准。过了三周之后，除了这名工人，团队的所有成员都去干别的工作了。马上，这个工人的产量又迅速上升到团队标准的两倍。（见图表9—6。）

团队迷思

当团队成员丧失个人的思考能力并为了与团队决策保持一致而牺牲自己的好的想法时，就形成了团队迷思。即使他们是错的，团队成员也不愿意反对团队或团队中的成员。

在任何情况下都使组织保持一致本身就是一个目标。坚持这个目标的团队相信，团队是牢不可破而且总是正确的。团队成员把任何外部行为和陈规看做是团队的敌人，并且给不情愿的成员施加压力迫使其遵守团队目标。在工作中，团队迷思是带有破坏性的，因为它影响了员工做出合理决策的能力。

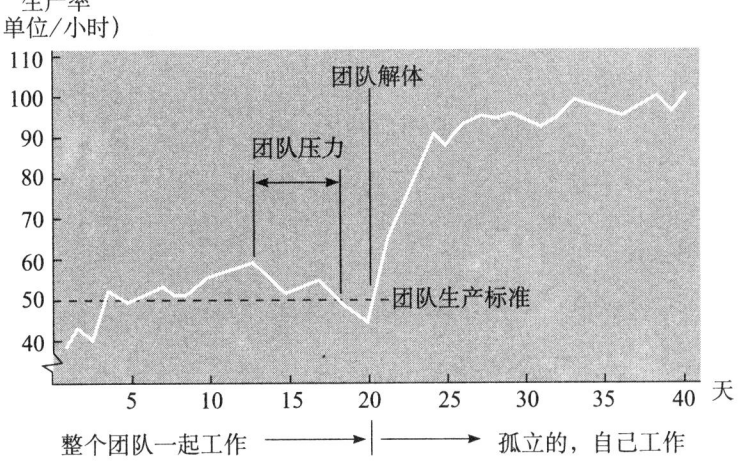

图表9—6　团队行为准则对成员生产率的影响

资料来源：Lester Coch and J. R. P. French, Jr., "Overcoming Resistance to Change," *Human Relations* (1948), pp. 519-20.

学习进度检测问题

9. 什么是团队行为准则？

10. 正式工作团队和非正式工作团队之间有什么区别？

11. 团队凝聚力和团队迷思之间的区别是什么？

12. 回想你现在或过去工作过的组织内的一个团队。你将会如何描述这个团队的行为准则？请加以解释。

团队的重要性

团队在帮助组织达成组织目标方面起着重要的作用。团队比个人拥有更多的知识和信息。它们使沟通和解决问题变得更为容易。这就创造了一个更有效率和效益的公司。

在商业界，有效地管理工作团队的重要性越来越受到关注。员工必须紧密配合以改进生产和保持优势。

时代的变化使来自不同背景的男性和女性在一起工作。管理者必须和团队一起工作，克服文化和性别差异。这些以及其他因素使得管理团队成为管理者的最重要的任务之一。

影响工作团队

在霍桑研究中，研究人员记录下了非正式工作团队的存在，考察了各种因素的改变对员工生产率的影响。研究人员改变了工作变量，包括员工薪酬和管理方式、照明、休息时间的长度和工作时间。结果是，生产率在每一个变量变化时都会上升。

这个结果被称为霍桑效应。第二章提到，霍桑效应说明对一个团队成员的特别关注可以改变成员的行为。这个研究结果显示，当某一个团队被特意挑选并给予关注时，团队成员倾向于更有效地工作。

建立高效的团队

非正式工作团队的成员通常会形成共享的价值观和团队忠诚度。正式组织则很少有这种特性，因为他们是被委派的而不是自愿形成的。正式工作团队的管理者有责任在组织中建立共享的价值观和团队忠诚度。

枢纽观念是描述管理者在工作团队中的作用的一种方法。**枢纽观念**是指一种认为管理者应横跨不同的正式工作组并把各个工作组凝聚成一个统一整体的观念。管理者改善沟通并确保组织和团队目标得以实现。也就是说，管理者本身就是枢纽（见图表9—7）。

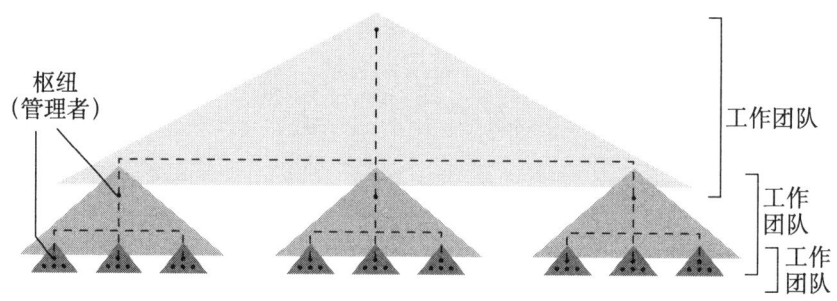

图表 9—7　枢纽观念

资料来源：From Renis Linkert, *New Patterns of Management*, 1/e, 1961, p. 104 Reproduced with permission of The McGraw-Hill Companies, Inc.

建立高效的正式工作团队通常也称为团队建设。**团队建设**是指建立一个有凝聚力的团队的过程，团队成员一起致力于实现组织目标。只有当团队的成员感到工作条件对大家都是公平的，团队才会取得成功。如果管理者没有鼓励公平竞争，即使在一个获得支持的组织，团队也可能失败。成功的组织和团队都通过合理地利用资源来达成其目标。管理者通过精心挑选团队成员、创造一个积极的工作环境、建立信任和提高团队凝聚力鼓励团队工作。图表9—8描述了建立高效率团队的三个步骤。

图表 9—8　　　　　　　　　建立高效团队的步骤

> 1. 挑选人员
> 建立高效团队的第一步是寻找合适的人员。团队成员必须具备合适的技能和合适的个性。
> 2. 建立信任
> 第二步是在团队成员之间及团队和管理者之间建立信任。
> 3. 提高团队凝聚力
> 第三步是发展一个遵守团队行为准则的有凝聚力的团队。管理者可以通过保持团队较小规模、给予明确的目标和以团队为单位进行奖励等方法来提高团队凝聚力。

创建团队

团队要想取得成功,团队成员必须能够完成管理者所指派的任务。挑选正确的成员是团队成功的关键,第一步就是确定合格的人选。

管理者必须吸引这些人选参加团队。对大多数员工来说,正式工作团队具有很大的吸引力,因为它能提高员工收入且给员工提供一定的满意度。如果员工认为加入一个正式工作团队能够提供与非正式工作团队类似的满意度,那么他们很乐意加入这个团队。实现团队目标的一个重要条件是提供舒适的工作场所。办公室如何布置和其他物理因素将影响团队成员一起工作取得成功的能力。

建立信任

在团队成员之间及团队和管理者之间建立信任是基本的。一个成功的团队意味着分享责任和共同决策。团队成员必须感觉到整个团队为实现目标是乐意并且能够成功合作的。没有信任,团队就无法设定或坚持团队准则。

管理者必须信任员工,同时必须清楚组织、团队和员工的利益。有效率的管理者要融入团队、真正关心团队成员、分享信息和表现诚恳。

影响团队凝聚力和一致性

想一想你在学校或暑假夏令营时加入的团队。这些成功的团队通常都是具有强竞争性和渴望成功的。有效的工作团队都具备这些特征。所有类型的团队都是从完成工作的成就感中获得满足的。

管理者研究团队一致性程度是如何影响正式工作团队的绩效水平的。要想获得成功,正式工作团队必须具有凝聚力且遵守团队行为准则。管理者可以通过以下方法影响团队凝聚力:

- 保持较小的团队规模。
- 精心挑选团队成员。
- 实现新老员工的个性相互匹配。
- 发展能促进沟通的办公室布局。
- 设立明确的目标。
- 鼓励团队竞争。
- 奖励团队而不是个人。
- 使团队成员相互隔离。

在体育比赛和商业活动中,如果个人绩效很好而团队绩效不好,并不能取得胜利。个人只有放弃自己的私利,最后的结果才能大于部分之和。当这种情况发生时,团队就好像五个手指头一起工作一样。

团队的发展阶段

有效的团队会经历四个发展阶段:形成、冲突、规范和执行阶段。第一阶段是形成阶段,团队成员首次聚集在一起。成员们普遍的感觉是不确定和担忧。因此,这个阶段的重点是让团队成员开始相互了解和交谈。第二个阶段是冲突阶段,这是一个存在意见不一和激烈讨论的阶段,某些团队成员试图把自己个人的观点强加于其他团队成员。第三个阶段是规范阶段,团队逐渐形成约束团队成员行为的非正式规范。第四个阶段是执行阶段,经过前面三个阶段的发展,团队成为一个有效和高绩效的团队。

质量研讨小组

正式工作团队的一种类型是质量研讨小组。**质量研讨小组**通常是由 5~10 名员工组成的工作团队,这些员工来自独立的工作单位、机构或部门;一个质

第九章 人员配置

量小组的基本任务是讨论质量问题和形成有助于质量改进的方案。

质量研讨小组的目的是使员工参与决策。成员通常是自愿加入，他们之间具有一个共同的联结点——承担着相似的任务。

日本从20世纪60年代初就已经使用质量研讨小组了。在洛克希德公司（Lockheed Corporation）的执行官20世纪70年代访问日本并参观了质量研讨小组的运行过程之后，美国人才开始知道质量研讨小组。洛克希德公司使用质量研讨小组改进了产品质量，并节省了几百万美元。除了可以提高员工的参与积极性，质量研讨小组还有其他优点。质量研讨小组鼓励成员和管理者之间的沟通和信任。它们还通过鼓励员工自己控制工作的方式培训员工，这是一种非常便宜的培训员工的方法。最重要的是，它们可能解决积压多年的问题。质量研讨小组建立了强大的沟通网络。在一个良好的质量研讨小组中，"我"变成了"我们"。

自我管理型团队

自我管理型团队是指没有正式的管理者，团队成员被授予对自身工作的控制权的团队。每一个自我管理型团队拥有一个领导者，通常是团队的一名成员。大多数自我管理型团队自己计划和安排工作、做出经营和人事决策、解决问题、决定优先要做的事、给成员分派任务以及共同承担责任。

虚拟团队

虚拟团队在十年前基本上不存在。今天，全球化、技术和对顾客需求的快速反应要求组织建立虚拟工作团队。**虚拟团队**是指团队成员在不同的地方工作和居住、彼此间通过电子技术实现交流，并且负责制定或实施公司重要决策的团队。可以预见，这种类型的团队将被广泛运用。

学习进度检测问题

13. 解释什么是霍桑效应。
14. 列出管理者影响团队凝聚力的六种方法。
15. 有效工作团队的四个发展阶段是什么？
16. 说明质量研讨小组和自我管理型团队的区别。

团队与领导者

当一个非正式团队挑选一位领导者的时候,成员选出来的是最有能力满足团队要求的人。

团队赋予团队领导者权力,同时可以随时收回这种权力。领导者需要具备很强的沟通能力,特别是在设立团队目标、为团队明确方向和收集信息等方面。

为了说明非正式工作团队如何挑选领导者,我们可以假设一群人遭遇海难而被困在了岛上。团队的第一个目标是寻找食物、水和避难所。对帮助团队生存下去贡献最大的那个人自然就会成为团队的领导者。之后,团队的目标可能是离开这座岛。最初的那个领导者也许不再是对实现团队目标帮助最大的人,这时,新的领导者就产生了。这个过程可能会继续下去,因此会产生多个领导者。

案例讨论 9.2

团队的一员?

最近,鲁斯·布朗(Ruth Brown)被任命为文字处理团队的负责人,以前她是文字处理团队的一名普通员工。她被任命之前,部门领导就告诉她前负责人是因为不能从团队得到足够的支持才被调离的。他之所以选择鲁斯作负责人,是因为鲁斯的表现像一位天生的领导者,她贴近团队,并且了解成员限制产出的行为。他相信鲁斯能够解决这些问题,并且他会支持她的。

他是对的,鲁斯确实知道团队成员的阴谋。在她是团队一分子的时候,她不仅努力阻碍前负责人的工作,而且她还带领整个团队去整前负责人。团队中没有人是出于私人恩怨刁难前负责人的,所有人都认为应该与前负责人斗智斗勇。一有迹象显示前负责人要过来,成员们就表现出努力工作的样子,等她一离开,大家马上就放松了。团队成员还采取无声的反抗行动使前负责人陷入冗长的解释和示范。他们经常无理由地抱怨材料和设备。

在午餐时,成员奚落公司,讨论他们计划使前负责人烦恼的最新的方法。所有这些就好像是一个大笑话。鲁斯和其他成员有好多关于前负责人和公司的笑话。但是,现在鲁斯成为了负责人,这可不是那么有趣了。她决定运用自己的管理职位和专业知识来使得团队为公司工作而不是和公司

第九章 人员配置

作对。如果能够做到的话，她会拥有一个最棒的团队。成员精通业务，具有很好的团队精神，并且如果他们建设性地运用他们的智慧努力工作的话，那么团队的产出能达到平均水平以上。

鲁斯以前的那些同事对她相当冷淡，但这是正常的，并且她相信自己在很短的时间内能够解决这个问题。现在困扰她的是乔·詹姆斯（Joe James）取代了她以前的位置成为了团队的领导者，整个团队像对付前负责人一样对付她。

问题

1. 公司选择鲁斯是否是一个明智的选择？为什么？
2. 你将会给鲁斯提什么建议？
3. 当团队中的一员成为团队领导者时，你认为团队会做出何种反应？
4. 工作团队总是反对实现组织目标的工作吗？请做出解释。

获得认同

被任命到正式工作团队的管理者作为领导者必须获得成员的认同。他们通常不具备与非正式工作团队领导者相同的权力。高层管理者授予下属的正式职权并不能保证一个管理者能有效地领导一个团队。

想一想你是如何对待你的老师的。你尊重那些精通课程、有效传递信息、尊重学生且公平对待学生的老师们。在正式工作团队工作的管理者可以运用同样的方法获得成员的信任和尊重。

管理者必须留意组织内部发生的可能影响团队的那些变化。有时，他们可能不得不调整团队目标以实现新的组织目标。例如，一个面临高度竞争的组织可能需要快速做出决策，而不是依赖团队想出解决方案。在这种情况下，管理者必须准备为团队做出快速决策。

鼓励参与

建立一个有效的团队需要一个非传统的管理方法。在一个传统的组织结构中，管理者直接领导为他工作的员工。然而，作为团队的一员，管理者必须鼓励员工参与、分担责任和扮演教练的角色，而不是扮演一个管理者的角色。

鼓励团队精神的一种方法是给团队提供一个愿景。那些组织团队以支持社会事业的人经常使用这种方法。例如,一个人可能组建社团来达到收回一个空的停车位的目标。在商业世界,管理者可以给团队成员提供经过艺术设计的产品或服务的机会。

管理者通过以身作则来领导。他们的态度和工作绩效会成为团队行为准则的标准。确信一个团队必须倾听并支持所有的团队成员的管理者可能会组成一个共享这种感觉的高层管理者团队。员工看到管理者在一个有凝聚力的团队里工作,他们就会在团队中更有效地工作。

小　　结

一旦管理者将组织要完成的工作进行明确和分类且为这些工作开发了组织结构,那么下一步就是雇用和发展能完成这些工作的人。本章我们讨论了运用技能清单来进行周详的人力资源规划过程的重要性(决定现有的人力资源和人力资源需求)、完整的面试过程(从求职者中为组织挑选最佳候选人)、对人力资源管理作出规定的广泛的法律框架。此外,我们还讨论了管理者在雇用员工时面临的挑战,这些员工最终在组织内或一个特定部门作为一个团队为指定的任务工作。在下一章,我们将对管理者在开发有动力、高效的员工方面面临的挑战和机遇做出讨论。

工作世界:塔克·巴恩员工通过了考验

两周后,凯文和全体员工要求托尼给他们一次陈述想法的机会:这不仅仅是一份书面报告,而是一份附有PPT讲解和宣传单的相当详细的正式商业报告。托尼不得不承认,在他们开始陈述之前就已经在他心中留下了深刻印象。

这次陈述大约进行了30分钟。他们解释了他们是如何提出这个想法的、为了支持这个想法他们调查了哪些地方,以及他们是如何达成包括预计成本和潜在的节约在内最后的建议的。托尼猜测凯文已经告诉了他们这份报告会拿给道恩过目,因为他们的宣传单显而易见地运用了图表、电子表格、数字和所有支持性材料。

在陈述结束后,托尼感到唯一能做的就是站起来,然后为全体人员鼓掌。这时,他们脸上洋溢着惊讶和自豪,过了一会儿他们才从震惊中恢复过来。然后一片混乱，每个人开始尖叫和大喊，他们曾经是多么的紧张和不确定托尼是否会同意这个想法，他们很感激托尼能给他们这个机会，尽管道恩还没有发表任何意见。

托尼给他们几分钟的时间使他们安静下来，然后开始说："你们做得很好。我真的对你们的创造性以及对细节的关注感到惊奇。你们已经重新设计了订购程序并调整了储藏室布局以使运输变得更容易。你们找到了使供应商配合我们工作的更好的方法，这可以让我们节省许多钱。我想道恩会对此很感兴趣的。"托尼停顿了一下，然后问道："凯文，你们还有什么别的想法吗？"

问题

1. 为什么托尼没有想到这些想法？如果他的员工能注意到了，作为餐厅管理者的托尼也应该注意到这些事情吗？
2. 这个项目会改变托尼所在的塔克·巴恩餐厅的整体气氛，对于这点，你如何看待？
3. 你认为道恩会采纳这些想法中的意见吗？为什么？
4. 你想找机会参与像这样的项目吗？为什么？

1. 描述工作分析、技能清单和人力资源之间的关系。
2. 什么是平等就业机会？
3. 讨论面试过程中出现的一些共同的难题。
4. 说明团队成员在什么情况下会遵守团队行为准则？

工作分析　指通过调查和研究，确定与某一特定岗位性质相关的基本信息的过程。

职位说明书　指描述某一特定岗位所要求的工作目的、责任、内容和绩效结果的书面文件。

职位资格明细书　指说明了完成一项特定工作所必需的能力、技术、个性或品质的书面文件。

技能清单　关于组织现有人力资源的统一信息。

人力资源规划（HRP）　指在合适的时间为适当的职位获取适当数量的合格人员的过程，也称人事计划。

人力资源预测　根据组织目标决定组织未来人力资源需求的过程。

1963 年的《平等工资法案》　禁止雇主因性别歧视对相同的工作给予男女不同的报酬。

1964 年《公民权利法案》第七章　旨在消除因为种族、肤色、宗教、性别或者国籍等原因的雇用歧视。

平等就业机会　是指所有人都享有基于功绩、能力及潜力工作和获得晋升的权利。

《雇佣年龄歧视法案》　起初设计该法案的目的是保护 40 岁到 65 岁的个人免于在雇用、维持工作和其他情况下受到歧视。1978 年进行修正，将个人年龄限制提至 70 岁。除非在特定情况下，该法特别禁止 65 岁强制退休。

1973 年《康复法》　禁止联邦代理机构和联邦项目承包商在雇用员工时歧视残疾人。

1990 年《美国残疾人法案》　使残疾人迅速增加了获得服务和就业的机会。

1991 年《民权法案》　妇女、少数民族、残疾人和非主流宗教信仰者如果能够证明受到雇主故意雇用和工作歧视行为的伤害，允许他们得到陪审团审判并起诉要求获得惩罚性损失赔偿。同时，公司应提供证据证明导致该差别的公司行为是非歧视性的，与工作绩效相关，是公司活动的需要。

《家庭与医疗假法案》（FMLA）　允许符合资格条件的员工由于家庭或健康的原因延长无薪假期，而员工不必担忧为此失去工作。

招聘　寻找、吸引以及挑选合格的求职者。

临时雇员帮助　指为职业介绍所工作的员工，根据指令到需要临时员工的公司工作一段时间并按小时计费。

雇员租赁公司　为有需要的公司长期提供书中列举的类似的劳动力支持。

肯定性行动计划　为补救已发生的歧视行为而阐明具体目标和行动时

间表的书面文件。

逆向歧视 相比较另一类群体（如白人男性），给予某一群体（如少数族裔或女性）特惠待遇，而非提供平等的就业机会。

测试 根据个体的行为样例推断出个体的未来行为或表现。

能力倾向测验 测量一个人的学习能力或潜能。

精神测验 测量一个人的力量、灵活性和协调性。

业务知识测试 测试一个求职者所掌握的与职位相关的知识。

能力测试 测试求职者完成所要求工作的水平。

兴趣测试 与特定职位成功者的兴趣相比较，确认一个人的兴趣如何。

心理测验 测量一个人的性格特征。

谎言测试 记录测试者在回答一系列问题时身体内产生的物理变化，通常也称为测谎器测试。

测试效度 某项测试达到预定标准的程度。

测试信度 某项测试结果的一致性与可重复性。

结构化面试 使用预先确定的面试提纲（问题）的面试。

半结构化面试 指具有一定灵活性的面试。面试过程中，考官预先设计好主要考题，同时为正确评价应试者的强项和弱点，也可根据实际情况向应试者进行一些辅助性的随机提问。

情景模拟面试 指应试者被置于实际工作中可能面临的行动情景中，考官通过投影技术观察应试者的表现。

非结构化面试 没有既定的模式和程序的面试。

压力面试 将面试者置于压力情景中的面试。

会议型面试或集体面试 有两个或更多面试考官参加的面试。

小组面试 考官同时向参与小组讨论的多名应试者提问的一种面试。

晕轮效应 当面试考官被应试者单一的显著特征支配了对所有其他特征的判断时，晕轮效应便产生了。

正式工作团队 为实施特定的任务而建立，如设计一个新的产品或解决一个问题。

非正式工作团队 正式组织中因个人之间的联系和相互交往发展而来的工作团队。

团队行为准则 组织采取的用来规范团队成员行为的非正式规则。

团队凝聚力 团队对组织成员的吸引力大小或一个团队的紧密结合程度。

团队一致性 团队成员接受并遵循团队行为准则的程度。

团队迷思 当团队成员丧失个人的思考能力并为了与团队决策保持一致而牺牲自己的好的想法时,就形成了团队迷思。

枢纽观念 一种认为管理者应横跨不同的正式工作组并把各个工作组凝聚成一个统一整体的观念。

团队建设 建立一个有凝聚力的团队的过程,团队成员一起致力于实现组织目标。

质量研讨小组 通常是由5~10名员工组成的工作团队,这些员工来自独立的工作单位、机构或部门;一个质量小组的基本任务是讨论质量问题和形成有助于质量改进的方案。

自我管理型团队 指没有正式的管理者,团队成员被授予对自身工作的控制权的团队。

虚拟团队 指团队成员在不同的地方工作和居住、彼此间通过电子技术实现交流,并且负责制定或实施公司重要决策的团队。

点击访问人力资源管理指南的网站 www.hrmguide.net,回答以下问题:

1. 什么是人力资源管理指南?
2. 以"员工关系"为题挑选一篇关于工作平衡的文章并作出总结。
3. 挑选一篇关于美国人力资源方面的新闻并作出总结。
4. HRM 指南是一个关于人力资源管理的网站。查看人力资源管理指南提供的六个其他网站。

裁员

两年前,你的组织经历了一次工作量的突然增加。但是,同时组织也受到了支持肯定性行动计划的平等就业机会诉讼的威胁。根据这个计划,又有一些妇女和少数族裔的成员被招聘和雇用。

最近,组织的管理层预计工作量会逐渐减少。你被告知排列出你所在的部门的全部员工，一场解雇是不可避免的。

下面是你所在部门的七名员工的个人资料。分为两组，每一组根据要被解雇的顺序将他们分级，排在第一个的人首先会被解雇，以此类推。两组分别将排列结果及其这样排列的理由告知对方。

伯特·格林：白人男性，45岁，已婚，有四个小孩。在组织工作五年。被认为是一个酒鬼；工作记录糟糕。

楠·努西卡：白人女性，26岁，已婚，没有小孩，丈夫有一个稳定的工作；在组织工作半年。在肯定性行动计划生效后进入组织，工作记录一般。正在攒钱买房。

约翰尼·琼斯：黑人男性，20岁，未婚；在组织工作一年。绩效水平很高。被认为是一个害羞的"孤独者"；希望某一天开创自己的公司。

乔·杰斐逊：白人男性，24岁，已婚，没有小孩但妻子已经怀孕；在组织工作三年。正在上夜大；学习和工作时间的冲突导致了工作绩效不稳定。

利沃尼亚·龙：黑人女性，49岁。寡妇，有三个已成年的孩子；在组织工作两年。工作表现一般。

沃德·瓦特：白人男性，30岁。最近离婚，有一个小孩；在组织工作三年。是一个好员工。

罗莎·桑切斯：西班牙女性，45岁。有六个小孩，一年之前丈夫成为残疾人；努力养家；在组织三个月。没有可供查看的绩效评价的资料。

问题

1. 你将根据什么标准来将这些员工排序？
2. 你的分级方法在肯定性行动支持中有什么含义？
3. 在这个例子中作为一个团队要达成一致意见有多困难？
4. 如果你在组织中以同样的方式被排序，你的感觉如何？

讨论练习9.1

一家公司完美的平衡行动

百特出口公司的员工面临着工作和生活的混乱。

下午，黛比·德布雷在办公室里忙得不可开交，在接收来自沙特阿拉伯、阿曼和巴拿马的语音邮件和电子邮件的同时，她还要在电话会议上发言，并且她突然想起：下午五点半，她必须回家吃晚饭。

那时，她的丈夫马克将在上两点的夜班前分别从日托所和小学接回三岁的阿什利和七岁的亚当。15岁的扎卡里现在能自己回家。晚饭后是由黛比主持的亚当的每周侦探会议。在孩子们九点上床睡觉后，黛比也睡了。她早上四点半起床做早餐并为孩子们上学做准备。

而那只是星期一的生活。其余的日子，变动的工作安排、学校、杂事和孩子们的活动等所有事情混乱地交织在一起。混乱吗？感到筋疲力尽吗？当然了。但黛比说："我们应该乐观对待，这就是我们的生活。"

百特国际公司（Baxter International Inc.）是总部位于迪尔菲尔德的百特出口公司（Baxter Export Corporation）的国际后勤机构，有85名员工。少数员工是特别的，但没有一个是"普通的"。布莱恩·卡斯帕里想尽办法让妻子帕梅拉承担家庭责任，帕梅拉是一个警察调度员，她的工作需要她每两周进行一次职务轮换。为了避免把两岁的艾美莉送进日托所，伊丽莎白·伯格曼和她的作为飞机机组人员的丈夫埃里克错开了工作的时间，因此他们很少看见对方。

像任何工作场所一样，全部员工的集合就是百特出口公司：伯格曼、卡斯帕里和黛比的个人生活被工作、同事的工作和公司的业务占满了。最后一分钟的顾客订单、过多的备忘录或同事请病假都打破了员工生活的微妙的平衡。同样地，家庭的稳定与否也影响了生产力、质量和公司利润。

实施并不容易

今年公布的对百特国际公司1 000名员工的为期18个月的一项研究表明，存在于正式员工中的大多数的工作和生活的紧张是由追求平衡的需要和对灵活性的渴望引起的。在百特出口公司，30%的员工采用了远程办公、工作分担或兼职工作，灵活性已经成为了常态。但很多员工仍然在平衡工作和生活方面存在困难。这里有个解决方案，但并不容易实施：进行一次彻底的组织结构重构，这意味着不仅要改变工作和流程，而且要改变整个公司。

百特出口公司公开解决这些问题的意愿预示了一次社会变革。它的母公司——54亿美元的保健产品的制造者，其支持性的文化和有弹性的工作安排等获得了员工们的喝彩，因此在《商业周刊》的调查里排名第19位。

建立在互相尊重的基础上的"共享价值观"在公司内部沟通得到了重新应用。42岁的公司总裁小哈里·M·克雷默在谈每月财务报告时会讲讲关于自己的双职业和三个孩子的故事。他说："应该让员工们知道我们的处境是一样的。"

虽然如此，一方面是在一个国际性公司工作的竞争压力，另一方面是家庭成员都在公司工作，这造成了员工的紧张的安排。对杰基·德维恩来说，每天的工作从早上六点半开始。像其他运营分析人员一样，她每年的收入一般在3万美元～4万美元，她通过管理导管、对解决方案和子公司与顾客的沟通网络进行分析等促进了百特公司全球业务的急剧增长。她选择在黎明开始工作是因为那样既可以更好地与南非和新西兰的顾客进行交流，又可以送她五岁的女儿卡丽恩到日托所一直待到下午四点。37岁的德维恩从1981年开始就在百特公司工作，四年前她进入到现在的岗位上。"我一直加班工作到晚上七点。我每天都要及时赶回家给卡丽恩喂奶，然后哄她睡。我说：'这真是可笑。'"

在家时，简单的晚餐后，德维恩会去看一下住在地下公寓里的婆婆伊莱恩，然后接听负责照料她的护理所的电话。去年春天伊莱恩被诊断出了晚期癌症，所以需要24小时的看护。在做了一番照顾伊莱恩的尝试后，德维恩和丈夫乔在几个月前雇用了一名看护。

德维恩具有的弹性工作时间和一周至少一天远程办公的时间缓和了她的负担。但同时要照顾小孩和生病的老人甚至乔的图片处理的生意，这些消耗了她大部分的精力。最近乔的办公室被大水给淹了，德维恩只能熬夜把计划给顾客的75件T恤洗干净。乔经常到晚上九点才吃晚餐，然后熬夜算账。德维恩承认："有些夜晚我们会哭，有时候我们会相互攻击对方。"

团队伦理

一线经理约翰·林德纳负责监督德维恩、卡斯帕里、黛比和其他11个员工。他相信承认并缓解这种紧张是个好主意。尽管他自己不是在家里工作，但他相信他的员工在远程办公时的工作效率能提高10%。百特公司进行的变革也包括给予更高报酬的承诺。而且，员工们被要求遵守公司的规章。他们每周远程办公的时间不能超过两天，否则就会减少同事之间的联系且破坏团队伦理。每个人必须回办公室参加星期二的会议。在家办公的员工必须支付顾客的电话费用，尤其是拉丁美洲的顾客不喜欢使用语音邮件。员工们必须共享公司提供的便携式笔记本电脑：黛比和同事琳达·巴里（Linda Barry）每周日在教堂交换她们的电脑。

尽管工作富有弹性，但百特出口公司员工仍然需要努力地寻找工作和生活之间的平衡。大多数员工一周工作45个小时~50个小时，甚至更长，一些员工认为这比他们期望的要长。回到家后，卡斯帕里要查看两次办公室的语音邮件，且经常需要耗费1个多小时来处理顾客的紧急问题。对德维恩来说，虽然她承认办公室是一个感情小憩的场所，但她必须平衡婆婆的癌症及随后的化疗与为一个特别工程每天14个小时长达六周的工作。

当然，一周工作50个小时对白领员工来说是很平常的。但对百特出口公司的最高执行官格里夫·刘易斯来说，不存在平衡的问题。

当谈及公司的员工，他说："我认为他们的工作量太大。"此外，他认识到公司的工作量正以每年12%~15%的速度增长，而他没有预算来增加相应的员工。为了保证员工合理的工作时间，他必须找到提高生产率的方法——重构工作流程、重新设计工作和消除不必要的工作。

这意味着，今后五年，公司需要建立一个处理海外顾客需求的自动分配系统，而不是让分析员进行海外需求预测并下达指令。顾客订单将直接到达美国仓库，因此，每月能给每个分析员减少三天的工作量。刘易斯希望两年之内在120个国家建立标准化程序以消除多余的工作且使员工获得出色的订单和提出高水平的问题。

员工说，这类计划已经缓解了一周工作60个小时的状况。但由于公司和多个分公司之间的关系网络，刘易斯构想的变革是错综复杂的。例如，百特公司的美国制造中心要求尽可能少地保留库存，因此，当海外顾客需求超出预期时，刘易斯的分析员通常找不到产品。如果巴西的分公司的主管在最后时刻被要求完成订单，那么迪尔菲尔德的员工必须工作到很晚以完成订单。

巴西的情况能被改变吗？员工能被改变吗？是的，最终黛比、卡斯帕里和德维恩会有一个更舒适的生活。因为他们有道义以及经理林德纳和总裁克雷默的支持。现在，百特的其他公司会尽力适应新计划、新系统和新战略。如果每个人都齐心协力，黛比·德布雷的孩子肯定能准时吃饭。

问题

1. 百特国际公司为什么努力进行重组以实现员工工作和生活之间的平

衡？它将获得什么收益？

2. 百特公司主张"他们每周远程办公的时间不能超过两天，否则就会减少同事之间的联系且破坏团队伦理"。你同意百特公司的主张吗？为什么？

3. 百特公司计划建立一个海外顾客需求的自动分配系统，而这些工作以前都是由分析员完成的。这是一个解决员工工作和生活紧张的合适方案吗？为什么？

4. 回想你现在或曾经工作过的组织。这些组织关注你工作和生活之间产生的紧张问题吗？请阐述理由。

资料来源：Adapted from Keith H. Hammonds "One Company's Delicate Balancing Act", *BusinessWeek Online*, September 15, 1997.

讨论练习 9.2

打破 24 小时

了解百思买激进的工作场所重塑。

2006 年的一个下午，百思买集团（Best Buy Co.）负责网上订单监控的查普·亚琛（Chap Achen）关上他的电脑，从办公桌前站起来宣布自己要下班了。那是下午两点，大部分亚琛的同事都由于午餐后的犯困昏昏沉沉地趴在键盘上，液晶显示屏映照着他们恍惚的脸。"明天见，"亚琛说，"现在我要去看戏了。"一般情况下，下午早退完全不是亚琛的作风。他是 37 岁的公司新秀，当他说起工作与生活平衡的时候他的妻子还当面嘲笑他。然而在明尼阿波利斯的百思买总部的超现代化办公楼里，这种奇怪的事情随处可见。雇员关系部门的史蒂夫·汉斯（Steve Hance）会在工作日跑去打猎，一手拿着 12 口径的雷明顿猎枪，一手拿着他的手提电话。零售培训部的网络学习专员马克·威尔斯（Mark Wells）把他的大量时间花在了跑遍全国追逐摇滚明星戴夫·马修斯（Dave Mattews）上。作为在线促销经理的单身母亲凯利·麦克戴维特（Kelly McDevitt）在下午两点半下班去接他 11 岁的儿子凯文放学。六西格玛黑带的斯科特·贾欧曼（Scott Jauman）有 1/3 的时间都在他诺斯伍德的小屋里度过。在大部分公司，白天擅离职守会成为被辞退的理由，在百思买却不是这样。这家全国主要的

> 真实情境中 的 管理学

电子零售商开始了一项激进的甚至是充满风险的试验,以改变"磨洋工"和放牛式管理的企业文化。这项努力被称为"只注重结果的工作环境",它试图摒弃几十年来陈旧的将出勤率等同于生产率的商业教条。百思买的目标是以产出而不是耗时来评判绩效。从此员工下午两点出现在设备齐全的总部并不算迟到,下午两点离开也不算早退。没有时间表,没有强制性会议,也没有印象管理的压力。工作意味着你在做的事情而不是你待的地方。你可以在打猎的时候以及在你的湖边小屋进行电话会议,也可以在晚饭后再登录工作以便于把下午的时间用来陪孩子。百思买并不是超地域性的办公室的发明者,那些科技公司在多年前就已经开始游牧式的办公了。在 IBM 公司,40%的员工没有正式的办公室。美国电话电报公司 1/3 的管理人员都是非绑定的。

太阳微系统公司(Sun Microsystems Inc.)做过统计,通过允许差不多一半的员工在任何地方工作,在过去 6 年里总共节约了 4 亿美元的地产成本。这种趋势似乎还在扩大。波士顿咨询公司(Boston Consulting Group)的一项近期研究表明,85%的主管希望他们在未来 6 年内从拘束中解放的员工数量能有大幅提高。事实上,在许多公司里最具创新性的新产品也许正是工作场所结构的改变。然而无可辩驳的是,没有任何一家大型企业像百思买这样坚决地打破了工作的时间限制。这种不注重工作的时间和地点的政策允许人们自由地选择何时何地工作,只要他们保证工作能完成。这个项目的创始人乔迪·汤普森(Jody Thompson)告诉我们:"这就类似于你工作中使用的 TiVo(一种数字录像设备)。"到 2007 年年底,公司全部的 4 000 名员工都会采用 ROWE(只注重结果的工作环境)。从 2 月开始,这种新的工作制度会成为招聘以及新进员工的上岗引导的正式内容。百思买公司也计划在他们的零售店推广这一打破时间限制的革新。这是一种从没有任何零售业公司尝试过的高风险的挑战。此外,关于这项试验值得注意的一点是:它并不是自上而下推行的,而是从一种隐蔽的游击式行为逐渐渗透发展,最终实现了一场革命性的转变。因此,从这种模式开始改变百思买公司两年后,公司的首席执行官布莱德·安德森(Brad Anderson)才得知。而这种自下而上的隐形的改革正是安德森所鼓励的。百思买的高官致力于保持公司的创新性,即使在一些表层工作上也是这样。安德森说:"ROWE 不是法令和规章的结果,而是由一批富有激情的员工所创造和培育的。"

首席执行官大力引进这一制度,然而公司内部的反对声音也很多。很多主管质疑这个项目只是把弹性上班时间换了一个更好听的说法。其他人则认为无固定地点的工作会延长实际工作时间,以及破坏工作和私人生活的明确划分。愤世嫉俗的人认为这纯粹是由人力资源部门的权谋人士所构思出来的一场拙劣的公关表演。随着ROWE影响了越来越多的部门,这些人变成了代表保守势力的破坏者,他们不断地想颠覆这一制度,并且不断地警告人们公司会变成懒人的天堂。这种新的工作结构的支持者再一次坚称这种革新会帮助公司克服挑战。多亏了早先的成功,一些对于这项制度最严厉的批评者渐渐成为了它的信徒。由于电子业毛利润的压力,以及沃尔玛集团(Wal-Mart Stores Inc)和塔吉特公司(Target Corp.)向百思买业务领域的扩张,百思买公司逐渐向服务方面转变,内容包括了奇客队(Geek Squad)和以销售人员作为技术顾问的"以顾客为中心"项目。然而百思买公司一直承受着压力、倦怠和高员工流动率的困扰,期望"只注重结果的工作环境"项目可以使员工得以解放从而做出自己的工作决定,希望这样可以鼓舞士气、提高生产率以及保持服务的主动性。这项制度看起来是行之有效的,自实施以后,人员平均流动率有了大幅的下降,实行了新制度的部门生产率也平均提高了35%。根据审计企业文化的盖洛普公司(Gallup Organization)的调查,衡量员工满意度以及通常作为保持员工的晴雨表的员工敬业度也有了很大提高。这一制度也能够帮助公司弥补"以顾客为中心"的运动的庞大支出,顾客中心的成本高昂,包括了定制门店、市场调查以及将客户反馈变成新的商业理念的员工培训。通过将员工从固定工作场所释放出来,百思买公司可以减少办公场所的开支,将空置的房间出租给其他的公司,从而获得数百万美元的节余用以保持服务的主动性。明尼苏达大学研究工作—生活问题的社会学教授菲利斯·摩恩(Phyllis Moen)正在进行一项由美国国家卫生研究院(National Institutes of Health)资助的百思买实验研究项目。她认为在雇员和管理者的关系上,大部分公司还停留在20世纪30年代,被限制在时间与工作上停滞不前。"我们的整个关于有偿工作的观念是在组装生产线上发展起来的,通常认为来上班就是工作。而百思买正在认识到:坐在椅子上不再代表着工作。"她说。

问题

1. 为什么百思买公司的ROWE计划被认为是激进大胆的举动?

2. ROWE 计划有什么潜在的好处？

3. 回想你现在或曾经工作过的组织。这样的计划在你的工作中会有效吗？请阐述理由。

4. 你认为这样的弹性工作制会提高你的士气和生产率吗？请阐述理由。

资料来源：Adapted from Michelle Conlin, "Inside Best Buy's Radical Reshaping of the Workplace," *BusinessWeek Online*, December 11, 2006.

第十章
人员激励

Chapter Ten

"可以说，管理就是激励员工。"

——李·亚科卡（Lee Iacocca）

■ 学习目标

在学完本章之后，你将能：

1. 定义什么是激励。
2. 讨论激励的公平理论。
3. 解释需要层次理论。
4. 讨论期望理论。
5. 讨论激励—保健理论。
6. 定义什么是工作满意度和组织士气。

工作世界：又是本月的最佳员工！

"本月的最佳员工是……"托尼停顿了一下，"凯利·史蒂文斯（Kelly Stevens）！"

这个停顿并没有引起大家热烈的掌声。托尼想，也许这是因为凯利在过去六个月中已经拿过三个最佳员工的奖项，而今天这个是第四个了。

这就是管理单一类型公司的最大挑战之一，在这样的公司，兼职员工远远不足以形成重要的影响，因此奖项成为了全职员工的唾手可得之物。几个月前，他们想通过经理或领班观察出色的顾客服务的具体例子来改进这个问题，但是员工们开始故意"创造"提供出色的服务机会时，问题更加严重了。最明显的例子是：一名新服务员从八号餐桌接收了订单，这张订单订的菜是菜单上没有的，因此，餐厅必须快速从这个街区的食物市场上购买材料来烧制这道菜。这样的服务远远超过了餐厅的标准，但是这名服务员只按照餐厅的标准收取费用，因此，托尼不得不采取行动制止这些行为。

在本月最佳员工奖励宣布之后的某一天，托尼召集所有员工召开了一次简短的会议并且提出了新的看法：

"我知道每个人都在很努力地工作，而且公司也要对你们良好的表现做出奖励，但是每月最佳员工的奖励并没有发挥实效。因此，我打算找到一些别的方法来认可你们的努力，包括兼职和全职员工。更重要的是，我会寻找真正激励你们努力工作的方法，这并不是指这面墙和墙上的布告栏，而是一些你们真正会想得到的东西。

"如果你是获奖者，我希望你能提出关于奖励应该是什么的一些看法。你们不需要马上就说出自己的想法，我希望你们把它们写下来，然后放进休息室的建议箱。我们会给你们几天时间来投建议，然后再查看你们的建议。大家可以做到吗？"

问题
1. 为什么托尼会觉得每月最佳员工的奖励没有发挥作用？
2. 向塔克·巴恩连锁餐厅的员工征求意见有什么作用？
3. 你认为应该如何激励员工的绩效？
4. 回想你现在或过去工作过的组织，它们是如何激励员工的工作绩效的？

第十章 人员激励

激励员工

管理者经常提出这样的问题：我们的员工没有得到激励。一半的管理问题可以归因于缺乏个人激励。

激励的问题并非最近才产生的。早在19世纪晚期，威廉·詹姆斯（William James）就对激励的重要性进行了研究。詹姆斯发现，计时工完成工作大约发挥了他们能力的20%~30%。同时，他还发现受到高激励的员工大约发挥了他们能力的80%~90%。图表10—1描述了激励对工作绩效的潜在影响。受到高激励的员工能够实现绩效的实质性提高，并且减少了旷工、人员流动、拖拉、罢工和不满等问题。

图表10—1 激励对工作绩效的潜在影响

资料来源：P. Hersey and K. H. Blanchard, *Management of Organizational Behavior: Utilizing Human Resources*, 4th ed., Prentice Hall, 1982.

激励一词来源于拉丁文 movere，原意是移动。这个词有许多含义。常用的有计划、需要、结束、动力、意图、目标和目的。这些含义包含了激励的三个基本特征：第一，激励与人的行为活动有关。第二，激励是指将人的行为导向一个特定的目标。第三，激励涉及将这些行为持续下去的方法。

激励可以通过以下的因果关系来分析：

需要→动力或动机→实现目标

在激励过程中，需要产生动机，动机导致目标的实现。缺乏产生需要，这种缺乏可以是精神上的或物质上的。例如，当一个人超过48个小时没有睡觉，那么就会产生生理需要；当一个人没有朋友或同伴时精神需要就产生了。在这一章我们将会深入探讨个人需要。

动机是导致满足需要的行为的一种刺激。也就是说,动机产生行为。缺乏睡眠(需要)导致了身体的疲劳(动机),疲劳引起了睡觉(行动或不行动,这个例子里是行动)。

目标的实现满足了需要且缓和了动机。当目标达成时,重新确立了平衡。但是,如果有其他的需要产生,会需要通过相同的一系列的行动来满足。当然,理解了动机并不能帮助管理者理解怎样激励员工。本章描述的分析动机的理论将有助于管理者理解如何激励员工。它们包括以下内容:科学管理理论、公平理论、需要层次理论、成就—权力—归属理论、激励—保健理论、期望理论和强化理论。

管理中信任的重要性

信任是组织所有激励努力成功或失败的必要因素。没有信任,组织所有激励员工以提高其绩效的努力就会受到置疑。信任为提高员工生产率提供了可靠的保证。

公平理论

公平理论是一种激励理论,基于这样一个观点——与他人相比较,人们想要得到公平的对待。**不公平**是指当一个人感觉自己的投入和报酬之比低于别人的投入报酬比时,就会认为不公平。这个定义的重点是人们对投入和报酬的感觉。另外,作为比较对象的其他人可以是同一个工作团队的,也可以是组织的其他部门的。同时,员工还会将自己的投入和报酬比与组织外的类似工作相比较。

投入是指员工所理解的他对组织的贡献(如受教育程度、智力水平、经验、所受培训、技能以及所付出的努力)。公平理论还认为,不公平的存在会导致一个人相应的紧张感。这种紧张会激励员工实现公平或减少不公平。激励的程度与不公平的程度直接相关。一个人可能采取许多行动来减少不公平。

1. 如果一个人的工作投入低于别人,那么他就会增加工作投入。例如,一个人可能更加努力地工作以增加其工作投入。

2. 如果一个人的投入比别人多，那么他会减少投入。
3. 辞职。
4. 要求增加报酬。

案例讨论 10.1

信息丰富的咖啡时间

4月28日，星期一早上，乔治·史密斯被告知从5月1日起，他的薪资会提高13%。这次奖励是根据两个月前的绩效评估得来的。他的经理汤姆·威克斯告诉他这次加薪是对他过去几个月的工作绩效和对公司的贡献的奖励，这是一次超过一般水平的加薪。

第二天早上，乔治的一些同事像往常一样聚在一起喝咖啡闲聊。慢慢地，话题转向了加薪。其中的一名同事说她4月的工作绩效提高了，但是到现在为止没有任何加薪的迹象。乔治对于薪资增加的幅度，尤其是增加的百分比，作了简短的评论。另外一名同事马上回应说，他对自己在上周五薪资提高了12%感到惊讶。还有一个同事表明他的薪资也得到了类似的提高。这些消息让乔治感到震惊，他了解到有多个人获得了大约11%～13%的提薪。乔治又困惑又生气，最后他平静下来，回到办公室并且关上了门。

那天晚上，乔治一直在思考早上的讨论。他对自己加薪的第一个印象是这是对自己工作绩效的奖励。他的努力工作以及对组织的贡献得到了组织的认可。但是，现在他对此不是很确定。好多问题正在困扰着他：

1. 他的老板为什么说加薪是对他个人表现的特别奖励，而事实上其他同事也获得了相同的加薪？
2. 在他的部门里，个人工作绩效真的是引起加薪的重要原因吗？
3. 他的老板隐瞒了加薪的事实吗？
4. 他的老板还值得他信任吗？
5. 未来的加薪也会推及到整个部门吗？

问题

1. 你是否认为乔治应该感到不安？如果是，为什么？如果不是，又为什么？
2. 你认为乔治从早晨的咖啡时间获得的信息会对他以后的工作绩效产

生影响吗?

3. 如果你是乔治,你会如何反应?
4. 为了重获乔治的信任,汤姆·威克斯应该做些什么?

学习进度检测问题

1. 管理的三个基本特征是什么?
2. 为什么信任对组织的激励努力成功与否这么重要?
3. 什么是公平理论?
4. 定义什么是投入。

需要层次理论

需要层次理论基于这样一种假设,个体因为各种需要得到满足而被激励,而金钱只能直接或间接地满足个体的一部分需要。需要层次理论主要以亚伯拉罕·马斯洛(Abraham Maslow)的研究为基础。图表10—2描述了五个层次的需要。

生理需要是指人体维持生命必须得到满足的需要。这些需要包括食物、睡眠、水、锻炼、衣服和住所等等。

安全需要是指使某物免受危险、威胁或剥夺。所有员工都在一定程度上对组织有一种依赖感,因此,安全需要显得十分重要。组织政策中的徇私、歧视和专断都会带来不确定性,从而影响员工的安全需要。

第三层次的需要是**社会需要**。一般来说,这个层次的需要包括爱情、友情、归属等所有想与别人建立某种关系的需要。当人们建立了有意义的私人关系并为有意义的群体所接受时,人们的社会需要才会得到满足。

属于某些组织并被某些工作团队所接受是满足这些需要的手段。

需要的第四个层次是**尊重需要**。尊重需要包括自我尊重和尊重他人。尊重需要影响了建立以适当性、独立性和相互尊重与接受的表示为基础的各种人际关系的发展。

最高层次的需要是**自我实现或自我满足需要**——运用自身的能力和兴趣去适应环境,完全发挥自身的潜力。这个层次的需要与在可能最优的水平下工作的愿望有关。但是,这种需要是永远无法满足的,人总是能够有

第十章 人员激励

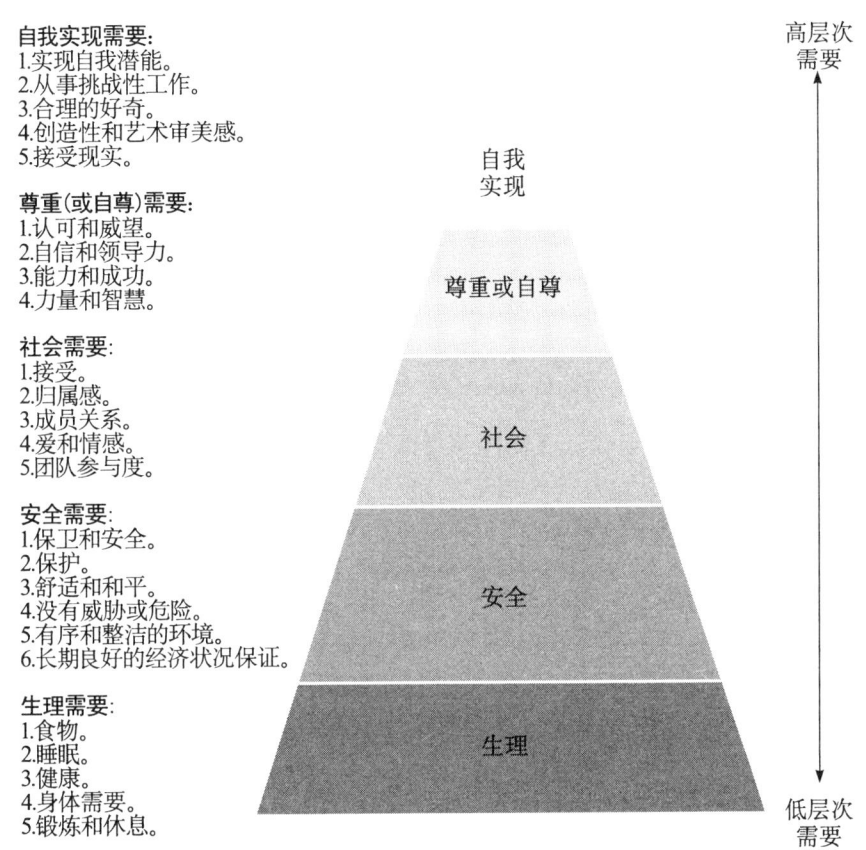

图表 10—2 需要层次理论

更高层次的需要。

需要层次理论恰当地描述了大多数人需要的一般次序。但是，也存在着其他应该考虑的因素。首先，尽管大多数人的需要是按照图表 10—2 的顺序排列的，但是排序因个人经历、文化、成长环境和其他个人因素的不同而不同。其次，一个人的需要强度或效力可能在不同的条件下变化。例如，在经济条件差时，生理和安全需要可能会支配人的行为；在经济条件好时，更高层次的需要可能会支配人的行为。

各种需要的其他特征应该被认识到。另外，需要在一定程度上还存在文化特性问题。也就是说，满足不同需要的方式受文化和社会因素影响。例如，特定的文化影响了个人的饮食习惯、社会生活和生活的其他方面。

最后，个人满足特定需要的方式是不同的。两个人可能有同样的需要，但是他们满足需要的方式可能很不相同。

就激励而言，需要层次理论认为，未满足的低层次的需要引起了人的行为。需要层次表明，马斯洛认为是未满足的需要按照由低到高的顺序激发了人的行为。

现在的许多组织运用需要层次理论来进行管理。例如，补贴体系通常是为了满足低层次的生理和安全需要而设计的。另外，有趣的工作和提升的机会是为了满足高层次的需要而设计的。因此，管理者的工作是确定员工希望被满足的需要层次，并且为其提供满足需要的方法。很明显，确定一个人的某一特定需要不是那么容易。并非所有人的需要都处在同一层次上，而且面对同样的环境，人们的反应也不完全相同。

很少有对该理论的有效性进行检验的研究。需要层次理论的主要贡献在于：它为分析需要提供了一种框架，并且为其他激励理论奠定了基础。

职业管理

留下良好的印象

从职业生涯一开始，我们就知道当我们去面试、开始一项新工作、加入一个体育小组或者第一天上学时给人的第一印象非常重要。

在开始一个新的职业时，第一印象确实非常重要。你积极的态度可以让别人感觉到你已经完全准备好投入到工作中了。有一个好的开端有助于你成为领导者。你是如何给人留下好的第一印象的呢？试着努力准备，表现积极并在生理和心理上都做好准备。俗话说："你只有一次机会给人留下好的第一印象。"

成就—权力—归属理论

戴维·C·麦克莱兰（David C. McClelland）认识到人有不同的需要，因而提出了成就—权力—归属理论。该理论强调有三个基本的需要：成就需要、权力需要和归属需要。该理论使用的"需要"一词不同于需要层次理论中的需要。该理论假设这三种需要都是可以经后天学习得来的，而需要层次理论假设需要是先天的。

成就需要是一种渴望把事情做得比以前更好或更有效率的需要。权力需要主要涉及影响别人的需要——变得强有力且有影响力。归属需要是一种希望被喜欢、建立或保持良好的人际关系的需要。

该理论假设大多数人在一定程度上都有这些需要，但是需要强度因人而异。例如，一个人可能拥有很强的成就需要，而权力需要一般，归属需要很低。因此，这个人的激励方式和另一个有很强权力需要、低成就需要和低归属需要的人有很大不同。一个具有很强归属感需要的员工可能会对管理者热情的支持做出积极的反应；而一个具有很强成就需要的员工可能会对给予更大的职责做出积极的反应。最后，根据这种激励理论，当需要得到满足时，它就会激励或吸引员工采取行动。然而，当需要没有得到满足时，这种需要会变得更加强烈。图表10—3描述了成就—权力—归属理论。

图表10—3　　　　　　　成就—权力—归属理论

> **1. 权力需要**
> 对有些人，权力需要有很强的激励作用。当在工作中被赋予预算、人员和决策的控制权时，他们会觉得非常快乐。
>
> **2. 成就需要**
> 成就需要对另一些人有很强的激励作用。他们愿意在能创造新事物的环境中工作。
>
> **3. 归属需要**
> 归属需要对一些人有很强的激励作用。这些人通常很乐意和别人一起工作。得到别人的喜爱会激励这些人工作。

激励—保健理论

赫茨伯格（Frederick Herzberg）提出了另一种激励理论。该理论有以下几种名称：**激励—保健理论**、双因素理论和激励—保持理论。这个理论最初是在对匹兹堡地区11个行业大约200名工程师和会计的深入访谈的基础上发展而来的。在这个访谈中，研究人员要求被访谈者回忆他们在工作中经历过的有很强激励作用和没有激励作用的事情，同时叙述相关的特定细节，并说明这些经历对以后工作的影响。

对被访谈者陈述的分析表明，不同的因素与好的感觉和坏的感觉有关。这些因素可以分为两大类。

一类因素是那些常常令员工感到满意的因素。这类因素与工作本身相关，包括成就感、认同、责任感、晋升和工作性质。但是当员工感到不满意时，他们通常抱怨工作环境等外在因素，比如地位、与上级的关系、与同事和下级的关系、管理技术、公司政策和管理、工作保障、工作条件、报酬，以及受工作条件影响的私人生活方面。

另一类因素是保健因素，研究者认为这类因素本质上是预防性的因素。也就是说，它们并不起激励作用，但是能保障激励的形成。因此，适当地关注保健因素是必要的，但并不是激励的充分条件。前一类因素是激励因素，研究者认为这类因素而不是保健因素能够产生激励作用。

总之，激励—保健理论认为激励来自员工个人，而并非管理者。满足了保健因素只能让员工消除不满，而不能对他们产生激励。只有这两种因素都得到满足时才能产生真正的激励。图表10—4列举了一些有关激励因素和保健因素的例子。

图表 10—4　　　　　　　　　保健因素和激励因素

保健因素（环境）	激励因素（工作本身）
公司政策和管理	成就感
监督	认可
工作条件	具有挑战性的工作
人际关系	赋予更多责任感
个人生活	晋升机会
金钱、地位、保障	个人成长机会

工作丰富化是运用激励—保健因素来解决激励问题的一种方法。不同于**工作扩大化**——让员工从事多种类似的工作，或者**岗位轮换**——在组织内部定期进行职务变换的过程，**工作丰富化**是指通过增加激励因素来改善工作。设计岗位时考虑到工作意义、成就感、认可、责任感、晋升和个人成长都是工作丰富化的关键。

如图表10—5所示，激励—保健理论和需要层次理论有着密切的内在联系，因此受到了许多相同的批评。

当某一位员工工作表现不佳时，管理者应该如何运用激励—保健理论来激励这名员工？首先，应该检查所有的保健因素以确保其是令人满意的。其次，应该运用激励因素以满足员工的需要。

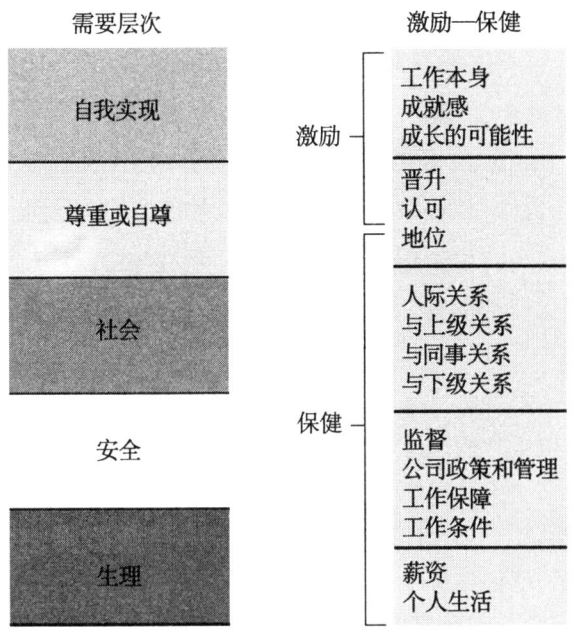

图表 10—5　需要层次理论和激励—保健理论的比较

学习进度检测问题

5. 为什么马斯洛的需要层次理论中自我实现或自我满足需要是人的最高需要？

6. 戴维·C·麦克莱兰的成就—权力—归属理论和马斯洛的需要层次理论有什么不同？

7. 解释"适当地关注保健因素是必要的，但是并不是激励的充分条件"。

8. 定义工作扩大化、岗位轮换和工作丰富化。

期望理论

期望理论是由弗鲁姆（Victor Vroom）提出的。它的基本思想是：员工认为努力、绩效和由绩效决定的报酬，以及员工对报酬价值的评价之间的关系，共同决定着激励程度。图表 10—6 描述了期望理论。

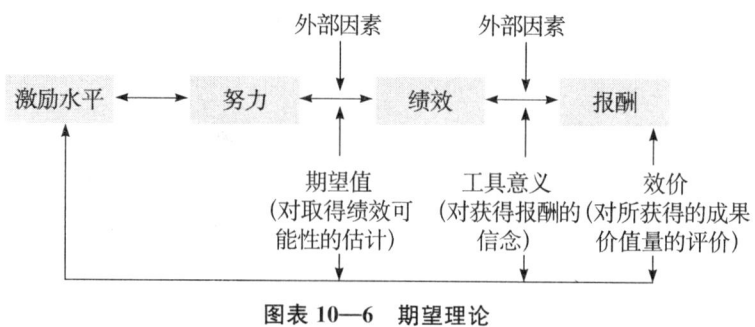

图表 10—6 期望理论

期望理论认为员工的激励水平取决于三个基本因素：期望值、工具意义和效价。**期望值**是指员工对自己的努力将会产生预期的绩效水平的估价值。**工具意义**是指员工对达到预期的绩效水平将带来期望报酬的信念。**效价**是指员工对所获得的成果价值量的评价。外部因素超出了管理者的控制范围，而且，由于它们把不确定性带入到了这些关系中，因此常常会对期望值和工具意义产生消极影响。公司政策和设备使用效率就是两个常用的外部因素。

下面的例子就很好地阐释了期望理论。假定约翰·史东（John Stone）是 ABC 人寿保险公司的保险销售员。约翰经过多年的经验得出，他要联系 6 个人才能完成一张保险单。约翰对自己的努力和工作绩效之间的期望值很高。他也认识到了工作绩效和报酬之间的直接关系。因此，他对更加努力工作会带来更高报酬的期望值有较高的评价。我们进一步假定，如果目前约翰的收入处在高税收档次，那么在税后他只能获得报酬的 60%。在这种情况下，他就不会把获得更多的报酬看做是有吸引力的事情。最后的结果是约翰认为额外报酬的价值（效价）相对降低了。因此，即使他对自己获得报酬的期望值很高，但是他对获得更多报酬的动力还是比较低。

期望理论的每一个独立的因素都受组织实践和管理的影响。努力工作会带来更高的绩效的期望值，可能会受到提供合适的员工甄选、培训和给员工明确的指导的积极影响。绩效的提高会带来预期报酬的期望值，也几乎完全在组织的控制之中。组织是否真的试图把报酬和绩效挂钩？或者报酬建立在其他变量之上，比如年资？最后一个因素，员工对报酬的偏爱通常被组织认为是理所当然的。一直以来，组织认定无论给员工什么报酬，都被认为是有价值的。即便这是真的，也有一些报酬在某种程度上就是比另外一些更有价值。某些报酬，例如调任到另外一个城市的晋升，可能被认为是消极的。组织应该征求员工的反馈，确定他们认为有价值的报酬类型。既然一个组织打算花一大笔钱作为报酬（薪资和福利等），它就应该使投资回报率最大化。

强化理论

强化理论是由斯金纳（B. F. Skinner）提出的。该理论的基本思想是，人们现有的行为结果影响其未来的行为。例如，会带来积极结果的行为很可能会重复发生，而会带来消极结果的行为则可能不会重复发生。

个人行为的结果被称为强化。有四种基本类型的强化：正强化、避免、消失和惩罚。图表10—7概括了这几种强化类型。**正强化**是指对符合愿望的行为给予积极的肯定。**避免**是指通过对符合愿望的行为的展示来给人机会以避免消极后果，也叫做负强化。正强化和避免都可以用于增加所期望行为的发生频率。

消失是指给不希望发生的行为提供非积极的结果或取消先前提供的积极结果。**惩罚**是指对不合意的行为提供消极的结果。也就是说，人们很少重复去做不再得到报酬的行为。这两种类型的强化都能够用于减少不期望行为的发生频率。

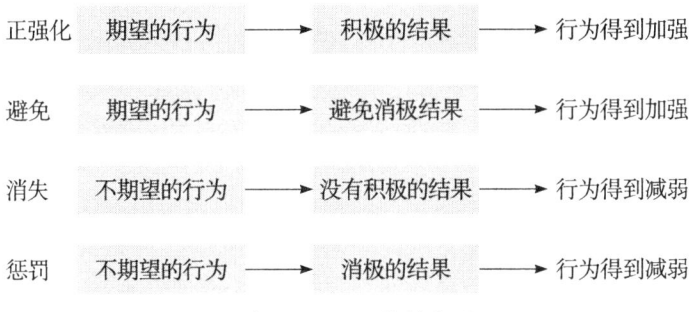

图表 10—7 强化的类型

目前强化理论在管理实践中的应用主要是正强化。例如，收入随绩效的增加而增加和对员工良好的工作表现给予夸奖和认可。一般来说，要通过以下几个步骤来实现正强化：

1. 挑选足够强和持久的强化因素来建立并加强所期望发生的行为。
2. 设计使强化事件与所期望发生行为相匹配的工作环境。
3. 设计让员工有机会完成所期望发生行为的工作环境。

正强化成功的关键是必须基于绩效给予报酬。以下是有效应用正强化的几个建议：

1. 不能给予所有人相同的报酬。也就是说，绩效越高的员工，得到的报酬应该越高。
2. 对员工的行为做出错误的反应会使后果更为严重。
3. 必须告诉员工做什么来强化行为。
4. 必须告诉员工他的错误行为。
5. 不要在他人面前训斥员工。
6. 一个人的行为结果必须与其行为一致。

另外，正强化一般能比负强化和惩罚更有效地产生和维持所期望的行为。

学习进度检测问题

9. 什么是期望理论？
10. 定义工具意义和效价。
11. 解释正强化和避免之间的不同。
12. 有效应用正强化应该注意哪六个关键点？

案例讨论 10.2

长期员工

比尔·哈里森今年 57 岁，在罗斯制造厂（Ross Products）已经工作 37 年了。他作为工资最高的技工已经 20 年了。比尔对社交活动非常积极，并且对大多数的员工活动极有兴趣。他很友善，所有员工都十分喜欢他，特别是年轻的员工经常向他咨询意见。他对这些员工极其照顾，而且有求必应。当和年轻员工交谈时，比尔从不说公司的坏话。

他的上司艾里斯·杰弗里斯（Alice Jeffries）认为，比尔的一个缺点就是他花费太多时间和其他员工交谈。这不仅给比尔的工作带来了麻烦，更重要的是它还影响了其他员工的产出。当艾里斯向比尔反映这个问题时，比尔能改正一两天。但是，不久他又故态复萌去打扰别人工作。

艾里斯考虑把比尔调到另一个部门工作，在那里他很少能有机会去打扰别人。但是，艾里斯又感到她需要比尔的经验，尤其是她找不到合适的人选代替比尔。

比尔的生活是安稳的。他拥有一座很好的房子并且生活舒适。他的妻子是个图书管理员，他们的两个孩子已经结婚。艾里斯意识到，比尔认为他自己和这个公司一样有威望，她找比尔谈过的问题并没有困扰他，因为他感到舒适并且他热爱他现在的工作。

问题

1. 你将会运用哪种激励理论来激励比尔？说明具体的激励步骤。
2. 假设艾里斯计划把比尔调离现有职位。你会建议艾里斯这么做吗？
3. 如果艾里斯将比尔解雇的话，你认为其他员工会如何反应？
4. 如果比尔的行为没有得到改进，艾里斯有哪些选择？

激励理论的整合

可以从多种视角看待激励。各种激励理论都对激励问题做出了不同的贡献或从不同角度做出了相同的贡献（见图表10—8）。没有一种理论为激励提供了所有的解决方案，因此有时有必要使用多种理论。

工作满意度

工作满意度是指个人对所从事的工作的总体态度。工作满意度主要由五个部分构成：（1）对工作团队的态度；（2）整体工作环境；（3）对公司的态度；（4）货币收入；（5）对管理者的态度。其他还包括员工个人对工具本身的态度和对个人生活的态度。个人的健康状况、年龄、期望水平、社会地位和社会政治活动都能对工作满意度产生影响。因此，工作满意度是产生于特定态度和因素的一种态度。

工作满意度涉及员工个人对工作的看法。这种看法可能是积极的也可能是消极的，它取决于个人对与工作满意度各要素相关的看法。工作满意度并不等同于组织士气。**组织士气**是指一种成员为拥有共同目标的组织所接纳并忠诚于组织、有实现组织目标的信心并为之而进取的感觉。组织士气与团队态度有关，而工作满意度更多的是一种个人态度。然而，这两者存在内在的联系，并且相互促进。

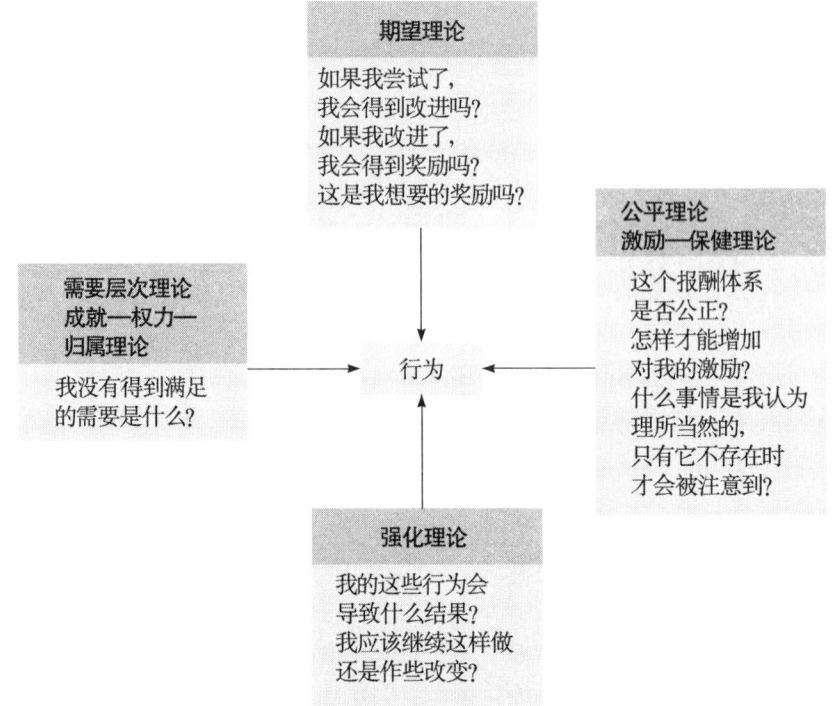

图表 10—8 不同激励理论之间的关系

伦理管理

乔恩·贝内特（Jon Bennett）是 ABC 公司的人力资源部门的主管。ABC 公司是一家制造金属的小型私营公司。经过三年的试验之后，乔恩最终使公司所有者确信，与特定的成本和收入目标挂钩的绩效奖金激励体系有助于提高员工效率和减少员工营业额问题的产生。

这个新的项目在一个全体人员参加的会议上启动，员工们被告知：如果公司达到了成本和收入方面的目标，他们将会在圣诞节前举办的聚会上收到奖金奖励。

来自 ABC 员工的反响很大。他们有了节省成本的意识，而且生产效率得到了极大的提高。在前六个月员工提出了几个流程方面的新想法，从而为公司节省了数万美元。但是，在最后一个季度，ABC 公司的最大竞争者 XYZ 公司进行了大幅度的降价并抢走了 ABC 公司的两个大客户。XYZ 并没有提供更好的产品或服务，但是为了抢夺 ABC 公司的生意，它们提供了低于生产成本的价格。

显然，ABC 公司并没有完成这一年制定的收入目标。公司的业绩增长了 8%，而不是预期的 15%。尽管乔恩请求公司所有者考虑员工节省了成本和提出了新想法的事实，但是公司所有者还是决定不发放激励奖金，并且取消了聚会。

1. 对于公司管理者没有发放激励奖金的做法，你赞同吗？为什么？
2. 你认为员工们会有什么反应？
3. 公司所有者可以采取什么措施来挽救这种情况并同时保持 ABC 公司的生产率和创造性？

满意度和绩效之争

多年来，管理者相信，在大多数情况下，一个对工作满意的员工自然是一个好员工。也就是说，如果管理者能够使得所有员工"快乐"，好的绩效也会随之而来。许多管理者都同意这个观点，因为它代表了"最小抵抗路径"。比起处理员工的绩效问题，管理者更乐意增加员工的快乐感。

研究结果否认了这种观点，即员工的工作满意度导致绩效的提高。然而，有证据支持了这样一个观点，即绩效能够带来员工的满意。证据还表明：(1) 报酬能比绩效带来更直接的满意感；(2) 这种基于当前绩效的报酬会对之后的绩效产生直接影响。

研究还考察了员工内部和外部满意度与没有激励和有激励的工作产生的绩效之间的关系。研究发现，不同的关系取决于工作是否具有激励性。这些研究和其他研究都进一步说明了满意度和绩效之间的复杂关系。其中一种明确的关系就是，工作满意度确实对员工流动、缺席、怠工、意外事故、抱怨和罢工有积极影响。

另外，如果员工感到满意，招聘员工的努力通常会更易成功。组织对工作满意的员工的偏爱是因为他们能把工作环境变得更舒适。因此，即使一个对工作满意的员工不一定是一个高绩效的员工，还是有许多理由培育对工作满意的员工。

一系列内在和外在因素影响了员工的满意度。图表 10—9 概述了决定员工满意度的主要因素。图表的下半部分表示的是与满意和不满意相关的组织行为。对工作满意的员工会产生对组织的认同，对工作不满意的员工会对组织产生消极影响（员工流动、缺席、怠工、意外事故等等）。例如，喜欢自己的工作、管理者和其他与工作相关的因素的员工很可能是忠诚和乐于奉献的员工。然而，十分厌恶自己的工作或与工作相关的因素的员工很可能感到不满，并且经常迟到、缺席或者采取行动来破坏组织的运行。

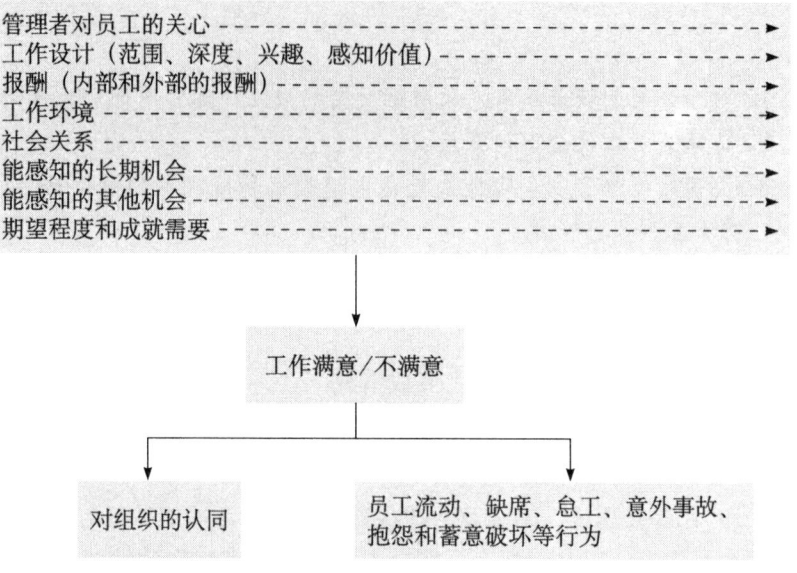

图表 10—9　满意和不满意的决定因素

---学习进度检测问题---

13. 工作满意度的五个组成部分是什么？
14. 定义组织士气。
15. 回想你现在或过去工作过的组织。你将如何描述这些组织的组织士气？
16. 解释满意度和激励两者的不同。

小　　结

满意度和激励是两个不同的概念。激励是采取行动的一种动力，而满意度则反映了员工个人对工作的态度或快乐感。两者的决定因素也不同。

满意度主要由工作环境的舒适程度决定，而激励主要由报酬和对绩效奖励的价值决定。激励的结果是增加工作投入，如果员工有能力且受到适当的指导，工作投入的增加会提高绩效。满意度的结果是对组织的认同加

第十章 人员激励

强，这并不一定能够提高绩效。认同的加强一般会减少诸如缺席、怠工、员工流动和罢工等问题的发生。在下一章，我们将讨论受到激励和满意的员工在一个平稳发展的组织中工作这个理想状态没有实现，管理者采取措施并对公司绩效进行更严格的监控时，会发生什么情况。

 工作世界：你不能使每个人都满意

依照承诺，托尼给他的员工几天的时间来提出认可员工绩效的一些想法，然后他取出了休息室的建议箱。他希望得到一些简单和直接的建议，例如礼券或现金奖励。但是，他看到的建议并非如此简单。

一些人想要例如杂货店或电子商店等特定公司的礼券；另一些人想要他们自己选定的商店的礼券；还有一些人想要例如做美容或给车做保养的特定服务的礼券；也有一些人想要现金（一部分要求把现金打进工资卡，另一部分要求给现金）；甚至还有一些人想要保留目前的每月最佳员工奖，只要凯利·史蒂文斯不再继续获奖。一些人根本就不想要金钱，他们只要带薪休假一天。还有一些人认为这个奖励带来了很多麻烦，并且建议取消这个计划，而应该在年底举办一个大型的员工聚会或由公司提供一个短期休假。

当托尼看完这些建议时开始有了一些清晰的想法。尽管这些建议是匿名写的，但是托尼能认出很多人的笔迹，而这帮助他形成了这些想法。有家庭的员工和年轻的单身母亲提出了相对简单的要求，例如杂货店礼券或打入工资卡的现金。年轻的兼职员工，其中大多数还是在校生，提出了想要在电子商店或苹果播放器的音乐礼券。那些没有小孩或有双份收入的员工想要美容护理或给车做保养。

一方面，托尼对员工们提出了这么多建议感到满意；但是，另一方面，他了解了员工对每月最佳员工奖的看法，他们认为这个奖没有什么意义，托尼对此感到失望。他真的很想通过这个机会来激励员工获得奖励，但是，他应该如何确认每一个员工都得到了自己想要的东西呢？

问题

1. 托尼收到的建议真的很令人震惊吗？如果是，为什么？如果不是，又为什么？

2. 如何将这些建议和马斯洛的需要层次理论联系在一起?

3. 给员工创造一个可以获得自己想要的报酬的期望,这是个好主意吗?如果是,为什么?如果不是,又为什么?

4. 现在托尼应该做什么?

1. 解释激励的过程。
2. 什么是工作满意度?
3. 讨论满意度和绩效之争。
4. 从管理者的角度看,拥有对工作满意的员工的现实好处是什么?

激励 关注什么行为促使人们采取行动,如何引导人们向一个特定目标努力以及如何保持这一行为。

公平理论 一种激励理论,基于这样一个观点——与他人相比较,人们想要得到公平的对待。

不公平 当一个人感觉自己的投入和报酬之比低于别人的投入报酬比时,就会认为不公平。

投入 员工所理解的他对组织的贡献(如受教育程度、智力水平、经验、所受培训、技能以及所付出的努力)。

需要层次理论 基于这样一种假设,个体因为各种需要得到满足而被激励,而金钱只能直接或间接地满足个体的一部分需要。

生理需要 人体维持生命必须得到满足的需要。这些需要包括食物、睡眠、水、锻炼、衣服和住所等等。

安全需要 使某物免受危险、威胁或剥夺。

社会需要 常分为爱的需要、情感的需要和归属感几类——所有这些都与确立个人相对于其他人的位置有关。

尊重需要 以适当性、独立性和相互尊重与接受的表示为基础,影响各种人际关系的发展。

自我实现或自我满足需要 人最高层次的需要,是运用自身的能力和兴趣去适应环境,完全发挥自身的潜力。

激励—保健理论　一种认为工作环境和工作本身对工作激励效果高低影响不大的理论。

工作扩大化　让员工从事多种类似的工作。

岗位轮换　在组织内部定期进行职务变换的过程。

工作丰富化　通过增加激励因素来改善工作。

期望理论　它的基本思想是：员工认为努力、绩效和由绩效决定的报酬，以及员工对报酬价值的评价之间的关系，共同决定着激励程度。

期望值　员工对自己的努力将会产生预期的绩效水平的估价值。

工具意义　员工对达到预期的绩效水平将带来期望报酬的信念。

效价　员工对所获得的成果价值量的评价。

正强化　对符合愿望的行为给予积极的肯定。

避免　通过对符合愿望的行为的展示来给人机会以避免消极后果，也叫做负强化。

消失　给不希望发生的行为提供非积极的结果或取消先前提供的积极结果。

惩罚　对不合意的行为提供消极的结果。也就是说，人们很少重复去做不再得到报酬的行为。

工作满意度　个人对所从事的工作的总体态度。

组织士气　一种成员为拥有共同目标的组织所接纳并忠诚于组织、有实现组织目标的信心并为之而进取的感觉。

访问 www.outward-boundpro.org。

1. 职业拓展训练是做什么的？
2. 你能从拓展训练中得到哪种结果？
3. 从"个人和专业审查"的角度回顾和总结其中一个案例。

金钱能起激励作用吗？

将所有人分成两组或两组以上，每组被指定以下两个题目中的一个：

1. 金钱是激励人们的主要方式。

2. 金钱不是激励人们的主要方式。

对于指定的题目，与持有相反观点的小组展开辩论。辩论结束后，回答以下问题：

1. 总结你们小组的主要观点。
2. 总结对方小组的主要观点。
3. 在辩论中产生的观点改变你的看法了吗？如果改变了，为什么？如果没改变，又为什么？
4. 你的观点是根据你所在的小组选择的。那么，小组是如何协调小组成员的不同观点的？

讨论练习 10.1

希捷公司的士气

技术巨人在新西兰开展每人 9 000 美元的团队合作建设。

许多公司都努力激励员工士气，但是很少有像希捷公司（Seagate）这么做的。2007 年 2 月，公司派遣 200 名员工到新西兰参加第六届公司年会——为期一周的激烈的全天比赛活动。员工们必须参加皮艇、徒步旅行、自行车、游泳和从悬崖高处绕绳下降等活动项目。费用是每个人 9 000 美元。通讯记者萨拉·麦克斯（Sarah Max）前往追踪报道这次年会。

星期天 "不要考虑太多。"在鸡尾酒时间，大家围绕着农舍小屋开始相互交谈时，我们就已经到达了目的地了。来自不同国家的员工们一边闲聊，一边注视着利马卡布尔斯山令人惊奇的景色。希捷公司一共有 4.5 万名员工，而参加这次年会的 200 名员工又是从 1 200 名报名者中挑选出来的。对参加者的年龄没有做出限制，最大的参加者今年已经 62 岁了。在第一个比赛项目中，员工们被分为四个"部落"，每个部落由运动特长、地区和职位不同的员工团队组成，每个部落的任务是模仿新西兰鸟类的声音，因此，这四个部落被分别命名为：鲁鲁（Ruru），起亚（Kia），蜜雀（Tui）和黑秧鸡（Weka）。公司 CEO 比尔·沃特金斯（Bill Watkins）告诉员工们："你们肯定会认为这个活动有些无趣，但是，尽情地参与进去，不要考虑太多。"这次活动，或者说是社会试验，是沃特金斯策划的重要项目。他期待这个项目能够打破员工之间的障碍，促进信任以及推进团队合作。他还说:"你们当中的一些人会学会如何在团队中工作,因为你处在一个非常棒的团队中;而另一些人也能了解团队合作的重要性,因为你处在一个没有合作的团队中。"

星期一 这不是新兵训练营。"哦,多么美好的早晨,哦,多么美好的一天,"澳大利亚全球激励公司的马尔科姆·麦克劳德(Malcolm McLeod)轻唱着,"我们到那边去吧。"从2000年的第一届公司年会开始,身穿裁判服装的马尔科姆和他的伙伴就一直帮助希捷公司顺利地开展着活动。多年来,只要给马尔科姆发一条简短的消息,他就过来帮希捷公司组织活动。每天早晨,沃特金斯或他的一个高层主管都会作一个讲话来谈谈一个强大的团队成功的关键因素,例如信任、适当的冲突、承诺和责任感。这个讲话通常持续到下午。

由于计划在黎明时做晨练,今天我们5点45分就起床了。但是,这并不是新兵训练营。因为希捷公司已经接管了皇后镇的雷吉斯湖畔度假村——一个南部岛屿上的乡村,所以所有参加者都拥有一个单独的舒适的房间。晨练在街道的另一边的公园里进行。今年50岁的希捷公司CFO查尔斯·波普(Charles Pope)和他带领的鲨鱼攻击团队也在人群中活动。波普说:"我不喜欢为了交流而进行交流。"最初他是反对举办这个活动的,只是因为它花费太高——今年大约花费180万美元。虽然很多,但是这只是公司4 000万美元培训和发展费用中的一小部分。下午,四个部落开始进行一些训练。我被分到鲁鲁部落,今天队员们将要学习一种海上探险必须具备的技能——航行,学习在群山起伏的卡蒂普湖中俯视。为此,四个部落的成员都做了相互配合的一些准备。来自希捷公司总部的一名财务主管卡里·巴里(Karri Barry),今年37岁,她说:"我们每天都用电子邮件来交流。"当团队找到了地图和指南针时,他们得知33岁的陈强新(Choon Keong Neo)会成为他们的水手。陈强新是新加坡分公司的一名质量控制主管。

星期二 测试极限。沃特金斯正站在饭店会议室的讲台上作富有感情的即兴讲话。他有一头蓬松的头发,穿着短裤,脚上穿着慢跑鞋,今天他还背了一个挂着大玩具鸸鹋鸟的背包。昨天,每个团队都收到了一些玩具鸟作为"第五个团队成员",并且被告知必须时刻保持与玩具动物的身体接触。许多团队把玩具鸟系在身上,甚至给它们起了名字。没有带上玩具鸟的任何人将会失去15个绿色的Eco标志,这些标志是团队用一周时间挣来的，并且可以用于比赛期间购买更好的地图、略过一个关卡或者在河面上购买一座桥。在绕绳下降环节，波普的队友蒂什·桑切斯（Tish Sanchez）自愿从桥上绕绳下降，从而挣得了1个绿色标志。攀登指导老师没有出声。桑切斯还是不得不大踏步前进越过壁架，并给自己绑上绳子。波普站在桥上，向下看着脸色苍白的队友，于是他给桑切斯打打气："蒂什，你可以做到的。"起初，桑切斯缓缓下降，但是下降到半途时，信息技术主管开始喊："呼—呼！"

星期三 **"强大的希捷公司"。** 穿着盛装，头绑发带，围着草裙，每个部落都跳着自己独特的 haka 舞——通常由土著的新西兰毛利人在唱圣歌时跳的舞蹈，获胜的部落可以获得50个标志，希捷公司邀请了当地毛利人作裁判。圣歌 "Moanaketi roopu kaha. Moanaketi roopu kaha" 的意思是："强大的希捷公司，强大的希捷公司。"但是，也可以把它理解成："一群疯子。"希捷公司的 COO 大卫·威克沙姆（David Wickersham）今年49岁，他说："我认为这个比赛是渐入佳境的，前四天你对自己非常了解，但是我很惊奇人们竟然卸下了防备。"毫无疑问，今晚人们都放开着享受。他们脱掉了衣服，男人们没有穿衬衣，女人们穿着运动衫，并且即兴创作。

星期四 **"最困难的挑战。"** "我们会有多少水？""我们会把衣服弄湿吗？""你是说这将耗费10个小时？"在比赛的前夜，探险比赛的超级明星内森·法尔瓦（Nathan Faavae）被问题不断地轰炸着。他花费几个月的时间来研究皇后镇周围的地图以设计出比赛路线，并带着几名水手一起检查了这条线路。法尔瓦说："这将是这次活动最具挑战性的比赛。"同时，他给成员分发了一张地图、毛织紧上衣、救生衣和一台收音机。

星期五 **该是徒步和游泳的时候了。** 计划如下：早上6点到7点，将40个团队留在卡蒂普湖中心的一座小岛上，然后让这些团队用皮艇划桨1.5英里上岸。接着，让他们在指南针的帮助下，步行4.3英里的山路，用山地车骑行10.5英里，最后绕绳下降160英尺到峡谷进行游泳和徒步旅行。实际执行情况如下：全身疼痛和痛苦的一天。到终点站，他们淋了浴，烘干衣服，然后坐下来吃烤肉和沙拉。令人惊奇的是，所有40个团队都做到了把玩具鸟带在身边这一点。我向正在喝啤酒的人们走去，以为筋疲力尽的希捷公司员工肯定会说一些关于沃特金斯的疯狂想法。相反的是，他们在滔滔不绝地谈他们有多么喜爱这个活动。

第十章 人员激励

问题

1. 给200名员工提供每人花费9 000美元的活动来进行激励是昂贵的。希捷公司希望通过这种投资得到什么？

2. 从1 200名报名者中挑出200名员工参加这个活动，你认为希捷公司的公司文化是怎样的？

3. 希捷公司每年花费4 000万美元来培训和发展员工。你认为这个投资是值得的吗？如果是，为什么？如果不是，又为什么？

4. 你是否会申请参加这个活动？如果是，为什么？如果不是，又为什么？

资料来源：Adapted from Sarah Max,"Managing," *BusinessWeek*, April 3, 2006.

讨论练习10.2

成为一个鼓舞员工的领导者

安特吉公司的CEO说，员工想要知道他们进行的是对人们有意义的事业。卡特里娜飓风给他的员工提供了一个表现机会。

韦恩·伦纳德（Wayne Leonard）是安特吉公司（Entergy Corporation）的CEO，安特吉公司是美国第三大电力公用事业公司，它为阿肯色、路易斯安那、密西西比和得克萨斯等几个州服务。伦纳德在飓风卡特里娜（Katrina）和丽塔（Rita）期间的行为给努力改进领导者的沟通技能提供了令人振奋的案例研究素材。在2005年8月，卡特里娜飓风毁坏了安特吉公司270万名用户中的100多万名用户的电力设施。大约1 500名安特吉公司的员工被召唤去给用户维修电力设施，其中许多人自己的房子也被毁坏或严重损坏。一个线路工人和他的朋友被冲到水中，因此，他们只能逃到房屋顶楼并且打破了屋顶。到第二天被营救时，这个线路工人和他的朋友一起为安特吉公司的用户打开了反向的灯。他的故事十分寻常。电力公司的员工每天工作16个小时超过一周，这是很普遍的，但是他们都不能够检查自己的房子。到第一周周末，55万名用户恢复了用电；到9月底，几乎全部用户都恢复了用电。这被大家评为一项惊人的成就。

一个简单的使命。在卡特里娜飓风袭击后不到一个月，丽塔飓风又破坏了安特吉公司3/4以上的用户的正常用电。虽然公司连续受到两次飓风的影响，但是，员工们表现出来的奉献精神、承诺和高水平的团队工作都是让任何一个美国公司羡慕的。公司CEO韦恩·伦纳德一直坚持培育"一个简单的使命"的公司文化，即让世界变得比原来更美好。也就是说，对安特吉公司的员工来说，他们的工作不仅仅是获得工资。伦纳德在最近的一次采访中告诉我："我们的员工想要做那些对人们的生活真正有意义的事情，我们不仅仅是提供用电。夏天，我们让他们在家感到凉爽；冬天，我们让他们在家感到温暖。我们让人们自己下厨做饭成为可能。我们让环境变得整洁，同时教育了孩子。除了供电和挣钱，我们做了更多的事情。"如果安特吉公司的那名线路工人认为他只是为工作而工作，而没有给需要的人带去希望这种使命感，那么那名用户待在黑暗中的时间可能会长得多。

激情和职责。安特吉公司因为在这两次飓风中的表现赢得了许多美誉，同时，伦纳德本人也受到了很多赞扬。这很简单。从卡特里娜飓风袭击的那天开始到很长一段时间，伦纳德给所有员工发了很多充满感情和乐观精神的邮件。

信件始终充满激情地表达了使命的力量。以下是一些摘录："在每个人的生命中，不管是男人还是女人，都有一个确定的时刻。这就是我们面临会让别人变得更好或更糟的环境和选择的一个简单的十字路口时，选择做有意义的事情。这适用于个人，也适用于做生意。我们应该怀着极大的热情做一些对他人生活有意义的事情。我们给顾客提供维持生命的商品。但更为重要的是，我们提供了世界上最宝贵的商品，那就是希望。""我们面前的任务是艰难的，但并不是难以逾越的。我们将时刻准备接受挑战，这就是我们公司的使命。当巨大的挑战到来时，我们奋力拼搏……我们在危机中的表现将会让人们记住我们是安特吉公司，并且将得到人们永远的崇敬……我们会受伤，但是不会崩溃。我们可能会悲伤，但是不会失望。我们在人类的心灵、思想和灵魂遇到挑战的历史时刻站出来。我们会在历史进程中留下我们自己的痕迹。""未来的一代代人将会对你所完成的事业充满敬畏。我们会被历史记录，我们的故事将被流传下去。某个秋天或春天，太阳出来了，气温上升到70度，你仍将与前沿的知识共存，也许你不在了，但是你并没有死去。或许这并不是你展望的生活，但是在很大程度上是更好的。你可能比自己想象的更强大、更勇敢和更无私。你在电视上或在书本上看到很多事情，然后会问'他们是怎么做到的'，现在，我可以告诉你，因为你行动了。或许曾经的你不是'超级明星'。但是，我知道一点，现在你就是'超级明星'。"

"一项伟大的事业。" 很多领导者以恐惧和贪婪激励员工，但是伦纳德相信最好的激励是赞赏。他说："这就又回到到底人性是善还是恶的问题上来了。我相信人本质上是善的。人们想知道他们做什么是有意义的，同样，做生意也是这样。我们需要不断提醒人们这个事实并且强化它。当你让人们相信你是真的欣赏他时，在困难时刻，他们会为你做任何事情。"

宏大的前景。 人们想要的不只是工资。他们想要相信他们正在进行的是一项伟大的事业。你的责任就是传达这个信息。如果做不到，那你又怎能期望激励员工？当然不能。正如安特吉公司的员工相信他们所肩负的使命一样，你应该以蕴涵在你们的产品和服务、公司或事业背后的真正价值来激励你的员工。透过表面，努力思考你所做的。你周围的人期望从你那里得到希望。作为一个公司或行业的领导，你应该描绘一个远大的前景，并且满怀激情来传播这个前景。这就是激励你的员工和同事的最有力的方式。

问题

1. 安特吉公司的使命是什么？
2. 解释"人们想要的不只是工资"这句话。
3. 公司 CEO 韦恩·伦纳德相信"最好的激励是赞赏"。安特吉公司激励员工的方式是如何阐释这句话的？
4. 回想你现在或以前工作过的组织。你认为这些组织的使命激励你工作了吗？为什么？

资料来源：Adapted from Carmine Gallo, "Viewpoint," *BusinessWeek*, April 20, 2006.

第十一章
管理控制

Chapter Eleven

"说服他人比支配他人更困难，因此强权者总是尽量避免这种困难。"

——查尔斯·霍顿·库利（Charles Horton Cooley）

■ 学习目标

在学完本章之后，你将能：

1. 解释为什么管理控制是必需的。
2. 描述控制金字塔。
3. 区分事前控制、事中控制和事后控制。
4. 列出四种基本的财务比率类型。
5. 阐释绩效的决定因素。
6. 描述主要的绩效评估方法。

第十一章 管理控制

 工作世界：目标管理

当托尼作为杰里·史密斯下属的部门轮班经理时，他的年度绩效评估包括一个简短的会议、一年工作成绩的评价和加薪通知书——通常是增加生活费和在公司绩效好的情况下给予额外的奖金。对于托尼而言，这就已经足够了。杰里是个好经理，总能在人们需要他时出现，从不会让任何重要事情拖延一时半刻。杰里秉承门户开放政策，如果你需要和他探讨一些事情，你只需要跟他预约时间然后坐下来商讨解决就行了。同样，如果杰里看见他不喜欢的事情，他会把你叫到一旁然后私下和你讨论，而不会让你在同事面前出丑。

由于托尼是塔克·巴恩的部门经理，他希望进行一点创新。杰里的方法也依然有效，他一直都会是托尼的良师益友。但是托尼认为现在这些人是他的下属，他希望打上他自己的印记。而且托尼心中的创新并不是非常激进的。他强烈地感觉到本部门的几名员工和塔克·巴恩连锁餐厅一样很有潜力、具有良好的发展前景。他希望他们能够以同样的眼光来看待自己，他认为年度绩效评估是促成这个过程的好方法。他的一位商学老师曾讲授过目标管理方法，即你和你的同事们每年都有一个明确的工作目标。托尼认为，通过帮助员工制定明确的工作目标可以促使他们实现个人和专业两方面的潜能。

绩效评估通常是在员工进入公司后每年进行一次，而在随后的两周内，有超过12名全职员工要获得评估——托尼认为这是推行这个新方法的最好时机。

在凯文与公司签约满周年的前一个星期，托尼约凯文在中午用餐高峰结束后见面。他们定期会面，因此凯文对托尼的约请毫不紧张，但是托尼的开场白让凯文大吃一惊。"凯文，你知道我们都非常高兴和你一起在塔克·巴恩工作——我和道恩都认为你在公司前途远大。所以，我对你今年的绩效评估会有一些不同。我希望你在评估中设定你明年的工作目标。这些目标可以是与工作相关的，如果你愿意也可以是与个人生活相关的。然后我们会把这些目标加入到明年的工作计划中，并在明年的工作绩效评估中对目标的完成情况进行考核。这个主意听起来怎么样？"

> **问题**
> 1. 为什么托尼认为使用目标管理方法对餐厅而言会是个积极的改变？复习关于目标管理方法的原则。
> 2. 你认为凯文对这个要求会做出什么反应？
> 3. 你认为采用目标管理方法会遇到什么困难？
> 4. 如果你的老板提出的要求和托尼对凯文提出的要求一样，你将会做何反应？

控 制

组织的基本前提是所有的活动都能顺畅开展；但是事实并不总是这样，这就产生了控制的需要。简单地说，**控制**是指了解事情的实际进展情况，然后根据既定的标准或目标进行修正调整。所有管理控制的首要目标都是在问题恶化前警示管理者已经存在或者可能出现的问题。控制通过将实际进展与既定标准或目标进行比较，然后采取措施纠正一切偏离标准的行为来实现。控制是管理过程中敏感又复杂的一部分。

实施控制类似于做计划。它提出了一些基本问题：我们现在的境况怎样？我们希望达到怎样一种境况？我们如何才能达到理想境况？但是控制是在计划已经制定和组织活动已经开展之后才实施的。大部分的计划都是组织活动开展前制定的，而大部分控制都是在组织初始活动开展后实施的。这并不意味着控制只能在问题发生后才发挥作用。控制性决策具有预防性，它们还会影响未来的计划性决策。

为什么要实行控制

如我们前文所提到的，管理控制能够警示管理者潜在的危机问题。在管理最高层，当组织目标没有实现时问题就出现了。在管理中低层，当部门经理负责的目标没有实现时问题就出现了。这些目标可能是部门性的目标、产品质量标准或是其他绩效指标。所有的管理控制形式都给予了管理者关于组织进展的信息。管理者可以利用这些信息实现如下目的：

1. **预防危机**。如果管理者不知道组织正在发生什么事，可轻易解决的小问题很容易演变成危机。

2. **标准化产出**。通过良好的控制，可以使问题和服务的数量、质量都达到标准化。

3. **评估员工的绩效。**适当的控制能够为管理者提供有关员工绩效的信息。

4. **更新计划。**即使最好的计划也必须随着组织内外环境的变化而更新调整。控制可以让管理者将正在发生的事情和组织的计划进行比较。

5. **保护组织的财产。**控制能够保护组织的财产免于低效、浪费和被盗。

控制金字塔

控制金字塔提供了在组织内实施控制的方法。这个方法要求先实施简单的控制，然后再实施较复杂的控制。使用这种方法最初考虑的领域是极简单的控制，针对不需要什么思想的重复性行为（例如：关灯）。令人惊讶的是，一个组织的日常业务运作中存在很多这种行为和控制。接下来考虑的领域是自动控制，针对存在反馈回路而不需要太多人群互动的行为（例如：设备温度调节）。这些体系需要监督控制，但是控制可以依靠机器或电脑。第三个领域是操作员控制，这需要人的反馈（例如：销售人员记录检查），这种控制形式的关键是使控制者认识到意义重大。第四个领域是管理控制，这个层级是控制人或控制实施控制的人（例如：部门经理检查员工的报告）。组织必须确保这种形式的控制是有结果的而不是随意的。最后一个领域是信息控制（例如：报告总结）。这是最终的反馈回路，管理者在此将其他控制者提供的所有信息汇总。把这个过程看成是一个整体有助于管理者感受到控制过程是如此相互关联，以及它们是多么有必要同步进行。图表11—1表明了这些不同的控制类型是如何相互关联的。

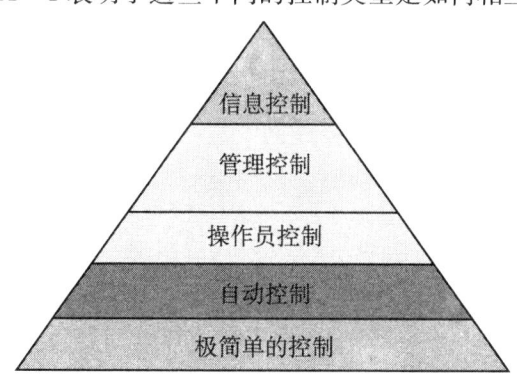

图表 11—1　控制金字塔

资料来源：From Joseph Juran, *Managerial Breakthrough*, 4th Edition, p. 205, 1995. Reproduced with permission of The McGraw-Hill Companies, Inc.

控制应由哪儿负责

多年来,人们都认为组织中的控制只应当固定地掌握在高层管理者手中。这种观点自然支持决策制定和控制的高度集中化。然而,随着分权式组织变得越来越普遍,控制权被下放到越来越低的层级。现在,人们认为需要多少控制是决定控制应由谁负责的一个重要因素。

《改造管理》(Reengineering Management)的作者詹姆斯·钱皮(James Champy)认为,实现控制的现代方法应当包括实行或了解低层次控制。明尼苏达矿业与制造公司(3M)培训服务部主管黎恩·劳伊尔(Leon Royer)支持这一观点,他认为学习和实现低层次控制密切关联。低级员工如果学习了如何控制就会成为有价值的控制者。然而,实现的困难在于这意味着高层管理者必须甘愿放弃控制权。推动组织控制下行的一个原因是低层控制者接近需要控制的实际场景。

基于这些资料,证据表明:控制被下放的组织层级越低,相应实施得越紧密。这种方法有几个优点。首先,它使高层管理者免于陷入日常琐事中。其次,它表明了为什么控制是必需的。最后,它使低层管理者做出承诺。当控制下放给组织的各个阶层时,必须注意确保就控制权如何分配达成一致意见。换句话说,各个阶层的管理者都必须明确自己的权力和责任。

控制类型

控制方法有两种:行为控制和结果控制。**行为或个人控制**是建立在直接对个人监督的基础上的。密切监视工人的一线管理者采用的就是行为控制。**结果或非个人控制**是建立在对结果考量的基础上的。跟踪产品记录和监测销售数据就是结果控制的例证。

研究表明,这两种控制是不可互相替代的。也就是说,一个管理者只能使用其中一种方法。证据显示,结果控制能够满足管理者对精确绩效评估的需求。另一方面,当绩效要求是众所周知的、需要通过个人监视来提高效率和积极性时,行为控制就能发挥作用了。

事前、事中还是事后控制?

一般来说,实施控制的方法可以分为事前、事中或是事后控制法。事

第十一章 管理控制

前控制方法有时被称为转向控制,目的是防止问题发生。购买超过一定价值的任何物品都必须经过事先批准即是一个范例。**事中控制**又称筛滤控制,它关注由投入变为产出的过程发生的事情。它的目的是在事情发生时发现问题。对现有顾客的个人观察就是事中控制的一个例子。**事后控制**方法用于监测已经发生但还未变为危机性质的问题。书面或定期报告是事后控制方法的代表。大部分控制都是以事后控制为基础的。

预算控制

预算或许是使用最广泛的控制手段。**预算**是把预期的结果或要求用财务或数值形式来表示的报告。预算把组织的计划、目标和项目都用数值形式表现出来。预算准备主要起计划作用,而预算执行则起控制作用。

有很多种不同类型的预算存在。图表11—2概述了最常见的类型。有些预算可能是用物品而不是金钱表示。例如,一项设备预算可能是用机器的数量来表述;材料预算可能是用重量、件数、容积等来表述。没有用金钱来表述的预算在加入总预算时通常会转换为金钱数。

图表 11—2　　　　　　　　　　预算的类型和目标

预算类型	目的
收支预算	提供收支计划的细节。
现金预算	预测现金收入和支出。
资本支出预算	勾勒机械、装备、仪器、存货和其他资本项目的具体支出。
产品、材料或时间预算	描述在预算阶段对产品或材料或时间的物理需求。
资产负债表预算	预测在预算周期末的资产负债和所有者权益状况。

尽管预算具有计划和控制的功用,但是也存在着风险。也许最大的风险就是它缺乏灵活性。这对处于快速变化和激烈竞争中的工业社会的组织运转而言是特别危险的。预算中的一成不变也可能导致为了实现预算目标而忽视组织目标。一个经典例子就是财务经理宁可少赚500美元也不肯超出预算5美元。预算会掩盖低效率。过去产生的支出数量经常被理所当然地延续下来,即使情况已经发生了巨大变化。经理们经常虚报预算(加入额外的开支项目),因为他们预计他们的预算会被上级削减。由于经理们永远也不确定会被削减多少,结果通常不是虚假的就是

不准确的预算。

使经理和任何相关的员工对他们的预算负责任可能是实现有效控制的办法。绩效激励可以与预算的控制、准确性和实施情况相挂钩。换句话说，如果值得预算，就值得保证预算的正确性！有些人认为预算不仅应当与财务数据挂钩还应当与满意度相联系。这一逻辑的首要法则是使预算让顾客满意。经理们是如此专注于自身，他们遵守自己的一套规则、关注部门内部、监测预算，以至于忘记了他们的顾客。然而顾客是商业活动的一切。经理一般会保持一个阶段性平衡（通常是一个月或一个季度），并与会计主管讨论计划预算和实际支出。

零基预算

设计零基预算的目的是停止基于去年的预算进行今年的预算。**零基预算**要求每一个经理证明整个预算的全部细节都具有合理性。每个经理的举证责任是证明为什么所有的钱都是必须花费的。在零基预算制度下，经理决定的每一个活动都是经过鉴定、评估并依据重要性进行排序的。每年预算中的一切活动都会被审视检查，并与所有组织资源索取者进行竞争。

学习进度检测问题
---

1. 所有管理控制的首要目标是什么？
2. 阐述控制金字塔的五个层级。
3. 经营预算最常见的五种类型是什么？
4. 解释零基预算。

财务控制

除了预算，很多管理者使用其他形式的财务信息以达到控制目的。这些信息包括资产负债表、利润表和财务比率。不考虑其他形式财务信息的使用，只有当与组织的历史业绩或是类似组织的业绩进行比较时，这才是有意义的。例如，知道公司在过去一年的净收入是 10 万美元，这本身并没有太多意义。但是，当与去年的净收入是 50 万美元或者行业平均净收入是 50 万美元进行比较时，就可以获悉关于该公司业绩的更多信息。

财务比率分析

财务比率可以分为四种基本类型：盈利能力比率、变现能力比率、债务比率和营运效率比率。盈利能力比率代表了组织的经营效能，或者说是组织的经营状况。毛利率、净利率和投资收益率（ROI）都属于盈利能力比率。变现能力比率用于衡量组织的短期偿债能力。流动比率（流动资产除以流动负债）和速动比率（流动资产减去存货再除以流动负债）都属于变现能力比率。债务比率（有时也称杠杆比率）表明了所有者权益与负债的关系，是衡量企业长期偿债能力的指标。产权比率和总资产负债率是两个主要的债务比率。营运效率比率衡量了组织一些基本操作的管理营运效率。资产周转率、存货周转率、应收账款周转天数和应收账款周转率是一些经常使用的营运效率比率。

如前文所提到的，只有当与过去的比率或是相近企业的比率进行比较时，财务比率才是有意义的。财务比率也仅仅反映了某些特定的信息，因此应当将它们与其他管理控制联合使用。图表11—3概括了几种财务比率的计算方法。

图表11—3　　　　　　财务比率计算方法总结

比率		
盈利能力比率		
毛利率	（销售收入－销售成本）/销售收入×100%	表示经营效率和产品价格
净利率	税后净利润/销售收入×100%	表示除去所有开支的净利率
资产净利率（ROA）	税后净利润/总资产×100%	表示资产生产效率
净资产收益率（ROE）	税后净利润/所有者权益×100%	表示资产盈利能力
变现能力比率		
流动比率	流动资产/流动负债	表示短期债务偿还能力
速动比率	（流动资产－存货）/流动负债	表示短期流动性
债务比率		
产权比率	总负债/所有者权益	表示长期流动性
总资产负债率（负债率）	总负债/总资产	表示通过筹借获得的资产比率
营运效率比率		
资产周转率	销售收入/总资产	表示资产使用效率
存货周转率	销售费用/平均存货	表示控制存货投资的管理能力
应收账款周转天数	应收账款×365天/年赊销总额	表示应收账款和赊销政策的有效性
应收账款周转率	年赊销总额/应收账款	表示应收账款和赊销政策的有效性

2002年《萨班斯—奥克斯利法案》(Sarbanes-Oxley Act of 2002)

2002年7月30日，布什总统签发了《萨班斯—奥克斯利法案》(以下简称《萨班斯法案》)。《萨班斯法案》被誉为自19世纪30年代以来变化最大的美国联邦证券法规，它几乎重新制定了关于公众公司监管和信息披露义务的联邦法律。这部法案明显提高了公司董事、高级管理人员、审计人员、证券从业人员、分析人员和法律顾问的责任标准。这部法案的目的是防止会计和财务操纵，避免再出现像安然(Enron)和世通(WorldCom)公司倒闭那样的情况。图表11—4概括了这部法案的要点。

有关《萨班斯法案》令人担忧的一个主要问题就是它的遵循成本。

图表11—4　　　　　《萨班斯法案》的要点

> 如果公众公司的审计委员会没有遵循关于审计人员的任命、补偿和失察的新的要求清单，证券交易委员会(SEC)会要求纽约证券交易所(NYSE)和纳斯达克(NASDAQ)禁止该公司上市。审计委员会只能由独立的董事组成。首席执行官和财务总监必须核证每份定期报告都完全遵守1934年《证券交易法案》的第13(a)款和第15(d)款，报告中含有的财务信息应诚实公允地披露公司的财务状况和经营成果。核证人作假证会被处罚，将被处以100万美元的罚金和/或高达10年的监禁，如果是明知故犯将被处以500万美元的罚金和/或高达10年的监禁。
>
> 没有一家公众公司能够制定、扩展、调整或更新每份个人贷款给公司的执行官员或董事，除了少数几个例外。
>
> 该法案规定了业内人士买卖公司证券的报告期限应当在交易发生日后的两个工作日之内。
>
> 只要美国证券交易委员会认为对投资者或公众利益有必要或有益，任何一家公司都必须本着迅速真实的原则披露有关该公司的财务状况或经营成果的额外信息。
>
> 提交给证券交易委员会的所有年度报告所包含的财务报表都必须包括由公共会计事务所鉴定过的所有重要更正调整。
>
> 该法案定义了几种新的证券犯罪行为，包括：
> - 故意破坏、改变或者伪造文件，以妨碍或影响联邦调查或破产程序。
> - 会计人员故意不把所有审计或工作文件保存5年。
> - 对投资者故意进行证券欺诈。

国际财务执行官协会(FEI)在2004年进行的调查显示，大型公众公司耗费数千小时和平均440万美元来执行《萨班斯法案》。这些支出很大部分是源于咨询、软件和其他供应商的外部成本增加了66%，外部审计员收取的费用增加了58%。证券交易委员会(Securities and Exchange Commission)就社会关注的小公司遵循成本做出回应，市场资本少于7 500万美元的公司可以推迟法案的关键部分到 2007 年实施。

直接观察

商店经理对设备的每日查看或公司主席对所有分支机构的年度访问都是通过直接观察实现控制的例子。亲自观察虽然费时，但有时却是准确地了解正在发生的事情的唯一途径。其第一个危害是，员工可能会曲解上级的到访，认为这类行为是在干扰或窃听。第二个危害是，当人们被观察或监测时，其行为会发生变化。另一个潜在的不确定性取决于对观察的解读。观察员必须谨慎小心，以免在理解时加入实际没有发生的空想出来的东西。当员工认为访问和直接观察表明经理感兴趣时，这些行为就会产生积极的影响。

书面报告

书面报告可以定期编写或在必要时编写。书面报告有两种基本类型：分析性的和信息性的。分析性报告解释其中介绍的事实，信息性报告只介绍事实。编写一份报告有四个或五个步骤，这取决于它是信息性的还是分析性的。这些步骤是：（1）规划做什么；（2）收集事实；（3）组织事实；（4）解释事实（信息性报告省略了这一步）；（5）编写报告。大多数报告应当根据读者而不是作者的利益来编写。在大部分情况下，读者希望获得以前所没有的有用的信息。

职业管理

使良好的职业规划习惯成为一种生活技能

如果你是真心实意地想获得成功的职业生涯，你迟早会发现，成功来自自己的努力工作。虽然有培训课程和专业人士可以在前进的道路上帮助你，但职业生涯的最终成功来自你在提高技能和习惯上的付出，它们是使你从平庸人士向成功人士转变所必需的。

计划准备工作分为职业生涯准备和职业生涯执行。职业生涯准备涉及所有可以促进你的职业和工作的研究活动，包括提高阅读和写作技能、评估优势和劣势、学习职业和行业的术语、建立职业生涯目标。职业生涯执行指建立以下方面的高水平技能：填写求职申请、面试、职业礼仪、简历写作、个人规划和有效的沟通。

电子监控

现在有各种类型的电子设备可用于监测正在发生的事情。例如：用于记录物品出售种类和时间的电子收银机；用于记录员工和客户行动的摄像机；用于记录客户通话时间的手机；用于跟踪职员或客户从何处登录某些网站、登录了多长时间的互联网程序。

平衡记分卡

平衡记分卡（BSC）系统是一种测量和控制系统，它类似于目标管理方法，建立在单纯的财务指标并不能充分说明组织或组织部门的绩效表现这一观点的基础上。平衡记分卡试图通过考量客户服务、内部流程和学习创新指标来平衡传统的财务指标。理想的情况是在长期和短期内都能平衡这四种指标。

平衡记分卡的一个显著优势是它能让组织内所有层级都参与进来并做出承诺。根据平衡记分卡制度，业务经理制定组织中每个层级的记分卡，使每个经理都能够明确自己的工作职责相关程度并促成更高级的战略目标。关键问题是每一个层级的记分卡都来自上一层级的记分卡。一旦记分卡制定了，管理者和员工就根据记分卡定期评估他们的表现；如果有问题，确定有哪些纠正行为是必须采用的。

虽然平衡记分卡是比较新的事物，但是它的使用在过去几年中显著增加，预计将来会快速增长。

管理信息系统

如第四章所讨论的，管理信息系统（MIS）是用来为项目、部门或业务的成功管理提供所需信息的计算机系统。通常情况下，管理信息系统提供的信息有如下形式：定期报告、特别报告和数学模拟输出。

审计

审计要么由内部人员进行，要么由外部人员进行。外部审计工作通常由外部会计师进行，并仅限于财务事项。大部分审计是为了证明组织的会计处理方法是公允的、前后一致的并符合现行惯例的。内部审计由本组织自己的人员进行。

第十一章 管理控制

有一种审计检查财务和会计以外的领域,它被称为管理审计。**管理审计**试图评估组织的总体管理行为和政策。它们可以由外部顾问或内部工作人员进行;但是,由内部工作人员实施的管理审计很可能会得出一份有偏见的报告。

盈亏平衡图

盈亏平衡图用图形描述了业务量和利润的关系。盈亏平衡点(BEP)是指在该点销售收入与费用完全相等。销售总额低于盈亏平衡点则亏损;销售总额高于盈亏平衡点则盈利。

图表11—5是一个典型的盈亏平衡图。横轴代表产量;纵轴代表支出和收入。虽然不是必需的,但是大部分盈亏平衡图假定二者存在线性关系,而且所有成本要么是固定的要么是可变的。固定成本至少在短期内不随产量变化。固定成本包括租金、保险和行政人员工资。变动成本随产量变化。典型的变动成本包括直接人工和材料。这个图表的目的是显示盈亏平衡点和产量变化造成的影响。盈亏平衡图可用于显示收入和成本是否在按计划进行。

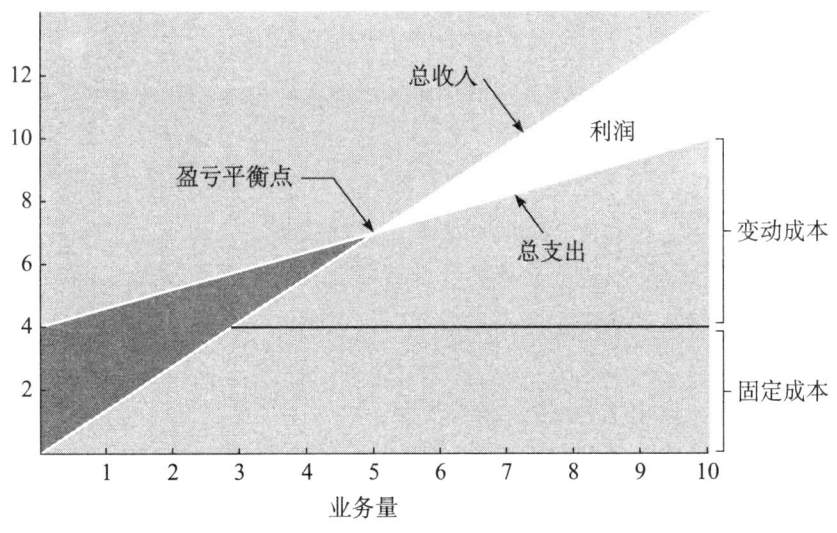

图表11—5 盈亏平衡图

案例讨论 11.1

"监视"员工

Ace 电子有限公司是位于城市中心的一家小公司。它由艾尔·艾布拉姆斯（Al Abrams）拥有并经营，他是公司的创始人，具有丰富的电子产品经验。

Ace 的基本产品是无线对讲机，主要出售给美国军方。对讲机的生产相对简单；Ace 仅仅是购买零件——电缆、电线、晶体管等——然后利用手工工具把它们组装起来。由于工作的复杂程度中等，Ace 聘用工资水平低的半熟练工人。

虽然 Ace 自开始生产以来每年都有盈利，但是艾尔·艾布拉姆斯变得越来越担忧。在过去 6 年中，他已经注意到员工的积极性在普遍下降；此外，他还发现了员工的生产率和公司的利润率都在下降。

出于担忧，艾尔让他的管理人员更密切地监视员工每时每刻的活动。在第一个星期，他们发现两名员工在洗手间阅读杂志。这种管理者称为"监视"、员工称为"无情驱策"的方法并没有提高产量或生产率。

艾尔意识到，部分员工的业绩不好已经影响到了所有员工的产量。这种现象是由装配对讲机的自动调整的流水生产线造成的。如果正常速度生产的员工后面的人工作速度不够快，对讲机将堵塞流水线。然而，装配生产线通常是调整生产速度以适应速度慢的员工，而不是提供支援人员。

此外，还有一种情况降低了生产率并增加了单位成本。政府要求 Ace 遵守每月的生产和交货时间表；如果没有遵守，会导致数额巨大的违约金。近年来，生产和交货时间表变得更加难以满足。在过去 8 个月，艾尔已经安排了加班，以遵守生产和交货时间表，从而避免支付违约金。加班费增加了单位生产成本，并造成另外一个问题：许多员工开始认识到，如果他们在月初工作越慢，他们在月末就可以得到越多的加班工资。甚至高级员工也正在慢慢增加他们的加班工资。

艾尔非常不愿意解雇员工，特别是高级员工。即使他倾向于这样做，他也很难现场发现员工放慢工作速度或是为员工的这种轻率行为提供任何合理的证据。艾尔感到失望和困惑。

问题

1. 详细说明 Ace 电子公司的两难控制境况。

第十一章 管理控制

2. 艾尔·艾布拉姆斯和员工获得的反馈信息是相同的吗？为什么是或者为什么不是？

3. 艾尔为了满足交货时间表以避免赔偿政府巨额违约金而支付加班费，支付加班费是合理的决定吗？为什么是或者为什么不是？

4. 艾尔应该怎样做？

学习进度检测问题

5. 解释下列比率：盈利能力比率、变现能力比率、债务比率和营运效率比率。

6. 描述编写书面报告的五个步骤。

7. 解释平衡记分卡（BSC）系统。

8. 给术语"盈亏平衡点"下定义。

绩效评估

理解绩效

绩效指员工工作任务的完成情况。它反映了员工履行工作要求的程度。它经常与努力混淆，努力是指精力的消耗，绩效是以结果来衡量的。在过去10年中，许多组织已经成为结果导向型的，因此人们越来越重视绩效管理。

绩效的决定因素

工作绩效是员工努力的实际结果，同时受能力、角色认知和既往成果的影响。这意味着，在特定情况下绩效可以被视为努力、能力、角色认知和既往成果相互作用产生的结果。

努力来自激励，指员工在完成工作中付出的精力总量。**能力**指完成工作中表现出的个人特质。能力通常在短期内不会有较大波动。**角色认知**是指员工认为他们工作应当努力的方向。员工认为获得工作绩效所必需的活动和行为就是他们的角色认知。既往成果通常根据绩效管理导向目标制定的标准来衡量。

绩效评估过程

绩效评估制度与组织的激励制度直接相关,激励制度为员工勤奋工作并创造性地实现组织目标提供了有力的激励。绩效评估进行得当,不仅能让员工知道他们目前表现如何,而且还能明确需要做些什么以改善绩效。

绩效评估是一个过程,它包括选定员工、就他们的工作履行情况进行沟通并制定改进计划。比较常见的几种绩效评估用途是做出是否应当加薪、晋升、裁员和解雇的决定。例如,员工目前的工作表现往往是能否提拔他的最重要考虑因素。尽管目前工作表现优秀并不一定意味着员工能够胜任更高级别的职务,但绩效评估确实能够提供一些预测信息。

绩效评估的资料也可以提供必要信息,用以确定个人和组织的培训发展需要。例如,它可以用来确定个人的优势和劣势。这些数据也可以用来帮助确定本组织全面培训发展的需要。对个体员工而言,一份完整的绩效评估应当包括列出具体的培训和发展需求的计划。

绩效评估的另一个重要用途是鼓励改善业绩。在这方面,绩效评估被作为一种手段用来与员工沟通他们的表现情况,并就需要改变的行为、态度、技能或知识提出建议。这种类型的反馈使员工明确了经理的工作期望。通常情况下,这种反馈后必须有经理的辅导和培训以引导员工努力工作。

为了有效地开展工作,绩效评估必须获得资料支持和管理层承诺以保证评估公平有效。绩效评估过程的典型标准是公正、准确(应当使用事实而不是想法),包括尽可能多的直接观察,前后一致,包含尽可能多的目标对象资料。支持管理层做出决定所必需的资料数量和类型千变万化,但是一般的经验法则是提供各种充足的资料,以保证任何人对员工的业绩评价都与经理得出的结论大致相同。

组织中额外需要关注的是绩效评估多长时间进行一次。在这个问题上并没有达成真正的共识,但通常的答案是根据需要而定。要保证让员工知道他们正在从事什么样的工作,并且如果绩效不理想,知道他们必须采取的改进措施。对于许多员工来说,这不可能通过一次年度绩效评估实现。因此,有人建议除了每年的年度绩效评估外,对大多数员工还应当进行两次或三次非正式考核。

第十一章 管理控制

绩效评估方法

美国早期使用的一种绩效评估方法被描述如下：

> 在每天上午开始工作前，每个工人都会得到一张清单，详细地列出他昨天完成的工作量和获得的报酬数。这使他能够将绩效和收入进行比较，尽管这些他都记忆犹新。

这种绩效评估方法是有效的，因为它给予了即时反馈并将绩效和工资挂钩。自那时以来，绩效评估方法的数量和类型都已显著增加。下面介绍现代企业使用的绩效评估方法。

设定目标法或目标管理法

目标管理（MBO）作为一种有效的设定目标的方法，在第五章讨论过。除了是一种指导组织目标制定过程的有用方法，目标管理法也能够用于绩效评估过程。联系目标管理体系和绩效评估过程的价值在于，如果员工认为目标是合意的并且期待通过努力获得个人成功，那么他们会倾向于支持目标。员工认可（通过目标管理过程让员工利害相关）无疑是考虑目标管理过程的一个强大动力。典型的目标管理过程包括以下内容：

1. 确定员工要完成的工作目标，给出清晰准确的描述。
2. 制定一项行动计划，说明如何实现目标。
3. 让员工实施行动计划。
4. 在目标实现的基础上评估绩效。
5. 必要时采取修正措施。
6. 建立新的未来目标。

如果对某个员工就目标管理过程中设定的目标进行评价，必须满足几个条件。首先，目标应该是量化的、可衡量的；如果可能的话应尽量避免目标的实现不能衡量或无法核实。目标还应该具有挑战性但又是可实现的，他们应当以书面形式用清晰简明的语言表达出来。图表11—6列出了满足这些要求的目标范例。

图表 11—6　　　　　　　　　目标范例

在收到投诉 3 天之内，以书面形式答复所有客户投诉。
在未来 6 个月内将订单处理时间减少两天。
在 8 月 1 日前实施新的应收账款电脑系统。

生产标准

用于绩效评估的**生产标准方法**是经常在体力劳动者身上使用的业绩评价方法；对这些员工来说，它基本上是一套客观的方法。它包括制定一个标准或预期的产出水平，然后将每个员工的绩效与标准进行比较。一般来说，生产标准应当反映一个普通员工的正常产量。

生产标准试图回答正常一天的产量是多少这个问题。有几种方法可以用来设定生产标准，图表 11—7 总结了一些比较常用的方法。

图表 11—7　　　　　　　　设定生产标准的常用方法

方法	适用范围
平均产量或工作	所有员工完成的工作任务都是相同或大致相同的。
特别挑选的员工的绩效	所有员工完成的工作任务都是相同或大致相同的，并且计算小组平均水平将是麻烦且费时的。
时间研究	重复性工作任务。
工作样本	有很多不同工作任务的非周期性工作，并且没有设定的模式或周期。
专家意见	没有更直接的方法（如上所述）适用。

生产标准方法的一个优势是绩效考核基于高度客观的因素。当然，标准要有效，就必须使受影响的员工认为标准是公平的。生产标准最严重的问题是不同工作类别的标准缺乏可比性。

书面考评

书面考评法要求管理者采用书面叙述的形式描述员工的绩效。经理会获得要涉及的相关主题的说明。一个典型的书面考评问题可能是："用你自己的话来描述员工的工作表现，包括工作数量和质量、工作知识、与其他员工相处的能力、员工的优势和劣势。"

书面考评的主要问题是其长度和内容可以有很大的不同（这取决于经理），而且这种方法是非常主观的（然而客观的措施更具有防御性）。例如，一位经理可能就员工的潜力进行冗长的描述，而对其过去的业绩则轻描淡写；另一位经理则可能会集中描述该员工过去的业绩表现。因此，书面考评是很难进行比较的。经理的写作技能也会影响考评。一个擅写的经理可以使一名普通员工的绩效看上去比实际绩效好。

关键事件评估

关键事件评估法要求管理者记录员工平时工作中的关键事件，包括员工认为满意的和不满意的事件。因为随着时间的推移记录事件，这些事件为绩效评估提供了基础，也为员工提供了反馈。

这种方法的主要缺点是经理必须定期记下事件，这是一个烦琐耗时的任务。此外，关键事件的定义还不清晰，不同的管理人员会有不同的理解。有些人认为，当员工认为经理保留着关于他们的"档案"时，这种方法可能会导致管理者和员工之间的矛盾。

图表评价

图表评价法要求管理者根据工作量、可靠性、岗位知识、出勤、工作准确性和协作性等因素来评价员工。图表评价法包括数值范围和书面说明。图表 11—8 给出了一个例子，它使用了书面说明，可被列入图表评价中。

图表 11—8　　　　　　　图表评价法评估表样本

> **工作量**（一名员工在一个工作日完成的工作量）
> 不满足要求。
> 仅仅勉强通过。
> 工作量令人满意。
> 非常勤劳，超出工作量要求。
> 优秀的生产记录。
> **可靠性**（在最少监管下完成要求的工作的能力）
> 需要密切监管；是不可靠的。
> 有时需要监管。
> 完成要求的任务通常需要适度的监管。
> 几乎不需要监管；是可靠的。
> 要求极少的监管。
> **岗位知识**（员工为了获得良好的工作绩效应当掌握的有关工作职责的信息）
> 对工作职责毫不了解。
> 对某些阶段的工作不太了解。
> 中等程度了解；能够回答关于工作的大部分问题。
> 了解所有工作阶段。
> 完全掌握所有工作阶段。

> **出勤**（每天准时上班，遵守工作时间）
> 经常找理由缺席或经常在汇报工作时迟到，或两者兼而有之。
> 出席或汇报工作随意性强，或两者兼而有之。
> 经常出席并遵守时间。
> 非常准时；按规定出席。
> 总是准时、守规定；当需要时愿意加班。
> **准确性**（工作职责履行的正确性）
> 频繁犯错。
> 粗心；经常犯错。
> 通常是准确的；有时犯错。
> 不需要什么监管；大部分时间是准确的。
> 需要极少的监管；几乎总是准确的。

图表评价法有几个严重的缺点。一个潜在的缺点是，具有不同的背景、经验和性格的经理们不可能以同样的方式解释书面说明。另一个潜在的缺点涉及评价类别的选择。有可能选择与工作表现没有什么关系的类别，也有可能忽略对工作表现有重大影响的类别。

清单

清单法要求管理者对一系列涉及员工行为的问题进行确认或者否认。图表 11—9 列出了一些代表性问题。该清单也给予了每一个问题不同的权重。

图表 11—9　　　　　　　　清单法问题范例

> 1. 员工当众发脾气吗？
> 2. 员工会厚此薄彼吗？
> 3. 当他人工作优秀时，员工会当众表扬吗？
> 4. 员工愿意做特殊工作吗？

通常情况下，清单法得分答案由人力资源部门保管；经理通常是不知道每个问题权重的。但由于经理可以看出每一个问题的内涵是积极的还是消极的，偏向也就产生了。清单法的其他缺点是：设计每项工作的问题清单很费时；每一项工作都必须有一份单独的问题清单；不同的管理人员对清单的问题有不同的理解。

排列法

当需要比较两个或两个以上员工的表现时，就可以使用排列法。比较经常使用的排列法是：交替排列法、配对比较法、强制分配法。

交替排列

在交替排列法中，需要进行评估的员工的姓名被列在一张纸的左边。然后要求经理选择名单上最优秀的员工，把该名字从左侧列表中划掉，并把它放入纸的右侧列表的顶部。接着要求经理从左侧列表中选择并划去最差的员工的名字，再把它移到右侧列表的底部。然后经理对左侧列表中的所有名字重复这一过程。由此产生的右侧列表的名单就将员工从最优秀到最差进行了排列。

配对比较

有一个例子可以最充分地说明配对比较法。假设某经理要评估 6 名员工。员工的姓名都列在一张纸的左边。然后经理根据选定的绩效考评标准，例如工作量，将第一个员工和第二个员工进行比较。如果经理认为第一个员工的工作量比第二个员工多，就在第一个员工的名字旁边做上检验标记。然后将第一个员工与第三个、第四个、第五个和第六个员工按照同一绩效考评标准进行比较。在每一次比较中，都在工作量最大的员工的名字旁边做上检验标记。重复这个过程，直至每个员工都与其他员工按照所有选定的绩效考评标准进行了比较。有最多检验标记的员工被认为是表现最好的。同样，有最少检验标记的员工被认为是表现最差的。配对比较法的一个主要问题是当对大量员工进行时会变得很笨拙。

强制分配

强制分配法要求经理比较员工的绩效表现并把员工按一定比例分成不同的绩效水平等级。它假设一组员工的绩效水平按照钟形曲线或"正态"曲线分布。图表 11—10 说明了强制分配法是如何进行的。经理必须把

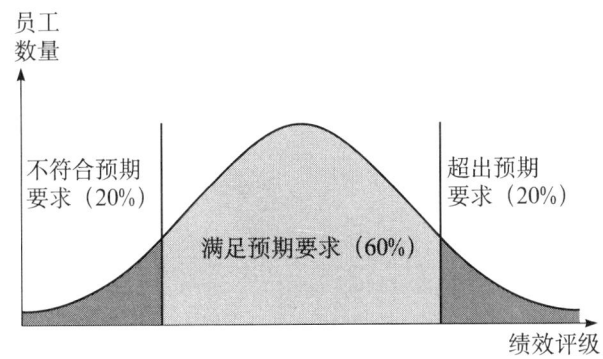

图表 11—10　强制分配评价

60%的员工定级为满足预期要求，20%的员工定级为超出预期要求，20%的员工定级为不符合预期要求。

强制分配法的一个问题是，绩效表现的钟形分布对小群体的员工可能是不适用的。即使分布接近于正常的曲线，它也很可能不是一个完美的曲线。这意味着有些员工可能被不准确地定级了。此外，排列方法明显不同于其他方法，原因是员工的绩效评定与工作中其他员工的绩效密切相关。

多评估者评审（或360度反馈）

最后一种绩效评估方法叫做**多评估者评审法**或**360度反馈法**。通常情况下，员工的绩效评估都是由经理实施。根据多评估者评审法，评估的过程扩展到了解该员工绩效表现的其他人。同事、下属、客户或任何其他熟悉员工工作表现的人都被要求填写一份有关员工工作绩效的调查表。因此，评估是由熟悉该员工工作表现的人来完成的。这些人可能来自组织内部也可能来自组织外部，可能是上级也可能是下级。

除上述外，被评估的人也要使用评估者填写的调查表做一次自我评估。当所有这些调查表完成后，一个全面的（360度）的评价就产生了。问卷调查表通常很长。人力资源部把问卷调查的结果汇总并反馈给该员工。员工可以看到他的自我评价和其他评估人的评价有什么不同。

选择绩效评估方法

组织无论使用哪种绩效评估方法，都必须与工作关联。因此，在选择绩效评估方法之前，必须进行工作分析和撰写工作说明。一般来说，工作分析是由训练有素的专家与本组织的人力资源部门或外部顾问进行的。表11—11总结了工作分析提供的信息。

图表 11—11　　　　　　　　工作分析提供的信息

信息范围	内容
在公司中的职务和位置	
组织关系	简要说明了监管的人员数量（如果有）和监管的职位；介绍被监管情况。
与其他工作的关系	描述并勾勒了本工作所需要的协调性。
工作概括	工作内容的简明阐述。
与工作要求有关的信息	不同组织的不同工作差别很大；一般包括诸如机器、工具和材料，脑力和注意力要求，体力要求，工作条件等信息。

工作分析不仅包括明确的工作内容，还包括分析的结果。工作说明就是工作分析的一个结果，它是一份正式的书面文件，通常有 1～3 页纸长，应包括以下内容：

- 编写日期。
- 工作性质（全职或兼职）。
- 职务。
- 受到的监管（向谁报告工作）。
- 实施的监管（接受谁报告工作）。
- 工作概括（工作职责简述）。
- 工作职责的详细清单。
- 主要联系（组织内外）。
- 能力或职位要求。
- 教育或经验要求。
- 职位变动（员工下次可能胜任的职位）。

工作说明编写好后，最合适的绩效评估方法就可以确定了。

伦理管理

为了实现更好地管理存货控制和装运产品给客户，你的公司最近在阳离子无线电频率识别（RFID）技术上投资很大。在产品包装上粘贴 RFID 标签，就可以准确地记录仓库里的存货数量（帮助减少产品脱销的机会）。通过给你的送货卡车作上适当的运输标记，你也可以跟踪产品装运给客户的过程，并提供准确的交货时间——所有这一切都是通过在标记中嵌入极薄的电子芯片来实现的。

RFID 设备供应商为这份大订单提供了一个额外的优惠，他们为你的公司提供了新的嵌入极薄电子芯片的员工证件。公司宣称此举是一项新实施的安全措施，而没有提及该技术可以实现实时跟踪在场的每一位员工的位置。

问题

1. 你对用这种方式跟踪你的位置感觉如何？

2. 你认为 RFID 标记是对你的隐私的一种侵犯吗？为什么是或者为什么不是？

3. 如果员工们了解了这种技术，你认为他们会做何反应？

绩效评估中潜在的错误

绩效评估中已经确认存在几种常见的错误。**宽待**指把员工都列在考评等级好的一组，而不是把他们分散到各个评估等级上。**取中倾向**指绩效考评统计表明大多数员工都在做平均水平或略高于平均水平的工作。**近因效应**发生在对近期完成的工作进行绩效评估的时候，通常情况下，评估前一两个月的表现给评估者的印象对评估结果的影响最明显。如果存在宽待、取中倾向和近因效应这些错误，绩效表现好坏就变得难以区分。此外，这些错误使得不同经理给出的评价变得难以比较。例如，具有取中倾向的经理对表现优秀的员工给出的评价可能低于宽待的经理对表现不好的员工给出的评价。

在绩效考评中另一个常见的错误是晕轮效应。晕轮效应指员工的某一个突出特点影响了管理者对绩效评估中其他独立项目的判断。这往往导致员工在每一个项目中都受到大致相同的评价。

个人偏好、偏见和歧视也可能导致绩效评估发生错误。带有偏见或歧视的管理者往往找寻行为与其偏见相符的员工。外观、社会地位、服装、种族和性别影响了很多绩效评估。第一印象也会影响管理者对某个员工日后的判断。第一印象只是某一个行为样本；然而，人们即使遇到相反的证据也往往坚持这些印象。

学习进度检测问题

9. 给绩效评估下定义。
10. 列出目标管理（MBO）过程的六个步骤。
11. 列出三种或更多种常用的排列法。
12. 阐述在绩效评估中最常见的四种错误。

案例讨论 11.2

学院招生办公室

鲍勃·拉克（Bob Luck）应聘到克莱莫社区学院（Claymore Community College)的招生办公室，顶替爱丽丝·卡特做行政助理。临走前，爱丽丝提前一个月通知了招生办公室主任，希望有充裕的时间来寻找和培养她的接班人。爱丽丝的职责包括准备并按学生的要求邮寄成绩单，为有意向入学的人邮寄其要求的信息资料，接听电话，接待学生或者来办公室的潜在入学者，对办事人员和学生助理进行常规监管。

在面试和测试了众多申请该职位的人后，主任雇用了鲍勃，主要是因为他资历好，这给主任留下了良好的印象。在接下来的10天中，爱丽丝花了很多时间培训鲍勃。他十分聪明，似乎很快掌握了管理学院招生办公室的整个流程。当爱丽丝离开时，每个人都相信鲍勃的工作会很出色。

然而，没过多久，人们就发现鲍勃并没有担负起他的工作职责。鲍勃似乎有严重的个人问题并妨碍了他的工作。他对爱丽丝已经明确解释的事情有疑问；如果他理解了她的指导，他本能够自己解答这些问题。

鲍勃脑中似乎不断有其他的事情。他总陷于这些问题：完全归咎于前妻的最近的离婚，非常想念爸爸的8岁女儿的苦恼。他总想着寻求内心的宁静和所有发生在他身上的事情的原因。办公室主任意识到鲍勃总是专注于个人问题，不能迅速地掌握办公室流程。

问题

1. 爱丽丝·卡特在这里能做一些与众不同的事情吗？为什么？
2. 如果你是办公室主任，你现在会怎么做？
3. 你认为鲍勃应该继续工作吗？为什么？
4. 请说明你在这种情况下会如何有效运用绩效评估？

实施有效的绩效评估

实施有效的绩效评估的一个好办法是提高管理人员的技能。关于管理人员应该接受的特定培训的意见常常是含糊不清的，但他们通常强调给予管理人员准确观察工作表现和公正地做出判断方面的训练。

建立一套明确的管理人员培训课程需要更多的研究。但是，管理人员至少应接受如下培训：（1）公司的绩效评估方法；（2）在整个培训过程中，管理者角色的重要性；（3）使用绩效评估信息；（4）给员工反馈时的必要的沟通技巧。

绩效评估过程中的一般行为准则不仅可以帮助管理人员预防还可以减

少似乎总是困扰评估过程的错误。鼓励做的包括以下内容：
1. 把工作业绩作为绩效评估的唯一因素，而不是其他无关工作的因素。
2. 只使用与工作本身相关的评价标准，能够指示客观的业绩和成就。
3. 考评面试过程保持真诚。
4. 遵守问题解决导向。

禁止做的包括以下内容：
1. 不能批评指责，要积极主动。
2. 尽量避免晕轮效应和宽待的错误。
3. 不要主导有关绩效的谈话。鼓励员工在评估过程中发言并提出问题。
4. 避免笼统的改善绩效的方法。总是提出具体的可实现的目标。绩效目标是生产力的基础。

通过绩效评估提供反馈

在使用了一种前面讨论过的促进员工绩效评估的方法后，结果必须反馈给员工。如果访谈沟通不好，就经常会造成对经理和员工而言都不愉快的经历。以下是一些影响访谈成功或失败的比较重要的因素：

● 员工在评估过程中参与得越多，就对评估访谈和经理越满意，并且更有可能接受并努力实现绩效改善目标。

● 经理使用的激励手段越多（例如，承认和赞扬优秀业绩），员工对评估访谈和经理可能越满意。

● 由经理和员工共同制定的具体的业绩改善目标会比笼统的讨论或是批评指责带来的绩效改善更大。

● 探讨并解决可能正在妨碍员工当前工作业绩的问题会提高员工的工作业绩。

● 相比被温和地批评，被严厉地批评以求改善的工作绩效不太可能得到改善。

● 在采访过程中，员工被允许表达的意见越多，他们对访谈就越满意。

● 员工在访谈前独立地思考和准备会给访谈带来益处。

● 员工越认为绩效评估结果与组织的奖励相关，访谈就越有益。

访谈者也必须意识到，许多员工都对评估过程持怀疑态度，因为它可能与处罚有关。研究表明这种情况最经常发生，因为员工不信任经理的动机；反馈不清楚；员工不信服经理的判断；反馈与其他人的观点不一致；员工曾经有过关于评价、评估或反馈过程的负面经历。通过单纯强调积极性作为访谈、反馈和改善过程的基础，大部分问题是可以克服的。

---学习进度检测问题---

13. 描述实施绩效评估前，管理人员需要接受的四种培训。
14. 评估过程鼓励的四种行为是哪些？
15. 评估过程相应禁止的行为是哪些？
16. 描述至少五种影响绩效评估成功或失败的重要因素。

制定绩效改善计划

我们在本章前面的部分提到过，一份完整的绩效评估应当包括绩效改善计划。这个重要的步骤经常被忽略。但是，经理们必须认识到员工的发展是一个连续的循环过程，设定绩效目标、提供达到目标必需的培训、根据目标完成情况评估绩效、再设定新的更高的目标。绩效改善计划包括下面这些内容：

1. 我们现在在哪里？这个问题在绩效评估过程中解答。
2. 我们希望到达哪里？这要求评估者和被评估者就应该并且能够改善的领域达成一致意见。
3. 员工如何从他现在所处的位置到达他希望去的位置？这部分内容是绩效改善计划的关键，必须就要采取的具体步骤达成一致意见。这些步骤可能包括员工为了改善绩效所必需的培训，还应当包括评估者将如何帮助员工达成绩效目标。

小　　结

简单地说，管理者控制组织运行的责任意味着：他们应该知道相比既定标准或绩效目标实际发生了什么情况，如果有必要再加以修正。在清楚的既定标准下，控制机制可以作为一个早期预警系统，在问题发生时，最好是在问题发生前提醒管理人员。为了在组织中覆盖得更全面、更有效，这些控制机制必须包括组织员工的工作业绩和该组织提供给客户产品或服务的生产制度和程序。在下一章中，我们将讨论对设计和控制这些制度和程序实施管理的重要性。

工作世界：凯文找到了一些目标

凯文用了几天时间思考托尼的问题。第一天，他一直在为究竟发生了什么事而困扰？凯文在其他任何工作中从来没有被要求这样做过。他的年度评估一直是相同的——与老板简短地交谈；这些是你做得很好的；这些是你可以改进的；继续努力工作；这是你的加薪。凯文认为这是简单并且可以预见的。

现在，托尼不仅需要目标，还要求凯文在下一年对目标负责。他想要什么？他希望凯文学习西班牙语（由于拉丁客户群越来越多，他们曾谈及一些）或者最终完成他的学士学位？或者可能需要更多地参加公司一直在地区会议中提供的管理培训课程？

突然，凯文意识到他对前景是多么期待，承诺在明年做一些新的事情——用书面承诺而不仅仅是谈论。他开始列出他想做的事情，用额外时间对托尼说明如果给他时间做这些事，这家餐厅将如何受益，如果有人愿意帮他支付做这些事的费用就更好了。在他知道此事之前，他有两页纸的想法。其中有些需要超过一年的时间来实现，但其中许多想法可以立即开始并很快完成，这些将使凯文在下一次年度评估以前很早就能展示他实现目标过程中取得的进展。他可以参加下个月地区会议的管理课程，而且当地高校每两个月开设针对初学者的西班牙语课程。"我不知道托尼在开始这件事时是否意识到他自己在干什么。"凯文对自己说。

问题

1. 凯文毫无疑问地提出了关于个人和职业目标的想法。你认为他会去做所有事情吗？为什么会或者为什么不会？
2. 你认为托尼期待他的每个员工都做出这种反应吗？为什么期待或为什么不期待？
3. 如果每个人都像凯文一样富有创造性地设定目标，托尼会面临什么挑战？
4. 托尼在当前的情况下可以做些什么？

第十一章 管理控制

 问题回顾

1. 描述控制方法的两种类别。
2. 概述《萨班斯法案》的要点。
3. 列举至少三种绩效评估信息的用途。
4. 概述至少三种影响绩效评估访谈成功或失败的因素。

 关键术语

控制　确保组织活动按计划进展的过程；通过将实际进展与既定标准或目标进行比较，然后采取措施纠正一切偏离标准的行为来实现。

行为或个人控制　建立在直接对个人监督的基础上。

结果或非个人控制　建立在对结果考量的基础上。

事前控制　通过预防问题的发生来实施控制。

事中控制　自事件发生之时就关注整个过程；被设计用于在活动进行过程中发现问题。

事后控制　在问题出现失控之前，解决现存或潜在的问题。

预算　把预期的结果或要求用财务或数值形式来表示的报告。

零基预算　指管理者必须说明每项计划和活动存在必要性的预算。每一年的每项计划和活动都将重新被鉴别、评估以及按重要性排序。

审计　财务通常使用的控制方法，也包括组织的其他领域。

管理审计　试图评估组织的总体管理行为和政策。

盈亏平衡图　用图形描述业务量和利润的关系。

绩效　员工工作任务的完成情况。

努力　来自激励；指员工在完成工作中付出的精力总量。

能力　完成工作中表现出的个人特质。

角色认知　指员工认为他们工作应当努力的方向。

绩效评估　包括选定员工、就他们的工作履行情况进行沟通并制定改进计划的过程。

生产标准方法　经常在体力劳动者身上使用的业绩评价方法；对这些员工来说，它基本上是一套客观的方法。

书面考评法　要求管理者采用书面叙述的形式描述员工的绩效。

关键事件评估法 要求管理者记录员工平时工作中的关键事件，包括员工认为满意的和不满意的事件。

图表评价法 要求管理者根据工作量、可靠性、岗位知识、出勤、工作准确性和协作性等因素来评价员工。

清单法 要求管理者对一系列涉及员工行为的问题进行确认或者否认。

多评估者评审法或360度反馈法 用员工的管理者、同级人员、消费者和同事的反馈来对员工进行绩效考评的方法。

宽待 把员工都列在考评等级好的一组，而不是把他们分散到各个评估等级上。

取中倾向 绩效考评统计表明大多数员工都在做平均水平或略高于平均水平的工作。

近因效应 发生在对近期完成的工作进行绩效评估的时候，通常情况下，评估前一两个月的表现给评估者的印象对评估结果的影响最明显。

访问网站 www.360-feedback.com 并回答下列问题：

1. 这种考评工具的优点和缺点是什么？
2. 为什么辅导是360度反馈过程中重要的一部分？
3. 如果你的公司准备开始使用360度反馈，你如何知道？
4. 360度反馈在你的组织中发挥作用了吗？为什么发挥了或为什么没发挥？

讨论《萨班斯法案》

《萨班斯法案》的要点在图表11—4中进行了概述。把全班分成两组（或者更小的偶数组）。仔细学习图表11—4并展开讨论，要么赞同该法的制定和必要性，要么反对该法。你的导师可能会允许你通过图书馆或网络搜索收集额外的信息。用要点的形式概括你持有的观点，准备好与其他持相反意见的同学进行辩论。一旦辩论结束，回答下列问题：

问题

1. 概括你辩论的要点。
2. 概括对方辩论的要点。
3. 在辩论中分享的信息是否改变了你的观点？为什么是或者为什么不是？
4. 你被分配的小组已经为你选择好了观点，小组如何就辩论观点达成一致意见？阐述你的答案。

讨论练习 11.1

鲍勃·伊格尔如何使迪士尼自由化

沃尔特·迪士尼公司一直在获得令人羡慕的业绩数字。它在发布创纪录的收益，股票价格就像迪士尼乐园的大雷山铁路过山车一样抵抗地心引力。因此，迪士尼的奥斯卡奖授予……首席执行官鲍勃·伊格尔（Bob Iger）。不，别急，他的前任迈克尔·艾斯纳（Michael Eisner）。不，两人共同获奖。我们将在下面说明。忽略伊格尔去年的小麻烦，去年他与史蒂夫·乔布斯（Steve Jobs）重修关系并收购了皮克斯（Pixar），动画梦工厂看中了苹果公司创始人的动画工作室。迪士尼的大多数好消息都发生在伊格尔被提升后——美国广播公司（ABC）的重组，价值 20 亿美元的《加勒比海盗》（Pirates of the Caribbean）特许经营权，迪士尼美国主题公园的入园率增加——是艾斯纳时期计划的利润回报。尽管伊格尔深入参与了美国广播公司的重组，但他是第一个称赞他前任的人：他说"我能立即进入角色都归功于迈克尔"。另一方面，这些创纪录的利润值得再看一次。是的，2006 年财务纯收入增长 33%，达到 34 亿美元，而收入增长了 7%，达到 343 亿美元。不过，迪士尼的 2006 年是独一无二的一年，《汽车总动员》和《加勒比海盗：聚魂棺》两部电影自身的票房收入给迪士尼的收入带来了巨大的增长。这为迪士尼 2007 年设定了很高的标准。除了皮克斯的《料理鼠王》以外，另一部海盗电影定于 2007 年夏天发行，汤姆森金融公司（Thomson Financial）预计整个传媒业 2007 年的纯收入增长率在 12%～14%。为了改变公司在电影领域发挥不稳定的状况，伊格尔将需要实现巴黎和香港的主题公园的持续复苏，保持美国广播公司前进的势头，并鼓励皮克斯团队每年制作一部以上的影片。他还必须使迪士尼实现数字化，以迅速引领数字时代。

就是在最后的考验阶段,伊格尔取得了最大的进展。在幕后,他连续不断地给艾斯纳掌控的公司提出建议,去除官僚主义,使资深管理人员自由策划自己的项目。把迪士尼电影和美国广播公司节目秀放进苹果音乐播放器不仅仅是开创性的,它还表示迪士尼在更快更积极地发展进步。然而,伊格尔没有因为他能够解雇而解雇艾斯纳的人,相反,他保持了队伍基本无变动,让聪明人围绕在自己周围并让他们继续工作,其中包括乔布斯和皮克斯,伊格尔在迪士尼已经重新创建了一种精英文化。

即便如此,到了今天,伊格尔也不会指责艾斯纳。"我深深怀念迈克尔。我从他身上学到了很多,"他说,"从某种意义上说,他创立了现代的沃尔特·迪士尼。"伊格尔巧妙地留了一些话没说,在艾斯纳特别辉煌的20年经营的最后几年,迪士尼失去了动画灵魂。说文化是有害的并不能解决公司的机能障碍。艾斯纳遗留下的问题是地方部门负责人不敢做决定——当竞争对手诸如新闻集团(News Corp)和维亚康姆公司(Viacom Inc.)正在积极地占领网络领土时,这是公司需要做的最后一件事。伊格尔承认,问题不是出在负责节目的人身上,是出在工作环境上——他开始着手改变环境。伊格尔做的第一件事是使星期一上午的例会少些专制。艾斯纳喜欢宣布决定,伊格尔鼓励讨论,并且他特别重视拜访团队——例如花半天时间在布埃纳维斯塔游戏公司(Buena Vista Games Inc.)与商业中心的游戏开发商探讨头脑风暴会议。伊格尔还拜访了迪士尼的前任管理者,以帮助他制定一个新的战略方向。前任影视总监杰弗里·凯森伯格(Jeffrey Katzenberg)是他经常会餐的一个伙伴。迪士尼公司最近决定播放由凯森伯格的动画梦工厂制作的《怪物史莱克》圣诞特别版。

"我的惊叹在哪里?"

如果说艾斯纳是努力超越个人狭隘,伊格尔则看到了全局:他不挑剔他人的观点。对于不喜欢的下属的建议,艾斯纳的名言是:"我的惊叹在哪里?"艾斯纳介入创作过程的各个方面,从主题公园酒店地毯的颜色到星期二上午的脚本会议,而伊格尔都让他的员工负责。迪士尼的动画部门是放弃控制最多的地方。这是令人吃惊的,因为米老鼠大厦是建立在动画基础上的。在经营好的年份,它能产生多达1/3的公司利润。但随着迪士尼动画变成稳定的老爷车,伊格尔给了乔布斯的皮克斯团队完全的自由。随着皮克斯公司的创意大师约翰·拉萨特(John Lasseter)成为迪士尼新任首席创意总监,他暂时解雇了160人并重新安排任命了官员。去年,拉萨特和前皮克斯总裁艾德·卡特莫尔(Ed Catmull)推迟了原定圣诞节上映的迪士尼电影《拜见罗宾逊一家》,直到2007年3月才发行。

然而,伊格尔的放手风格可能也有其局限性。例如,皮克斯公司人员决定不在2007年底发行《小叮当》的动画DVD,因为他们希望有充足的时间把它做得更好,尽管计划发行时间是与新的迪士尼童话人物玩偶上市时间一致的。尽管皮克斯公司质量第一的态度可能会产生较好的票房收入,但同时也意味着它每年只能制作较少的动画电影。它们的续集也不多。这意味着搭售商品、主题公园和百老汇戏剧的机会较少。

如果有一件事让伊格尔区别于其他传媒大亨如鲁珀特·默多克(Rupert Murdoch)和萨姆纳·M·雷石东(Sumner M. Redstone),那就是他的信仰,他相信并不需要去收购MySpace.com公司和YouTube公司。但是伊格尔不排除购买网络在线资产,他表示他有合适的内容和世界级的品牌——迪士尼、美国娱乐体育频道和美国广播公司——来吸引眼球。在未来几周首次展示的重新设计的迪士尼网站是伊格尔提高公司在线财富的计划的核心。改版后的网站,每月吸引2 100万的有效访问者,现在社交功能网络和流媒体电视节目定位于年轻人——充分营造家庭氛围的另一种方式。人们希望该网站能够吸引访客停留更长时间,从而使迪士尼实现今年预计的超过7亿美元的数字收入。最终,伊格尔希望通过网络与消费者直接连接,公司现有的有线电视和卫星电视提供商作为辅助补充。他说:"我们自己为什么不能做呢?"这是伊格尔为了改造迪士尼将继续努力解决的一个问题。

问题

1. 鲍勃·伊格尔采取的管理控制方法与迈克尔·艾斯纳有什么不同?

2. 伊格尔有机会组建一个新的领导班子,但是他选择几乎完全保留艾斯纳的团队。从控制的角度来看,这是一个正确的决定吗?为什么是或者为什么不是?

3. "伊格尔让他的员工负责。"你如何平衡这种做法和管理控制?

4. 你认为伊格尔的做法会取得成功吗?为什么会或者为什么不会?

资料来源:Adapted from Ronald Grover, *BusinessWeek* Entertainment, February 5, 2007.

第十二章
运营控制

Chapter Twelve

"不是所有有价值的都能被计算,不是所有能计算的都有价值。"

——艾伯特·爱因斯坦(Albert Einstein)

■ 学习目标

在学完本章之后,你将能:

1. 理解控制运营成本的基本方法。
2. 从运营管理者角度定义质量。
3. 定义全面质量管理(TQM)。
4. 定义以下术语:持续改进、经营法改善(kaizen)、六西格玛、精益制造和源头质量控制。
5. 解释设立马尔科姆·鲍德里奇奖的目的。
6. 解释即时生产(JIT)。

第十二章 运营控制

工作世界：塔克·巴恩决定借鉴日本的管理方法

凯文MBO项目的成功启发了托尼。

"如果员工可以在规划自己的未来时有见识和创造力，如果我们多给员工提出自己想法的机会，那么我们能有多少新想法呢？这不是一个简单的建议箱，建议箱通常是聚集了一堆纸张而非员工建议，这是一个真正基于员工的想法来改进餐厅的计划，这些员工包括餐厅的厨师、服务员等。"

在他与顾问兼前上司杰里·史密斯的一次例常午餐上，托尼提出了这个想法并征求杰里的意见。

杰里说："我认为这是个很好的想法，你拥有了非常棒的团队，而且我确信他们会给你一些真正有创造性的想法。实际上，我刚从一个关于领导力的会议上回来，会议的主题是经营法改善（kaizen），这种管理哲学来自日本公司。尽管其工业已经成为了世界市场领导者，但他们还是不断努力地改进他们的运营系统。由于采用了这种方法，丰田已经成为了一个国际性的汽车公司。"

托尼觉得自己应该回去上网搜索一些关于丰田和经营法改善的资料，但首先不能错过当前这次学习机会，他决定充分挖掘杰里在会议上的收获：

"杰里，那听上去很有趣。你在会议上还收获了什么吗？"

杰里继续说道："他们还有一个非常棒的方法可能有助于你的团队形成创造性精神。就是让你的团队围成一圈站着，你站在圈内，分给每个人一张至少能写30行字的纸。然后，你给他们30分钟的时间来提30个改进公司的想法。只要能改进现有的管理，无论他们的想法多么离谱和疯狂都让他们尽情地提。这30分钟的时间应该集中他们思考的能量。然后，像一个团队一样聚到一块，回顾这些想法和决定，哪些可以实施以及多久之后可以实施。指导老师让我们用在餐厅的经验做这个练习。你将会对我们提出了那么多的想法感到惊奇，甚至有两个人要求加纸！"

托尼想了一会儿后说："杰里，十分感谢。我想这些方法可能会对我们有用。"

> **问题**
> 1. 凯文在 MBO 项目中的表现是如何激发托尼考虑采用经营法改善的?
> 2. 如果员工建议箱只能收到无用的纸张,这个计划是否会不同呢?
> 3. 你认为托尼的团队会提出什么样的问题?
> 4. 这种管理方法在你的组织中能发挥作用吗? 为什么?

运营控制

一个有效的运营系统包括两个方面:设计和控制。这两个方面是相互关联的,在系统被设计好并实施之后,日常运营必须得到控制。为了实现有效的运营,必须控制系统运营过程、必须保证质量、必须管理库存,而且所有的这些工作必须在限定的成本内完成。除了能保证系统在控制下运营,好的运营控制还能节省资源。例如,好的质量控制能够减少废料和废物,因此降低了成本。与此类似,高效的库存控制能够降低投资费用。

把基本的控制概念运用到组织的运营功能中,就能获得有效的运营控制。运营控制通常与三个因素有关:成本、质量和库存。

运营成本控制

保证运营成本不超出控制是运营管理者的主要工作之一。控制运营成本的第一步是了解组织的会计和预算系统。运营管理者应该主要关注与劳动力、材料和一般管理费用相关的成本。图表 12—1 描述了这些成本的主要组成部分。**变动成本**是指随着产量或服务水平的变化而变化的费用。**固定成本**是指基本不随产量或服务水平的变化而变化的费用。

图表 12—1   预算成本:成本的控制基础

成本类型	组成部分
直接人工——变动成本	从事商品和服务的直接生产的员工的工资和薪酬,但不包括支持性人员的工资和薪酬。
原材料——变动成本	作为已成为成品和服务的有形部分的原材料成本。
制造费用——变动成本	培训新员工、安全培训、监督和文书变动、加班补贴、流动补贴、工资税、假期和假日、退休金、公司保险、供应、旅行、维修和维护。
制造费用——固定成本	旅行、研究与开发、燃料(煤、天然气或石油)、水电、维修和维护、租金、折旧、不动产税和保险。

资料来源:N. Gaither, *Production and Operations Management* (Fort Worth: Dryden Press, 1980).

一般来说，运营管理者为每个成本领域准备一个每月预算。如果预算得到高层管理者的批准，这些预算就生效。通过仔细监控人工、原材料和制造费用，运营管理者能对实际成本和预算成本进行比较。监控成本的方法有很多种，但是一般包括直接观察、书面报告和盈亏平衡图等。

通常一个成本控制系统只能显示某种特定的成本何时超出控制，但是并不能说明为什么会超出控制。例如，假定一个运营管理者从每月成本报告发现 X 产品的劳动力成本超出了预算 20%。超出预算的原因可能有很多，包括员工缺乏激励、几个未受培训的新员工、质量不好的原材料或机器故障。聪明的管理者不仅会找出原因，而且还会制定预防计划。监控过程的逻辑结果就是预防措施的实施。

找出原因可能需要一个对事实的简单调查，也可能需要进行深入的调查。无论需要哪种努力，运营管理者都必须最终识别问题的根源，然后采取必要的修正措施。如果同样的成本问题继续发生，就可能是管理者没有正确识别问题的真正原因或没有采取必要的修正措施。

质量管理

质量是一个相对的术语，对不同的人意味着不同的事。消费者要求的质量和运营管理者要求的质量可能很不相同。消费者关心服务、可靠性、性能和外观等。运营管理者关心的是产品或服务是否达到特定规格。对运营管理者来说，质量取决于规划阶段设定的要求或标准。因此，质量设计是市场中的产品或服务的内在价值。图表 12—2 列出了质量设计的六大维度。

图表 12—2　　　　　　　　　　质量设计的维度

维度	意义
性能	产品或服务的基本特征。
特征	附加的特征；配件的特征；次要特征。
可靠性/耐久性	性能的一致性；坏掉的可能性；使用寿命。
服务	维修的便利程度。
美观	感官特征（声音、触觉和外观）。
信誉	过去使用的性能和其他一些无形的东西（感觉到的质量）。

资料来源：From Richard B. Chase, F. Robert Jacobs, and Nicholas J. Aquilano, *Operations Management for Competitive Advantage*, 11th ed., 2002. Reproduced with permission of The McGraw-Hill Companies, Inc.

一个组织的产品和服务的质量可以在很多方面影响组织。一些最重要的领域有：(1) 失去生意；(2) 责任；(3) 成本；(4) 生产率。一个组织的名声常常就是其产品和服务的可感觉到的质量的反映。在目前的法制环境中，一个组织的责任风险是很重要的，相关的成本会很高。与低品质的产品和服务相比，高品质的产品和服务的责任风险通常会更低。除了责任成本，质量也能够影响其他成本，例如废料、返工、保证、修理、换货和其他类似成本。生产率和质量通常是紧密相关的。质量差的机器、工具、零部件可能会引起损害生产率的问题发生，而高质量的机器、工具、零部件可以提高生产率。

由于质量可以以多种方式影响组织，因此，往往很难精确地确定与不同的质量水平相对应的成本。另外，消费者只愿意为一定程度的质量付钱。因此，很多公司建立了全面顾客反应项目，通过这个项目来控制工作过程中的质量以满足顾客需要。为了实施这个项目，公司必须：(1) 形成对顾客的新态度；(2) 减少管理层级以便管理者和顾客接触；(3) 将质量和信息系统与顾客的需要和问题联系起来；(4) 培训员工的反应能力；(5) 将回应顾客需要整合到整个销售环节；(6) 将回应顾客作为一种市场销售工作。

质量保证

多年来，几乎所有组织都是由质量控制部门负责质量。采取这种方法就是为了在产品被销售给顾客之前识别和消除产品缺陷或纠正错误。一些系统强调在生产线的终端发现和纠正错误，另外一些系统关注在生产过程中发现缺陷。两种方法都只是关注于产品和服务的设计或与供应商的合作阶段。供应商通常被认为是对手。

当今的质量管理强调缺陷和错误的预防，而不是发现和纠正它们。与"检查质量"相对的"建立质量"的概念就是质量保证。这种观点把质量看做是所有员工的责任，而不仅仅是质量控制部门的责任。此外，供应商被看做是伙伴。

有很多人赞同质量预防方法，其中 W. 爱德华兹·戴明（W. Edwards Deming）可能是最典型的。戴明是纽约大学的统计学教授，在第二次世界大战后他去日本帮助改进质量和效率。尽管他在日本非常出名，但是很少为美国企业领导者所知晓，直到 20 世纪 80 年代日本的质量和生产率吸引了全世界的注意。图表12—3列出了戴明汇集的一份目录,涵盖了他认为的任何企业获得质量所必需的14个要点。

图表12—3　　　　　　　　戴明的14个要点

> 1. 建立并向所有员工公布一份公司或其他组织关于目标和目的的声明。管理层必须遵守对声明的承诺。
> 2. 高层管理者和所有人都要学习新思想。
> 3. 理解检查的目的是为了改进流程和降低成本。
> 4. 改变业务奖励只是建立在价格标签的基础上的做法。
> 5. 不断改进生产和服务系统。
> 6. 建立培训系统。
> 7. 教育和制度化领导方式。
> 8. 驱逐恐惧。建立信任。营造创新氛围。
> 9. 为实现公司的目标和目的,优化团队、小组和员工的努力。
> 10. 取消对员工的训诫。
> 11a. 消除生产的数量定额,用学习和制度化改进的方法代替。
> 11b. 消除目标管理,改为学习流程的特性和如何改进。
> 12. 消除人们为自己的技艺自豪的障碍。
> 13. 鼓励每个人学习和自我改进。
> 14. 采取行动完成变革。

资料来源:Deming, W. Edwards, *Out of the Crisis*, pp. 23-24. "The 14 Points," Copyright © W. Edwards Deming Institute, by permission of MIT Press.

全面质量管理

全面质量管理(TQM)是这样一种管理哲学,即强调"管理整个组织,使得在对于顾客是重要的产品和服务的所有维度上都表现出色"。TQM本质上就是整个组织对顾客定义的质量的强调。在TQM下,从CEO到最底层的员工,每个人都必须参与进来。TQM可以概括为以下行为:

1. 找出顾客需要。这可能涉及使用调查、团队工作、访谈或其他一些把顾客的意见整合到决策过程的技巧。

2. 设计满足(或超出)顾客需要的产品或服务。使之容易生产和容易使用。

3. 设计一个便于第一时间正确做好工作的生产流程。确认哪儿可能发生错误,并努力预防。当错误发生时,找出原因,以降低再次发生的可能性。努力实现无差错流程。

4. 追踪结果并利用这些结果引导系统的改进。永远不要停止改进。

5. 将这些概念延伸至供应商和销售商。

如上所述，TQM 是整个组织对顾客定义的质量的强调。它不是一种技术的集合，而是关于组织中的人们如何看待他们的工作和质量的想法或方法。

学习进度检测问题

1. 一个有效的运营系统包括哪两个方面？
2. 为什么说质量是一个相对的术语？
3. 定义全面质量管理（TQM）。
4. 列举戴明关于任何企业获得质量所必需的14个要点。

实施 TQM

当今的管理者面对着大量的告诉他们如何实施 TQM 的建议和文献。实施 TQM 的三种最常用的方法是：戴明法、朱兰法和克罗斯比法。这三种方法都是以支持者的名字命名的。W·爱德华兹·戴明、约瑟夫·M·朱兰（Joseph M. Juran）和菲利普·克罗斯比（Philip Crosby）这三个人被认为是"质量管理宗师"。戴明法强调通过员工授权进行统计上的质量控制。朱兰法强调重塑态度、广泛的控制和年度目标检查。克罗斯比法强调符合要求和零缺陷。所有这些方法都是合理的，但是，实施 TQM 的最好方法是为每种情况定制程序。由弗兰克·马奥尼（Frank Mahoney）进行的一项研究中，以下行动是成功执行 TQM 的高级主管最常引用的：

1. 从上至下的承诺和推动参与。
2. 设定强硬的改进目标，而不仅仅是拓展性目标。
3. 提供适当的培训、资源和人力资源支持。
4. 确定关键性测量因素、标杆和追踪进度。
5. 传播成功的故事，尤其是那些关于促进标杆的故事；总是分享财务进度报告。
6. 确定质量成本和改进路径；证实质量提高可以降低质量成本。
7. 依靠团队工作、参与和所有层次的领导。
8. 尊重"专家"，但是要采用适合自身的创新。
9. 安排时间观察改进、分析系统运营、奖励贡献和做出需要的调整。
10. 最后，认识到关键的内部任务是文化的改变以及关键的外部任务是发展与顾客和供应商的一种新的关系。

尽管将组织转变到全面质量管理的方向上看上去很有意义，但是仍然会有来自传统的阻力。图表12—4将传统组织和使用TQM的组织进行了一番比较。最常提到的采用TQM的障碍有：(1) 在管理层方面缺乏目标的一致性；(2) 强调短期利润；(3) 不能修改人员评价系统；(4) 管理的跳跃（工作跳跃）；(5) 缺乏培训的承诺以及不能变革导向性的领导能力；(6) 过高的成本。

图表12—4　　　传统组织和使用TQM的组织的比较

角度	传统组织	使用TQM的组织
总的使命	最大化投资回报	达到或超越顾客满意度
目标	强调短期利润	长期和短期利润的平衡
管理	并不总是开放的；有时目标会不一致	开放的；鼓励员工投入；一致的目标
管理者的角色	发布命令；强制	教练、消除障碍、建立信任
顾客需要	不是最高优先级的；可能并不清楚	最高优先级；识别和理解
问题	追究过失；惩罚	识别和解决
问题解决	非系统的；由个人解决	系统的；由团队解决
改进	不稳定的	持续不断的
供应商	对手	伙伴
工作	狭小、专业的；大量个人努力	广泛、更一般化的；更多团队努力
关注点	产品导向	过程导向

资料来源：From William J. Stevenson, *Production and Operations Management* 4th ed., 1992, p. 107. Reproduced with permission of The McGraw-Hill Companies, Inc.

改进质量的具体方法

持续改进、"经营法改善"、源头质量控制和六西格玛都是与TQM有关的术语。每一种方法都会在接下来的内容中加以讨论。

案例讨论12.1

生产问题

海滨市的布拉多克公司（Braddock）制造在手推车的生产中使用的金属零件。公司制造两种基本样式的手推车托盘：一种是深型四立方英尺的建筑用托盘，另一种是窄型两立方英尺的家用托盘。布拉多克公司的流程非常简单：从库存（布拉多克公司目前存了大约可用7天的大金属板和大约可用10

天的较小的金属板）中挑选金属板，然后装进一台大机器，机器把它们压制成想要的托盘。然后对这些托盘进行检查和包装，10个一箱打包运输。

在过去几天，布拉多克公司的两种样式的托盘都出了质量问题。在压制操作后边角上出现了不想要的折缝。然而，建筑用托盘的问题更明显，在家用托盘出现问题之前三天就出现了。

过去一周，布拉多克公司发生几件事情。运营经理哈尔·麦卡锡（Hal McCarthy）认为可能与这些问题有关系：肖迪·麦库恩（Shorty McCune）是一名机器操作工人和劳工积极分子，由于在岗位上饮酒被责骂，并且在问题发生前几天就被解雇了。在那之后，有人看到肖迪在工厂及附近和其他几名员工讲话。大约两周前，由于富有吸引力的价格折扣，布拉多克公司开始从一家新供应商那里购进金属板。

公司唯一的产品检查就是生产后的检查。

问题

1. 你认为是什么导致了布拉多克公司的问题？
2. 为什么建筑用托盘出现的问题比家用托盘要明显？
3. 布拉多克公司应该如何解决这些问题？
4. 布拉多克公司应该采用什么样的系统或流程以确保不再发生这类问题？

持续改进涉及与产品和服务相关的组织的每一个环节连续不断的改进。关于TQM，它意味着关注完成工作程序的持续的质量改进。这个观点认为对更好的质量和更好的服务的追求是无止境的。

经营法改善是源自日本的一种改进哲学，最近在全世界得到了广泛采用。许多人认为经营法改善和持续改进是同一个东西；另一些人认为经营法改善是持续改进的一种特殊形式。"kaizen"一词来自日语中的两个词："kai"意味着"改变"，而"zen"意味着"好的"。因此，"kaizen"的字面意思是"好的改变"。在今天的环境下它是指持续不断、坚持不懈的改进过程。经营法改善不是基于技术的变革，而是对现有程序的进一步提炼。经营法改善基本上是一个采取小措施改进工作场所的系统。它相信这个系统应该是顾客驱动型的，并且应该通过系统性和开放性的沟通让所有员工参与进来。在经营法改善下，员工被认为是组织最有价值的资产。这种方法通过团队和广泛的员工参与来实现。总之，经营法改善是将参与管理的原则运用于当今的方法和流程的进一步改进中去。经营法改善不是立足于获得新的和更快的机器，而是在现有情况下对方法和程序的改进。

源头质量控制是指建立每一个员工对其所承担工作的责任感。事实上，这种观点是把每个员工看做他自己工作的质量检查员。这种方法的一个最主要的优点是，它消除了质量检查人员和生产员工之间常见的敌对关系。它还鼓励了员工对自己工作的自豪感。

六西格玛既是一套精确的统计工具，又是持续改进的重要衡量标准。六西格玛由摩托罗拉公司在20世纪80年代首创，在统计学术语中，其字面意思用来表示标准偏差值。为了实现六西格玛要求的高品质质量（大多数传统过程已经运用了三西格玛），整个生产过程或服务系统必须经过检验和改进。六西格玛的核心是强调以顾客为中心和严格的数据驱动。六西格玛提出了"顾客想获得什么样的质量"这个问题。然后这个问题的答案被转化成统计术语并进行严格的分析。

尽管大多数人认为六西格玛通常被用于生产过程，然而，它也能被用于质量结果可以被追踪和数据化的任何一个商业过程。诸如船运、货物运输、预定和信贷管理等领域已经开始使用六西格玛。

精益制造是指一种用来识别和消除产生浪费和无附加值活动的系统方法。精益制造的本质是注意整个生产或服务过程，以消除任何可能造成浪费或不必要的活动。

所有上述术语（持续改进、经营法改善、源头质量控制、六西格玛和精益制造）都是改进产品或服务的质量的方法。这些方法不是相互排斥的，而是相互补充的。它们之间的区别就是，每种方法都强调了不同的重点。必须要指出的是，这些方法中的每一种都能应用于非生产部门，例如服务、教育和政府部门。

正如前面提到过的，TQM是整个组织对顾客定义的质量的强调。它不是一种技术的集合，而是关于组织中的人们如何看待他们的工作和质量的想法或方法。

再造

一些人混淆了再造和TQM这两个概念。**再造**也称为企业流程再造，是指"寻求和实施企业流程的根本变革，从而降低成本、加快速度、提高生产率和改进服务"。与TQM不同，再造不是对现有流程做出细枝末节的改进，而是从最高管理层发起，对生产产品或服务的流程进行主要的改进。再造的本质是从头开始，并重新设计组织的流程以更好地服务于顾客。

其他质量标准

TQM 是一种高效的、涉及整个组织的质量改进哲学，但是还有其他改进质量的技术和方法。它们中的大多数可以单独使用或与 TQM 一起使用。在第九章我们已经讨论了质量研讨小组。下面我们将讨论另外三种方法。

ISO 9000

ISO 9000 是国际标准化组织（ISO）于 1987 年在瑞士日内瓦创立的一组国际企业质量标准，ISO 目前由超过 152 个国家的国家标准主体构成，旨在提升企业的标准化发展、促进商品和服务的国际贸易。美国的在 ISO 中的代表组织是美国国家标准化组织（ANSI）。

最初，ISO 公布了指导内部质量管理过程和促进外部质量保证的五个国际标准。在 1994 年，这五个标准有了一些改动。本质上，ISO 9000：1994 概述了满足不同情况下的质量要求所必需的质量系统要求。ISO 9000：1994 关注流程的设计和操作，而不是最终产品或服务。ISO 9000 需要大量的文件来证明现有流程的一致性和可靠性。总之，ISO 9000 认证和最终产品或服务的质量无关，但是它保证了企业用文件来证明它的质量控制程序。虽然 ISO 颁布了标准，但是它并不保障标准的执行。执行由国家鉴定组织进行，例如美国注册鉴定委员会（RAB）。RAB 和其他这样的组织批准登记颁发 ISO 9000 证书。

新的 ISO 9000 标准于 2000 年秋季开始实施。新的标准强调国际组织和内部绩效而非再造作为生产产品或服务的最佳方法。本质上，ISO 9000：2000 更多地强调持续改进和顾客满意。ISO 9000：2000 和 ISO 9000 是相关联的一组标准。ISO 9000：2000 有三个相关联的标准。ISO 9000：2000 涉及基本的词汇；ISO 9001：2000 提出了新标准的要求；ISO 9004：2000 为实施提供了指导。由于 ISO 9001：2000 反映了新标准的核心，因此，有时这一套新标准被称为 ISO 9001：2000，而不是 ISO 9000：2000。

为了达到新标准的要求，以前获得 ISO 9000：1994 认证的组织被要求更新它们的质量系统。自 2004 年 12 月 31 日起，154 个国家的 399 家企业获得了 ISO 9001：2000 认证。这比上年增长了 35%。

ISO 14000

受 ISO 9000 成功的启发，ISO 提出了类似的一系列关于环境管理的国际标准。**ISO 14000** 是指除了 ISO 9000 之外的控制企业活动和产出对环境影响的国际标准。虽然很多国家已经形成了环境管理系统标准，但是这些标准是不兼容的。ISO 14000 的目标是提供兼容的环境管理系统的国际标准。类似于 ISO 9000 没有规定如何将质量结合到组织中的具体方法，ISO 14000 也没有提出关于环境的政策。ISO 14000 确实为环境管理系统提供了一套国际标准。

因此，组织开展相关活动有了一个系统性框架。ISO 14000 认证要求在四个组织领域上符合要求：（1）一个环境管理系统的实施；（2）保证程序符合法律和规章的要求；（3）持续改进的承诺；（4）浪费最小化和防止污染的承诺。

ISO 14000 标准最终包括了 20 个独立标准，涵盖了从对环境标准的审计到对产品的使用期限进行评估等方面，其中 ISO 14001 是首要的一个标准。公司可以使用 ISO 14001 标准建立起自己的环境管理系统。自 2004 年 12 月 31 日起，127 个国家的 90 569 家公司已经获得了 ISO 14001 认证。这比上年增长了 37%。

零缺陷

零缺陷这个词有时会让人误解，因为它并不是试图将缺陷或有缺陷的服务降低到零。零缺陷在很多情况下可能是花费昂贵的。**零缺陷计划**是指通过使每个人认识到自己对产品质量的影响来提升整体质量。零缺陷计划的目标是提高质量意识。自然地，这将导致对细节和精确度的更多关注。

大多数的零缺陷计划具有以下特征：

1. 关于质量重要性的广泛沟通——标语、海报和活动等。
2. 组织全面的认同——对高质量工作给予公开的表彰奖励、证书和勋章。
3. 员工提出问题——员工指出他们认为质量可以改进的领域。
4. 员工设立目标——员工参与设立质量目标。

──**学习进度检测问题**──

5. 谁是质量管理宗师？
6. 定义"kaizen"一词。

7. 什么是 ISO 14000？
8. 什么是零缺陷？

马尔科姆·鲍德里奇奖

马尔科姆·鲍德里奇国家质量奖（Malcolm Baldrige National Quality Award），以美国第 26 位商务部长的名字命名，于 1987 年的国会上通过，其设立目的是提高美国公司的竞争力。该奖鼓励了公司实现卓越绩效、制定成功的绩效策略并对美国公司的质量和绩效成就进行了认可。

以下六种类型的组织有资格申请该奖：制造、服务、小型企业、教育、保健和非营利组织。2004 年 10 月，布什总统签署了一项授权 NIST 把非营利组织纳入到马尔科姆·鲍德里奇奖申请范围的法案。在美国领土上或总部设在美国的任何组织，包括外国公司的子公司，都可以申请该奖。

该奖规定的卓越绩效的标准包括的七个要素（领导力、战略计划、顾客和市场导向、测量、分析和知识管理）被成千上万的组织作为一个绩效卓越的模型使用。这个模型被用于改进组织的效率和能力以及帮助给顾客传递不断改进的价值，从而导致在市场上取得成功。

质量控制的类型

和一个系统的投入和产出有关的质量控制是**产品质量控制**（有时也称为接受控制）。当已有的一批产品或服务的质量被评估时，例如评估已有的原材料或产成品，就可以使用产品质量控制。产品质量控制使用产品质量抽样程序，此程序对某部分产品（或购进的材料）进行检查以确保其符合规格。通过产品质量抽样程序，接受或拒绝整批产品就取决于一个或一组样品。

过程质量控制是指在产品生产或服务提供的同时关注质量的监控。过程控制与在生产过程中的设备和过程控制有关。在过程质量控制下，从流程定期抽样并将之与预定标准作比较。如果抽样结果是可以接受的，那么就让流程继续。如果抽样结果是不可接受的，就要停止流程并做出调整，使机器或程序回到控制之下。

抽样检验是指通过检查一个或者一组样本来预测一批或者多批产品质量的统计学方法。

抽样检验基于以下原因之一使用：

1. 相对于检查成本来说有缺陷产品通过审查的潜在损失或成本不大。例如，火柴厂检查生产的每一根火柴是不合适的。

2. 对一些项目的检查需要损坏被测试的产品，比如测试已经准备好的食物。

3. 与普查相比，取样通常能更快得到结果。

抽样检验是从进行检查的一批或许多产品中抽取给定规模的一个随机样本，然后对这个样本进行测试和分析。如果发现超过一定数量（由统计决定）的样本是有缺陷的，就否决整批产品，因为认为有缺陷的项目百分比会大到不可接受。由于会有对整批产品做出不正确推论的可能性，所以抽样检验总是会有风险。生产者愿意拒绝一批好的产品的风险称为生产者风险，而接受一批坏的产品的风险称为消费者风险。显然，人们想把这两者的风险降至最低。然而，同时降低这两种风险的唯一方法就是扩大样本的规模，当然这就增加了检验成本。因此，通常的方法是决定生产者和消费者的最大可接受风险，然后根据这些风险设计验收抽样法。

过程控制图是指以时间为基础的、能显示出一台机器或一个流程是否在生产符合预先设定标准的产品的图表。如果检测发现有显著的变化，机器就会失去控制。过程控制图并不显示机器失去控制的原因，只显示失去控制的时间。

最常用的过程控制图是均值图和范围图。均值图（也称为 X 图表）监控一台机器或一个流程生产的产品的某些特性（尺寸、重量等）的均值或平均值。范围图监控一台机器或一个流程生产的产品的某些特性（尺寸、重量等）的变化范围。

使用过程控制图的质量控制检查人员首先计算被测量的那些特性的预计的水平。第二步就是统计计算控制限度的上限和下限，它们决定了机器或过程失去控制之前，特性能偏离预计的水平多少。

一旦建立了过程控制图，质量控制检查人员就定期从机器或流程的产出中抽取样本。根据使用的图表类型将样本的均值图和范围图绘制在过程控制图上。通过将每个样本的结果绘制在过程控制图上，快速识别任何质量的异常就变得很容易。图表 12—5 显示的是一个样本的均值图。范围图看起来和均值图很像，唯一的区别是与均值图不同，绘制的是样本特性的变化范围。

单独使用均值图或范围图都可能会导致错误的结论。例如，机器零部件的控制限度的上限和下限可能分别是0.1000毫米和0.0800毫米。有四个零部件的样本是0.1200、0.1100、0.0700和0.0600，可能产生一个0.0900的可接受均值，但是样本的每个零部件都超出了极限。正是因为这个原因，当监控变量时，通常同时使用均值图和范围图以确保机器或流程处于控制之中。

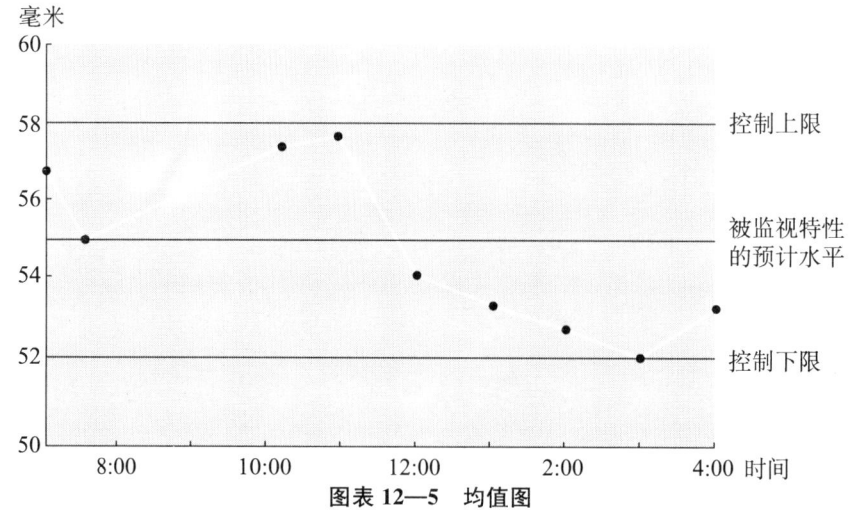

图表 12—5 均值图

---- 学习进度检测问题 ----

9. 设立马尔科姆·鲍德里奇奖的目的是什么？

10. 解释产品质量控制和过程质量控制。

11. 什么是抽样检验？

12. 使用一个过程控制图的目的是什么？

案例讨论 12.2

采购部门

周五下午，一家大型航空公司的采购员正在公司采购部经理的办公室进行一场讨论。讨论的主要话题是对收到的零部件的检查。一个明显的问题是，最近的许多零部件在采购回来6个月甚至更长时间后被拒收了。这样的拒收拖延耗费了公司许多钱，因为大多数的零部件已经超过了 90 天的退换期。目前的采购程序表明，使用这些零部件的部门应该对检验这些零部件的工作负责。公司雇用了一名很有能力的检查员采用联邦航空局的标准来负责检查所有飞机的零部件，然而，非飞机使用的零部件没能得到检查，因为他经常处于超负荷的状态。而且，由于缺少设备，大部分飞机零部件也没有得到合适的检查。

最近遇到的类似问题是接收了一批很容易折断的塑料刀叉。供应商送来了 100 多箱这种不合格的刀叉。遗憾的是，所有的订单上都只写着"刀叉"字样。另外一个例子是接收了几箱贴了错误标志的塑料杯子。因为没有别的杯子可用，这些杯子被迫用于飞行期间的服务。最后一个例子是库存的许多昂贵的雷达管失效了，并且已经超过保质期了。因此，不得不重新订购每根近 900 美元的雷达管。

很明显，检查工作是不够的且不能适应接收的材料的数量。采购部门必须建立起规章，确定哪些材料在检查员检查之后应该再次检查。一些采购员认为材料验收员（不是检查员）应该承担更多责任，而不是简单地检查数量和对比单据。另一些采购员认为检查员能够并且应该发现塑料杯的标志这一明显的错误。而且，如果检查员进行抽样检查，那么这些杯子马上就会被拒收。至于雷达管，应该直接退给厂商进行检查。像这样的拒收延迟耗费了公司相当多的钱，因为大多数的零部件已经超过了 90 天的退换期。还有一些采购员认为检查员应该对接收的所有材料的检查负责，无论是功能还是用途。然而，许多飞机降落用的传动装置来自修理商，但是也被检查员贴上了可接收的标签。这些传动装置后来被发现是有缺陷的、不稳定的，且必须被送去返修。对检查员的资格、检查能力、工作量和确定每一个零部件是否应该进行检验的责任感的关注引起了相当大的争论。

许多讨论集中于采购部门应该为材料的检查提什么建议。其中一个建议是所有接收的材料必须经过检查部门的检验。另外一个建议是只有在采购单上注明的才送到检查部门检验。此外，讨论中也提出了其他一些问题：如果所有材料都要求检查部门进行检验，那么是否应该增加检查员的数量？由谁来对检验说明书负责？而且，由谁来决定哪些零部件应该送去厂商检验？

问题

1. 为什么对接收的零部件的审核对航空公司如此重要？

2. 你怎么看待目前的检查系统？
3. 你认为检查员有错误吗？为什么？
4. 在下周五的会议上你将提出什么建议？

库存控制

库存是与运营系统相关的不同流程之间的缓冲器。根据其在运营系统中的位置，库存可以分为三种类型：（1）原材料；（2）在产品；（3）产成品。原材料库存是购买和生产之间的缓冲器。半成品库存是通过不同生产过程来缓冲不同速度的流程。产成品库存是生产的最后阶段和运输之间的缓冲器。

库存增加了运营系统的灵活性，并使组织能够进行以下这些事情：

1. 大规模而不是少量地购买、生产以及运输。

2. 即使对产成品或原材料的需求有波动，也可以在平稳、持续的基础上进行生产。

3. 当需求的预测出现错误时、没有预见到供给和生产的减速以及发生停工时，防止出现严重问题。

如果不是成本高，每个组织都会试图保持大量库存以便于购买、生产调度和分配。潜在库存成本包括保险、财产税、仓储成本、损耗和机会成本等因素。这些成本的相对重要性取决于具体的库存。例如，对妇女的时装来说，潜在的过时成本很高。与此类似，危险物品的库存成本可能很高。因此，管理者必须不断实现保持库存的成本与原材料、在产品或产成品短缺的成本之间的平衡。

职业管理

制定一个职业规划

现在，所有改进的习惯和技能发展都已经为成功建立你的职业目标做了准备。但是，为了确保这些准备工作在短期和长期内发生作用，建立一个职业规划是完成艰难工作和发挥技能潜力的重要手段。

"为成功确立方向"将有利于你的职业发展。但职业规划可能会非常冗长，在开始职业规划之前问你自己三个基本问题：

- 你将会为自己设定怎样的职业目标?
- 你计划何时达到这些目标?
- 实现这些目标的过程中,你将会遇到阻止你达到目标的障碍吗?

如果你能很好地回答这三个问题,你就已经为建立一个职业规划做好了准备,并且能早日实现你的职业目标。

即时生产

即时生产(JIT) 形成于日本,但是在美国十分受欢迎。JIT 系统有时也被称为零库存系统、无库存系统或看板系统。

JIT 系统实际上是确保材料在需要的时候到达和离开的一种生产哲学。传统上,材料是以相对次数较少的大规模购进并储存在仓库里,直到需要用于生产或提供服务的时候。

在 JIT 系统下,组织对原材料进行更少和更频繁的订购。JIT 系统取决于消除在不同批次的不同产品的生产之间的准备时间。JIT 系统可以被看做一种运营哲学,其目标是消除浪费。在这里,浪费是"除了给产品或服务增值的必要的机器、材料、零部件、空间和工作时间的最小值之外的任何事情"。

JIT 系统不仅应用于购进原材料的库存,而且还用于部件或最终产品的生产。它并不是要到需要装运时才进行部件或产品的生产。JIT 被称为需求拉动系统,因为只有当生产流程的下一阶段需要(或拉动)产品时才进行生产或订购。图表 12—6 概述了 JIT 的优点。它的一个潜在危险是:如果当需要时不能获得必要的零部件,那么整个生产线可能会停止。许多美国公司,例如惠普、摩托罗拉、百德公司、通用汽车、福特、克莱斯勒、通用电气、固特异和 IBM 等,都应用了 JIT 系统。

尽管 JIT 在美国很流行,但它并不是一个公司可能面临的所有质量和运营问题的应急措施。实际上,JIT 可能需要花费很多年才能在公司里发挥作用。从 20 世纪 60 年代早期开始,丰田花了 20 多年时间来完全贯彻 JIT。虽然 JIT 是丰田的精益制造系统的关键,但是它也暴露出库存系统的很多缺陷,因为 JIT 更容易察觉有缺陷的库存。完善这些缺陷(找出缺陷发生的地点的方式)有时既耗费时间又难以完成。

> **「真实情境中 的 管理学」**

图表 12—6   JIT 系统的优点

> 1. 库存水平得到极大的降低。
> 2. 极大地减少了产品通过生产线的时间。这使得组织在面对变化的顾客需求时更加灵活和负责。
> 3. 由于能更早发现有缺陷的产品或服务，产品或服务的质量提高了，废料成本降低了。
> 4. 生产批量更小，库存和处理材料的设备所占的空间变小了。这使得员工们更紧密地一起工作，从而促进了沟通和团队合作。

资料来源：N. Gaither, *Production and Operations Management* (Fort Worth: Dryden Press, 1992).

伦理管理

你正在与一名 XYZ 公司的地区客户经理进行会谈，这家公司生产你公司最畅销产品的一个部件。他突然问道他是否可以和你谈点东西，但不进行书面记录。可以理解，你很好奇，就回答说："当然可以。"他说，他公司即将把你的关键部件的价格提高 25%，因为他公司获得一个内部消息，其竞争对手正在遭受这种部件的生产问题，无法承接来自 XYZ 公司的客户的额外订单，而这些客户本希望通过换个供应商来应对 25% 的价格上涨。

基于这个信息，你的客户经理强烈建议你下一笔大订单以击溃这次 25% 的价格上涨。

1. 你会下一笔大订单吗？为什么？
2. 如果 XYZ 公司的竞争对手随后宣布生产了一种远比 XYZ 公司部件更好的新版本产品，那你会怎么做？
3. 你会怀疑那个地区客户经理为你做的打算吗？为什么会？为什么不会？
4. 如果 25% 的价格上涨一直没有发生呢？你那时会怎么办？

汤姆·彼得斯（Tom Peters）提供了一种关于 JIT 的新技巧。他认为，一家公司可以不只是使用 JIT 来帮助供应商改善其产品（例如，导致更少的缺陷部件），还可以将 JIT 推向分销渠道，以积极主动地寻找机会来帮助消费者（作为一个营销战略来使用某种 JIT 的变体版本），并将其与公司的流程联系起来。换言之，经由准确地提供给消费者他们所需之物来审视和解决消费者的问题，公司不仅能改进其质量，而且可以建立起与顾客群的纽带。

跟踪库存

在计算机出现之前，跟踪库存是一个乏味而费时的任务。保持一份准确的库存记录是一件困难的事。员工们记录下每笔出售和购买交易，记账人在周末会对所有的出售和购买交易进行汇总和扣除。这将决定库房中还有多少库存。不过，员工们常常会忘了记下交易情况，而记账人也常常会在计算数字时出错。这两方面的失误使得企业很难知道他们确切的库存数量。

条形码技术

现代技术已经改进了库存跟踪。绝大多数的商品都标有条形码，条目及其空间模型能被电子扫描仪识别出来。条形码已经减少了库存跟踪上的失误。当公司买进或卖出某个商品时，员工会扫描这件商品的条形码。计算机程序能识别出条形码中包含的信息，并主动对库存中的商品数量进行加减。

实物盘点

即使用计算机进行库存跟踪，管理者也需要进行实物盘点。**实物盘点**是指计算企业所拥有的库存量。大多数企业一年内进行一两次实物盘点。

管理者之所以需要进行实物盘点是因为实际的库存常常与跟踪记录的库存水平不一样。这种差异也许反映了失误或者未经授权的提款，包括偷窃。那些不偶尔调整其库存的管理者也许会遭受短缺之苦。

独立需求品与非独立需求品

独立需求品是已完成了的商品或其他物品。绝大多数情况下，独立需求品是被出售掉或运送掉的，而不是被用来制造其他产品的。独立需求环境的例子包括大多数零售商店、图书出版业和医院设备供应。**非独立需求品**是用来制造最终产品的组件或组成部分。在此情况下，对这种物品的需求取决于最终产品的生产数量。这方面的一个例子是对新汽车轮胎的需求。如果汽车公司计划下个月制造1 000辆汽车，那么它就知道它手头需要有5 000个轮胎（允许有备用的）。在独立需求品中，预测在库存决策方面发挥着重要的作用。而在非独立需求品中，库存需要是直接由生产计划来决定的。

ABC 分类系统

一种最简单也是应用最广泛的管理库存的系统是 ABC 分类系统。**ABC 分类系统**是基于库存物品使用的单位时间的总价值来管理库存的。在许多组织中，少量的产品和原材料被标为 A 组，占据了库存中的最大美元价值；下一组被标为 B 的物品，则占据了中等数量的库存价值；C 组则占有库存价值中的小部分。图表 12—7 用图表的形式说明了这个概念。美元价值同时反映了物品的成本以及使用率。举例来说，一个物品也许会由于低成本高使用或高成本低使用而被放入 A 组。

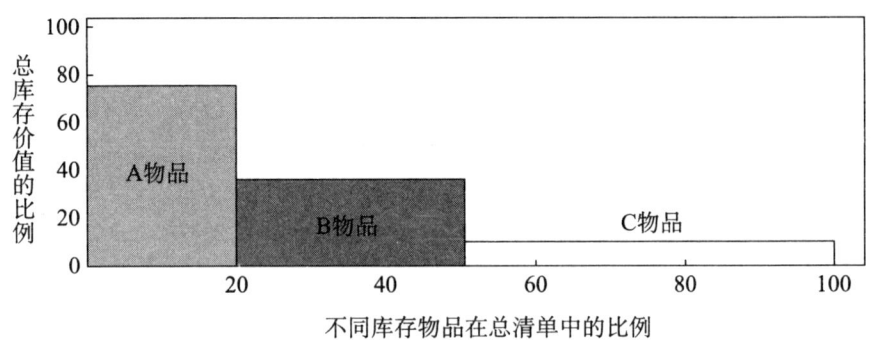

图表 12—7　ABC 库存分类法

（显示了每组的库存价值以及每组物品在总清单中的比例）

资料来源：From Richard B. Chase, F. Robert Jacobs, and Nicholas J. Aquilano, *Operation Management for Competitive Advantage*, 11th ed., 2002. Copyright © 2004. Reproduced with permission of The McGraw-Hill Companies, Inc.

以这种方式对物品进行分组就确立了对每种物品的适当控制。一般而言，A 组中的物品必须密切加以监测；B 组中的物品要留心监测；C 组中的物品则只需偶尔核查一下。C 组中的物品也通常不需要经历 A 组和 B 组物品所做的日常文书工作。在汽车服务站，汽油会被视为 A 组物品，要进行日常监测；轮胎、电池和传动油会被划入 B 组，也许一周或两周核查一下；气门芯、雨刷胶皮、散热箱盖、软管、风扇皮带、汽油和天然气添加剂以及车蜡等等都是 C 组物品，只需每两三个月核查和订购一次。

ABC 分类法的一个潜在的缺陷是：虽然 C 组中的物品只有很小的成本或使用价值，但是它们对于整个运转却是至关重要的。比如说，一个低价的螺栓很有可能对于生产一部昂贵的机器是很重要的。处理诸如此类物品的一个方法是将其指定为 A 组或 B 组物品，而不论其成本或使用价值如何。ABC 分类法的主要优势是它专注于控制那些对业务最重要的物品。

随着计算机技术和信息系统在中小型企业中变得日益普及，ABC 分类法可以被计算机化，其分类目录也可以被更有技巧和更准确地加以监控和修正。将分类系统的运转和控制计算机化的另一个好处是把权力带入了订购循环周期和库存控制。

安全库存量

大多数组织会维持一个**安全库存量**以适应供求方面未曾预料到的变化，并允许不同的送货时间。安全库存量的最佳规模是由脱销商品的相对成本与储存额外的库存的成本之比来决定的。脱销商品的成本常常是很难估算的。比如说，顾客也许会选择去其他地方看看，而不是在这里等着这件商品。如果在其他地方可以买到该商品，那么这件脱销商品的成本也许仅仅是把该商品从一地运送到另一地的费用。

订货数量

大多数原材料和成品都会被一个接一个或者一次好几个地消费掉，但是，由于存在订购、运输和处理库存的成本，因此以大宗或大批量的形式来购买原材料和成品通常是可取的。

当决定订购的最佳单位数量时，订购成本必须与储存的成本相平衡。订购成本包括诸如准备订购的费用、运输费用和安装费用等。对大多数组织来说，网上订购的能力已经减少了订购成本。储存成本包括仓储费用、保险费用、税费、废弃成本以及投入在库存上的钱的机会成本。订购的单位数量越小，储存成本越低（因为平均库存量变小了），但订购成本更高（因为必须进行更多次的订购）。订购的最佳单位数量，指的是**经济订货批量**（EOQ），是由订购成本和储存成本的均衡点或总成本（订购成本加上储存成本）的最低点来决定的。

EOQ方法的最大的缺点是在准确决定实际的订购和储存成本上的困难。不过，研究表明，与订购规模（它与EOQ密切相关）相联系的总成本以及与EOQ相联系的最低总成本两者之间并没有显著差异。因此，只要估算的订购成本与储存成本大致正确，这种方法还是能产生有意义的结果。这种基本模型的各种变体已经被开发出来了，用于考虑诸如购买数量和其他特殊的贴现等问题。

学习进度检测问题

13. 库存的三种类型是什么？
14. 解释独立需求品与非独立需求品之间的区别。
15. 解释用于库存管理的ABC分类系统。
16. 当在进行原材料和产品订购时，你如何计算经济订货批量（EOQ）？

小 结

在一个运营系统被设计并实施之后，就必须对其进行日常的监控以确保质量和运作的效率。为了达到这一点，管理者必须对产品（或服务）质量对他们的组织意味着什么这个问题有一个清晰的认识，而且还必须能够控制这个过程中的每个环节要素，包括在生产过程中将浪费降到最低，以及控制为这个过程提供原材料所需的库存成本。在下一章中，我们将暂时放下这些业务管理问题，来审视一些当今管理者所面临的"大局"方面的挑战。

 工作世界：小心运用经营法改善！

托尼听从杰里的建议并让他的团队"站成一圈"。最初，很多人嘲笑和议论这种做法，但发现托尼很重视这个练习时，他们才开始认真对待。他们花了很久才写满一张纸，但很快竞争意识开始发挥作用。正如杰里预言的那样，其中一些人甚至要求更多的纸（曾被只写了一页的那些团队成员嘲笑和喝倒彩）。

当练习结束时,团队成员聚在一起对这些想法做出评价,托尼被提出来的这些想法的范围和想象力震惊了。之前,他只给他们一些基本的指示并鼓励他们尽量展开想象去发现新想法。现在,他开始重新考虑,因为他们做得很好。他们提出的一些普遍想法包括完全改变餐厅的主题、让餐厅请一个DJ和在晚餐时跳富有特色的弗拉门戈舞。另外一些人的想法包括给员工一次性加薪(托尼认为这不是一个新想法而是一个正常的请求)、增加一些新菜单选项、更低的售价和更高的售价。

这个练习一共提出了近2 000个想法。当读完所有的想法时,凯文发表了自己的意见:"哇,托尼,我猜你应该慎重考虑你的要求了。对吗?"然后看了看清单上的数量,提出了一个托尼一直害怕的问题:"好的,托尼,我们应该从哪个开始实施呢?"

问题

1. 练习提出了"近2 000个想法",托尼认为这是个成功的结果吗?或者他是否创造了一个怪物?

2. 如果没有一个想法得到实施,你认为员工们的反应会如何?

3. 如果托尼鼓励员工们尽量展开想象去发现新想法,提出的这些新想法有多少是符合实际的?为什么?

4. 你认为托尼应该从哪个新想法开始?为什么?

问题回顾

1. 说出业务管理者通常会从控制的视角加以关注的三种主要的成本类别。每种类别举出一个例子。

2. 固定成本和变动成本的区别何在?

3. 设计质量的六个一般维度是什么?每个维度举出一个例子。

4. 定义六西格玛原则和精益制造。它们是如何联系起来的?

关键术语

变动成本　随着产量或服务水平的变化而变化的费用。

固定成本　基本不随产量或服务水平的变化而变化的费用。

质量　对运营管理者来说，质量取决于规划阶段设定的要求或标准，即指定的优秀等级。

持续改进　涉及与产品和服务相关的组织的每一个环节连续不断的改进。

经营法改善　"好的改变"；持续不断、坚持不懈的改进过程。

源头质量控制　建立每一个员工对其所承担工作的责任感。

六西格玛　在统计学术语中，其字面意思用来表示标准偏差值。为了实现六西格玛要求的高品质质量（大多数传统过程已经运用了三西格玛），整个生产过程或服务系统必须经过检验和改进。

精益制造　一种用来识别和消除产生浪费和无附加值活动的系统方法。

再造　寻求和实施企业流程的根本变革，从而降低成本、加快速度、提高生产率和改进服务。

ISO 9000　一组国际企业质量标准，旨在提升企业的标准化发展、促进商品和服务的国际贸易。

ISO 14000　除了ISO 9000之外的控制企业活动和产出对环境影响的国际标准。

零缺陷计划　通过使每个人认识到自己对产品质量的影响来提升整体质量。

产品质量控制　和一个系统的投入和产出有关；在对现有的一批产品或服务进行质量评估时运用。

过程质量控制　在产品生产或服务提供的同时关注质量的监控。

抽样检验　通过检查一个或者一组样本来预测一批或者多批产品质量的统计学方法。

过程控制图　以时间为基础的、能显示出一台机器或一个流程是否在生产符合预先设定标准的产品的图表。

库存　原材料、在产品或产成品的存量；是与运营系统相关的不同流程之间的缓冲器。

即时生产（JIT）　确保材料在需要的时候到达和离开的库存控制系统。

实物盘点　计算企业所拥有的库存量。

独立需求品　运出或出售的最终产品。

第十二章 运营控制

非独立需求品　成品的局部装置或零件,对这些产品的需求取决于最终产品的生产数量。

ABC 分类系统　基于库存物品使用的单位时间的总价值对其进行管理的办法。

安全库存量　为适应产品非预期的供求变化而保留的库存,该库存量的确定还要考虑到送货时间变动的可能性。

经济订货批量 (EOQ)　一次订货的最佳单位数量,取决于订购成本与储存成本的均衡点。以该数量订货,总成本(订购成本与储存成本之和)最低。

访问马尔科姆·鲍德里奇国家质量奖(MBNQA)的网站 www.quality.nist.gov,并回答以下的问题:

1. MBNQA 是怎样出现的?
2. 组织为什么会考虑申请 MBNQA?
3. 评奖过程的三个阶段是什么?
4. 谁是 2007 年度的 MBNQA 获奖人?

经营法改善

组织大家进行分组,三个到四个学生一组。每个组就其目标行业(例如航空业、快餐业、保健业、零售业或者电信业)达成一致意见。一旦你已经选定了你们的目标行业,那就花上 10 分钟列出那个行业中的企业可以用来改善其顾客服务的 15 件事。记住,这些都必须是新想法,而不是那些某家公司正在做的、你认为行业中其他公司应该模仿的事。10 分钟之后停下来,回顾一下你列的清单。然后花上 15 分钟再提出另外 15 个改进点。准备回到班上去报告你所列的内容。

问题

1. 你是怎么选出你的目标行业的?
2. 第一次提出 15 个改进的想法你用了多久?
3. 第二次提出 15 个改进的想法时的主要挑战是什么?

4. 如果你在你现在的组织中做这个练习，你认为会有何发现？

讨论练习 12.1

丰田公司保持妄想

害怕"大公司的疾病"，头号汽车制造商一直努力重新武装自己。

如果丰田汽车公司（Toyota Motor Corp.）有需要其他公司学习的地方，那就是丰田作为妄想狂的能力。刚在两个月前，丰田取代通用汽车公司成为了世界第一大汽车制造商。如底特律的萧条一样，当通用公司失去第一的位置时，丰田失去了高达150亿美元的利润。丰田公司在日本和北美的执行官担忧他们会被成功冲昏头脑。丰田总裁渡边捷昭（Katsuaki Watanabe）告诉前来采访的《商业周刊》："自满将导致'大公司的疾病'症状。"因此，丰田给自己开了一张药方，既可以解决目前的问题也可以作为预防措施。丰田公司的管理在扎根于美国的50年时间里取得了具有深远意义的成果，即EM2，意思是"任何事情都很重要"，它是指对产品计划、顾客服务、销售和汽车商的一个全面的重新审查。同时，丰田公司对所有美国工厂的工人进行重新培训。公司执行官也期望销售额能缓慢增长。公司还保留了持续改进或经营法改善观念作为丰田精神的一部分，但美国西北部凯洛格商学院的一名教授兰杰·古拉提（Ranjay Gulati）说："丰田面临的挑战是如何保持妄想的能力。"

更稳定的同时开始老化。 从摩托罗拉到凯马特公司，商界里充斥着由于傲慢和惰性而失去昔日辉煌的"曾经打不垮的公司"。丰田只需要考察美国三大竞争对手就可以证实这一点。丰田的执行官讨论了福特汽车公司的例子：在20世纪90年代，福特汽车公司超越了通用汽车且获取了巨大利润，但忽视了对产品和顾客的关注，因此，现在它也面临着威胁。同样，丰田也存在值得关注的问题：公司急于追求销售额的增长带来了许多质量问题。过去三年的召回次数增长了三倍，而且全球资讯公司 J. D. Power and Associates 在最近的质量研究中没有把丰田看做最畅销的品牌。在对所有有购车经验的顾客的满意度调查中，丰田特许经营店仍然得分不高。而且，不仅有来自像普锐斯（Prius）这样的攻击，丰田的顾客也逐渐减少，这也正是曾经降临在底特律品牌上的悲惨命运，如别克和奥斯莫比。今天的丰田也面临了这样的问题，位于加利福尼亚托兰斯的丰田北美总部的执行官为如何改变顾客不满意的问题已经思考了一年多。2006年7月，在丰田汽车销售部行政总裁詹姆斯·伦茨（James Lentz）的办公室召开的一次头脑风暴提出了EM2的想法。

自从发现问题出在哪里以及哪些地方可以改进后，詹姆斯和他的团队度过了12个月。他们从美国分公司的每个部门中共挑选了50个主管。这些"EM2专家"负责检查预算以及观察人员如何部署和取得最好结果。EM2只进行了几个月，公司就发现了一些主要问题。一个重要的问题是丰田顾客喜爱他们的汽车，但是厌恶在购买丰田汽车和从公司获得服务时候发生的事情。在2006年的J. D. Power公司进行的对顾客购车经验的调查中，丰田在36个汽车品牌中排名第28位。

发现凹痕。 在过去的几个月，公司采取了前所未有的措施对汽车销售人员进行直接调查以了解他们如何和顾客打交道。同时还询问了他们的上司和经销商对顾客的态度。尽管丰田是一个国际性品牌，但顾客满意度调查结果显示，亚特兰大的一家特许经营店常被认为服务很糟糕。3月，丰田派了五个人去观察这家特许经营店并调查洗车的员工。他们得出结论，在把汽车交付给顾客之前，这家店没有做好检查汽车的工作——有时他们会把一辆有凹痕和擦痕的汽车交给顾客，而且他们过于重视销售，对顾客关注不够。因此，公司进行了激烈的改革：将员工的报酬体系和顾客满意得分挂钩，且每辆车被交付之前必须经过最高层管理者的审核。现在这家经营店的各项顾客满意度都取得了高分。

丰田公司也严格审视了那些著名的工厂。作为精益制造的创始人，丰田公司是质量和效率的黄金标准，而且这个方法已经被像通用汽车和波音公司（Boeing Co.）这样的大公司研究和模仿。但是，这个疯狂的增长也延伸到了公司的工程师和工人，而且在日本和美国的工厂经常发生找不到工程师的事情，工程师负责培训工厂管理者和工人，自从公司快速增长之后，丰田公司的每一个工厂的工程师都忙得无法抽身。

丰田在质量研究方面仍然位居高端前列，但正在下滑。因此，它的员工重新回到了学校。位于肯塔基乔治敦的丰田生产总部外面的一个新培训中心里，有15年工作经验的员工在一条制造装配线上被重新培训。在那里，丰田将通过把一个螺栓放进气枪和汽车的基本技能对员工进行日本式的培训。公司还雇用了附近工厂的工程师，因此，他们能经常到工厂解决问题。公司非常注重细节。在一次次练习中，员工必须戴上手套且轻轻地触摸凯美瑞的车门来寻找凹痕。他们必须找到所有的哪怕是最细微的凹痕，否则不能回家。丰田公司的所有北美员工必须经过培训或向受过培训的人学习。这可能需要花很多年时间，但与通用相比，丰田有足够的时间解决它的问题。

问题

1. 解释丰田公司的 EM2 计划的目的。
2. 哪些是丰田公司"需要关注的问题"？
3. 你认为丰田公司的 EM2 计划会成功吗？如果会，为什么？如果不会，又为什么？
4. 像 EM2 这样的计划在你的组织中会取得成功吗？为什么？

资料来源：Adapted from David Welch, "The Corporation," *BusinessWeek*, July 2, 2007.

The Fourth Part
第四部分 管理学的未来

第十三章 当代问题
第十四章 21世纪的管理

第十三章
当代问题

Chapter Thirteen

> "没有什么办法能够让人们喜欢上变革。你所能做到的只是减少变革所带给人们的威胁感。"
>
> ——弗雷德里克·O'R·哈耶克（Frederic O'R. Hayes）

■ 学习目标

在学完本章之后，你将能：

1. 定义多样性，并且解释如何将它运用到管理当中。
2. 定义全球化管理。
3. 比较和对照进口与出口。
4. 识别贸易保护主义。
5. 解释如何管理变革和变革的过程。
6. 解释组织发展的过程。

工作世界：塔克·巴恩大熔炉

塔克·巴恩连锁餐厅的地区经理道恩·威廉姆斯宣布季度会议开始，并直奔议事日程上所列的第一项主题：多样性和人事接替计划。

"当我环顾这个房间时，"道恩开始讲道，"我看到了许多有才能的、忠诚的和富有奉献精神的部门经理，他们努力工作，以塔克·巴恩为基础搭建成功的职业生涯。"整个房间充满了一片喃喃的同意声，道恩稍微停顿了一下后继续说道："但是，高层领导们已经开始担心我们这些奉献精神和忠诚感的共同特点正日益失色，这是由于部门经理层的另一个较少引起我们注意的特点而引起的，即我们缺少多样性。"这一回不再有喃喃的同意声了。

"这是一个非常有实力的团队，"道恩继续说道，"但是这也是一个白人男性占主导地位的团队。现在公司担心我们正在向我们的客户和正寻求晋升机会的年轻员工们传达一种错误的信息。"

托尼观望了整个房间，意识到了道恩的观点的重要性。在道恩所在的区域，有24个部门经理，其中除3名非裔美国人和4名西班牙裔的男性以及仅有的两名女性（都是白人）之外，其余的包括托尼自己在内的全部都是白人男性。

"在任何人激动之前，"道恩继续讲道："首先指出我们不存在种族偏见或者歧视的问题，我们也不会这样去做，以免引起起诉或者类似的纠纷问题。你们每个人都是基于你们得到证明的领导能力而被提拔的，这将是我们永远首要关注的因素。不过，我们将要做的事情是积极鼓励我们所有的员工考虑在组织内部的晋升机会，不论种族，不论性别。为了能使这些机会尽可能成真，我们将重新考虑目前的空缺职位来支持组建一个更富有多样性的领导层。直言之，这个团队必须反映出我们的员工和顾客基础具有多样性，并且我们将以此为基础来开始新的雇用。"

托尼发现自己不由自主地举起手来提问问题。"请原谅，道恩，"托尼问道，"因此你刚才的意思是一个人的种族或者性别将会比他们的工作能力更重要吗？"

"不，托尼，"道恩回答道，"我刚才所要说的是，如果两个同样优秀的求职者都有获得同一职位的希望时，我们希望最后的选择能够反映出将来的我们是比现在更富有多样性的一个领导团队。"

问题

1. 为什么多样性成为了塔克·巴恩连锁餐厅的焦点?
2. 你是否同意托尼对新倡议行动的看法?为什么?
3. 托尼的导师杰里·史密斯是这个计划的最初支持者之一。你认为这是否会影响托尼的决定呢?为什么?
4. 你认为塔克·巴恩连锁餐厅应该采取什么措施来增加公司的多样性?给出理由。

多样性与管理

多年来,美国大部分大型和中型组织的管理者几乎清一色都是白人男性。在最近的20世纪的60年代和70年代,劳动力大军中的妇女主要是填补服务性与支持性角色,例如秘书、教师、售货员和服务员。许多少数族裔被局限于诸如保管和体力劳动等非技术性工作。但是,在20世纪最后的20年当中,越来越多的妇女和少数族裔加入到了劳动力大军中。他们也已经在各种规模的组织中获得了高层管理者的职位。而且,目前他们也在联邦、州和地方政府担任高级管理工作。

尽管出现了这些变化,但全国大多数高级管理者仍然是白人男性。妇女和少数族裔在晋升高级管理职位的过程中存在的问题曾经产生了"玻璃顶棚"的说法。这是一道无形的障碍,阻止了妇女和少数族裔在组织的等级制中向上提升。在许多其他领域,如体育运动和空间探索,玻璃顶棚正稳步地变成一扇机会之窗。高层管理者尤其是首席执行官通常与公司一起受到高度关注。这也燃起了更多女性晋升到高级管理职位的兴趣。当企业和政府机构通过精简或者解雇员工来缩减成本时,许多高级职位上的白人男性选择了具有吸引力的退休金。他们的离职为渴望进入最高职层的妇女和少数族裔提供了机会。

什么是多样性

员工的多样性意味着不同性别、人种、宗教、国籍、种族、年龄和体质的劳动力。全体员工多样性日增代表着美国社会的一个主要变化。

随着非白种人和外来移民占美国人口比例的增长，更加多样化的趋势预计会在未来50年内持续。事实上，多样性在美国发展迅速，据预测，非西班牙裔白人将从2010年的68%降到2050年的52.8%（见图表13—1）。

图表13—1　2010—2050年根据统计组别预测的美国人口（人口百分比）

统计组别	2010年	2020年	2030年	2040年	2050年
非西班牙裔的白人	68.0	64.3	60.6	56.6	52.8
非西班牙裔的黑人	12.6	12.9	13.1	13.3	13.6
西班牙裔人	13.8	16.3	18.9	21.7	24.5
非西班牙裔的印第安人、爱斯基摩人和阿留申人	0.7	0.8	0.8	0.8	0.9
非西班牙裔的亚裔和太平洋岛民	4.8	5.7	6.6	7.5	8.2
总数	100.0	100.0	100.0	100.0	100.0

资料来源：U.S. Census Bureau, www.census.gov/populations/ nations/nsrh/nprh9600.txt.

伦理管理

你的一位同事签的年度合同马上就到续约的时间了。他是一个非裔美国人，最初是作为增加员工多样性行动的一部分而被雇用的，你的内兄曾因此而未被录取。然而在一起工作的期间，你和他已经成为朋友，而且你知道你这位朋友的妻子最近怀上了第二个孩子。

但是，尽管他工作努力、表现积极，但确实难以胜任工作。你经常需要更加努力以弥补他的工作疏漏，而且你已意识到他在掩盖一些严重的错误。

1. 你的老板就你朋友的合同是否应该续签一事征求你的意见，你将会对你的老板讲什么？

2. 如果多样性不是一个因素，你的答案是否会不同？为什么？

3. 你如何能使你的老板确信你所反馈的信息并没受当初不雇用你内兄一事的影响？

4. 如果公司需要一个特定的员工多样性比率，是否值得为此保留一个不能胜任工作的员工？为什么？

资料来源：Adapted from St. James Ethics Centre, "Ethical Dilemmas: The Ethics of an Incompetent Colleague," www.ethics.org.au.

创造具有多样性的员工队伍的原因

公司正在寻求多元化的员工队伍是基于如下理由：

- 员工人口的日益多样化。
- 顾客人口的日益多元化。
- 从各种背景中招募成员有利于发掘顶级人才。
- 增加多样性能最小化诉讼风险。

多样性因其可以创造一种包容不同行为风格和广泛观点的文化而有助于改善决策的制定。日益增加的多样性使得组织不但要对不同的员工群做出回应，而且还要对不同的顾客群做出回应（见图表 13—2）。

图表 13—2　　　　　　　　变化着的美国工作场所

1. 20 世纪 60 年代的工作场所 直到 20 世纪 70 年代，白人男性还控制着美国绝大多数的商业公司。其中绝大部分公司中，管理者管理着与自己背景相同的员工。 **2. 2006 年的工作场所** 到了 2006 年，大多数的工作场所都有了妇女和少数族裔的身影。日益增加的多样性有利于公司了解日益多样化的顾客群的需求。 **3. 21 世纪中期的工作场所** 等到 21 世纪中期，少数族裔将占到人口数量的一半。为了回应这些变化，工作场所被期望变得比现在更加富有多样性。

注：美国公民权利的增加和人口类型的改变使得其工作场所比 30 年前更具多样性。今天，管理者必须知道怎么样和有着不同背景的人们一起工作。

多样化的另一个方面与许多公司日益全球化有关。随着公司日益变得全球化，多样性必须在全球视角下定义，而不能仅仅局限于西方的角度。在全球视角下定义多样性意味着关注所有的人以及一切使得他们彼此相同或各异的事情。用以区别对待的因素通常超出了种族和语言，还可能包括诸如价值观和风俗习惯等因素。

一个具有多元文化的工作场所会给员工和管理者都带来巨大的挑战。例如，伊斯兰教信徒、基督教信徒、犹太教信徒和其他的不同的宗教群体会在一年当中的不同时间庆祝各自的宗教节日。这个差异性有可能成为员工冲突的潜在根源。当涉及宗教节日时，管理者对于员工的需求必须要具备敏感性。另一方面，因为宗教节日而休假的员工有责任安排好离职时的工作。

日益多样化的劳动力带来了什么样的挑战和贡献呢？总体来看，组织必须摆脱将员工纳入单一公司管理模式的传统。每个人看起来或行动起来是不一样的。组织必须制定新的人力资源政策来明确地识别和回应每个员工独特的个人需求。

日益增加的多样性带来特定挑战的同时也做出了一些重要贡献。交流问题肯定要产生，如员工和管理者之间的误解、把口头和书面材料翻译成几种不同的语言的需要等。这些问题的解决需要增加诸如写作和解决问题技巧等方面的额外训练。组织多样性的持续增加需要组织花费更多的时间来处理特殊利益集团及多样性支持性群体相关的事务。

除了带来以上的挑战之外，日益增加的多样化也带来了新的机遇。多样性的贡献在于创造了一种对不同的行为方式和广泛的观点更加包容的文化。这种文化通常会引导企业做出更好的商业决定。多样性所带来的另一个潜在的结果是对多样化的顾客群更具回应性。

学习进度检测问题

1. 为什么组织要追求多样性的员工？
2. 为什么宗教节日对于拥有多样性员工的管理者来说是一个挑战？
3. 日益增加的多样性带来的挑战是什么？
4. 你现在工作的（或曾经工作过的）组织多样性程度有多高？说明理由。

全球化管理

过去50年里，世界各地的公司都开始了全球化运作。耐克公司的工厂开设到了越南和印度尼西亚。盖普公司（Gap）在加拿大、法国、德国、英国和日本都有分店。依云公司（Pettier and Evian）的桶装水销售到了法国之外的很多国家。诺基亚——一个芬兰的公司——在全球的无线通信电话市场中占据了统治地位。每个地区的消费者都拥有着由其他国家生产的商品。

国际贸易指不同国家之间的商品和服务的交换。例如，在中国购买美国的牛仔裤或在美国购买比利时的巧克力。

如今大多数国家或地区都依赖国际贸易来保持生活水准。美国的制造商把汽车、重型机器、衣服和电子产品销售到国外。阿根廷的养牛农场主将牛肉用船运到很多国家。沙特阿拉伯国家的石油生产商供应了世界绝大多数的国家所用的石油。反过来,它们从其他国家购买食物、汽车和电子产品。

国家间的贸易基于几个不同的原因。有可能是因为一国无法生产它所需要的商品。例如,法国因国内没有油田而无法生产石油。如果它需要使用石油就必须和石油生产国进行交易。国家间贸易还有可能是因为它们在生产特定的商品或提供特定的服务时相对其他国家具有优势。

绝对优势

不同的国家拥有不同的资源。例如,洪都拉斯拥有肥沃的土地、温暖而充满阳光的气候和廉价的劳动力。和洪都拉斯相比,英国的土地贫瘠、气候多雨寒冷且劳动力昂贵。假定以相同的投入(土地、劳动力和资本)组合,洪都拉斯会比英国生产出更多的咖啡,因此它在生产咖啡方面拥有着绝对的优势。**绝对优势**是指在相同投入量之下比其他人生产更多商品的能力。

比较优势

国家生产贸易商品时并不一定需要具备绝对优势。一些国家有可能生产任何商品都不具备绝对优势。然而,即使一些生产效率不太高的国家,也会在生产某些商品时比其他国家更有效率。**比较优势法则**表明生产者应该生产那些自己生产效率高的产品,并从他人那里购买其生产效率较低的产品。根据比较优势法则,无论是个人、企业还是国家都应该专门生产自己所长的商品。

出口和进口

当企业在国外销售它们生产的商品或者购买国外生产的商品时,国际贸易就发生了。商品和服务被销售到国外称为**出口**。向国外购买商品和服务就称为**进口**。

美国是世界上最大的出口国,每年出口价值约 7 000 亿美元的商品和服务。同时它也是世界上最大的商品和服务进口国,每年进口价值约 9 000

亿美元的外国商品和服务。

出口

出口是许多公司的重要收入来源。例如，美国西北航空公司（Northwest Airlines）约 1/3 的盈利、IBM 近 40% 的盈利是在国外获得的。

公司为什么要出口？

全球大约 95% 的消费者居住在美国以外，一个公司如果只是在美国境内销售产品，那将失去和世界上大多数消费者联络的机会。为了增加销售量，类似于宝洁这样的公司会花费数百万美元来努力识别国外消费者的需求。

公司涉猎国外市场也是为了多样化它们的收入途径。**多样化**是指一个公司涉猎不同的经营活动。商人之所以乐意使自己的商品销路多样化是因为这样可以起到此消彼长的作用：一个销售不景气的市场所带来的损失可以由另一个需求旺盛的市场来弥补。

公司如何识别国外市场？

为了确定海外市场对其商品和服务是否有足够的需求量，公司会分析该市场的人口统计数据、经济数据、国家报告、消费者偏好和市场竞争力。企业的经理会和美国商业部国际贸易管理局、外国领事馆或大使馆、国外和国际贸易组织沟通。它们还会走访所要拓展的市场，并通过分析所调查的结果来评估消费者的需求。

企业也需要查证作为出口商可能面临的限制。所有的国家都会要求出口商填写特定的文件。一些国家还会规定外国公司在包装、标签和生产安全标准方面要满足特殊的要求。一些国家还会限制出口商将出口的商品所赚得的利润带出进口国。

进口

美国的公司每年从国外进口价值数十亿美元的商品和服务。它们不但进口消费性商品如电视机、汽车，还进口生产性商品如机器及零部件；它们不但进口原材料如原油，还进口食品如水果和蔬菜。它们进口的这些产品用于再生产或直接销售。

原材料进口

许多企业进口部分或全部所需的原料以减少生产成本。以家用电器制造商为例，它们从日本进口钢铁是因为日本的钢铁价格比美国的钢铁价格便宜。

一些企业进口原材料是因为国内无法生产这些原材料，或国产原材料的质量不如进口材料的质量。珠宝首饰设计师进口钻石和绿宝石是因为美国不产这些，时装设计师使用进口的山羊绒是因为它比国内羊毛更加柔软。

消费品进口

企业同样会进口那些可以在国内直接转售的商品。汽车经销商从欧洲和亚洲进口轿车和卡车。批发商或零售商从泰国进口服装，从日本进口电子产品，从法国进口奶酪。

公司之所以进口这些商品，是因为存在着消费者需求。其中的一些商品，如来自亚洲的服装，生产费用比国产的产品低。而另一些商品，如萨伯斯（Saabs）和沃尔沃（Volvos）小汽车在美国也很受欢迎，尽管这两种汽车的价格高于国内。

贸易差额

贸易差额是指一个国家出口商品价值与进口商品价值之间的差额。一个国家或地区的出口额大于进口额就叫做贸易顺差。反之，一个国家或地区的进口额大于出口额就叫做贸易逆差。

许多年以来，美国一直保持着贸易逆差。这就意味着从国外所购买的商品和服务的价值超过了美国销售到其他国家的商品和服务的价值。其他国家，如中国，一直保持着巨大的贸易顺差。在这些国家中，出口商品和服务的价值超过进口商品和服务的价值。

外汇

企业必须用外币来购买国外商品和服务。比如，如果一个美国公司从日本购买货物，它就必须付给对方日元；如果它从瑞士购买货物，它就必须付给对方瑞士法郎。

公司从银行购买外币，银行则把各种外币兑换成美元。一个国家的货币折算成另一个国家的货币的价格就是外汇汇率。

汇率可以标价为1单位的外币折合为多少单位美元或者1美元折合为

多少单位的外币。例如，瑞士法郎对美元的汇率约为1.5∶1，这就是说1美元值1.5瑞士法郎或者1瑞士法郎值1/1.5美元，即0.67美元。

大多数的汇率每天都会浮动。涉猎国际贸易的商人必须密切关注这些浮动，因为这些浮动有可能对利润产生巨大的影响。例如，假设一个美国的电器商店想要购买价值为1 000万日元的日本音响、摄像机和照相机。如果美元对日元的汇率是1∶115，那么这个美国公司必须用86 956美元来购买价值为1 000万日元的日本电器（用1 000万除以115）。如果日元的价值上涨到1美元只值100日元，那么这个公司必须花100 000美元来购买同样价值的日本的电器（用1 000万除以100）。

贸易保护主义

国际贸易对所有参与贸易的国家都有利，但是它有可能伤害到一些国内的生产商。美国的手表生产商可能会发现很难竞争过中国台湾的手表生产商，因为它们付给工人的工资只是美国生产商付给工人工资的一小部分。来自中国台湾的生产商的竞争可能会导致美国公司被淘汰。

为了加强国内企业抵御国外企业的竞争力，政府有时会出台一些贸易保护主义措施，例如关税、限额以及其他类型的贸易壁垒。所有这些措施都会减少国际贸易量。

关税

关税就是对进口商品所征收的税。关税的目的是为了提高国外商品的价格以此提高国内商品的竞争力。美国对很多商品都征收关税。这意味着一家韩国公司要在美国销售男士衬衫就必须为它出口到美国的每一件衬衫缴纳关税。关税的目的是为了使国外企业难以和美国本土企业竞争。

限额

限额就是对可以进入一国的某种商品在数量上的限制。美国对许多商品都有限额规定。例如，它只允许从国外进口160万吨原糖，这种配额提高了糖的价格，使得使用糖的商品如糖果和冷麦片更加昂贵。它不利于消费糖的美国公司和个体，但它有利于生产糖的美国公司和个体。

禁运

禁运就是完全禁止从特定国家进口商品的法令。实行贸易禁运通常是因为政治而并非经济的原因。例如，从1961年起，美国因为反对古巴的政体而对古巴实行了禁运。这个禁运令禁止美国从古巴进口或向古巴出口商品。

自由贸易区

为了保护国际贸易并且限制贸易保护主义，国家之间会开设自由贸易区。**自由贸易区**是指减少或消除了贸易限制的地区。

世界上最大的自由贸易区在北美洲。根据1994年的**北美自由贸易协定（NAFTA）**条款，美国、墨西哥和加拿大的企业可以在北美洲任何地方销售产品而不受贸易限制。

这三国的消费者从进口的低价商品中获益不少。从加拿大进口的一件女式衬衫或者从墨西哥进口的一双鞋子的价格比原来要低，因为价格中不再包含关税。

通过在北美内增加出口，许多生产者从也从NAFTA中获益不少。例如，NAFTA使得美国生产谷物的农场主在墨西哥增加了销量，美国的汽车销量在墨西哥也上升了。

但是，NAFTA也使得一些美国工人失去了工作。莎莉公司（Sara Lee）把部门加工业务搬到墨西哥后，解雇了1 000多名美国员工。南部边境上的许多其他企业为了充分利用廉价劳动力成本也在本国裁员了。

欧盟是一个由27个欧洲国家和地区组成的联盟，这些国家称为成员国。图表13—3提供了欧盟成员国名单和加入日期。欧盟的一项重要的活动就是在成员国之间建立共同的单一市场。

图表 13—3	欧盟成员国名单和加入日期
年份	国家
1952	比利时，法国，联邦德国，意大利，卢森堡，荷兰（创始成员国）
1973	丹麦，爱尔兰，英国
1981	希腊
1986	葡萄牙，西班牙

续前表

年份	国家
1990	民主德国（与联邦德国合并，并加入欧盟）
1995	奥地利，芬兰，瑞典
2004	塞浦路斯，捷克共和国，爱沙尼亚，匈牙利，拉脱维亚，立陶宛，马耳他，波兰，斯洛伐克，斯洛文尼亚
2007	保加利亚，罗马尼亚

全球商业

成千上万的美国企业不论大小都参与到了全球市场中。一些公司如贝纳通公司（Benetton）在海外设厂或设立零售店，另外一些公司如哈雷—戴维森（Harley-Davidson）不仅产品出口到世界各地同时还从其他国家进口原材料。

国际运营的形式

公司可以以各种不同的方式将其产品或服务销售到国外。小公司往往通过与熟悉当地市场的当地企业合作，而大公司往往直接在国外建立销售、生产和物流中心。

通过境外中介机构经营

那些不愿意或没有能力投资数百万美元到海外经营的公司往往通过境外中介机构出口其产品。**境外中介机构**就是为希望在国外做生意的公司销售商品的批发商或代理机构。它们通过为国外公司的产品创设销售市场获得佣金。

通过境外中介机构经营可以节省在国外购置设施的开支。它还可以确保该公司由熟悉当地情况的机构来代理。但是境外中介机构通常会同时为多家国外公司工作，因此它们不太可能会像公司内部的销售队伍那样花大量的时间来促进某个公司产品的销售。

与外国公司签署许可协议

公司将产品销售到国外消费者手中的另一种方法是许可一家国外公司在国外出售它们的产品或服务。**许可协议**就是许可一个公司出售另一个公司的产品，被许可人以公司收益的一部分支付费用的协议。

星期五餐厅（TGI Friday's）——一家立基于美国达拉斯市的餐饮企

业，已通过使用许可协议扩展其海外业务。签署这类协议使它能够把分店开设到新加坡、印度尼西亚、马来西亚、泰国、澳大利亚和新西兰。如果没有许可协议，它可能无法进入这些市场。

形成战略联盟

有些公司通过与国外公司形成战略联盟来扩展国外市场。**战略联盟**是指各公司为达到共同目标而结成联盟，进行资源和技能的整合。公司通常组建战略联盟以获取新的市场、共享研究成果、扩展生产线、学习新技能及开阔管理集团的跨国文化知识。

最近几年，最大的一个战略联盟是几个主要航空公司之间的星空联盟。这个联盟形成于1997年，成员有加拿大航空公司、德国汉莎航空公司、斯堪的纳维亚航空公司、泰国航空公司和联合航空公司。到2006年，该联盟已增加到了38个成员，并划分为全球性、区域性和联盟成员的类别，每天在全球范围内的150多个国家或地区的800多个机场运行将近17 000次航班。

成为跨国公司

有重大财政保证能力的公司往往会在国外设立制造工厂和物流中心。有这样设施的公司就是一个**跨国公司（MNC）**（见图表13—4）。

图表13—4　　　　　　　　跨国公司

1. 进口原材料
跨国公司可能会进口制造产品所用的材料。美国最大的汽车生产商通用汽车公司与超过3万家全球供应商合作，这些供应商大部分在国外。

2. 国际化生产
跨国公司可能会在其他国家生产自己的产品。通用汽车在50个国家进行制造、装配或零部件生产。它拓展到国外是为了改善服务或降低成本。

3. 国际化销售
跨国公司在其他国家销售它们的产品。通用的汽车和卡车销售到非洲、亚太地区、欧洲、中东和北美。国外销售量在公司总销售量中占显著地位。

注：对于企业而言有许多商业国际化的方法。跨国公司经常从国外购买原材料或者在国外制造或装配产品。它们也在国外销售产品。

公司成为跨国公司原因有几种。一些公司是为了在其他国家销售其产品或服务。例如，麦当劳在国外拥有116家餐厅。这些国外销售收入占公司总收入的一半以上。

公司业务扩展到国外的另一个原因是为了利用廉价的劳动力。例如，美国牛仔裤制造商塔兰特服装集团（Tarrant Apparel）在墨西哥织布，大部分牛仔裤也在墨西哥缝纫。这是因为墨西哥的劳动力成本比美国要低。

国际环境下的工作挑战

为跨国公司工作面临着许多挑战。管理者必须学会处理来自不同国家的顾客、生产商、供应商和员工的关系。他们必须熟悉当地的法律,学会尊重当地的习俗。他们还必须设法了解可能与美国很不相同的其他国家的客户和员工的需求。

理解外国文化

不同国家的企业管理者看到的世界是不同的。例如,对于就业裁员,日本管理者往往会比美国管理者更加敏感;对于妇女在工作场所的作用,亚洲、非洲的管理者往往和美国管理者有着不同看法。

在国外工作的管理者不仅要意识到文化的差异,还要了解不同国家的商业礼仪(见图表13—5)。不知如何在国外行事可能会导致管理者的尴尬,而且还可能使他们失去商业机会。例如,没有佩戴领带出席一个商务会议在以色列可以被接受,但在瑞士则完全不合时宜。在印度尼西亚向上级表示极大的尊重是被欣赏的,但在荷兰则会发出错误的信号,因为这个国度崇尚平等的个人价值。

图表 13—5   一些国家的商业礼仪

国家	商业礼仪
中国	饮食是极其重要的。所有商业交易要求至少一次、通常是两次的晚餐宴会。第一次宴会是由东道主做东,第二次则由客户做东。
印度尼西亚	即使是外国人在正式的社交场合也被期望晚到。人们应该在比预定时间迟约30分钟的时间到达。
新加坡	商人以正式的方式交换名片,双手接卡,并看一会儿,方可收好。
沙特阿拉伯	商人迎接外国人的方式是紧握住他们的手,但他们不摇手。
瑞士	商业进行的过程非常正式,幽默和非正式性都是不适当的。

国家联盟和贸易集团

国际商务也必须处理为改善成员国经济状况而建立的国家联盟关系。欧盟就是其中的一个。欧盟的成员国已在图表13—3中列出。其目的是减少成员国之间商品销售的关税。同时,它还是一个在成员国之间减少财政、技术和边境壁垒障碍的尝试,数十年来这些贸易壁垒提高了欧洲商品和服务的价格,并降低了欧洲公司的国际竞争力。欧洲对于跨国公司而言将是一个具有巨大潜力的统一市场。欧洲成为一个统一市场需要解决许多问题。东欧的民主运动、德国统一和苏联的解体使得一些国家加入了欧盟。

另一个联盟是石油输出国组织（欧佩克），它包括世界上许多石油生产国。它的目的是在成员国之间控制石油价格和生产。目前，欧佩克的影响受到了限制，因为一些成员国实际的销售和生产大大不同于欧佩克的官方标准。

目前存在着三大贸易集团：欧盟，由美国、加拿大和墨西哥组成的北美自由贸易区（NAFTA）和日本占主导地位的亚太经济合作联盟（环太平洋地区国家）。其他环太平洋贸易集团成员是中国大陆、韩国、中国台湾、印度尼西亚、马来西亚、菲律宾、泰国、中国香港和新加坡。这三大贸易集团对于跨国公司同时带来了机遇和挑战。

政治变革

政治变革影响国际商业环境最突出的例子就是20世纪90年代初的苏联解体和东欧各国共产主义的衰落。此外，保加利亚、匈牙利、波兰、罗马尼亚以及之前被称为捷克斯洛伐克和南斯拉夫的国家发生的政治和经济大动荡对这些国家进行国际贸易和处理与国外企业的关系产生了重大的影响。

人权和伦理

如果跨国公司工厂所在国侵犯人权的行为是常见的，并且该国接受跨越道德界限的行为，那么跨国公司应不应该关闭它们在该国的工厂呢？这是一个法律问题，但美国管理者必须记住商业伦理尚未全球化；即使在西方资本主义国家，道德行为规范也是彼此不同的。因此，这会产生一些问题，如可口可乐公司应不应该在全球为其瓶装水工厂设立最低劳动标准以防止某些国家滥用劳动力的情况？这样做在美国似乎是十分适当的。然而，这种伴随着伦理困境和艰难选择的问题让跨国公司左右为难。在每种情形下，跨国公司都必须在不同的公众之间达成价值观和理念的平衡，没有明确和简单的选择。

案例讨论 13.1

限　额

一个工会发言人做出如下声明：

外国进口的纺织品减少了美国的就业岗位和税收收入。为了减缓对美国社会的破坏性影响，限额应重点放在明显会挤垮美国本土生产和降低就业的进口商品和生产线上。

问题

1. 你是否同意工会发言人的观点？请解释。
2. 你认为是否应该对某些行业进口实施限额？应对哪些行业实施限额呢？
3. 国际商业活动对美国有利还是有弊？
4. 如果美国实行进口限额，你认为其他国家会做出什么回应？

学习进度检测问题

5. 什么是贸易差额？
6. 列举贸易保护主义的三个例子，并予以解释。
7. 解释北美自由贸易协定的利与弊。
8. 列举国际经营的四种形式，并予以解释。

管理变革

汤姆·彼得斯在其著作《在混乱中的繁荣》（*Thriving of Chaos*）中强调了变革对于现代企业的重要性："为了提高生存的机会，各级领导必须时刻关注变革。"他还说："变革必须成为常态，而不是因警报而被动变革。"同样，通用电气公司著名的前首席执行官杰克·韦尔奇说过的一句话经常被引用："当外部的变化速度超过内部的变革速度时，那么离死亡已经不远了。"从这些观点中我们能看出变革意味着什么呢？简而言之，这意味着如果管理者不实施变革可能就不能获得他们的薪水。今天这一醒目的观点对于许多组织而言仍多少有点陌生。

今天，管理变革和处理其对企业文化的影响，对于一个要参与到全球竞争中的企业的管理者来说是必须掌握的重要技能。此外，管理者必须快速学会这些技能，因为变革以一个不断加快的速率发生着。21世纪的新底线将是根据能否提高企业变革能力来评估每个行动。

当今组织被变革所包围。许多管理者发现自己无法适应这样一种环境或组织,其与管理者当初接受训练并获得早期经验的环境或组织有着很大不同。其他管理者在将他们的技能传授给一个从不同的行业新分配过来的员工时遇到了困难。一个成长中的组织、一项新的任务、不断变化的顾客需求、不断变化的员工期望和不断变化的竞争成为了今天的管理者都可能会遇到的问题。为了获得成功,管理者必须能够适应这些变化。

作为全球性问题的变革

推动变革的动力之一就是参与全球竞争的愿望。由于美国的全球贸易伙伴(尤其是日本、中国和欧洲)已经将变革视为长期发展战略的重要组成部分,所以美国企业必须跟进。当被问及国际环境中的变革时,托马斯欧洲集团(Thomas Group Europe)的副总裁及总经理埃里克·A·克罗逊(Eric A. Cronson)评论道:"变革必须是全面的,如果你停留在你的安乐窝里,你将不具备国际竞争力。"类似地,Eunetcom 公司信息服务总裁约瑟夫·V·马努里(Joseph V. Marulli)在一次国际会议上评论变革时说道:"变革的理念必须在领导人的心中,在你的心中,并在所有资深者的心中。"从这些评论中我们可以看到,管理者必须认识到竞争的挑战其实就是变革的挑战。

职业管理

求职面试——获得成功

工作面试……让人感受多么深刻的一次机会啊!面试就是一个年轻人成长的过程。错误会发生,但它会成为给你的未来职业生涯带来更好的机会和产生重大影响的经验。

面试最重要的是等候你展示经历。特定的公司敞开了大门让合适的人进入,如果你熟知面试过程,那么这个"合适"的人可能就是你。

因此,前往有可能被聘用的面试。问恰当的问题,做好笔记,研究公司的各个方面,保持良好的姿态和目光接触。上面所列举的是基本的但往往没有被准员工采纳的面试程序。如果你正准备面试,要突出重点,充满信心,并进行以上基本的面试练习,那么你被雇用的几率将大大增加!

变革的类型

组织的变革可分为三种主要类型:(1) 技术变革;(2) 环境变革;(3) 内部变革。**技术变革**包括新机器和新流程等方面的变革。第二次世界大战以来,技术变革已取得显著的发展。其中计算机和通信速度的提高最为显著。**环境变革**是发生在组织外部的所有非技术性变革。新的政府规章、社会发展趋势和经济变革等都是环境变革的例子。组织**内部变革**包括预算调整、政策变化、多样性的调整、人事变动等变革。图表 13—6 列出了一些影响当今组织的不同类型变革的例子。

图表 13—6　　　　影响当今组织的不同类型的变革

技术变革	环境变革	内部变革
机器	法律	政策
设备	税收	程序
流程	社会趋势	新方法
自动化	流行趋势	规则
计算机	政治趋势	重组
新原料	经济趋势	预算调整
机器人	利率	工作岗位调整
	消费者偏好	人事
	竞争	管理
	供应商	所有权
	人口趋势	产品/服务销售

上述三种类型的任何一种变革都可能极大地影响管理者的工作。技术变革和环境变革发生在组织外部,但是它们可以引起内部变革的需求。内部变革也可能会因为工作情况(如冲突、质量、生产效率低下等等)而发生,或者是战略管理中常规性自我评估的结果。

任何一种类型的变革都能导致无计划或有计划的变革需求。由于管理者可以控制有计划的变革,他们应定期分析哪些变革是必要的。因此,主动变革而不是被动变革能使管理者对变革过程拥有更多的控制权。

---**学习进度检测问题**---

9. 请解释这句话:"当外部的变化速度超过内部的变革速度时,那么离死亡已经不远了。"

10. 管理者往往以何种方式来应对变革?

11. 变革是一个全球性的问题吗?为什么?

12. 组织变革的三种主要类型是什么？

变革的过程

20世纪40年代末，社会心理学家库尔特·勒温（Kurt Lewin）最先提出：变革是支持和促进变革的力量和反对或抵制变革的力量的相互作用（勒温称之为力场分析）。变革的力量不断地将一些新事物引进组织。抵抗变革的力量维持现状，并倾向于维持事物原状。这两种力量博弈的结果，将决定着改革能在何种程度上成功实施。

勒温的三步变革模型

勒温为成功实施变革提出了一个三步模型：

1. 勒温模型的第一步是解冻，即打破支持或维持旧行为的力量。这些力量包括以下可变因素：正式的奖励和薪酬制度、工作组的强化和个体对正确角色行为的认知。

2. 第二步是提出新的替代方法，即提供一个明确的和有吸引力的新行为模式选择。

3. 第三步是再冻结，要求通过加强正规或非正规奖励和薪酬制度和工作组来巩固变革后的行为。管理者正是在这一步可以发挥关键作用，积极促进员工努力改变。

勒温的三步模型认为，仅仅引进变革并不能保证消除抵制变革的条件或使变革持久。不能成功地持续执行变革，通常可以在勒温模型的三个步骤中找到失败的原因。

抵制变革

大多数人都声称自己很现代且走在潮流的前沿。然而，他们的第一反应通常就是抵制变革。尤其是当变革影响到他们的工作时更是如此。抵制变革是一种自然的、正常的反应；它并不是故意找茬的人的特有反应。例如，当直属管理者发生变动时，大多数员工都会非常忧虑。并不是员工不喜欢新的管理者，而是不知道他的行事风格会怎么样。所有的变革都需要调整；事实上，可能调整比实际的变革更让员工焦虑。

由于组织是由个人组成的，所以往往会出现组织抵制变革。当组织作为一个变革的整体时，这种情况经常发生。例如，过时的产品或服务和不恰当的组织结构往往是组织抵制变革的原因。

抵制变革的原因

员工抵制变革的原因很多。一些最常见的原因如下：

1. **对未知的恐惧。** 对未知的恐惧是人类的天性。由于大多数变革结果不可预测，因此通常情况下并不是所有受到影响的员工都知道变革的结果。例如，如果不能确定计算机对工作的影响将是怎样的，员工可能会担心并抵制计算机。同样，员工可能会因为他们不知道会发生什么而抵制新的管理者。这里包含着同样的担心：员工感觉到环境的变化，工作具有不确定性。他们可能充分明白变革的必要性，然而很怀疑管理者能否处理好变革。例如，员工可能抵制一项程序上的变革，只是因为担心不能掌握它。

2. **经济原因。** 员工惧怕那些他们认为将会威胁到他们的工作或收入的变革。这样的威胁可能是真实存在的，也有可能仅仅是想象的。然而无论是哪种情况，都会导致变革的阻力。例如，销售人员会因认为营业区变革将导致收入减少而抵制变革。同样，生产线的工人将反对他们认为难以达到的新的标准。

3. **担心所掌握的技能和专门知识失去价值。** 每个人都喜欢被别人感觉到自己是有价值的，任何有可能减少这种价值的变革都将受到抵制。例如，一个生产部管理者会出于变革使得组织不再那么需要他的担心而抵制一个新的更现代化的设备的使用。

4. **对权力的威胁。** 许多员工尤其是管理者认为变革会削弱其权力。例如，管理者可能会认为组织的结构变革会削弱其在组织中的权力。

5. **额外的工作量和不便利。** 几乎所有的变革都涉及工作量，还会导致受到影响的员工的不便利。如果别无他法，他们往往要学习新的方法。这可能意味着更多的培训、教育或实践。员工们共同的反应是"不值得付出额外的努力"。

6. **对人际关系的威胁。** 员工之间的社会人际关系和个体间的人际关系是非常强烈的。这些关系对受到影响的人来说很重要。例如，和特定的人群吃午饭对受到影响的员工来说可能是非常重要的。当一个变革（如轮换）威胁到这些关系时，受影响的员工往往抵制变革。和熟悉的人一起工作，员工自然感到更安心。此外，该团体可能已经非常了解本团体成员的长处和短处，并在这个基础上设计出了开展工作的方法。任何变化都很自然地会扰乱团体的日常工作。

减少变革阻力

正如前面所讨论的，大多数员工的第一反应就是抵制变革。然而，员工如何认知变革的影响极大地影响到他们对变革的反应。虽然有很多种可能，但通常会发生如下四种基本情况：

1. 如果员工无法预见变革将如何影响他们，他们将抵制变革或充其量保持中立。大多数人恐惧未知，认为变革可能使事情变得更糟。

2. 如果员工认为变革不符合他们的需求和愿望，他们也会抵制变革。在这种情况下，员工也会认为变革可能使事情变得更糟。

3. 如果员工看到变革是不可避免的，他们可能首先抵制变革，然后因变革辞职。总之，他们的第一反应是抵制。一旦变革迫在眉睫，员工常因别无选择而只能跟随变革。

4. 如果员工认为变革是他们的最大利益所在，他们将积极地进行变革。这里的关键是让员工确信变革将会使事情变得更好。

以上四种情形中有三种都将会导致某种形式的变革抵制。员工抵制变革的方式非常不同。例如，有些员工可能不会积极抵制变革，但也不会积极支持变革。与之类似，员工可能通过表示对变革没有兴趣来适度地抵制变革。而另一个极端是员工可能试图通过破坏变革来抵制变革。

图表13—7总结了员工对变革可能的反应。在管理者减少变革阻力之前，他必须确定员工将对变革如何反应。在发出变革指令之前，建议管理

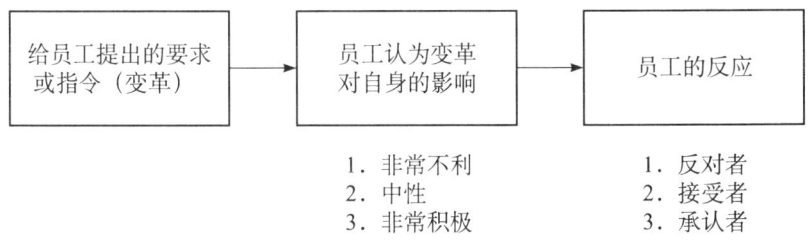

图表 13—7　员工反应模型

资料来源：Waldron Berry, "Overcoming Resistance to Change," *Supervisory Management*, February 1983.

者采取以下步骤。

1. 确定员工有效地完成任务所需要的反应。

2. 估计预期的反应，如果变革的指令仅仅是书面或口头传递给员工（正如许多情况一样）。

3. 如果员工的反应和估计的反应之间存在着差异，确定如何调和两者间的差异（反对变革从来都不是一个可以被接受的反应）。

以下各段提出了一些减少变革阻力和帮助员工接受甚至是认可变革的建议。

建立信任。 如果员工信任公司管理并对其有信心，那么他们更有可能接受变革。如果公司普遍存在不信任的氛围，那么变革可能会受到顽强的抵制。管理部门日常和长期的行为决定了员工的信任程度。如果管理者和员工讨论即将到来的变革并鼓励员工积极参与变革进程，那么他们可大大增强员工的信任感。

讨论即将来临的变革。 对未知事物的恐惧是变革中一个主要的障碍。如果和相关的员工讨论即将到来的变革，那么这种恐惧就可大大减少。在讨论期间，管理者应该开诚布公。管理者不仅要解释变革将会是什么，还要解释为什么要变革。经理还应该对每个相关的员工说明其受变革的影响程度。图表 13—8 提供了一个经典的关于减少变革阻力的方法，它可以帮助试图向员工解释并讨论即将到来的变革的管理者。

图表 13—8   减少变革阻力的方法

方法	常见情况	优点	缺点
教育＋沟通	没有足够的信息或信息和分析不准确。	一旦被说服，人们往往会帮助实施变革。	如果有很多人参与会很费时。
分享＋参与	变革发起者并没有掌握变革所需的全部信息，而其他人有相当大的抵制力量。	参与者将致力于实施变革，且将他们所掌握的相关资料都纳入变革计划。	如果参与者设计出不适当的变革将很费时。
促进＋支持	人们因为调整的问题而抵制变革。	调整是最好的办法。	费时而且成本很高，还有失败的可能。
谈判＋协议	某些人或某些团体因变革失去巨大利益，并且该团体拥有相当大的抵制力量。	有时是避免主要阻力的相对简便的方式。	在许多情况下可能成本过高，因为需要警示他人遵守谈判结果。

续前表

方法	常见情况	优点	缺点
操纵+合作	其他的战术不奏效或成本过高。	可以作为一个相对快速和低成本解决抵抗问题的方案。	如果人们觉得被操纵了，可能会导致未来的问题。
显性胁迫+隐性胁迫	变革速度至关重要，且变革发起者拥有相当大的权力。	迅速的并可以克服任何形式的抵抗。	如果让人们对发起者很愤怒会非常冒险。

资料来源：Reprinted by permission of *Harvard Business Review*, Exhibit from "Choosing Strategies for Change," by John P. Kotter and Leonard A. Schlesinger, March – April 1979. Copyright © 1979 by the Harvard Business School Publishing Corporation; all rights reserved.

员工参与。员工参与不仅仅意味着与他们讨论即将到来的变革，关键是让员工个人参与到整个变革进程中。这样，员工就很自然地想去跟随自己参与制定和执行的变革。一个很好的参与方法就是在变革过程中尽早地征求员工的想法和意见。

确保变革的合理性。管理者在整个过程中，应尽一切可能确保提议的变革都是合理的。通常，改革的建议来自组织外部。这些建议有时并不是合理的，因为发起者并不了解组织相关的情况。

避免威胁。管理者企图通过使用威胁的方法来强行实施变革实际上是采取了消极态度。这可能会降低而不是提高员工的信任。大多数人会抵制威胁或胁迫。这种策略通常会降低员工的士气。

遵循一个切合实际的时间表。管理者往往可以影响变革的时间。进行特定的变革，有些时机无疑要比另外一些时机更好。如果没有其他因素影响，在执行一项变革时，管理者应该坚持按常规提出变革时间表。

上述大多数减少变革阻力的建议与管理变革沟通方式有关。往往不是变革本身决定了其可接受性，而是以何种方式执行变革决定了其可接受性。管理者的角色在变革进程中具有重要作用这一观点在20世纪90年代末华信惠悦全球（Watson Wyatt Worldwide）的研究成果中得到了加强。对超过9 000多名美国工作者的研究表明，变革管理最大的三个障碍是：（1）缺乏管理的可视性和支持力；（2）缺乏管理技能；（3）员工抵制变革。值得注意的是，这三个障碍中有两个障碍和管理者直接相关，而只有一个和员工相关。

领导变革

当今竞争性的世界要求各级管理者都必须通过变革持续不断地寻求改

进,加上大多数人的自然反应都是抵制变革这一认识,这就意味着管理者要成功地实施变革就要有意识地做出领导变革的努力。图表13—9展示了约翰·科特（John Kotter）教授研究出的领导变革的八个步骤。这些步骤的每一步都将在以下几个段落中讨论到。

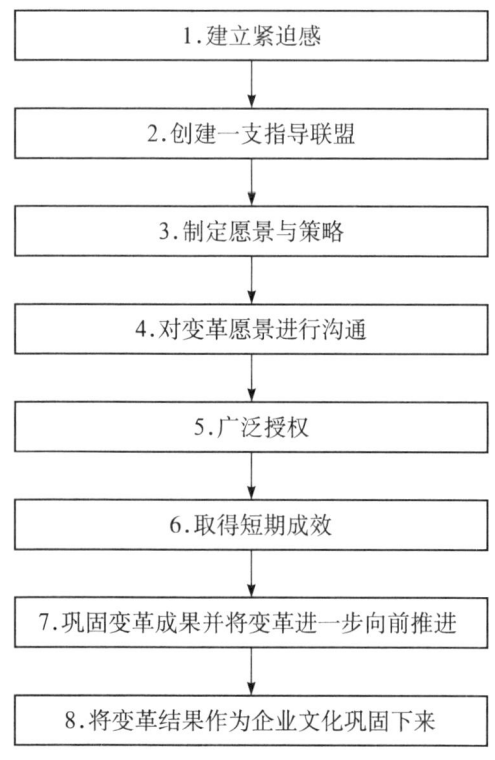

图表13—9 领导变革模型

资料来源：Reprinted by permission of Harvard Business School Press. From *Leading Change*, by J. Kotter. Boston, MA 1996. Copyright © 1996 by the Harvard Business School Publishing Corporation; all rights reserved.

建立紧迫感。许多大小公司都有骄傲自满的倾向,因此管理者必须持续不断地寻找变革的需求。成功和一成不变的行事方式的舒适性是组织沾沾自喜的两种常见原因。成功的管理者总是在寻找变革的需求,一旦需求被确认,他们就以一种高度的紧迫感来使其发生。

创建一支指导联盟。大多数成功的变革都需要数个管理者以及来自不同层级的员工的参与和支持。必须形成一个管理者和员工团体或联盟来领导变革。大多数的变革是由高级管理者发起的,但要取得成功,他们最终还是需要中层管理者、主管人员和员工的参与。

制定愿景与策略。如本章前面所述，如果可以知道其最终的影响，大多数人有可能更易接受变革。因此，对变革领导人而言，制定一个明确的关于变革将有什么结果，以及涉及怎样的转变过程的愿景是非常重要的。

对变革愿景进行沟通。变革领导人应该利用一切可利用的手段同组织的成员、受变革影响方就变革的愿景进行沟通。管理者常常会认为员工和他们一样对变革有着相同的看法。解决这种问题最好的办法是利用多种渠道和机会进行变革愿景的沟通。

广泛授权。这是指要积极促进各级管理者和员工参与变革过程，消除变革过程中的障碍，并授权员工采取必要行动来实施变革。

取得短期成效。一旦能够看到变革取得的成功，即使是那些最初抵制变革的人通常也会加入到变革中来。这里的关键是不能等待愿景的最终实现，而是要认识到和庆祝前进道路中所取得的许多小的成功，借此机会公开认可变革成就和有责任心的人。每个人都喜欢成为胜利的团队中的一员。

巩固变革成果并将变革进一步向前推进。在前进的道路上不要停滞于已有的荣誉。坚持我们最终的愿景，并不要走偏方向或满足于小小的成功。当你实现了最终的愿景的时候，就去寻找新的项目和变革。

将变革结果作为企业文化巩固下来。采取行动确保本组织及其成员不再慢慢回到老路上。强调变革的积极结果，并继续表扬参与到变革过程中的人。

组织发展

以上内容主要是从管理者的角度强调变革的过程。下面这一部分内容将从整个组织的角度来观察变革过程。

组织发展（OD）是指由组织中的上层管理者通过有计划的干预来明确组织的范围和努力的步骤，从而提高组织绩效。需要特别强调的是，组织发展着眼于组织人性的一面。它试图改变人们的态度、价值观念和管理方法。它的最终目标是建立与组织环境相适应的组织，使管理者和员工可以最充分地使用他们的技术和能力。

组织发展始于管理层认同组织绩效可以而且应该加以改进。在此之后，大多数组织发展包括以下几个阶段：诊断阶段、变革规划阶段、干预或教育阶段、评估阶段。

诊断阶段

组织发展第一件要做的事就是确定该组织是否有能力和所需的时间进行诊断。如果不具备的话，可代替的方法是聘用外部顾问。一旦做出由谁来做诊断的决定，下一步就是收集和分析信息。以下是一些最常用的方法。

1. 回顾现有的记录。第一步是回顾任何可用的相关记录或文件。人事记录和财务报告通常是两种有用的记录。

2. 调查问卷。收集数据最普遍的方法是通过让员工填写问卷。填写问卷的目的通常是了解员工对某些与工作有关的因素的态度和看法。

3. 个人访谈。在此方法中，员工被分别进行个别访谈来表达对某些与工作有关的因素的意见和看法。这种方法比调查问卷需要更多的时间，但会收集到更好的信息。

4. 直接观察。在此方法中，进行诊断的人直接观察组织成员工作时的行为。这个方法的其中的一个优点是：它可以观察到员工实际上在做什么，而不是听他们的一面之词。

在诊断阶段，应有目的地收集数据。分析数据的计划应该在收集数据之前就制定出来。很多情况下，一些人收集数据仅仅是因为数据是可用的，而没有分析的计划。

变革规划阶段

必须仔细分析诊断阶段所收集的数据以确定组织改进的最佳计划。如果过去已经做过类似的诊断，那么可以同之前的数据进行比较并寻找其中的明显差异点。由于大部分收集到的数据是基于个人意见和看法的，所以总是会存在分歧的。分析数据的关键是找到普遍的倾向和观点。变革规划阶段的最终任务是识别出具体问题所在并概括出解决问题的步骤。

干预或教育阶段

干预或教育阶段的目的是和相关员工交流在诊断阶段所获得的信息，并帮助他们认识到变革的必要性。变革规划阶段中细致分析的数据往往可以帮助变革发动者确定最适当的干预或教育方法。我们接下来对一些最常用的干预或教育方法进行讨论。

直接反馈。运用**直接反馈**方法，变革发动者将诊断阶段和变革规划阶段收集的信息传达给相关团体。变革发动者描述发现了什么问题和建议采取什么样的变革，然后通过专题讨论会来着手预想的变革。

团队建设。团队建设的目标是增强团队的凝聚力和团队精神，强调合作的重要性。一些具体方法包括：(1) 明晰员工的角色；(2) 减少冲突；(3) 改善人际关系；(4) 提高解决问题的技能。团队建设在第九章已经深入讨论过。

敏感性训练。敏感性训练是为了使我们更清楚地认识自己以及自己对他人影响的方法。敏感性训练通常在一个被称为培训组或 T 组的小组中进行，组员能够见面，没有议程或特定的重点。一个组由 10~15 人组成，彼此之间可能认识或不认识。没有计划好的结构或事先共同的经验，个人试图处理缺乏结构的行为就成为小组的议程。当参与小组的对话时，非结构性的环境鼓励成员们相互了解、认识。

敏感性训练可能会使组织的相关价值受到猛烈轰击或积极捍卫。研究表明，一般经历过敏感性训练的人通常会更加敏感、沟通更加开放、为人更加灵活。然而，同样的研究也表明，尽管敏感性训练的成果在一般情况下是有利的，却很难预测其对任何一个人的成效。

评估阶段

组织发展过程中最困难的阶段或许就是评估阶段。这个阶段需要回答的基本问题是：组织发展能否产生期望的结果？遗憾的是，许多组织发展以令人钦佩但过于空泛的目标开始，如改善组织整体的健康、文化或气候环境。在对任何组织发展进行评估前，特定的目标必须是明确的。组织发展的努力目标应该是以成果为中心且这些成果适合于可量化的指标。

评估组织发展的另外一个要求是评估方法必须得当。理想情况下，组织发展评估应该用准确、客观的数据。一种方法是把组织发展干预前收集的数据和组织发展干预后收集的数据进行比较。一个更好的办法是将"之前"和"之后"的数据同来自对照组的数据进行比较。当使用这种方法时，确定两个类似的小组，即实验组和对照组。组织发展在实验组而不是在对照组中实施。组织发展干预完成后，对实验组和对照组之前和之后的数据进行比较。这种做法有助于排除组织发展干预以外的因素所带来的影响。图表 13—10 总结了组织发展的过程。

管理创新

创新的概念在第四章作为讨论创造性的一部分已经做了简要的介绍。创新是指做本来就内含变革的新事情。今天，许多管理学专家认为，创新是组织的可持续增长的最好动力、竞争的优势和新的财富。

因为过去适用的办法现在可能已经不适用了,所以许多组织必须创造新的方法来促进创新。国际畅销书《未来管理》(Managing the Future)的作者罗伯特·塔克(Robert Tucker)认为,组织要想在未来成功地实现创新,必须遵循四项重要原则。这四项原则如下:

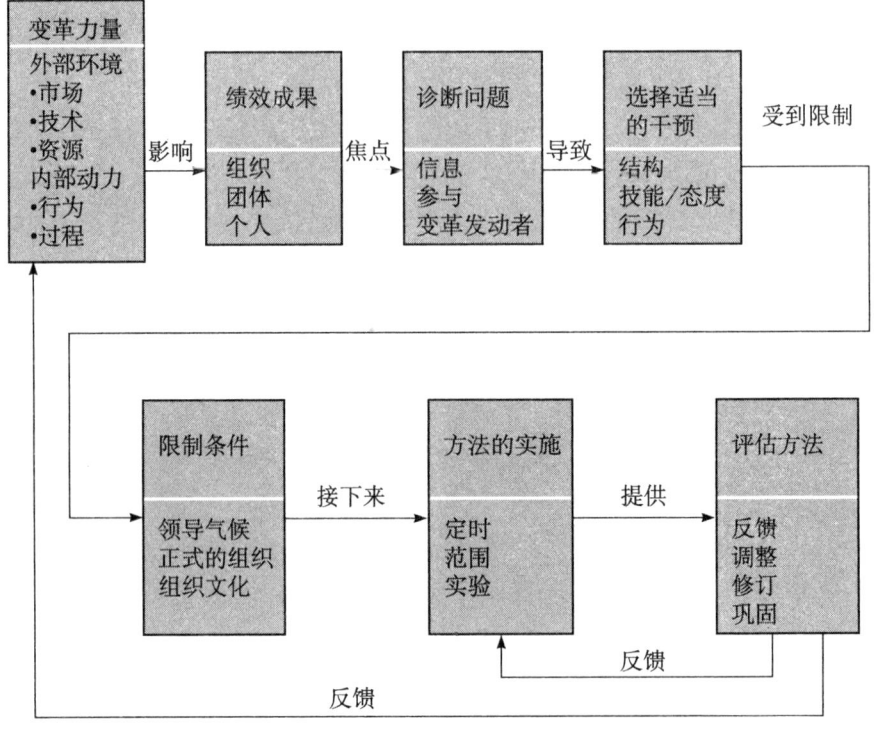

图表 13—10　组织发展管理模型

资料来源:James L. Gibson, John M. Ivancevich, and James H. Donnelly, Jr., *Organizations* (Burr Ridge, IL: Richard D. Irwin, 1994), p. 668.

1. 一个组织创新的办法必须是全面的。创新不能局限于少数部门或一小部分人。创新必须渗透到整个组织,而且必须包括组织的方方面面。

2. 创新必须是系统而有组织地不断寻找新机会。传统上,高层管理者是组织中唯一关注诸如此类问题的人。例如,这些发展对公司有什么意义?怎样来利用这些发展?如果要利用这些发展,我们必须对哪些迫在眉睫的威胁做出回应?当代变革的迅速发展要求更广泛的参与,而不仅仅是高层管理者做这些决定。

3. 组织必须让每个人参与创新的进程。直到现在,许多员工在工作中都没有被要求或期望参与创新。在某些情况下，组织甚至不鼓励员工创新。员工在整个组织中处于休眠状态中的创造力需要被激发出来。

4. 组织必须不断改进其创新的氛围。氛围是指当你在一个组织中工作或访问一个组织时的感觉。所感受到的氛围是不是促进创新和鼓励员工冒险的？有人失败后会发生什么事？创新氛围中允许某种程度的失败，希望成员从失败中学习并在整个组织分享经验。正如俗语所说：如果你还没有失败，那说明你还没有冒很大的风险。一个有良好创新氛围的组织可以给人们提供团体、小组、部门和大部门之间合作的环境，而不用担忧越过边界。

随着现代组织变革的速率加快，创新能力变得越来越重要。各级管理者通过遵守上述原则可以积极影响一个组织的创新能力及保持竞争力。

学习型组织

如果组织鼓励变革和创新，就必须创建支持这些行动的环境。学习型组织可以建立这样一种环境。一个学习型组织被界定为善于创造、获取和传递知识并改变行为以反映新的知识的组织。彼得·圣吉（Peter Senge）在其《第五项修炼》中推广学习型组织，并确定了创建学习型组织的五个原则：

1. **系统思维**。管理者必须学会看全局，而不是专注于某一部分；他们必须学会识别一个层次的学习对另一个层次的影响。

2. **自我控制**。每个管理者和员工必须被授权实验、创新和探索。

3. **心智模式**。管理者和员工应被鼓励发展心智模式来延伸自己的思维以找到新的和更好的做事方法。

4. **分享愿景**。管理者应制定共同的愿景并进行沟通，这可以作为应对问题和机遇的框架。

5. **团队学习**。团队学习是使团队密切合作并取得理想效果的过程。

案例讨论 13.2

我们做事情的方式

菲茨杰拉德公司（Fitzgerald）制造各种零售百货公司销售的消费品。30多年来，该公司坚信客户关系和以销售为中心是企业成功的关键。因此，所有的高层管理者都有销售背景，并且为公司外的客户花费很多时间。由于十分关注客户，管理层强调新产品的开发和货量的增长，但不注重降低成本或改进工艺。

1975—1985年，菲茨杰拉德占据了10%的市场份额，成为该行业中的佼佼者，盈利率始终优于行业平均水平。然而，过去10年中，许多菲茨杰拉德的产品市场已经成熟，其在该行业中市场份额从第一降到了第三。1991年以来，尽管菲茨杰拉德公司能够比其他竞争对手提供更广泛的产品线，但是盈利率持续下降。顾客抱怨说，菲茨杰拉德的价格高于其他公司。

1996年6月，菲茨杰拉德公司的总裁杰夫斯·斯蒂尔（Jeff Steele）聘请管理顾问公司的瓦莱丽·史蒂文斯（Valerie Stevens）来帮助他提高公司的财务业绩。对菲茨杰拉德公司及其行业组织进行广泛研究后，瓦莱丽会见杰夫说："杰夫，我相信菲茨杰拉德公司必须要认真对待变革的能力了。"

问题

1. 用通用术语描述菲茨杰拉德公司目前的状态。
2. 当瓦莱丽·史蒂文斯说到菲茨杰拉德公司必须认真对待变革的能力时意味着什么？有必要的变革是哪些呢？
3. 讨论公司在努力实施变革中可能遇到的问题。
4. 你认为变革会起作用吗？为什么？

本田公司、康宁公司（Corning）、通用电气公司已成为良好学习型组织的例子。在这些组织中，各种形式的学习已成为了管理者和员工无法回避的生活方式。它们和其他学习型组织通过不断扩大学习和变革能力来赢得组织各级员工的认可。

学习进度检测问题

13. 解释库尔特·勒温的三步变革模型。
14. 列出六个员工抵制变革的最常见理由。
15. 列出六个管理者用于减少变革阻力和帮助员工接受甚至是认可变革的方法。
16. 组织发展的四个阶段是什么？

第十三章 当代问题

小 结

在这一章中,我们回顾了各种各样的主题。我们看到,管理者目前正在面临内部问题(建立和管理不同背景的员工队伍)、外部问题(全球范围内的管理),以及作为现代企业日益复杂的不断变革的问题。这对于现代管理者的日常工作生活意味着什么呢?工作中没有任何东西是理所当然的。无论是内部的决定,还是直接回应该组织外部环境的改变(顾客、竞争对手或其他利益相关者),一旦新的程序或政策被实验和批准将意味着变革。成功的管理者正在适应这个新的世界,正在建立一种员工受持续变革的挑战所激励并把它当作创造性的和有报酬的工作机会来积极响应的组织文化。

工作世界:托尼建立了彩虹联盟

在去找导师杰里·史密斯之前,托尼这几天一直在思考着道恩关于多样性的发言。"杰里,你会给你地区的部门经理同样的指令吗?"托尼问,但心里预计问题的答案有50%的可能不同于道恩。

"当然,"杰里回答道,"这并不是一些配额或诉讼,托尼。我们必须确保我们在社区中运作的餐厅反映本社区的特点。在一定程度上,我们通过从这些社区雇用工人来实现这样的做法,但如果我们所有的管理者都是一样的肤色和同一性别,那将成什么样子?你我都知道,塔克·巴恩连锁餐厅不存在歧视,但我们的客户和供应商不知道。如果他们没有看到一个多样化的领导团队,他们会得出自己的结论,并且谁知道这个结论是如何得出的?当你听到这样的谈话:有人在考虑申请我们的管理培训计划时,他的朋友却告诉他不要痴心妄想了,因为塔克·巴恩只录用白人管理者。你会怎么想?托尼,这就是重点。"

"杰里,对于这个事情我仍然有疑问,"托尼继续说道,"那么我们要开始更换我们现有的管理者以确保我们更加多样化吗?我就是其中的一个白人管理者,我也应该担心我的工作吗?"

"当然不是了,托尼,"杰里回答,"你做得非常出色,而且如果公司解雇你,那将是疯狂的。在这里所有我们希望做的就是确保公司员工和客户知道，塔克·巴恩以能力提升人才。我们一直都是提供平等机会的雇主，希望我们的领导班子能反映出这一点。你为什么不把这个问题在下一次部门工作人员会议上提出来，看看他们怎么说？"

托尼听取了杰里的意见并把这个问题安排在了他的下一次部门工作人员会议的议程上。令他惊讶的是，反应都是正面的。他的一个最年轻聪明的团队领袖卡罗琳（Caroline，非裔美国人）作了如下发言："这是期待已久的，托尼。你有我们的支持，你也一直愿意支持我们学习新技能，看到几个不同肤色的兄弟姐妹在经营这个地方是不会有什么坏处的 这给了我们一些信息知道你的想法，不是吗？"他知道他们正行进在正确的轨道上。

问题

1. 杰里认为多样性仅仅是商业需要。你是否同意？为什么？
2. 托尼作为"白人管理者"的身份与他对公司新多样性倡议的担忧有什么关系？
3. 当托尼第一次在两个同样优秀但不同族裔的应聘者之间做出选择时，他会怎么做？请解释。
4. 你是否同意塔克·巴恩连锁餐厅多样性的做法？为什么？

问题回顾

1. 定义玻璃顶棚，并举例说明它是如何影响妇女和少数族裔的。
2. 定义国际贸易。
3. 什么是外汇？
4. 什么是组织发展？
5. 组织创新需要遵循什么样的原则？
6. 什么是学习型组织？

关键术语

国际贸易　不同国家之间的商品和服务的交换。

绝对优势　在相同投入量之下比其他人生产更多商品的能力。

比较优势法则　生产者应该生产那些自己生产效率高的产品，并从他人那里购买其生产效率较低的产品。

出口　商品和服务被销售到国外。

进口　向国外购买商品和服务。

多样化　一个公司涉猎不同的经营活动。

贸易差额　一个国家出口商品价值与进口商品价值之间的差额。

关税　一国政府对通过其国境的物品所课征的租税。

限额　对可以进入一国的某种商品在数量上的限制。

禁运　包括禁止产品出口或者从某一国家进口。

自由贸易区　减少或消除了贸易限制的地区。

北美自由贸易协定（NAFTA）　NAFTA允许美国、墨西哥和加拿大三国在北美自由贸易区内进行自由贸易，不受贸易壁垒限制。

境外中介机构　为希望在国外做生意的公司销售商品的批发商或代理机构。

许可协议　许可一个公司出售另一个公司的产品，被许可人以公司收益的一部分支付费用的协议。

战略联盟　各公司为达到共同目标而结成联盟，进行资源和技能的整合。

跨国公司（MNC）　在两个以上的国家有重大资金投入，并通过国际活动获得销售和利润，在全球范围内寻找机遇，具有全球视角和发展导向的公司。

技术变革　新机器和新流程等方面的变革。

环境变革　发生在组织外部的所有非技术性变革。

内部变革　包括预算调整、政策变化、多样性的调整、人事变动等变革。

组织发展（OD）　由组织中的上层管理者通过有计划的干预来明确组织的范围和努力的步骤，从而提高组织绩效。

直接反馈　变革发动者将诊断阶段和变革规划阶段收集的信息传达给相关团体的过程。

敏感性训练　在组织发展中运用的能使我们更清楚地认识自己以及自己对他人影响的一种方法。

网上练习

自由贸易

自由贸易协定，如北美自由贸易协定（NAFTA）和关贸总协定（GATT）可以在特定区域内减少贸易壁垒，并能够增加销售量和降低商品价格。然而，消费者、劳工、卫生和环保团体如民主联盟（the Alliance for Democracy）、华盛顿公民组织（Public Citizen in Washington，D.C.）和公平贸易网络（the Fair Trade Network）对其非议不少，他们认为：无限制的、"企业管理"式的贸易将弊大于利。

在互联网上做调查并回答下列问题：

1. 做好讨论北美自由贸易协定和关税及贸易总协定正负面作用的准备。
2. 民主联盟或公平贸易网络文件的目的。

航空业的变革

自从2001年的"9.11"事件以后，许多组织不得不改变它们做生意的方式。航空业无疑是其中受影响最严重的行业。你的导师将把班级划分为由4～6名学生组成的几个小组，各组分别回答以下问题：

1. 2001年的"9.11"事件以后，航空业做出了哪些重大变革？

2. 你的小组认为这些变革对乘客而言是积极的还是消极的呢？对航空公司的员工而言呢？

3. 为什么这些变革在这个惨剧发生前没有实施呢？你所在小组的观点是什么？

每一组回答了上述问题后，你的导师会请每一个组和全班同学分享他们的观点。

讨论练习 13.1

一个反对沃尔玛的案例

在一个有着广泛的影响的案子中，陪审团对一个自称受到性别歧视和

第十三章 当代问题

诽谤的药剂师进行裁定。

6月19日,马萨诸塞州的皮茨菲尔德市,辛西娅·哈达德(Cynthia Haddad)和其丈夫比尔(Bill)从波克夏高等法院穿过温德尔大道到公共图书馆交谈。他们在那里等待,而在公园广场法院里陪审团正在审议哈达德对她的前雇主沃尔玛提出的性别歧视和诽谤的诉讼。当他们手牵手离开图书馆,太阳的照耀使哈达德感觉一切即将结束。"不管判决怎样,这都将是我们后续生活的第一个休息日。"这个有着4个孩子的45岁的母亲说,"我的故事被传播了,我做了斗争。从此以后,我将继续我的生活。"

此后不久,哈达德流泪了。陪审团裁定给予她将近200万美元的惩罚性和补偿性赔偿金。"这给了我清白,"哈达德说,"它开始把生活重新带回到了我身边。你们听着。"

解雇背后

这一场争端主要围绕着为什么在该公司作为药剂师工作十多年后,哈达德会被沃尔玛解雇而展开。哈达德认为,她被解雇是因为皮茨菲尔德药店报复她投诉她的工资比男性药剂师低和药店受管制药物失踪。沃尔玛争辩说,哈达德被解雇是因为她违反了公司政策和药店管理失职。该公司还认为,哈达德无权要求支付同其他男性药剂师一样的工资是因为她不是真正的管理者。

沃尔玛很可能会上诉,而且判决可能会被推翻。当然,即使沃尔玛败诉,200万美元对于一个在最近的财政年度收入为3 550亿美元的公司而言也只不过是微不足道的一点。不过,哈达德的胜利给沃尔玛带来了一个困难时期,因为该公司需要在众人面前竭力捍卫自己的声誉。沃尔玛已经因为员工工资和福利以及对本地小零售商的影响受到了猛烈的攻击。

潜在影响

哈达德的成功也可能产生了超出她这个具体案子的影响。沃尔玛正面临着一种特别的关于性别歧视的大规模集体诉讼。这个案子的一个带头律师说,哈达德的胜利给予了他扩大此类案件的机会。杜克斯(Dukes)在代表150万~200万自1998年就在沃尔玛零售商店和批发俱乐部工作的妇女诉沃尔玛的案子中,指控该公司在职务提升、薪酬、培训和工作分配中存在性别歧视。根据美国证券交易委员会(the Securities & Exchange

Commission）的备案，除了杜克斯的集体诉讼外，还有超过 75 个针对该公司的悬而未决的诉讼，其中大多关于薪酬和超时工作问题。

哈达德案例表明了一名员工是如何在一组有决心的律师队伍支持下以法律途径击败零售商巨人的。她的成功得益于对该公司长期的跟踪记录和多年来员工的极大支持。更重要的是，她的律师理查德·弗拉德特（Richard Fradette）和大卫·贝尔福（David Belfort）能够追踪到关键证人。这个证人出示了有关哈达德待遇的书面材料，尤其是以前或现在供职于沃尔玛的受到了明显区别对待的男性药剂师待遇的证据。

哈达德于 1993 年在沃尔玛开始工作，当时她实现了人生理想。自从她八年级时与家乡的一位药剂师偶遇之后，她就希望成为一名药剂师。接下来她平静地工作了 10 年。

比萨和冰棍

2003 年，哈达德投诉说没有和其他男性药剂师一样得到同样程度的奖金和薪酬。她说，她已担任临时药店经理，尽管最终只留在那个位置上做了 13 个月。哈达德最终分两期获得了奖金。沃尔玛表示，由于哈达德并不是正式的药店经理，她无权获得经理额外补助的每小时 1 美元的薪酬。

2004 年 4 月，哈达德被沃尔玛解雇了。根据审判材料，哈达德是因为"把一个技术人员单独留在药店中的药店管理失职"而被解雇的。哈达德说，解雇声明中提到的盗窃治疗溃疡的药品的技术人员叫兰索拉（Prevacid），这发生在她 18 个月前值班时。

专家证词

2007 年 6 月，哈达德上了法庭。为了回应沃尔玛哈达德因药店管理失职而被解雇的声明，律师贝尔福和弗拉德特找到药店被盗窃时值勤的男性药剂师理查德·布莱克伯德（Richard Blackbird），他后来取代哈达德成为药店经理并已离开沃尔玛。他表示，在他的监管下从未解雇过盗窃治疗溃疡的药品的技术员，而且技术人员是自愿离开而不是被解雇的。

弗拉德特和贝尔福还向一些经济学和心理学专家展示了哈达德工作时的绩效评价资料，其中一些主管称赞她是"部门的宝贵财富"和"一个非常可靠的药剂师"、"在增强部门凝聚力方面做得非常出色"。

打破锁链

作为回应，沃尔玛对哈达德律师的一系列声明提出了异议。根据该公司在法庭上提交的文件，它否认哈达德"在受雇期间被评价优秀"，它也

第十三章 当代问题

否认解雇和哈达德的投诉有关，并坚持哈达德被解雇是因为其违反公司政策把技术员单独留在药店。

如果裁定被执行，哈达德将有权获得100万美元的惩罚性赔偿、9.5万美元的欠薪、73.3307万美元的头款和12.5万美元的精神损失费。陪审团裁定沃尔玛犯有诽谤罪，但没有就此要求沃尔玛赔款。另外，她的律师计划请求沃尔玛支付律师费。

哈达德说她打这场官司是为了名声而不是为了钱。"关键是我有4个孩子，而且他们每个人班级上都有同学的父母是药剂师，"哈达德说，"现在我刚刚接到之前不再和我说话的人们的电话。"

哈达德的丈夫也是一名药剂师，目前在马萨诸塞州伦诺克斯村综合药店工作。"这是一个谨慎的连锁店。"她笑着解释道。

问题

1. 哈达德·辛西亚和沃尔玛的争端是什么？
2. 根据沃尔玛的说法，发生了什么？
3. 薪酬的差异最后确定为1小时1美元，沃尔玛可以很容易解决此问题，你认为它为什么选择把自己带到法庭呢？
4. 你认为裁决结果对沃尔玛将意味着什么？为什么？

资料来源：Adapted from Emily Keller, "Top News," *BusinessWeek*, June 28, 2007.

讨论练习 13.2

美国再造

索尼公司东山再起取决于它的美国诀窍。

曾经比一个销售和营销部门还小的美国索尼消费类电子产品部门已经成为其全球转变的关键。此时，索尼美国负责人正被越来越多地授权拒绝不适合美国本土的日本设计的产品。他们拒绝了最近推出的一款随身听，因为他们认为其屏幕太小而不能和苹果公司的主打产品iPod相竞争。当然，日本仍然是索尼的全球创新中心，公司的225名设计人员有80%以上在那里。许多打动美国人的产品仍然是在索尼实验室里创造出来并横跨太平洋来到美国的。然而，美国高管现在拥有了前所未有的修整影响力，这包括从产品的款式到使它运转的软件各个方面。

在美国制造的小玩意可能会对索尼公司所希望的转变起到关键作用。公司似乎在摆脱近十年之久的销售和利润下滑的局面。在美国设计或改进的消费类电子产品有利于减轻其他部门的损失,如电影和音乐。2007年4月1日开始的财政年度,该公司整体的销售量可能达到了历史最高水平750亿美元,营业利润为34亿美元。这归功于董事长霍华德·K·斯特林格(Howard K. Stringer)的领导。这位索尼美国公司的前首席执行官——第一个领导整个公司的西方人——作为仍然占该公司的收入近七成的核心消费类电子产品部门领导人,他用了两年时间来推动振兴索尼并恢复其声誉。他的策略的一大要素就是调整产品以适应全球各地不同的需求。

从网上音乐商店到掌上游戏机的电影光盘,索尼公司在最近几年经历了一连串的商业失败。给全世界带来了随身听的公司——因此拥有个人音频业务多年——自夸至今没有真正的对手。然而,索尼公司的便携式数字音频和视频播放器还没有接近iPod的市场垄断地位,PS3电子游戏机还必须跟随竞争对手微软公司和任天堂公司的热门产品竞争。

自斯特林格被任命以后,索尼美国公司已成为新产品和新服务重要的孵化器。美国创新精神在早期取得的成功促使该公司开始在其他地方提供类似的产品。索尼现在正在法国和英国销售具有内置移动宽带接入口的VAIO品牌个人电脑,这一战略开始于美国,主要是为了提高电脑的低利润率。每次当用户启动无线服务时,索尼就可以从移动运营商那里收取专利费用。Mylo是由日本和美国联合设计的针对青少年网页浏览和收发信息的掌上产品,在美国的销售超过预期后,最近才在日本推行。现在该公司正在考虑今年晚些时候是否在欧洲推行便携式数字图书阅读器(一大部分是在美国改造的产品)。

美国中心也在调整设计以提高索尼产品对美国买家的吸引力。对于零售商塔吉特公司,索尼在美国加州圣莫尼卡的设计中心创造了99美元丽芙(Liv)音乐系统。其木质装饰、环保包装适应了美国设计的趋势。蒂姆·沙夫(Tim Schaaf)——一个在苹果公司待了15年的老将——2005年底跳槽到了索尼。他用简易的按钮更换了价格为350美元的便携式数字图书阅读器上笨重的键盘,并增加了MP3播放器功能。"在日本,他们有很多创新的想法,"该中心的主任亚历克·阿里汉(Alex Arie)说,"但是这并不意味着每一个想法都符合美国市场和消费者的需求。"

问题

1. 索尼公司采取什么步骤来量身订制"符合全球不同口味的产品"?
2. 至少提出3个关于量身订制产品的例子。
3. 为什么霍华德·K·斯特林格的任命对索尼公司意义重大?
4. 你认为斯特林格的战略会有效吗?为什么?

资料来源:Adapted from Cliff Edwards and Kenji Hall, "Global Business," *BusinessWeek* May 7, 2007.

第十四章
21 世纪的管理

Chapter Fourteen

"事实上，我认为并不存在持续增长的行业，而只存在为创造和利用增长机会而被组织和运营的公司。那些认为自己一直在自动上升的扶梯上的行业最终会停滞不前。"

——西奥多·里维特（Theodore Leavitt）

■ 学习目标

在学完本章之后，你将能：
1. 讨论管理者未来将如何管理。
2. 识别技术如何影响管理者的角色。
3. 评论虚拟组织管理的挑战。
4. 讨论社会责任和组织的伦理准则。
5. 识别商业中的伦理准则。
6. 解释什么是社会责任。

第十四章 21世纪的管理

工作世界：塔克·巴恩变得具有社会责任感了

托尼开始恐惧区域会议。最近，每一次会议都会有直接影响到区域经理职责的重大组织政策变革。他赞同领导班子在激烈的市场竞争中努力通过积极的塔克·巴恩发展计划来保持领先，但一段时间进行一次回顾季节性菜单的简单会议能起什么作用呢？是吧？

当托尼走进会议室时，他意识到本次会议将不会例外——道恩显然有重大的消息与他们进行交流。墙壁被彩色海报和报纸专栏覆盖着，展示着新鲜的农产品、农场和来自世界各地不同国家的人们；而这些报纸以海报般大小的专栏对一个特别的主题——企业如何变得更有社会责任感——进行狂轰滥炸式的报道。

会议延迟了15分钟才开始。托尼想这可能是为了让大家可以用这段时间来阅读海报，会议一开始道恩就直奔主题："我们将从下个月开始发起整改倡议，主要目的是把塔克·巴恩发展成为一个更具社会责任感的企业。你们都已经看到了所有的竞争者都是怎么做的——更健康的菜单选择、环保包装并通过食物购买活动支持当地农民和他们的供应商——在这些企业抢走我们的客户前，我们是时候站在同一起跑线上了。"

"我知道你们在自己的区域内都始终向前迈着各自的步伐，但我们希望把它作为整个公司的倡议，从而表明我们对此承诺的真诚及整个公司的支持程度。"道恩继续道，"同事们，我们在这里不是做几个走秀项目或公共关系活动，而是要在处理这个问题上表现出真正的创造力和创新力，以便充分地和我们的客户及利益相关者分享这个信息。该计划在下个季度的年度报告中要有许多内容，所以我们现在就必须开始工作。返回到你们的区域，让你们的团队参与进来。我们已经开始了全面的社会审计，将在两周内重新召开会议通过头脑风暴法收集信息。请记住，公司鼓励每个人都充分参与。"在回到自己区域的路上，托尼边开车边思考他的团队对这个新项目将有什么反应。

问题

1. 什么是社会审计？如何做社会审计？参照后面的相关内容。
2. 塔克·巴恩连锁餐厅仅仅是在附和一种趋势还是有证据表明该组织是在做出

一个真正的承诺？请解释。
3. 这些新规则将如何影响托尼作为区域经理的工作？
4. 你如何看待你所在的（或曾经工作过的）组织对这种政策改变的反应？

正如我们在第二章所看到的，21世纪的重大变革毫无疑问地发生在美国组织和管理方式的方方面面。从管理角度看，随着我们进一步迈入21世纪，有可能发生什么样的变革呢？

《2000年以后的工作场所》（Beyond Workplace 2000）这本书的作者对21世纪的组织和管理进行了有趣的预测。

- 大多数美国公司会发现它们不再能够从提高产品质量、服务、成本或速度上获得竞争优势，因为竞争对手在这些传统的项目上的差距将很接近。
- 每个美国企业和为美国企业工作的员工都将被迫具备敏捷性、灵活性和很强的适应性，因为企业所提供的产品或服务以及员工被雇用的商业流程都将处于不断的变化中。
- 每一家美国公司都将被迫去更好地了解自己真正擅长的方面，并且将其有限的资源投资在发展和保持这方面独特的知识、技能或能力的优越性上。
- 组织结构将变得极其不稳定。大多数美国企业不会再有部门、单位、系或职能团体，而只有临时性的多学科和多技能小组。
- 领导者和被领导者、经理和员工之间的隔阂将会消除。传统意义上的老板都将消失。虽然会有一些领导工作和项目小组的外部常任领导人，但他们将更像小组活动的协调员而不是传统意义上的领导人。

最近有关组织和管理未来的预测都加强了这个中心主题：未来的组织将比过去的组织更加具有流动性和灵活性。

从2008年开始回首这些预测，可以肯定的是变革的速率将继续加快，组织和管理者在未来都必须要适应这些变革。

本章确定了三个在未来几年里将主导管理的关键领域：技术的发展、持续增加的虚拟化管理及更加注重伦理和社会责任。

技术的发展

不久前，许多我们现在习以为常的短语和词组仍是全新的商业词汇。直到20世纪80年代中期，网络空间这个词语才被创造出来，e-commerce

（电子商务的缩写形式）也没有出现多长时间——1994年，在一个新奇的网站上放置了第一个电子商务的广告横幅时，人们才开始使用这个词语。

20年以来有关电子的词汇日益充斥着我们的生活，技术完全改变了我们的世界。商业世界和商业管理者的作用发生了翻天覆地的变化。现在我们通过像易趣这样的电子交易市场开展B2B业务（企业对企业）、B2C业务（企业对消费者），甚至C2C业务（消费者对消费者）。技术已经浓缩了管理者的时间和空间：

- 现在可以在几秒钟内处理复杂的计算。
- 只需要敲打电脑键盘，信息就可以通过电子邮件（e-mail）发送给分布在世界各地的收件者。
- 通过各种搜索引擎可以访问大量的信息。这些搜索到的信息可能比你需要使用的多得多。
- 谷歌（google）现在是一个动词，而最初这个搜索引擎名称的选择是一个拼写错误。（原始拼写是著名的天文数字"googol"，一个代表着数学术语10的词语——1后面跟着100个0，然而域名google.com已经存在了，于是一个城市的传奇诞生了。）
- 实体商店被不用亲自和顾客见面的虚拟在线供应商所取代。世界上最大的图书供应商亚马逊网站（Amazon.com）根本就没有零售店。
- 传统厂商现在投入到网站的资源和实体店一样多。
- 手机和个人掌上电脑（PDA）现在比充满电脑的房间拥有的功能更多。如果英特尔创始人戈登·摩尔（Gordon Moore）提出的定律属实，那么在可预见的未来计算集成电路的能力将继续每两年翻一番（通常引述成18个月）。

学习进度检测问题

1. 定义网络空间。
2. 什么是电子商务？
3. 什么是摩尔定律？谁是摩尔？
4. 解释词语B2B、B2C和C2C。

在工作场所，技术围绕着信息而不是原材料推动了管理过程的发展。企业资源计划（ERP）就是一个信息管理过程的例证。企业资源计划是把一个组织里所有的职能部门联系到一个共同的框架里，目的是让组织中的每个人都能即时访问所需要的信息，以在组织的有效运作中做出重要决策。从材料规划（通过生产过程管理原料）中发展来的企业资源计划系统可以通过消除浪费和返工的现象来提高效率。通过现有的和准确的数据做出重要决策，公司不再靠预测投入大量的资源，而是可以使用已有的硬盘数据。

对客户来说，企业资源计划技术已经发展出客户关系管理（CRM）技术，该技术可以让组织跟踪到每一次合作或和客户的"接触点"，且可以让客户在任何时间都马上能知道生产过程或交付过程中他们指令的行踪。当一个汽车买主订购颜色、材料和功能组合的定制品时，客户关系管理技术可以让其登录并查看车子处在什么装配线——这无疑是一个令人印象深刻的魔幻技术——值得怀疑的是，公司为提供这种服务在硬件和软件上做出这么重大的投资将得到什么回报。

虚拟化管理

技术进步创造了这样的商业环境：传统的分散在各个位置的职能部门组织框架已被复杂的网络所取代。这个复杂的网络由供应商、合作伙伴和合作者相互配合组成，并通过电子平台把组织的产品和/或服务提供到千里之外。对于管理者而言，这带来了前所未有的挑战：

1. 你如何管理一个可能遍布 50 个州或 20 个国家的组织？
2. 该技术有可能支持电话会议、"网络研讨会"或视频，但你将如何建立一支成员从未碰过面的团队呢？
3. 当利用其他国家较低的劳动力时，外包节约了巨大的成本。但为了建立新的合作关系，你愿意和新合作伙伴分享多少专利信息呢？
4. 如果你的公司发展是建立在国内设计和生产高品质的产品上，而你现在需要把生产环节转移到国外以保证利润，但要通过与第三方供应商合作，你怎么知道公司能否持续保证产品的质量呢？

正如我们在第八章学到的，虚拟组织是指商业伙伴和团队通过信息技术手段跨越地理或组织界限而一同工作的组织。在一个虚拟的组织里，如果有需要，共同工作的工人往往也只是定期见面。图表14—1描述了虚拟组织的一个基本类型。

在虚拟组织形成过程中，技术发挥了核心作用。随着技术复杂性的提高，潜在的更为复杂的虚拟组织有可能实现。过去以项目为基础的组织根

第十四章 21世纪的管理

据项目期限的长短来决定组织的成立或解散,而现在它已被有长期基础的虚拟组织所取代。共享服务器技术使得天各一方的办公室在一般情况下都可以同时使用同一种文件工作。网络技术的进步和视频会议使得出差成为昂贵的奢侈品而不是一种必需品。现在可以聘请世界各地的产品和功能专家做兼职或合同工,而不需要聘请他们担任全职员工,也不需要为他们提供曾经最需要的服务——重新安置办公室。正如图表14—2中所指出的,虚拟组织有许多潜在的优点和挑战。你认为有多少这样的挑战可以通过现在或将来技术的进步解决呢?

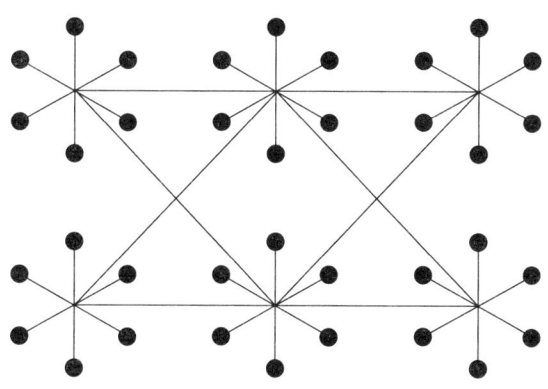

图表14—1 虚拟组织

图表14—2　　　　　　　　　　虚拟组织潜在的优点和挑战

优点	挑战
提高生产率。 降低成本。 能够雇用到最有才能的员工而不必考虑地理位置。 通过建立动态团队快速解决问题。 更简单地平衡静态员工和动态员工。 改善工作环境。 更好地平衡工作和个人事务。 提供竞争优势。	领导者必须从控制模式转变到信任模式。 需要新的沟通和合作方式。 管理者必须营造一种学习型文化并愿意接受改变。 需要对员工进行再教育。 监控员工行为变得十分困难。

资料来源:Maggie Biggs, "Tomorrow's Workforce," Infoworld, September 18, 2000, p. 59; and Sonny Ariss, Nick Nykodym, and Aimee A. Cole-Laramore, "Trust and Technology in the Virtual Organization," S.A.M. Advanced Management Journal, Autumn 2002, pp. 22-25.

学习进度检测问题

5. 什么是虚拟组织?
6. 在一个虚拟的组织中,管理者将面临什么挑战?
7. 虚拟组织常见的三种类型是什么?
8. 视频会议技术能取代面对面的交流会议吗?为什么?

案例讨论 14.1

虚拟组织创造虚拟活动

1996年在波士顿成立的房地产网络社团(RECS)(www.recyber.com)是一个纯粹的虚拟组织。这个营利性的社团制定了一个提供录音带和简报的系统,以帮助有兴趣通过使用技术和互联网来改善业务的房地产专业人员。2001年的"9.11"事件以后,社团工作人员准确地预测:在传统的面对面交流活动中,成员和参展商的参与将会下降。凭借网上经验,社团领导人决定于2002年4月召开网络会议。这次活动非常成功,5天时间大约有2.2万名房地产专业人士参加会议。与会者登记参加活动、听取发言、网络化工作并参观展览摊位,所有这些活动都在网上进行。

2004年4月,该活动从4天延长至7天,4.2万名房地产专业人士参加了会议。在7天的会议中,参加者可在任何时间到博览会参观展品,并与参展商进行网络聊天。每天会有4个国内发言者发言,与会者可以聆听这些发言并在任何时候都可以打印他们的发言稿。该活动还精选出了3个主要发言者。未能出席主要会议的参加者可以检索幻灯片,听取讲座,并在自己方便的时候打印出发言稿。

问题

1. 怎样在线参加整个活动?
2. 访问房地产网络社团(RECS)(www.recyber.com)。从创立起,这个组织的活动是如何变革的?
3. RECS提供给其成员哪四个关键优势?
4. 你会参加你所在行业的网上活动吗?为什么?

资料来源:John M. Peckham III, "Virtual Society, Virtual Convention," *Association Management*, December 2004, p.55.

伦理和社会责任

个体会做出自认为正确或错误的决定。做出这些决定基于他们的伦理准则。**伦理**就是规范行为的一系列道德准则或价值观。所有个体都会发展出自己的一套伦理准则,这将帮助他们在不同情况下决定如何行动。

像个体一样,企业发展商业伦理以帮助它们决定如何行事。这些伦理准则反映了公司关于什么样的行动是适当和公平的价值观。

伦理在管理决策中的角色是很让人为难的。管理往往充满了个人感情,许多类型的伦理问题有可能在商业中出现。如果他们知道企业中存在不道德的做法,他们应该怎么做?他们应该冒着失去工作的危险来揭发这些不道德的行为吗?或者他们应该退出,让不道德的行为继续?又或者他们应该忽视这样的行为?这是管理者面临的一些让人为难的道德要求。

伦理准则

为了帮助管理者以符合伦理的方式回应不同的商业情景,许多公司都建立了自己的伦理准则。**伦理准则**是概述组织决策行为原则的文件。大多数美国企业都有伦理准则。

伦理准则的内涵

伦理准则是所有员工共同遵守的正式文件。这些准则涵盖了以下领域:

- 诚实。
- 遵守法律。
- 产品安全和质量。
- 健康和安全的工作场所。
- 利益冲突。
- 工作惯例。
- 销售和营销做法。
- 财务报告。
- 定价、结算以及签订合同。

- 证券交易和使用机密信息。
- 获得和使用竞争者的信息。
- 安全。
- 交易付款。
- 政治活动。
- 环境保护。

只是建立伦理准则并不能防止不道德的行为的发生。要想伦理准则有效就必须执行。事实上，一个不被遵守的伦理准则可能弊大于利。因此，惩罚公司违反伦理准则的员工是很重要的。

举止合乎伦理

商人需定期做出有关伦理的决策，这些决策会对个人及其公司产生重要的影响。不道德的行为可能伤害甚至结束商人的职业生涯，这可能会导致公司损失数百万美元甚至破产。举止合乎伦理规范可以帮助员工获得同事的信任，也可以帮助企业获得客户、供应商等其他人的信赖。

行为诚实

在许多情况下，道德行动的方针是明确的。有道德的员工不会盗窃他们的雇主，不会谎报工作时间，不会伪造文件。而有这些行为的员工将会威胁到他们的职业生涯。他们还可能对他们的雇主造成严重的损害。

员工盗窃

雇主相信自己的员工不会盗窃自己。有道德的员工不会破坏这种信任。

不诚实的员工以各种方式盗窃他们的雇主。一些人从雇主企业中挪用资金或窃取用品以及存货；一些人接受企图和公司做生意的人的贿赂；其他一些人还提交虚假的开支账户。

谎报工作时间

有道德的员工不会谎报工作时间。例如，在家里工作的员工会准确地报告自己的工作时间。他们不会利用管理者无法检查实际工作时间的特点。

有道德的员工还会坚持工作，除非他们生病或有正当的理由需要离开自己的岗位。他们不会在工作时间假装生病以留在家里。

伪造记录

员工可能犯的最严重的道德过失就是伪造记录。这可能会对公司的声誉造成非常严重的损害，甚至可以导致人们生病或死亡。例如，一家制药公司的经理伪造记载公司生产的药物的副作用的记录，就可能会导致吃这种药物的人们死亡；生产主管伪造电脑零件已被检查的证件就可能会导致公司出售有缺陷的产品。多年优秀的企业业绩可能会被这些不道德的行为损害。

处理伦理困境

伦理困境指道德行动方向不明确的情况。这种情况经常出现在商业界。思考下列例子：

1. 你的老板秘密地告诉你，你的一个朋友会被解雇。你的朋友正准备买房子。即使你已答应你的老板不会泄密，但是你会不会提醒你的朋友他将被解雇？

2. 你的同事一直违反公司的伦理准则接受与公司做业务的推销员的贵重礼物。你会不会向你的主管揭发你的同事呢？

3. 一个员工没有恰当地履行职责。你知道她一直有严重的个人问题，而且你也尝试理解她的处境。不过，这个业绩不佳的关键队员让你的全体员工都很痛苦。你会怎么做？

解决这样的伦理困境问题的方法就是回答图表14—3所示的一系列问题。和你信任的人交谈也可以帮助你解决伦理困境问题。图表14—4解释了一些商业伦理问题。

图表14—3　　　　　　　　　解决伦理困境

> 1. 你是否准确地定义了问题？
> 2. 如果站在对方的立场上，你将如何定义问题？
> 3. 你的决定或采取的行动可能会伤害谁？你会和相关当事人讨论问题后再做出决定吗？
> 4. 你能否确定你的立场将一直和现在一样，并能有效地持续很长一段时间？
> 5. 你能否向你的老板、总裁、董事局成员、家人甚至整个社会毫无疑虑地透露你的决定或行动呢？

资料来源：L. Nash, "Ethics without the Sermon," *Harvard Business Review* 59 (1981), p.78.

图表 14—4 商业世界中的伦理问题

> **1. 商业熟人之间正常的活动**
> 许多商人之间的活动被认为是做生意的一部分。例如，管理者请客户吃午餐或邀请他们打高尔夫球。这些类型的活动可以帮助商人们相互了解。
>
> **2. 商业熟人之间可疑的活动**
> 一些商业熟人之间的活动是值得怀疑的。例如，管理者送给客户一个昂贵的礼物，可以被看做是企图贿赂客户以达到和他的公司做生意的目的。企业通常会向其员工提供他们认为可以接受的各类礼品的指南。
>
> **3. 商业熟人之间非法的活动**
> 为了吸引投资，行贿是不道德和非法的。从事这种活动的管理者可能面临法律的制裁，甚至进监狱。

注：伦理准则和个人关于正确或错误的价值观可以帮助企业管理者选择正确的行动方针。

职业管理

赢在面试……全都是与你相关的！

第一次写简历可能是一次很陌生的练习，因为很多时候我们不习惯于描述我们自己、我们的工作经验、我们的教育、我们的成绩等。但是，简历确实是全都关于你自己的事情。你写得越多，招聘公司就越了解你，而且这可能是聘用你而不是其他应聘者的独特原因。

当你在写简历的时候，招聘公司正在寻找着以目标为中心的、有领导能力的准员工。它们需要员工有责任感并且是公司可以进一步培训和发展的良好上进的模范。这看起来像你吗？

从现在开始，看看你已在你的事业上取得了哪些成就和如何转化成你将要工作的公司所需的技能。请记住，赢在简历就是告诉准雇主你的情况以及对于他们而言聘用你将是多么明智的选择！

与商业伦理相关的法律

多年来，各种关于商业伦理的法律已经颁布。这些法律涉及竞争行为、公司治理、消费者保护和环境保护等。

竞争行为

19世纪晚期以来，联邦政府就一直监管着公司以确保它们不从事反竞争行为。所有美国公司都必须遵守这些法律。这些法律由反托拉斯的美国司法部和联邦贸易委员会执行。

《谢尔曼法案》

正如你在第二章所了解到的，1890年的《谢尔曼反托拉斯法案》认定公司垄断行为是违法的。根据法律规定，如果合并后的公司将控制过大的市场份额，那么合并将是违法的。颁布这部法律的目的是确保公司之间能够保持公平的竞争。

《克莱顿法案》

1914年的《克莱顿法案》认定以不同的价格出售给不同的批发客户是非法的。例如，这意味着钢铁制造商不能以这个价格出售给通用汽车公司而以另一个价格出售给克莱斯勒公司。

《克莱顿法案》还禁止捆绑销售的做法。例如，计算机硬件制造商不能要求客户同时购买软件。

《惠勒—李法案》

1938年《惠勒—李法案》禁止不公平或欺骗性的行为或做法，包括虚假广告。根据该法，企业必须告知消费者使用他们的产品后可能会产生的不良后果。香烟盒上的标记就是《惠勒—李法案》要求披露信息的一个典型例子。

公司治理

《萨班斯—奥克斯利法案》于2002年通过。该法案常见的缩写是SOX。《萨班斯—奥克斯利法案》的要求包括：审计师保持独立性，限制从事企业审计和咨询服务的公司，保证公司董事委员会的独立，内部控制的管理评估，以及公司的首席执行官和首席财务官个人财务报告的认证。报复举报、改变或破坏文件以妨碍美国联邦调查都是非法的。根据该法案，如果员工因举报涉嫌公司的欺诈行为或其他有关对股东欺诈的行为而被他们的雇主报复，他们可以向职业安全与健康管理局（OSHA）提出申诉。

——**学习进度检测问题**——

9. 什么是伦理？
10. 什么是伦理准则？
11. 建立一个伦理准则就可以防范不道德的行为吗？为什么？
12. 什么是伦理困境？在商业环境下它能预防什么样的挑战？

消费者保护

在美国存在若干法律保护消费者免受不道德的和不安全的商业行为的侵害。这些法律涵盖了食品和药品、其他制成品以及贷款等领域。

食品和药品

1938年《联邦食品、药品和化妆品法案》禁止出售不干净的、标识不当的、虚假保证的以及对身体有害的食品、药品和化妆品。执行该法律的食品和药品管理局（FDA）有权迫使制造商停止销售它认为是不安全的产品。

消费品

消费品安全委员会（CPSC）成立于1972年。它规定了消费品最低的产品安全标准。一旦发现产品有缺陷，消费品安全委员会就有权迫使制造商召回该产品。例如，1999年消费品安全委员会召回了25万个耐克水瓶。该瓶被召回是因为瓶盖安装不合理，这有可能导致用户窒息。

贷款

有一系列的法律保护美国消费者免受不公平的借贷行为。根据1968年《诚实借贷法》，债权人必须让消费者知道他们需支付多少财务费用和利息。1975年《平等信用机会法案》禁止债权人在歧视性基础上做出信贷决定。

环境保护

自19世纪60年代末期以来，环境保护在美国一直是一个重要的社会和经济问题。这种关切反映在许多保护环境的法律上。

1969年的《全国环境政策法案》

1969年的《全国环境政策法案》的关键立法部分就是保护环境。该法设立了美国环境总署（EPA），其使命是保护人类健康和保护空气、水和土地。

1969年后，通过了许多影响企业的环境法律。这些法律包括《清洁空气法案》、《有毒物质控制法案》和《清洁水法案》。所有这些法律都由环境总署执行。

1970年的《清洁空气法案》

1970年的《清洁空气法案》是控制废气排放量的综合性联邦法律规定。法案最初设定了50个州各自的最高空气污染标准。1990年，该法案进行了修订，以处理酸雨、地表臭氧、平流层臭氧损耗和空气中的有毒物质等问题。

1976年《有毒物质控制法案》的目的是使环保局能够追踪到最近生产

或进口到美国的 7.5 万种工业化学品。环保局控制这些化学品，并可以要求报告或测试那些可能对环境或人类健康造成危害的化学品。

1977 年的《清洁水法案》

1977 年的《清洁水法案》使得美国环保局有权制定工厂排放水污染物的类型和数量的标准。除非获得许可证，否则该法案认定向通航水域排放污染物是非法的。

伦理标准和文化

商业伦理标准在世界各地存在差异。这意味着一个商业行为在这个国家是可以接受的，而在另一个国家则被视为不道德的。

在国外工作的商业管理者必须意识到存在不同的伦理标准。他们必须为公司制定出如何处理公司本土文化和国外文化之间的关系的准则。

公司礼物赠送

送礼习俗在世界各地不同。在一些文化中礼物是必需的，没收到礼物就是一种羞辱。例如，在日本送豪华礼物是做生意的一个重要部分。通常在第一次会议时交换礼物。

而在美国，政府官员不得接受企业贵重的礼物。不考虑其当地做法，在美国的国外经营管理者必须遵守美国本土的规定。

知识产权

知识产权指对发明、著作、电影、计算机程序等创意的所有权。在包括美国在内的许多国家，知识产权创造者拥有在市场上出售知识产品的绝对权利。这些权利通过专利、商标和版权法得到保障。这些类型的保护确保只有知识产品的创造者可以从他们的汗水中获利。

知识产权保护对企业而言非常重要。如果没有这样的法律，一家电脑公司可能会出售由另一家电脑公司开发的最畅销的游戏，一家制药公司可以生产和销售由另外一家制药公司研发的药物。

尽管美国拥有有力的知识产权法律，但执行这些法律还是一个问题，尤其是在软件产业。1999 年，美国司法部、联邦调查局和海关总署开始在美国打击盗版和假冒的计算机软件以及其他产品的行为。

不同的国家有着不同的知识产权保护规则，如中国和印度政府对这些权利的保护就有待加强。因此，中国一些企业复制和出售外国的计算机程序。一些出版商在印度再版外国教科书销售就好像他们出版的是自己拥有产权的书籍。但在美国，这种做法属剽窃，当事人可能被起诉到法院。

社会责任

社会责任是指个人或企业为帮助政府解决社会问题所应尽的义务。大多数美国公司都能感到某种程度上的社会责任感。

在过去的一个世纪，企业的概念及其在社会中的作用发生了翻天覆地的变化。下面通过三个不同的思想流派来认识社会责任的演变：利润最大化、信任管理和社会参与。

利润最大化

19世纪末和20纪初，美国企业家认为企业的作用只是最大限度地赚取公司利润。处理社会问题被认为是不合法的商业活动。

信任管理

20世纪20年代到30年代，当一个被称为信任管理的哲学理念受到欢迎时，关于企业作用的观点改变了。这一理念认识到，企业主应尽的义务不仅仅是赚取利润，他们对于自己的员工、客户、债权人也有义务。直到20世纪60年代，大多数商人还持有这种观点。

社会参与

在20世纪60年代，许多人开始认为，企业应该利用其影响力和财政资源来解决社会问题。他们认为企业应该帮助政府解决的问题包括贫困、犯罪、环境破坏和文盲等。

根据这一观点，企业应做负责的企业公民，而不仅仅是最大利润的赚取者。企业对受企业行为影响的人即利益相关者都有义务。**利益相关者**包括企业的员工、顾客、供应商以及社区公众。

第十四章 21世纪的管理

20世纪60年代以来，已经有越来越多的企业表明了它们对社会变革的承诺。这种承诺的一个例子就是增加工作场所的多样性。在过去45年中，大多数企业已做出了努力：雇用多样化的劳动力和更多的妇女以及少数族裔。许多企业还建立了讲习班以帮助其员工理解不同文化背景的员工。

衡量社会责任

企业展示它们的社会责任感的方式有很多种。在以下每个领域的表现是衡量社会审计的一个组成部分。

慈善事业和志愿服务

企业表明其社会责任感的方式之一是通过贡献时间和金钱到慈善、文化和民间组织中。企业可以采取许多形式开展慈善事业或努力改善人类的福祉。例如，电脑巨头康柏（现并入惠普）捐赠技术、产品和现金等给美国的组织。它也为澳大利亚种植树苗，支持印度的残疾人教育，并为巴西整修学校。所有这些活动都反映了企业的社会责任感。

有些企业给予员工带薪参加慈善活动的优待。例如，许多高科技公司允许其员工志愿服务美国高科技兵团或输送员工到公立学校工作。其他企业允许员工请假献血、参加食品和衣物义务运送或为如联合劝募这样的活动募集资金。

许多企业还通过员工的慷慨捐赠来捐款。通过这样的方式，企业既可以鼓励员工做慈善事业，也可以为慈善事业作出自己的贡献。

环境意识

企业展示它们的社会责任感的另一种方式就是减少它们的行动对环境的损害。它们主要通过尽可能环保的生产过程来实现这一社会责任感。

企业还可以通过制定减少环境污染的政策来影响生态环境。例如，鼓励员工拼车以降低有毒气体的排放并节省汽油。使用可生物降解的产品也有利于保护环境。

伦理管理

你是公司财政部门一个小组的一线经理。你的核心团队的一个工作人员工作十分出色并以能为公司带来高额收入著称。在这一点上，团队中其他员工都无法和她相比。

你知道，公司的竞争对手也有意聘请这名工作人员。到目前为止，她还在拒绝你的竞争对手。这让你松了一口气，因为你的部门相当依赖于她的能力，而且你的工资和奖金也是以部门的盈利为基础的。

然而，你可以肯定的是这名员工提出过欺诈性费用要求。有时这个欺诈性的费用比她的实际支出多出数百美元甚至数千美元——虽然这只是她带来的财务指标中的一小部分，但这是欺诈。

1. 该员工能给公司带来高额收入的事实应不应该让公司寻找其他的方式对待这些欺诈性费用要求？为什么？
2. 如果她不是一个明星员工，你会采取什么行动？为什么？
3. 你打算如何引起你的老板对这件事的注意？
4. 你认为该公司会解雇该员工吗？为什么？

资料来源：Adapted from St. James Ethics Centre, "Ethical Dilemmas: How Much Should Valuable People Get Away with Things?" www.ethics.org.au.

多样性的敏感度和工作生活质量

企业证明其社会责任感最重要的途径之一表现在员工雇用上。对社会负责的企业会聘请不同族裔的员工，以反映它们经营的社会。例如，麦当劳创造了一个多样化的工作环境。至少有70%麦当劳餐厅的管理层和25%的公司高层是少数族裔和妇女。

企业也可以通过改善员工的生活质量来表现它们的社会责任感。例如，弹性工作制可以允许员工更好地满足家庭的需要。托儿所可以使有年幼子女的员工生活更方便。

履行社会责任的必要行动

组织承担更多社会责任最大的障碍来自财政分析师和股东的压力。他们要求每股收益或季度收益要稳步增加。他们只关注眼前的利润，因此很难把钱投资到不能准确地衡量回报但从长远看仍有回报的领域。此外，短期盈利的压力也会影响到企业的社会行为；大多数企业是面向短期利润目标的。预算、目标和绩效评估往往是基于短期的考虑。管理者可能愿意牺牲短期利润以实现社会目标。然而，牺牲利润的管理者设法在企业的社会目标上面证明这些行动的合理性时，可能会发现股东对实现社会责任是如此的冷漠。

组织也应认真审查其珍视的价值观和短期利润以确保这些概念是符合社会价值观的。这应当是一个连续不断的过程，因为社会价值观是不断变化的。

组织应重新评估自己的长远规划和决策过程，以确保它们充分了解潜在的社会后果。工厂位置的决定不再仅仅是经济问题。例如，环境影响和弱势群体就业机会就是其他应该考虑的因素。

组织在实现社会责任感的同时，应该寻求政府机构和志愿机构的援助。这包括技术、管理方面以及货币支持的帮助。技术知识、组织能力和管理能力都可以用于解决社会问题。

组织应通过自己的企业研究如何帮助政府解决社会问题。一大部分社会问题产生于经济贫困。解决这个问题可能是组织对社会最大的贡献。

另一个企业活动的主要领域就是公司慈善活动。公司慈善捐赠涉及有益于社会的金钱、财产或组织工作。许多公司已明示了其对教育、艺术和联合劝募的慈善捐赠。捐款可直接由该公司或公司的慈善计划专项基金实现。

开展社会审计

一个测量公司是否成功的方法就是进行社会审计。**社会审计**是管理者用来评估那些旨在提高组织社会影响力的项目成功与否的一种方法。社会审计不只是把眼光放在经济和财政措施上，它也是有力鼓励环境和社会战略的起点。

完成社会审计和信息反馈的方法包括以下步骤：

1. 研究社会的期望、敏感度和过去的反应。
2. 审查，然后确定社会目标并对有意义的事进行排序。
3. 在每一项目领域计划并执行战略和目标。
4. 为社会行动的必要资源制定预算并做出实现该行动的承诺。
5. 在每个项目领域监测进展或成果。

为了确保股东、利益相关者和广大公众了解承诺和社会计划的成果，多数大公司将其业绩公布在年度报告中。这些企业把社会责任当成任务说明的组成部分。真正的承诺超出了自利和公共关系的选择。大多数专家认为，对社会负责的企业最终会得到市场和利益相关者的回报。

案例讨论 14.2

追求公益中的大胆探索

按理说,纽曼私传公司(Newman's Own)应当是个毫不起眼的小公司——只是一个贴在典雅的古董玻璃酒瓶上的羊皮纸标签。我们一路做着失败的心理准备,岂料一次又一次的惊人转折接踵而来。许多时候,我们以为自己挂了一挡,其实是挂了倒挡;但这似乎无关痛痒。我们原本以为一年会有1 200美元的销售额以及6 000美元损失——就算赌博赢钱也无济于事;但这20年来,我们挣得的利润超过1.75亿美元,如数捐给了不计其数的慈善机构。如何解释这样惊人的成就?纯粹运气使然?超脱静坐?马基维利式的机心巧诈?空气力学?大肠水疗?我们全没半点概念。

1978年,保罗·纽曼(Paul Newman)和A. E. 霍特其勒(A. E. Hotchner)决定,保罗的沙拉酱不仅仅应该在圣诞节分发给邻居,他们还应该在当地商店里出售。随心所欲、不受拘束的企业家,他们把自己的冒险当做是取笑传统营销方法的伟大尝试。令他们吃惊的是,这些沙拉酱受到了热烈欢迎。公司从一个小麻雀迅速长成为羽翼丰满的大鹏。从沙拉酱到意大利面酱、到爆米花、到柠檬汁,纽曼私传成为食品行业的一个重要公司。该公司的盈利捐赠覆盖面从最初的医学研究、教育和环境到最终为重病儿童设立了8个收容所。这些收容所每年的受益儿童超过1.3万人。

问题

1. 是什么让纽曼私传成为企业社会责任的积极例子?
2. 还有哪些其他产品目前列入了纽曼私传的业务?
3. 如果该组织只是因为使用纯天然原料而并没有捐赠税后盈利给慈善事业,它仍然会受到如此高的评价吗?为什么?
4. 提供一个例子,你的组织(或你曾经工作过的组织)在哪些方面可以承担更多的社会责任。解释你的答案。

资料来源:www.newmansown.com; and P. Newman and A. E. Hotchner, *Shameless Exploitation in Pursuit of the Common Good: The Madcap Business Adventure by the truly Oddest Couple* (New York: Random House, 2003).

学习进度检测问题

13. 什么是社会责任?
14. 社会责任演变的三个不同的思想流派是什么?
15. 解释慈善事业和志愿服务。
16. 列出社会审计的五个步骤。

小　结

要工作多少年才可以被认为是一位经验丰富或者资深的管理者呢？如果你在十几年前问到这个问题，答案将是几十年而不是几年。今天，商业变革的步伐如此之快，以至于管理者能在几个月而不是几年之内就可以审视他们所在的组织和看到戏剧性的变革发生。现如今的管理者在经历新产品开发、全公司裁员或当前流行的竞争对手兼并后，就可以认为自己是经验丰富的。新产品和新分裂可能会在瞬间出现，旧的分歧可能会在瞬间消失。正当你认为自己很有竞争力时，别人开发了一个在市场上今后几年都比你先进的新产品；或者更糟的是新的竞争者发明了一种产品，让你最畅销的产品过时了！欢迎加入 21 世纪的管理。惊人的变革速度会让你头脑眩晕，但如果在一个期待你指导和领导的、具有积极性和创造性的团队帮助下，你能迎接挑战，抓住每一个机会并提出创造性的解决方案，我可以保证你将永远不会厌倦！

 工作世界：实现社会责任是需要成本的

塔克·巴恩的社会审计行动显示，该公司在社会责任感方面比人们想象的做得更多。公司从直营店、区域店到总部都是积极的食物循环回收者，经常将剩余的食物捐赠给社区粮食银行并协助相关的工作。而且公司一直在跟踪有多少磅的食物被捐赠以及实际有多少捐赠让无家可归的人吃上了饭。

公司在与利益相关者的关系领域找到了改进的机会——为在各个方面建立起社会责任感而协调与供应商的关系及通过向当地供应商采购原料以支持当地商业的发展。

在如何更多地参与当地社区活动方面，道恩选择了依赖部门经理，托尼也这样想。在区域会议间每周一次的电话会议上，几个和托尼一样的部门经理提出了这一新政策将对他们的利润率造成影响：

"实现社会责任是需要成本的——从当地批发商那里小批量购买要比我们从原来的批发商那里大批量购买花费更多。我们的客户真的关心我们从哪里购买西红柿吗？"

托尼心里认定这个问题的答案是肯定的。当他在工作会议上提出这个新倡议时，响应的声音占了大多数。年轻的员工很激动，许多人评论道："是时候了。"老员工还谈到既然他们可以直接解答客户的这些问题，如塔克·巴恩在哪里购买西红柿？是从当地的农场还是从外面运来的？他们还从当地购买什么？那么当地人群的生活将因此能提高多少。

他们唯一的担心就是公司是在做出严肃的承诺还是只是一个短期的倡议。托尼就这一问题问了道恩·威廉姆斯和他的导师杰里·史密斯，并且从他们那里得到了满意的答复：

"托尼，这是一个全新的商业世界了。我们的客户对我们有更多的期望，我们会实现这些期望的。"

问题

1. 部门经理对增加的费用的担心是否有意义？为什么？
2. 如果公司背弃这个承担社会责任的新承诺，你认为托尼的员工将会有何反应？
3. 因这个新举措而导致管理费用增加，塔克·巴恩有什么选择？
4. 根据案例给出的信息，你认为塔克·巴恩会坚持所有的承诺吗？为什么？

问题回顾

1. 技术增长如何影响管理者的作用？
2. 运作一个虚拟组织有什么挑战？
3. 识别商业中处理伦理问题的准则。
4. 企业可以表现出社会责任感的三种方式是什么？

第十四章　21世纪的管理

 关键术语

伦理　规范行为的一系列道德准则或价值观。

伦理准则　概述组织决策行为原则的文件。

知识产权　指对发明、著作、电影、计算机程序等创意的所有权，它赋予知识产权创造者一种在市场上出售其知识产品的绝对权利。

社会责任　个人或企业为帮助政府解决社会问题所应尽的义务。

利益相关者　员工、顾客、供应商以及社区公众等一切受企业行为影响的人。

社会审计　管理者用来评估那些旨在提高组织社会影响力的项目成功与否的一种方法。

 网上练习

1. 访问企业社会责任网站（BSR）。BSR 的使命是什么？BSR 在做什么？列出 BSR 声称的、公司通过其社会责任合作项目（CSR）可以实现的四个好处？列出 BSR 成员中的四个知名企业。

2. 访问 IdealsWork 网站。IdealsWork 组织的目的是什么？这个组织提供哪些服务？BSR 的任务与 IdealsWork 有何不同？

3. 访问企业社会责任新闻专线网站（CSRWire）。CSRWire 在做什么？列出四个 CSRWire 成员名单，并说明他们从 CSRWire 得到的服务。找到 CSR-Wire 活动网页并确定下次安排的活动，简要地介绍这个活动的地点和议程计划。如果这个活动有专门网站，访问该网站并记录其中一个主讲人的名字。

资料来源：A. Ghillyer, *Business Ethics*：*A Real World Approach*，（New York：McGraw-Hill, 2007），p. 71.

 团队练习

你站在哪一边？

把班级分成几个小组（每个小组最多 6 个人），每个组选择下列情形之一。决定你将如何做出反应。在课堂讨论中证明你的立场，并分享你做出该决定的原因。

情形 1：家庭与伦理

吉姆是 56 岁的中层管理者，其子女正在读大学。他发现自己所在公司的老板一年逃避政府几千美元的税收。员工中只有吉姆知道这事。吉姆应该冒着可能危及自己生计的危险把他的老板投诉到国税局，还是应该为维护家人的生活而熟视无睹呢？

情形 2：不恰当的加薪

当乔要求加薪时，他的老板称赞他的工作，但表示该公司的刚性预算目前将不会允许加薪。相反，公司老板暗示"目前公司不会密切关注报销单"。乔应该认为这是通过不同的方式得到他应得的钱吗？这是一个可以提高他的报销单的许可吗？他是否应该拒绝这样不恰当的加薪暗示呢？

情形 3：虚假学位

比尔过去一年的工作做得非常出色，他得到这份工作是因为他声称自己拥有大学学位。比尔的老板发现比尔实际上大学没有毕业。他的老板是应该因他的虚假简历而解雇他还是应该忽视虚假的学位？因为除此之外，比尔很勤奋且表现优异，而解雇比尔有可能会断送他的职业生涯。

情形 4：偷打电话

海伦发现同事用办公室电话打私人长途电话，每个月花费约为 100 美元。海伦应该向上级报告这个现象还是应该无视同事的行为呢？因为在办公室打私人电话的现象是屡见不鲜的。

情形 5：掩盖诱惑

何塞发现他管理的化工厂对附近一个湖造成的污染稍微超过了法律允许的标准。暴露这个问题将给工厂带来负面影响，伤害湖泊边镇的度假商业，并使周围的社区居民感到恐慌。解决问题的成本将远远超过 10 万美元。这个违法行为对人体不构成任何危险；最多只会危及少量鱼类。何塞应该不顾公司的成本把问题暴露出来，还是应该考虑到外人不太可能发现这个问题而仅仅把它当作一个技术性的难题并忽视它？

情形 6：实际工资

多萝西发现最符合招聘条件的一位候选人在他上一份工作中一年只赚到了 1.8 万美元，而不是他声称的 2.8 万美元。多萝西应该不管怎么样都聘请这位候选人还是应该选择其他不如他优秀的候选人呢？

资料来源：Roger Rickles, "Where Do You Stand?" *The Wall Street Journal*. Copyright © 1983 by Dow Jones & Co., Inc., via Copyright Clearance Center.

第十四章 21世纪的管理

讨论练习 14.1

外包：在班加罗尔之外

公司逐渐将IT行业外包到印度以外的其他国家。虽然节约了成本，但也面临着一系列新的挑战。

在与印度班加罗尔市的软件开发商合作10个月后，比尔·伍德准备退出。"当地的工程师会启动一个项目，积累几个月的经验然后跳槽。"美国总部的执行官说。今年减员到达如此高的程度，以至于伍德的公司不得不替换公司的全部员工，一些职位甚至不止替换过一次。"这一点也不管事。"网络安全软件制造商——Ping Identity 公司工程副主席伍德回忆说。沮丧之余，伍德开始在印度之外寻求合作伙伴。他搜罗了分布在8个国家的15家公司，包括俄罗斯、墨西哥、阿根廷和越南。

许多高管曾经走过这条道路，渴望获得印度之外的低成本、高科技的人才。许多人厌倦了班加罗尔外包中心，那里信息技术工作人员的工资每年增长率在12%～14%，职工的流动率也在增加，涌入城市的工人正在挤压城市的资源。曾经帮助外国公司将软件开发和其他IT业务转移到班加罗尔市的印度外包先锋商们——塔塔咨询服务公司（Tata Consultancy Services）、威普罗技术公司（Wipro Technologies）和印孚瑟斯技术有限公司（Infosys Technologies）也开始扩展到印度更小的城市，中国的情况也是如此。"总的来说，就生产力和生活质量而言，远离班加罗尔更好。"威普罗公司首席信息官拉克斯曼·巴蒂戈（Laxman Badiga）说，"班加罗尔越来越拥挤，基础设施越来越紧张。"

探索降低成本

毫无疑问：根据各国贸易组织的记录，2005年印度的软件和IT服务出口达177亿美元。与中国的36亿美元和俄罗斯的10亿美元相比，印度仍是一个IT外包大国。印度外包产业的增长速度仍然比俄罗斯和其他追赶班加罗尔市的地方要迅速得多。

然而，许多公司无法抗拒廉价劳动力的诱惑。"今天市场上90%的外包交易只关注降低成本。"高德纳咨询公司（Gartner）采购研究部门的副主任琳达·科恩（Linda Cohen）说。到外包合同的第三个年头，所有的费用都已经挤出后，企业开始坐立不安，想要寻找更低开销的新地方。

但是，转移IT业务到如越南或中国这样的发展中国家也存在很大风险，如无法逾越的语言和文化差异、地缘政治不稳定和知识产权被盗的风险。"你持续投资，但你转移员工的频率有多高呢？"科恩问道。即使是常规的日常管理，离岸团队也需要大量的项目管理知识。"如果你没有经验，做得不好，这可能并不能降低成本。"互联网数据中心（IDC）应用外包和离岸服务的项目经理巴里·鲁宾斯坦（Barry Rubenstein）说。

外包组合服务分布

大量的供应商已经准备好帮助客户克服这些障碍。像埃森哲公司（Accenture）、EDS公司、IBM全球服务部和简百特公司（Genpact）等正在建设由不同城市的运营组成的全球网络，目的是为客户提供兼顾技能和劳动力成本因素的服务。"我们以你愿意支付的价格，在你希望的地方推荐你想要的人才。"EDS公司投资发展部执行副总裁查理·菲尔德（Charlie Feld）说。

例如，美国大陆航空公司在印度使用了EDS公司开发的一些在主机上运行的软件，航空公司通过EDS在巴西办公室处理一些印度的财务工作。埃森哲公司利用其全球网络设施以同样的方式处理事情。"今天，我们永远有约35%的高成本的地区，如美国和英国；20%的中间成本地区，如西班牙、爱尔兰、加拿大；约45%的低成本地区如菲律宾、印度、中国、东欧。"埃森哲公司基础设施全球外包业务的常务董事吉米·哈里斯（Jimmy Harris）说。

威胁美国员工

技术娴熟的全球劳动力有利于公司的现象对于美国员工而言并非如此乐观。目前竞争对手不仅仅是印度，美国IT员工将需要对抗世界各地的员工。根据弗雷斯特研究公司（Forrester Research）的数据，2005年约24%的北美公司使用离岸供应商以满足他们的一些软件需求。根据IDC的统计，在未来5年内，离岸IT服务的开支将以一个复合增长率为80%的速率发展。

这对美国工程领域的起薪产生了影响——扣除通货膨胀因素——在过去5年里一直保持不变或在下降。驻在美国杜克大学的行政人员维韦克·瓦德瓦（Vivek Wadhwa）说："进入编程专业已经没有多大意义了。"他担心外包的研究和发展将导致诸如电信类行业缺乏人才，这将削弱美国的竞争力。但是美国公司说，在印度招聘程序员可能是在美国招聘程序员工资的1/5，这才可以让企业在全球竞争中生存下去。

第十四章 21世纪的管理

问题

1. 为什么公司开始寻找印度以外的外包合作伙伴？
2. 什么是廉价劳动力的诱惑？
3. 为什么很难将IT行业外包到发展中国家？
4. 外包这一全球趋势会对美国的工人造成什么样的影响？

资料来源：Adapted from Rachael King, "CEO Guide to Technology," *BusinessWeek Online*, December 11, 2006.

讨论练习 14.2

呼唤伦理警察

越来越多的企业监管大军正在保护企业交易安全和解决伦理困境。

美国的公司是一个令人惊讶的腐败发源地。知名度高的丑闻可能只是冰山一角。根据哈德森高地集团（Hudson Highland Group）和伦理资源中心（Ethics Resource Center）最近的调查发现，贪污、自我交易、欺诈、性骚扰以及其他不道德的活动是非常常见的。这个中心发现31%和52%的美国员工曾目睹过同事的不道德行为。但是，现在这种情况可能会有所改变。

这种丑闻的副作用对高层管理者的影响正在逐渐增加。伦理及守法官协会（Ethics & Compliance Officer Assn.）是为企业提供内部警察的专业集团。其于1992年成立时只有16个创始成员，2004年增加到了600个成员，2007已增加到了1 250个成员。对于当今这些不道德行为，沃尔瑟姆市（马萨诸塞州）的伦理及守法官协会执行理事基思·T·达西（Keith T. Darcy）说："没有秘密，也没有藏身之地。"公司会发现不道德行为的成本非常昂贵。"所有上市公司面临的最大威胁就是广为宣传的丑闻。"扎卡里·W·卡特（Zachary W. Carter）说。他是美国纽约东区前司法部长和纽约刑事法院前任法官，现已加入了马什·麦克里安公司（Marsh & McLennan）。在纽约州总检察长艾略特·斯皮策（Eliot Spitze）的努力下，保险经纪公司巨头2006年初同意支付8.5万美元解决价格操纵和合谋的指控问题。

过大的权力？ 自2002年中期起，一支由美国司法部派出的特遣队伍已把700多家诈骗团伙、100多个首席执行官和董事长定了罪，还制裁了80多个副总裁和30多个首席财务官。总之，在过去4年中，特遣队伍已起诉了1 300个被告——这是一个令人惊讶的数字。在一些公司，法院给了外部机构一些特殊的权力以防止更多的不法行为发生。这些被授权的外部机构可以调查到它们想要的东西甚至任意开除可疑的员工。前美国证券交易委员会(SEC)主席理查德·C·布里登(Richard C. Breeden)曾因获得这一授权而使毕马威国际会计公司陷入尴尬的避税销售丑闻。这种特殊的权力引起了强烈的反响。公司律师们对全国刑事辩护律师协会(National Assn. of Criminal Defense Lawyers)抱怨说,布里登在毕马威国际会计公司成了"检察官、法官和陪审团"。现为私人执业律师的前联邦检察官大卫·B·皮托夫斯基(David B. Pitofsky)认为,外部监督一般只应"监测和报告"公司的行为,其他的行动则应留给法院。

"以原则为基础的方针"。 但积极支持企业自我监督的一方提出,伦理官员一定要能自由地审查公司所有的东西。"只有这样才可以阻止另一个安然公司的出现",CA 公司(Computer Associates 的前身)独立的检验员李·S·理查德三世(Lee S. Richards III)说,而他所在的这家公司在最近几年也陷入了会计丑闻。内部伦理官的"职责是防止各种丑闻",理查德补充道。他还说,他们在公司必须要有资深的地位,如果有需要的话要能够审查公司的"每个角落",还可以越过 CEO 把问题报告给董事会。聪明的管理者会给予伦理官员长期的束缚。在什么是不可接受的这个问题上,斯皮策和其他监管机构正给我们带来越来越广阔的视野。离开斯皮策办公室的内部超级警探埃里克·R·迪纳洛(Eric R. Dinallo)现在为摩根坦利公司(Morgan Stanley)监管各类事项和事务。内部超级警探们广泛坚持"以原则为基础的方针",而不仅仅是直接指出规则。迪纳洛指出,"事实上感觉良好但不能做"的做法很可能并非如此。

严格的规则。 伦理官员们开展的培训计划阐明了在国内和国外哪种交易是可以接受的。他们为类似什么样的礼品是适当这类伦理困境提出建议。他们还设立监督热线电话,以便举报人可以举报不法行为。"规则是严格的,而我不会为此感到抱歉。"纽约市前检察官和前调查专员苏珊·E·谢帕德(Susan E. Shepard)说。她 2006 年 2 月加入了北电网络(Nortel Networks)并成为了该公司的首席伦理和守法官。在因 2004 年被披露的虚假财务报表而罢免了前首席执行官弗兰克·邓恩(Frank Dunn)和其他相关的高级管理者后,北电网络聘用了她。许多不诚实的行为发生在较低层次。谢帕德讲述了 2003 年北电网络的一桩盗窃案。当时受裁员影响,公司实验室价值 100 万美元的设备被盗。员工直接带着设备走出了公司大门而没有受到盘问。2006 年初,当她手下的工作人员重新审查这起盗窃案时,她对携带设备出公司大门依然控制松懈感到震惊。现在不这样了,这位首席伦理官说。在另一起案件中,一个北电网络的员工把公司的信息泄露给了她在公司竞争对手单位工作的丈夫。"如果知识产权是你的产品,你就必须保护它。"谢帕德说。

发出信号。 CA公司新的守法官和联合技术公司(United Technologies)负责商业实践的前副总裁帕特里克·J·格纳佐(Patrick J. Gnazzo)警示了一些日常性腐败行为。供应商或其他商业合作者尝试通过不正当的礼物勾结。他说,有一次一个在外部工作的同事为了寻求与美国联合技术公司合作,送给一位经理一只桨,并答应只要能满足其要求,就再送一条船。这位经理将该贿赂事件告诉了格纳佐。"最后他没有得到船,他把桨交给了我,我也送回去了。"格纳佐回忆说。"为了让伦理官员做好他们的工作,高层管理者必须做出承诺。"伦理专家说。例如,摩根坦利公司的高层管理者最近通过解雇公司的一位分析师和三个销售人员发出了一个强有力的信息,因为他们去年11月把客户带到了亚利桑那州脱衣舞俱乐部。关于只有公司男性能郊游的投诉案件不断增多,该公司在2004年中支付了5 400万美元解决性别歧视案件。"这类的解雇反映了管理层要做正确的事情的承诺。"法院指定负责监督摩根斯坦利公司协议遵守情况的外部监督员保罗·谢希特曼(Paul Shechtman)如是说。谢希特曼还说道:"这个决定完全是他们自己做出的,而且在高层管理者中几乎没有什么争议就做出了。"

外部执法。 但是,这项工作仍然需要决心;尤其是因为伦理官员很容易树敌。"我认为今天的伦理官员必须随时做好被解雇的准备。"制药巨头诺华公司(Novartis)高级伦理官员杰夫·本杰明(Jeff Benjamin)说。只有盲目乐观的人才会相信,所有管理者在法律的威胁下都会做正确的事情。"自我监督也是会非常有益的。"监督员谢希特曼说,"但是我想任何人都不会以为企业世界可以比其他任何地方更不需要警察。"诚然,在伦理官员的良好监督下达到自我监督当然最好。只要人们会受到诱惑而偏离原来的轨迹,伦理官员的存在就有必要。

问题
1. 为什么公司会"发现不道德行为的成本非常昂贵"?
2. 什么是伦理及守法官协会?
3. 伦理官员在一个组织内应该有什么样的地位?
4. 再举一个除案例中已经列举出来的关于"日常性腐败"的例子。

资料来源:Adapted from Joseph Weber, "Legal Affairs," *BusinessWeek*, February 13, 2006.

《企业的道德》
Business Ethics
by Andrew Ghillyer　张霄 译
出版时间：2010年2月　定价：36：00元（估）

本书不追求抽象的概念解释和烦琐的哲学论证，而是力图帮助职场中的员工在面临"道德两难"时如何"做正确的事情"。据此，作者在书中遴选了大量的美国商界事件作为案例，通过对其精练的分析和简明的推理，以各类具有针对性的知识问答和专项练习，引导读者检测所学知识，反思价值观念，进而处理各类道德难题。除了在写作理念上的独具匠心之外，本书在内容的选择上更是广泛地涉及组织伦理、企业社会责任、利益相关者、公司治理、企业与政府的关系、伦理学与技术以及企业伦理的全球化等热点议题。并在附录中收编了美国6大行业的职业守则，两篇论述企业社会责任的经典文献以及安然公司的伦理守则和安德鲁公司的告密者政策，这无疑为国内相关行业或企业在制定各类守则和政策时提供了可资借鉴的经验和范本。总之，本书不仅是一部通俗易懂的企业伦理学教材，也是一部企业管理的实用手册，更是企业员工贴身的问题咨询专家。

《经济指标解读》（第二版）
The Secrets of Economic Indicators, 2nd Edition
by Bernard Baumohl　吴汉洪 译校
出版时间：2009年9月　定价：48元

这不是一本教科书，也不是关于经济方面的学术论著。这本书旨在帮助人们更好地理解：如何看待经济指标，经济指标为什么会有重要影响，它们能告诉我们多少关于未来的事情，以及人们如何最充分地利用这些信息。

在本书第1版出版后，已经出现了许多新的经济指标，有的是很好的预测工具。为了更准确地预测经济走势，原来的一些经济指标也得到了修改完善。因此作者推出了新版，在新版中将"最有影响的经济指标"的排列顺序做了更新。新的排序对于介绍预测经济活动的新方法和说明现有指标的计算路径非常有必要。同时列出了哪些经济指标最能预测经济走势，增加了排名前十的"领先经济指标"……

无论你是投资者、投资中介、研究人员、新闻工作者还是学生，本书都能帮助你认识经济指标，并独立地对经济走势做出更加客观的分析和判断。本书还将帮助有经济学背景的人士提升洞穿经济指标、预测经济走势的能力。

《管理的十二个问题》

作者：焦叔斌　出版时间：2009年1月　定价：36元

谁在裸泳？

管理者必须回答的12个基本问题：

(1) 我是谁？(2) 我要到哪里去？(3) 我的处事原则是什么？(4) 我如何到那里去？(5) "我"当如何工作？(6) "我们"当如何工作？(7) 我要把人们带到哪里去？(8) 我如何让人们都知道要到那里去？(9) 我如何能够让人们全力以赴？(10) 我们应当测量什么？(11) 如何测量？(12) 造成偏差的原因是什么？

管理只有永远的问题而没有永远的答案，而只有提出正确的问题才谈得上解决问题。本书所提出的12个基本问题既是思考管理问题的逻辑框架，又是帮助管理者诊断问题和解决问题的核对表（checklist）。回答了这12个问题未必一定能够保证组织或管理者的成功。但几乎可以肯定的是，不能够明确回答这12个问题的组织或管理者，其管理必然存在着缺失，也许就是那个无知无畏的裸泳者。

在寒潮吹袭世界经济之际，正是我们狠抓管理、苦练内功的最佳时机。

《战略》

Strategy
by David J. Ketchen　孔令凯 译
出版时间：2009年9月　定价：48：00元

本书围绕企业竞争优势的提高，全面客观地介绍了战略管理的相关概念、方法以及在战略实施中需注意的问题。该书的特色在于以国际大型企业（如安然、QVC、JetBlue、雅虎、强生、任天堂、福特汽车）的成功经验或失败教训为引导，介绍战略管理的基本知识。

本书分为四部分。第一部分为企业竞争优势赖以存在的环境：系统介绍战略管理的定义、基本特征，战略管理流程，资源基础理论和持续竞争优势来源等；分析全球化、企业道德等与当代企业之间的相互关系；讲述了战略目标设立和分析方法等；讨论了企业外部环境如何影响企业的盈利能力。第二部分介绍战略选择问题：重点讨论公司层面战略，即企业如何通过多元化手段获得协同效应，常见的损害价值创造的管理者行为；同时从业务层面上讨论三种基本战略的优势及实施中需要注意的问题。第三部分介绍战略实施与战略控制：讨论了组织结构设计问题，介绍了传统组织结构和现代无边界组织的不同类型及其优缺点；讨论战略控制问题，介绍了当代控制手段的必要性和几种控制杠杆的运用。最后一部分为案例分析。

Andrew Ghillyer

Management: A Real World Approach

0-07-337701-5

Copyright © 2009 by The McGraw-Hill Companies, Inc.

All Rights reserved. No part of this publication may be reproduced or transmitted in any form or by any means, electronic or mechanical, including without limitation photocopying, recording, taping, or any database, information or retrieval system, without the prior written permission of the publisher.

This authorized Chinese translation edition is jointly published by McGraw-Hill Education (Asia) and China Renmin University Press. This edition is authorized for sale in the People's Republic of China only, excluding Hong Kong, Macao SAR and Taiwan.

Copyright © 2010 by McGraw-Hill Education (Asia), a division of the Singapore Branch of The McGraw-Hill Companies, Inc. and China Renmin University Press.

版权所有。未经出版人事先书面许可，对本出版物的任何部分不得以任何方式或途径复制或传播，包括但不限于复印、录制、录音，或通过任何数据库、信息或可检索的系统。

本授权中文简体翻译版由麦格劳-希尔（亚洲）教育出版公司和中国人民大学出版社合作出版。此版本经授权仅限在中华人民共和国境内（不包括香港特别行政区、澳门特别行政区和台湾）销售。

版权© 2010 由麦格劳-希尔（亚洲）教育出版公司与中国人民大学出版社所有。

本书封面贴有 McGraw-Hill 公司防伪标签，无标签者不得销售。

北京市版权局著作权合同登记号：01-2008-6036

图书在版编目（CIP）数据

真实情境中的管理学/吉耶尔著；耿云等译．
北京：中国人民大学出版社，2010
（EDP·管理者终身学习项目）
ISBN 978-7-300-11115-5

Ⅰ．真…
Ⅱ．①吉…②耿…
Ⅲ．管理学
Ⅳ．C93

中国版本图书馆 CIP 数据核字（2009）第 178172 号

EDP·管理者终身学习项目
真实情境中的管理学
安德鲁·吉耶尔　著
耿云　巢超　孙贞英　于江　译
耿云　校
Zhenshi Qingjing zhong de Guanlixue

出版发行	中国人民大学出版社		
社　　址	北京中关村大街 31 号	邮政编码	100080
电　　话	010-62511242（总编室）	010-62511398（质管部）	
	010-82501766（邮购部）	010-62514148（门市部）	
	010-62515195（发行公司）	010-62515275（盗版举报）	
网　　址	http://www.crup.com.cn		
	http://www.ttrnet.com（人大教研网）		
经　　销	新华书店		
印　　刷	北京山润国际印务有限公司		
规　　格	160 mm×235 mm　16 开本	版　次	2010 年 5 月第 1 版
印　　张	29.25 插页 1	印　次	2010 年 5 月第 1 次印刷
字　　数	470 000	定　价	46.00 元

版权所有　侵权必究　印装差错　负责调换